Guide to U.S. Coins, Prices & Value Trends

Written by
William T. Gibbs

with
Trends Values by Keith M. Zaner

Edited by
Beth Deisher and P. Bradley Reed

Designed by
P. Bradley Reed

FOURTH EDITION
1992

A SIGNET BOOK

SIGNET
Published by the Penguin Group
Penguin Books USA Inc., 375 Hudson Street, New York, New York 10014, U.S.A.
Penguin Books Ltd, 27 Wrights Lane, London W8 5TZ, England
Penguin Books Australia Ltd, Ringwood, Victoria, Australia
Penguin Books Canada Ltd, 10 Alcorn Avenue, Toronto, Ontario, Canada M4V 3B2
Penguin Books (N.Z.) Ltd, 182-190 Wairau Road, Auckland 10, New Zealand

Penguin Books Ltd, Registered Offices: Harmondsworth, Middlesex, England

First published by Signet, an imprint of New American Library,
a division of Penguin Books USA Inc.

First Printing, December, 1991
10 9 8 7 6 5 4 3 2 1

Copyright © Amos Press Inc., 1991
All rights reserved

 REGISTERED TRADEMARK—MARCA REGISTRADA

PRINTED IN THE UNITED STATES OF AMERICA

Photographs from COIN WORLD files and courtesy of
Stack's and Bowers and Merena Galleries Inc.

Cover photograph by Steven Dolce
Special thanks to Anthony Swiatek for supplying coins for the cover photograph

Analysis, pricing information and Coin World Index charts are based on historical
information published in Coin World Trends. No information in this book should be
construed as predictive. Past performance is not a guarantee of future performance.

Foreword

The information included in *The 1992 Coin World Guide to U.S. Coins, Prices &Value Trends* has been compiled by William T. Gibbs, news editor, and Keith M. Zaner, Trends editor.

Coin World, the newsweekly of the entire numismatic field, is considered the numismatic newspaper of record. For more than 30 years, *Coin World* has reported on the people, laws, new issues, auctions, pricing trends — all the elements that affect the hobby and business of numismatics.

In *The Coin World Price Guide* the *Coin World* editors have presented in an easy-to-use format a wealth of information and insights developed from experiences accumulated during the past three decades. The Trends retail value guide and Trends Index charts included in *The Coin World Price Guide* are regular features in *Coin World*. The value of the information included in both Trends and the Trends Index charts has been proven over time.

To contact the editors of *Coin World* or request subscription information, write to Coin World, P.O. Box 150, Dept. 02, Sidney, Ohio 45365.

Contents

Introducing the book

1

Welcome to the world of coins.

Coin World's *1992 Guide to U.S. Coins, Prices and Value Trends* is about United States coins. It is designed for the collector, whether neophyte or advanced. However, it should also be useful to the non-collector who has inherited some old coins, or has just become interested in coins, and to the history buff interested in facets of American history virtually ignored in most history textbooks.

These pages reveal such interesting bits of numismatic trivia as the three denominations of coins that have been nicknamed "nickels" since 1857 in "U.S. Coinage History," what happened during the 19th century when the federal Mints were unable to keep pace with coinage demand in "Necessity Money," why so many of the most valuable and famous U.S. coins are deemed "fantasies" in "Mysterious Rarities," and what four men's portraits appeared on coins while they were still living, in direct violation of federal law, in "Souvenirs of History."

Did you know, for example, that the first Philadelphia Mint was the first new building erected by the federal government? That postage stamps served as emergency money substitutes during the Civil War? That the United States has struck coins in unusual denominations such as 2 cents, 3 cents, 20 cents, $3 and $50? That the Mormons struck their own gold coins in Utah in the 19th century? This book discusses these topics and much, much more.

"U.S. Coinage History" details the history of U.S. coins from the viewpoint of denominations, designs and specifications, and "Grading" discusses the art of determining a coin's "level of preservation."

The book also contains complete mintage figures for all U.S. coins, based on years of study by various numismatists (one who studies the science of numismatics, a field involving coins, paper money, medals, tokens and similar objects). "Values of U.S. Coins" contains complete pricing information, and capsule descriptions of every coin issued for circulation in the United States.

Two chapters discuss coins struck by the Mint exclusively for collectors, Proof coins and Uncirculated Mint sets and commemorative coins. "Errors" and "Building a Type Set" discuss alternative areas of collecting, with an examination of error coins and how to collect a type/variety set.

"Mysterious Rarities" discusses the "wonder coins," ranging from the 1804 Draped Bust silver dollar to the 1894-S Barber dime, including those pieces struck under less than official or legal sanction. "Necessity Money" discusses the emergency moneys of the United States, struck by enterprising private individuals to meet the coinage needs not met by the federal government. The third chapter briefly discusses the history of the United States Mint, and how new facilities sprang up across the country as the population moved westward.

Why do people collect coins?

There are as many different reasons for collecting as there are collectors. Some collect coins because of their historical significance. Coins reveal much about a nation. For example, the word LIBERTY, appearing on every United States coin, says volumes about Americans' love of freedom. The motto E PLURIBUS UNUM, Latin for "one out of many," defines the nation's character, forged from 50 states and the many peoples who make up such a diverse country.

Some collect coins for their artistic beauty. While many contemporary collectors think the coins currently circulating in the United States have little to offer in the way of artistic beauty, it hasn't always been that way. The United States entered a golden age of coinage design in the first two decades of this century. The country's greatest sculptor at the turn of the century, Augustus Saint-Gaudens, sculptured classical designs for the gold $10 and $20 coins.

Some people collect for financial reward. This book is not an investment advisory. There are many authors willing to give you their personal recommendations. However, this book would be remiss if it did not point out that many individuals have profited from collecting U.S. coins. As is true for any investment, investing in rare coins is a calculated risk. It is essential that the investor knows exactly what he is buying and understands the risks. The risks may be great, but so may be the rewards.

And then there are those who collect simply for the love of collecting. A true collector can't explain to the uninitiated the inner joy that comes from owning a 160-year-old half cent that cost him less than $25, or a misstruck coin pulled from circulation at face value that is unique, or an 1861 half dollar,

INTRODUCTION

identical to every other half dollar struck that year but which may have been struck by the Confederate States of America after it took control of the three U.S. Mints located south of the Mason-Dixon Line.

This book is dedicated to ALL these collectors, regardless of their vantage points. We hope they will find this book useful, educational and entertaining.

Beginning collectors soon learn that there are right ways and wrong ways for just about everything. But there are no "wrong" ways or "right" ways to collect coins and related numismatic items. No one way or method of collecting is objectively better than another. However, some ways of collecting are discussed in separate sections of the book.

There are wrong ways to hold coins, and wrong ways to store coins that can damage them irrevocably.

Hold your coins properly

First, never hold a coin by placing your fingers on the coin's surfaces. Instead, hold the coin by its edge, as shown in the accompanying photograph. The human skin contains contaminants which can damage a coin's surfaces.

Second, never speak or sneeze while bending over a coin. While this advice may sound silly, it's practical. Saliva and mucus can also damage a coin's surfaces if contact is made.

◄ INTRODUCTION ►

Third, avoid the natural impulse to clean your coins. There are chemicals which can be used safely to remove dirt and other substances from a coin; however, these are best left to the expert. Cleaning coins with abrasive cleaners like scouring powder or pencil erasers will also damage them. Coins which have been naturally toned should be left alone; the patina — the film which builds up on the surfaces of the coin — forms on copper and silver coins as a natural result of the chemical reaction of the coinage metal to the environment, and actually helps protect the metal from further reactions. Many collectors and dealers find natural toning attractive, and will even pay a premium for attractively toned coins.

Fourth, store your coins properly. In recent years, hobbyists have found that certain types of plastic used in coin holders and flips (plastic holders creased in the middle, with the coin housed on one side) actually damage the coins placed in them. Avoid storage materials made of polyvinylchloride (PVC); ask your dealer what is safe. Also, some forms of paper envelopes and albums contain high amounts of sulphur, a substance particularly damaging to copper coins. Do not leave your coins exposed to sunlight, high heat or high humidity for very long; all can damage a coin.

Learn about grading. Chapter 4 discusses grading in more detail. Even a basic knowledge of what grading represents is important if you begin to buy coins from others. The higher the grade or condition a coin is in, the more it is worth.

Enough warnings.

Collecting can be fun for the individual and for the entire family. It can be as easy as getting a couple of rolls of cents from the banks and placing the coins into folder-style albums, or a family trip to a local coin show (there are coin shows every weekend in some part of the United States; there's probably one in your area within the next few months).

One way to start collecting is to decide how to collect, and what to collect. This book offers some guidelines.

A good place to start is with the Lincoln cent, particularly for the Lincoln Memorial design struck since 1959. It takes little effort to go to the bank, buy $5 worth (10 rolls) of cents and put individual dates and Mint marks into the holes of an inexpensive album or holder. Your local coin dealer or newsstand probably has them. Then, after going through the rolls and saving the dates needed, take the unwanted coins back to the bank and get some more.

Sorting pocket change and searching new rolls from the bank brings enjoyment to many beginners. It's inexpensive and doesn't take a lot of time or effort. You may want to substitute Roosevelt dimes for the cents, or maybe Washington quarter dollars, or Indian Head cents (the latter necessitating a trip to a coin show or your local dealer), but the goal is still the same — collecting an example of each date and Mint mark for any given series.

As noted earlier, several chapters discuss other collecting opportunities: error coins, Proof coins, commemorative coins and a type/variety set.

Coin collecting opens many doors: economics, history, art and technology, both old and new. Welcome to the world of numismatics and U.S. coins!

Glossary:

Numismatics (pronounced nu-mis-mat-iks), like any science, has a language of its own spoken by its practitioners and students. New collectors unfamiliar with terms like obverse, reverse, Mint mark and double eagle may feel confused by a bewildering lexicon. But the language need not be confusing.

We can define only a handful of terms here. A 22-page pamphlet, part of Coin World's Hip Pocket Reference Guide series and titled "Glossary of Numismatic Terms," defines hundreds of terms. It is priced at $1 and may be ordered from Coin World, Dept. 02, P.O. Box 150, Sidney, Ohio 45365.

Alloy: Mixture of more than one metal.

Altered: A coin that has been deliberately changed to make it resemble a rare or more valuable piece.

American Eagle: A legal tender bullion coin struck by the United States Mint and issued in 1986. The Mint strikes four .9167 fine gold coins and a .999 fine silver coin. Refer to "Values" section for other specifications.

Bag marks: See Contact marks.

Bicentennial coins: Quarter dollar, half dollar and dollar struck in 1975-76 with special reverse designs commemorating the 200th anniversary of the signing of the Declaration of Independence.

Buffalo nickel: Nickname given the Indian Head 5-cent coin. Nickname is commonly though incorrectly used; most U.S. coins are named after their obverse design; the creature on the reverse is a bison, not a buffalo; and no U.S. coin denomination is legally called a "nickel."

Clad: Composite coinage metal strip composed of a core, usually of a base metal such as copper, and surface layers of more valuable metal like copper-nickel. The U.S. dimes, quarter dollars and half dollars struck since 1965 are a clad coinage.

Coin: Usually a piece of metal, marked with a device, issued by a governing authority and intended to be used as money.

Colonial coins: Coins struck by one of the 13 British Colonies prior to the American Revolution. Few of the Colonial coins were struck with the authority of the British throne, which legally had all coinage rights in Great Britain and the Colonies.

Contact marks: Surface abrasions found on U.S. coins, as a result of coins striking the surfaces of other coins during bagging and shipping procedures. See Chapter 4, "Grading," for details.

Coronet: A style of Liberty Head used on U.S. copper and gold coins for much of the 19th century. Liberty wears a coronet (usually marked with the word LIBERTY).

Denomination: The face value of a coin; the amount of money it is worth as legal tender.

Device: The principal design element, such as a portrait, shield or heraldic emblem, on the obverse or reverse of a coin.

Die: A hardened metal punch, the face of which carries an intaglio or incuse mirror-image to be impressed on one side of a planchet.

Disme: Original spelling of "dime." Believed to have been pronounced to rhyme with "team."

Double eagle: A $20 gold coin of the United States.

Eagle: A $10 gold coin of the United States.

Edge: Often termed the third side of a coin, it is the surface perpendicular to the obverse and reverse. Not to be confused with the rim. Edges can be plain, reeded or lettered.

Fantasy: An object having the physical characteristics of a coin, issued by an agency other than a governing authority (or without official sanction) yet purporting to be issued by a real or imagined governing authority as a coin.

Field: The flat part of a surface of a coin surrounding and between the head, legend or other designs.

Flow lines: Microscopic striations in a coin's surface caused by the movement of metal under striking pressures.

Frost: Effect caused by striking a coin with sandblasted dies, often used in reference to Proof coins.

Half dimes, half dismes: A silver 5-cent coin of the United States. The Mint Act of April 2, 1792, authorized "half dismes." The "s" in "disme" was probably silent, and probably rhymed with "team."

Half eagle: A $5 gold coin of the United States.

Hub: A right-reading, positive punch used to impress wrong-reading, mirror-image dies.

Large cent: Refers to the U.S. cents of 1793-1857, with diameters between 26-29 millimeters, depending on the year it was struck.

Legal tender: Currency (coins or paper money) explicitly determined by a government to be acceptable in the discharge of debts.

Lettered edge: An incused or raised inscription on the edge of a coin.

Minor coin: A silver coin of less than crown weight, or any coin struck in base metal.

Mint mark: A letter or other symbol indicating the Mint of origin.

Money: A medium of exchange.

Nickel: A silver-white metal widely used for coinage. It is factually incorrect to use "nickel" for the copper-nickel 5-cent coin. In the mid-19th century, copper-nickel cents and 3-cent coins were also nicknamed "nickel," like the modern 5-cent coin. The U.S. Mint has never struck a coin officially called a "nickel."

Numismatics: The science, study or collecting of coins, medals, paper money, tokens, orders and decorations and similar objects.

Numismatist: A person knowledgeable in numismatics, with greater knowledge than a collector.

Obverse: The side of a coin which bears the principal design or device, often as prescribed by the issuing authority. In informal English, the "heads."

Pattern: Coin-like pieces designed to test coin designs, mottoes or denominations proposed for adoption as a regular issue and struck in the metal to be issued for circulation, but which were not adopted, at least in year of pattern issue. The 1856 Flying Eagle cent is a pattern; the coin was not struck for circulation or authorized until 1857.

Penny: The nickname given the 1-cent coin. The United States Mint has never struck a penny for use in the United States. The nickname derives from the country's English origins; England still uses a denomination called a penny.

Pioneer gold: Gold coins, often privately produced, struck in areas of the United States to meet the demands of a shortage of coins, generally in traditional U.S. coin denominations. Often called "private gold," which is correct for many but not all of the issues, and "territorial gold," which is incorrect since none of the coins were struck by a territorial government.

Planchet: The disc of metal which when placed between the dies and struck becomes a coin. Also called flan or blank.

Restrike: A numismatic item produced from original dies at a later date. In the case of a coin, the restrike usually occurs to fulfill a collector demand and not a monetary requirement.

Reverse: The side opposite the obverse, usually but not always the side with the denomination. The side opposite the side containing the principal design. Informally, the "tails."

Slab: A rigid plastic, permanently sealed holder, usually rectangular, especially those used by third-party grading services.

Series: Related coinage of the same denomination, design and type, including modifications and varieties.

Type: A basic coin design, regardless of minor modifications. The Indian Head and Jefferson 5-cent coins are different types.

Variety: The difference between individual dies or hubs of the same basic design or type. The Bison on Mound and Bison on Plain are two varieties of the Indian Head 5-cent coin. The basic design was slightly modified, but otherwise unchanged.

U.S. coinage history

2

The history of United States coinage is a fascinating subject involving economics, politics, artistic expression, personal rivalry, technological breakthroughs, gold and silver discoveries and more. In short, the history of the country's coinage is the history of the United States.

Prior to the Revolution and the ratification of the U.S. Constitution, coinage in the British Colonies was a mixed bag (see Chapter 14) of foreign coins, privately minted tokens and a few pieces authorized by the crown, and later, individual states.

Leading thinkers of the United States — Benjamin Franklin, Robert Morris and Thomas Jefferson, among them — suggested coinage systems. Franklin is even credited with the design concepts for the first true United States coin, the 1787 Fugio cent, struck under the provisions of the Articles of Confederation.

However, it was Alexander Hamilton, the country's first Secretary of the Treasury (later killed in a duel with Vice President Aaron Burr), who suggested a decimal coinage plan similar to what would be adopted in 1792. Hamilton's proposal, submitted to Congress in January 1791, recommended six denominations: gold $10 and $1 coins, silver $1 and 10-cent coins, and copper cents and half cents. Congress considered Hamilton's proposal, wrestled over the desires of many in Congress to place George Washington's portrait on U.S. coins (Washington vehemently opposed it), tinkered with weights and finenesses and finally arrived at the famous act that, to this day, still exerts controls over U.S. coinage.

The American coinage system was authorized under the Mint Act of April 2, 1792. The act also authorized the construction of a minting facility, and provided for the positions that would be required and outlined the responsibilities of the officers and set their salaries.

The 1792 act authorized 10 coinage denominations, eight of them legal tender. The two smallest denominations, the copper cent and half cent, had no legal tender status, unlike the silver and gold coins. Five silver denominations were authorized: half disme (pronounced with a silent S, as in "deem"), disme, quarter dollar, half dollar and dollar. Three gold denominations were authorized: quarter eagle, or $2.50 coin; half eagle, or $5 coin; and eagle, a $10 coin. The act even outlined what design elements should appear on the coins.

Since coinage began at the Philadelphia Mint in 1793, 21 denominations have appeared on the circulating and commemorative coins of the United States. In gold, the denominations have been $50 (commemorative and bullion coins only), $25 (the American Eagle bullion coin), $20, $10, $5, $3, $2.50 and $1. Among silver coins (many later changed to copper-nickel by the Mint Act of 1965), there have been the silver dollar, the Trade dollar, the half dollar (50 cents), the quarter dollar (25 cents), 20-cent coin, dime (10 cents), half dime (5 cents) and 3-cent coin. There have also been copper-nickel 5-cent, 3-cent and 1-cent coins; a bronze 2-cent coin; cents in six different alloys; and a copper half cent. (The gold dollar, standard silver dollar and Trade dollar are counted as separate denominations, as are the two 3-cent and two 5-cent coins. They did not replace each other and for a period, circulated alongside each other; also, separate laws authorized the various coins. However, the changes in alloy for the minor coins are not counted as separate denominations, since the changes followed one another.)

Denominations
Gold
$50
$25
$20
$10
$5
$3
$2.50
$1
Silver
$1
Trade dollar
Half dollar
Quarter dollar
20 cents
Dime
Half dime
3 cents
Base metal
$1
Half dollar
Quarter dollar
Dime
5 cents
3 cents
2 cents
Cent
Half cent

COINAGE

Production of U.S. coinage began in earnest in 1793 with the production of copper half cents and cents. However, the striking of the two copper denominations came several months after the 1792 half disme was struck in small quantities for circulation, according to a report by George Washington. Silver coinage began on a somewhat more regular basis one year after copper coinage production began. The Mint began striking silver half dimes, half dollars and dollars in 1794; and silver dimes and quarter dollars in 1796. Gold coinage began in 1795 with the $5 half eagle and the $10 eagle, followed by the $2.50 quarter eagle in 1796.

During the earlier years of the U.S. Mint, not all denominations were struck in all years. In 1804, coinage of the silver dollar ceased with the striking of 1803-dated coins; dollar coinage was not resumed until 1836. A few gold eagles were struck in 1804, but coinage of the $10 coin then ceased until 1838. No quarter eagles were struck from 1809 through 1820. Production of the other denominations was sporadic except for the cent; a fire prevented any 1815-dated cents from being produced. Otherwise the cent series has been issued without interruption since 1793.

Meanwhile, as the country's borders and population grew, the monetary system grew with them. The denominations authorized in 1792 were no longer sufficient to meet the country's monetary needs at the midpoint of the 19th century. New denominations were authorized at the century's halfway mark. Congress authorized a gold dollar and a gold $20 double eagle, both under the Act of March 3, 1849. Two years later, a silver 3-cent coin was authorized to facilitate the purchase of 3-cent postage stamps (Act of March 3, 1851). A gold $3 coin was introduced in 1854 (Act of Feb. 21, 1853), again to help in the purchase of 3-cent stamps (in sheets of 100). A smaller, copper-nickel cent was approved in 1857, replacing the pure copper large cent. The half cent was eliminated, also in 1857.

Two 1857 cents

The American Civil War erupted in 1861, causing massive hoarding of coinage and the necessity of coinage substitutes like encased postage stamps, privately produced copper-alloy cent-like tokens and finally, the first federal paper money (see Chapter 14). More changes to U.S. coins began in 1864, when the composition of the cent was changed to 95 percent copper and 5 percent tin and zinc, and when a bronze 2-cent coin was introduced (both under the Act of April 22, 1864). A copper-nickel 3-cent coin was issued beginning in 1865 (Act of

March 3, 1865) to circulate alongside the silver 3-cent coin (which was struck in decreasing numbers until the last coins were produced in 1873). In 1866, a copper-nickel 5-cent piece was introduced (Act of May 16, 1866); the silver half dime was eliminated after 1873.

In a bit of numismatic trivia that might be surprising to most non-collectors, the first coin to be called a "nickel" was the copper-nickel cent issued from 1857-64. The copper-nickel 3-cent coin was also called a "nickel" by 19th century users of the coin, with the copper-nickel 5-cent coin introduced in 1866 finally appropriating the nickname. The nickname persists to this day although the term "nickel" appears in none of the legislation authorizing the 5-cent coin. The nickname is based on the copper-nickel alloy that composes the coin, although ironically, the alloy used in the 5-cent coin since its inception has been 75 percent copper and just 25 percent nickel.

▶

The year 1873 brought significant, unprecedented changes to the U.S. coinage system, under a law called by some the "Crime of '73." The Act of Feb. 12, 1873, is called by numismatic historian Don Taxay "the most exhaustive [coinage act] in our history." Four denominations were abolished by the act: the 2-cent coin, the silver 3-cent coin, the half dime and the standard silver dollar. A Trade silver dollar was authorized for use by merchants in the Orient; in 1876 Congress revoked the coin's legal tender status in the United States. The weights of the silver dime, quarter dollar and half dollar were increased. In addition, the act, in effect, demonetized silver and placed the United States on a gold standard, triggering a national debate that would last for the next quarter century.

▶

Another new denomination was authorized under the Act of March 3, 1875 — the silver 20-cent piece. The coin was struck for circulation in 1875-76, setting the record for the shortest-lived silver denomination in U.S. coinage history. Coinage of Proof 20-cent pieces continued for collectors only in 1877-78.

Meanwhile, the powerful silver interests in the United States, faced with the demonetization of silver left by the Crime of '73, fought in Congress. The resulting Act of Feb. 28, 1878, reinstituted the standard silver dollar abolished by the Act of Feb. 12, 1873. The specifications were unchanged from the silver dollar of 1837-73: an alloy of 90 percent silver and 10 percent copper, weighing 26.73 grams. Obverse and reverse designs created by Mint Engraver George T. Morgan were selected for the dollar, today generally called the Morgan dollar (it was also called the Bland-Allison dollar, after the names of the congressmen responsible for the bill). Coinage of the Morgan dollar continued through 1904.

Coinage denominations in use continued unchanged through 1889, when the gold dollar and gold $3 denominations were struck for the last time.

The silver dollar was resurrected twice for circulation: in 1921, to continue through 1935; and in 1964, although the 1964 Peace silver dollars were all destroyed before entering circulation. After government support for the 1964 Peace dollars was withdrawn, the coins were destroyed, in part to ensure that none entered circulation or collector circles inadvertently. The copper-nickel dollar was introduced in 1971, and a smaller dollar (the Anthony dollar) was issued briefly from 1979-81. The standard silver dollar lives on in commemorative coinage, with five different dollars struck since 1983. In addition, there is a 1-ounce silver bullion coin which bears a $1 denomination, introduced in 1986 as part of the American Eagle bullion coin program.

Since the Mint Act of 1875, only two new denominations have been authorized, neither for circulation. In 1915, a gold $50 coin was approved to commemorate the Panama-Pacific Exposition being held in San Francisco that year. More than 70 years later, in 1986, the $50 denomination was revived for the American Eagle bullion program. That same legislation (Act of Dec. 17, 1986, Public Law 99-185) also approved the United States' first $25 coin, the American Eagle half-ounce gold bullion coin.

The last gold denominations were struck for circulation in 1933, when coinage of the eagle and double eagle ceased under President Franklin Roosevelt's anti-gold executive orders. The gold quarter eagles and half eagles were last struck in 1929.

Designs

The story behind the designs of U.S. coinage is one of artistic experimentation and drone-like uniformity; of political necessity and political favoritism; of beauty tempered by the realities of the coining process.

The senators and representatives who approved the U.S. monetary system created design parameters that affect new U.S. coin designs even today, nearly 200 years after that initial legislation. The Mint Act of April 2, 1792, specified that certain design features and legends appear on the coins which were authorized. On one side of all coins was to be an impression symbolic of Liberty, plus the word LIBERTY and the year of coinage. For the silver and gold coins, an eagle and UNITED STATES OF AMERICA were to appear on the reverse. The denomination was to appear on the reverses of the half cents and cents.

For more than 115 years in the history of U.S. coinage, Liberty was portrayed by allegorical female figures, appearing either as a bust or a full-length portrait. Liberty's changing face through the years says a lot about the artistic abilities of the craftsmen employed on the Mint staff and the artists hired from outside to design certain coins. Some of the most attractive U.S. coins were designed by non-Mint employees, often in opposition to a jealous Mint engraving staff who seemed more concerned about whether the coin would stack than its physical beauty. Beautiful designs created by Mint staff engravers never went beyond the pattern stage in favor of the uniformity that characterized U.S. designs from the mid-1830s into the early 20th century.

The changing portrait of Liberty also reveals the embodiment of the "ideal woman" by the physical standards set by the American men of the time, and men had always dominated U.S. coinage design until the 1980s. (The Mint engraving staff was exclusively male until the Reagan administration appointed Elizabeth Jones Chief Sculptor-Engraver.) The first coinage portraits of Liberty are "Rubenesque" by modern standards. Among the most recent allegorical figures to appear on U.S. coins is on American Eagle gold bullion coins — depicting a reproduction of an 80-year-old design, "slimmed down" to resemble the trimmer woman championed by American advertising and dietary standards in the 1980s — and the 1989 Congress silver dollar and half eagle featuring William Woodward's and Patricia Lewis Verani's renditions of Thomas Crawford's *Statue of Freedom*, which appears above the Capitol Dome in Washington, D.C.

The 1793 half cents and cents introduced the allegorical themes used on U.S. coins: The half cent depicts a bust of Liberty with her hair flowing free. A Liberty Cap on a pole, a familiar symbol of Liberty in the American and French revolutions of the latter 18th century, rests on her right shoulder, giving the design its name: the Liberty Cap.

Liberty Cap

On the first cents of 1793, another Flowing Hair Liberty appears. Contemporary reports claimed Liberty looks frightened on the cent. The designs are somewhat crude by modern standards. However, the Liberty busts were cut directly into steel by hand. Mint technicians had no access to the modern equipment and techniques available to their counterparts today.

Flowing Hair Liberty

Since the Mint Act of 1792 required only the denomination to appear on the reverses of the copper coins, the Mint engravers had a free rein. The first half cents have a wreath on the reverse, a device used as late as 1958 on the reverse of the Lincoln cent in the form of two "ears" of wheat. The reverse device on the first cents lasted only months. A 15-link chain meant to represent the unity of the 15 states appears on the first 1793 cents. The chain was believed by the public to be a symbol of enslavement perceived to represent "a bad omen for Liberty." Changes in the design of both sides of the cent came rapidly. The Chain reverse was replaced by a wreath, then the obverse design of the "frightened Liberty" was replaced with a Liberty Cap design similar to that on the half cent. Thus, three distinct cents were struck with the 1793 date: the Flowing Hair Liberty, Chain cent; the Flowing Hair, Wreath cent; and the Liberty Cap, Wreath cent.

Chain reverse

Wreath

Additional design changes were instituted for the cent in 1796, when a Draped Bust design was introduced and used through 1807. Liberty appears without a cap, her hair falling over bare shoulders. Loose drapery covers Liberty's bust. Another Liberty Head design called the Classic Head design was used on the cent from 1808-14. It differs considerably from the earlier allegorical motifs, with Liberty wearing a ribbon inscribed with LIBERTY around her hair.

Draped Bust

The Coronet design was introduced in 1816 on the large cent. This design would prove one of the more versatile of the 19th century. A variation of the Coronet design would appear on both copper coins until 1857, and on most of the gold denominations from the 1830s to the first decade of the 20th century. The design is similar on all of the coins, depicting Liberty wearing a coronet inscribed with the word LIBERTY.

Classic Head

Designs for the half cent were generally similar to the cent's designs, although the timetable for introduction was often different. The half cent used a Liberty Cap design until 1797, and from 1800-08 a Draped Bust design was used. The Classic Head design was used on the half cent from 1809-36 and the Coronet design was introduced in 1840.

The silver coins of the 18th century feature designs similar to those on the copper coins. The silver coins used a Flowing Hair design in 1794-95, and in 1795-96 a Draped Bust design was introduced on all silver

Coronet cent

Capped Draped Bust

coins. The Capped Bust design was used first for the half dollar in 1807, with the dime following in 1809, the quarter dollar in 1815 and the half dime in 1829. The eagles appearing on the reverse of the silver coins appeared in several forms, first in a Small Eagle design that some critics likened to a pigeon; then, a Heraldic Eagle which was used on the dollar beginning in 1798, the half dollar in 1801 and the quarter dollar in 1804.

Allegorical Liberty figures with similar themes but somewhat different details were used on the early gold coins. A Capped Bust, Heraldic Eagle design was used from 1796-1807 for the quarter eagle, then replaced in 1808 with the one-year-only Capped Bust type. The Capped Head quarter eagle was struck between 1821-34. On the half eagle, the Capped Bust design was used from 1796-1807; the Small Eagle reverse was used from 1796-98, and a Heraldic Eagle design was used from 1795-1807, concurrently with the Small Eagle at first. The Capped Draped Bust was used on the half eagle from 1807-12, and the Capped Head, from 1813-29. The Classic Head design was used briefly, from 1834-38. For the $10 eagle, the Capped Bust design was used from 1795 to 1804, when production of the denomination ceased. On the reverse of the $10 coin, the Small Eagle was used from 1795-97, and the Heraldic Eagle design was used from 1797 to 1804.

Small Eagle

Heraldic Eagle

Seated Liberty

Coronet gold

Several events took place in the mid-1830s that were to affect coinage designs for decades. Among them was the Act of Jan. 18, 1837, which eliminated the need for an eagle on the reverses of the half dime and dime. The other event was the resumption of coinage of the silver dollar in 1836, and the adoption of a new design that eventually would appear on six different denominations, on some of them for more than half a century.

Production of the silver dollar resumed in 1836 with the Gobrecht dollar. The obverse depicts a Seated Liberty figure on a rock, her body wrapped in robes. The reverse depicts a Flying Eagle design. The Seated Liberty dollar was the first of four coins which would use a similar Flying Eagle theme.

With the creation of the Seated Liberty design, a new age of uniformity ensued on U.S. coins. The Seated Liberty obverse design was introduced on the half dime and dime in 1837, the quarter dollar in 1838 and the half dollar in 1839. Wreaths were placed on the half dime and dime in 1837; eagles appeared on the new quarter dollar and half dollar; and the dollar received a new eagle design in 1840, with the Flying Eagle replaced by an eagle similar to those on the quarter and half dollar.

Gold coins, too, entered the uniform age of coin designs when the Coronet (sometimes called Liberty Head on gold coins) design was introduced in 1838 for the eagle, 1839 for the half eagle and 1840 for the quarter eagle. When the gold dollar and double eagle were introduced in 1849 and 1850, the Coronet design was used for both. Like the silver coins, the gold coins would not break out of uniformity until the early 20th century, except for the dollar.

A new theme was introduced in 1854 on the gold dollar, replacing the Coronet figure. An Indian Head portrait by James

Flying Eagle cent

B. Longacre was introduced, the first in a series of medallic tributes to the first native Americans that would last until shortly before the beginning of World War II. Ironically, the Indian was being used as a symbol of Liberty even as the American movement to push the Indians into decreasingly smaller portions of the West accelerated. However, the gold dollar portrait was not a true Indian; Longacre simply placed an Indian headdress on the same Liberty figure he would use in many different versions of the design. A slightly larger Indian Head was used beginning in 1856 on the gold dollar. The gold $3 coin depicts an Indian Head portrait, and the reverse depicts not an eagle but a wreath.

When the large cent was abandoned in 1857 for a smaller cent (see section titled "specifications"), a Flying Eagle design was placed on the obverse (the 1856 Flying Eagle cents are patterns, struck before Congress authorized a change in composition and size). This was the first non-human portrayal of Liberty, and the only time an eagle would appear on the cent. The obverse design was changed to an Indian Head design in 1859. Wreaths of various types appear on the reverses of both.

Several non-allegorical designs began to appear on U.S. coins in the 1850s. On the silver 3-cent coin, a six-point star appears as the central obverse design; the reverse depicts the Roman numeral III inside what resembles a large letter "C." Shields appear on the obverses of the 2-cent coin and the first copper-nickel 5-cent coin. A Liberty Head design replaced the Shield design on the 5-cent coin in 1883. The silver dollar, abandoned in 1873 and reinstated in 1878, depicts a Liberty Head and an eagle (called the Morgan dollar).

The Seated Liberty coinage design was dusted off and placed on the short-lived 20-cent coin of 1875-78. However, the Seated Liberty design, used on most of the silver coins since 1836, was finally abandoned at the end of 1891. By this time, it was in use only on the dime, quarter dollar and half dollar, the other denominations having been repealed. It was replaced in 1892 with a Liberty Head design by Chief Mint Sculptor-Engraver Charles Barber, who also created a Heraldic Eagle for use on the reverse of the quarter dollar and half dollar; the reverse wreath appearing on the Seated Liberty dime was maintained on the reverse of the "Barber" dime. The Barber designs remained in use through mid-1916 for the dime and quarter dollar, and through 1915 for the half dollar.

The first two decades of the 20th century resulted in two major design trends for U.S. coins. One, beginning in 1907, resulted in what can be called the "Golden Age of U.S. Coin Designs." The other, beginning in 1909, was the first step away from the allegorical depictions that had characterized U.S. coins since 1793 in favor of medallic tributes to prominent political figures from American history.

Saint-Gaudens high relief

The "golden age" began with the election of Theodore Roosevelt as president of the United States. Roosevelt, best-known among non-numismatists as a vibrant president who built the Panama Canal and advocated the carrying of a "big stick," did more to improve the aesthetics of U.S. coins than any other politician since Washington. He invited Augustus Saint-Gaudens, the premier U.S. sculptor of the day, to create coin designs Roosevelt hoped would relive the beauty of ancient Greece. Saint-Gaudens submitted designs for the cent, $10 eagle and $20 double eagle. Roosevelt choose from the submissions the designs for the two gold coins: The $10 coin depicts an alle-

Saint-Gaudens low relief

gorical Liberty Head wearing an Indian headdress on the obverse, and a standing eagle on the reverse; the double eagle depicts a Standing Liberty facing the viewer on the obverse, and a Flying Eagle design for the reverse.

The Mint engraving staff, led by Charles Barber, was not happy with the hiring of outside talent, even though Saint-Gaudens' double eagle design is considered by many collectors to be the finest ever portrayed on a U.S. coin. The first $20 coins struck in 1907 feature high relief features, an artistic creation that caused problems in production. The coins required too many strikings of the press for efficient production, so the relief was lowered later in 1907. Saint-Gaudens, who had been in ill-health for some time, was dead by this time and unable to protest the changes in the design.

The "golden age" continued in 1908, with new designs for the $2.50 quarter eagle and $5 half eagle: an American Indian on the obverse, and a Standing Eagle on the reverse. These were the first true Indians to appear on U.S. coins. What made the designs so unusual, however, was their placement on the coin. The designs were created in the oxymoronic "incused relief." Often incorrectly referred to as incused, the designs are raised, but sunken into the fields so the highest points are level with the flat fields. This design feature was criticized, with some suggesting that the "incused" portions would permit enough germs to accumulate to prove a health hazard. The experiment also did not please Barber.

Indian Head 5 cents

In 1913, the designs for the 5-cent coin were changed. An American Indian was placed on the obverse, and an American bison was placed on the reverse. The coin, known variously as the Indian Head, Bison or Buffalo 5-cent coin (also nicknamed the Buffalo nickel), is considered the most American of U.S. coin designs because of the two themes portrayed on the coin. The Indian design appearing on the obverse is probably the finest to be placed on a U.S. coin. Three Indians, Iron Tail, Two Moons and Chief John Tree, posed for designer James Fraser, who created a composite portrait. The model for the bison was Black Diamond, a resident of the New York Zoological Gardens.

More design changes were made in 1916, when the Barber designs for the dime and quarter dollar were replaced in mid-year. The dime features a Winged Liberty Head on the obverse.

Standing Liberty Bare Breast and Mailed Breast

The design is often called the "Mercury" dime. However, Mercury was a Roman male god with wings on his ankles who wore a winged hat, while the figure on the dime is female and wears a winged cap. The artist never intended the figure to represent Mercury. The reverse depicts a fasces.

The quarter dollar design introduced in 1916 proved controversial. The Standing Liberty figure had an exposed right breast, an anatomical feature which had also appeared on the allegorical figure of Electricity on the Series 1896 $5 silver certificate until it was replaced in 1899 with a less prurient American Indian vignette. Some citizens of the period deemed the design too revealing on the quarter dollar as well, so in 1917 the offending breast was covered with a coat of mail (both varieties of the 1917 coin exist). The reverse depicts a Flying Eagle; its position was modified slightly in 1917 when Liberty was given additional clothing. Amusingly, correspondence between Mint officials and designer A.A. Weinman refer to changes in the placement of the eagle but apparently do not mention the unclad Liberty. The coat of mail was added very quietly.

The Walking Liberty half dollar was also introduced in 1916. The obverse depicts a Walking Liberty figure, while the reverse depicts one of the most attractive eagles placed on a regular issue of U.S. coins.

Walking Liberty

In 1921, the Peace dollar replaced the Morgan, which had been briefly resurrected in 1921 (coinage had ceased in 1904). The Peace dollar commemorates the peace which followed the end of World War I. Coinage of the dollar ceased at the end of 1935 when the denomination was abandoned.

The second coinage trend to begin in the early 20th century occurred in 1909 when a portrait of Abraham Lincoln replaced the Indian Head on the cent. For the first time, a historical, non-allegorical figure was used on a circulating coin of the United States. Lincoln's 100th birthday was celebrated in 1909. His 150th birthday in 1959 resulted in the Lincoln Memorial replacing the two "ears" of wheat found on the Lincoln cents of 1909-58.

The trend continued in 1932, when the Standing Liberty quarter dollar was replaced with the Washington portrait on the bicentennial of Washington's birth. A portrait of Thomas Jefferson replaced the American Indian in 1938 on the 5-cent coin (the Treasury Department held a design contest), and Franklin Roosevelt's portrait was placed on the dime in 1946, a year after his death. A portrait of Benjamin Franklin was placed on the half dollar in 1948, replacing the Walking Liberty designs. Franklin was replaced in turn in 1964 by a portrait of John F. Kennedy in a numismatic tribute to the assassinated president.

In 1971, a copper-nickel dollar coin was introduced bearing President Dwight D. Eisenhower's portrait on the obverse and an allegorical figure of an eagle landing on Earth's moon, commemorating the Apollo 11 moon landing.

The Bicentennial of the Declaration of Independence in 1976 brought changes to the reverses of the quarter dollar, half dollar and dollar. The reverse of the 1976 quarter dollar depicts a Revolutionary War drummer; the half dollar depicts Independence Hall in Philadelphia; and the dollar depicts the Liberty Bell superimposed over the moon. The designs reverted to their original versions in 1977.

In 1979, a new copper-nickel dollar sized between the quarter dollar and half dollar was introduced, replacing the Eisenhower dollar. The new design depicts feminist Susan B. Anthony and a reduced version of the moon-landing design. Anthony was the first non-allegorical U.S. woman to appear on a circulating coin. The choice was not a popular one, since many collectors had hoped a reincarnation of the Flowing Hair Liberty, designed by Chief Sculptor-Engraver Frank Gasparro especially for the smaller dollar, would appear. Many letters from collectors focused on the supposed unattractiveness of Anthony, who was shown in her later years on the coin. However,

COINAGE

those same writers apparently had never criticized the physical attributes of Lincoln (who, after all, was referred to as an ape by the press of his time, before he achieved martyrdom upon his assassination) and Washington, another of the American presidents not known for his appearance. Ironically, a descendant of Anthony was critical of an early version of Gasparro's Anthony portrait as too "pretty," and not at all indicative of the woman's strong character; Gasparro modified the design before it was placed on the coin. However, the coin did not circulate well, mainly because of its similarity in size to the quarter dollar (many found the two coins too close to each other in diameter). Poor public usage of the smaller dollar resulted in none being struck after 1981 (the 1979-80 coins were struck for circulation, and the 1981 coins were struck for collectors only).

The reintroduction of commemorative coins and the American Eagle bullion coins have brought renewed interest in coinage designs, and renewed controversy. Collectors and others have been critical of some of the designs on the commemorative coins (the two torchbearers on an early version of the 1984 Olympic $10 eagle were lampooned as "Dick and Jane running" by congressional members). Others, most notably the obverse of the 1986-W Statue of Liberty half eagle, designed by Chief Sculptor-Engraver Elizabeth Jones, have been praised.

The reintroduction of two older designs on the American Eagle coins has proven controversial. The obverse of the silver dollar depicts the Walking Liberty half dollar obverse, enlarged for placement on the larger coin. A new Heraldic Eagle appears on the reverse.

The designs chosen for the gold bullion coins were even more controversial. Saint-Gaudens' obverse Liberty for the

Saint-Gaudens' Liberty slimmed down in 1986

double eagle was chosen, but not until Treasury Secretary James A. Baker III ordered Liberty on a diet in 1986. The Mint engraver assigned to the project was ordered to reduce Liberty's apparent weight, by giving her slimmer arms and legs. Members of the Commission of Fine Arts decried the changes to what is considered a classic design. Members were also critical of the reverse, a Family of Eagles design by Dallas sculptor Miley Busiek. The legislation authorizing the gold coins mandated the Busiek design. Busiek had been an untiring champion of her design, which shows two adult eagles and two younger birds. She lobbied in Congress and the Treasury Department for months in a politically successful attempt to have her design placed on the bullion coins. She says the design reflects the values of the American family.

Family of Eagles

Currently, hobbyists and others are calling for new designs on circulating coins, which the Treasury Secretary may change without congressional approval after they have been in use 25 years. The 25-year limitation was placed on the coinage system in the Act of Sept. 26, 1890. Until then, there were no limitations concerning the life of a coin design. This act is now a part of Title 31 of the U.S. Code.

The Lincoln cent has been in use since 1909 (the reverse, since 1959). The Jefferson 5-cent coin has been around since 1938, and the Roosevelt dime, since 1946. The Kennedy half dollar celebrated its 25th birthday in 1989, having been introduced in 1964.

For decades, Mint officials have publicly opposed changes to U.S. coinage designs, stating that to change coinage designs would cause hoarding of the old designs, thus generating a coinage shortage. However, that policy changed in April 1988 when Mint Director Donna Pope, appearing before the Senate Banking Committee, reported that the Treasury had no major objections to a bill calling for the redesign of all circulating U.S. coins.

However, since then Treasury has dropped any support it had for coinage redesign. As of August 1991, Congress had not acted on legislation that would mandate changes.

Specifications

The physical specifications of U.S. coins — metallic content, weights, diameters — have been ever changing. Changes were in response to increases and decreases in the prices of the metals contained in them; public rejection of large-diameter coins; and other factors.

Even before the first copper coins were struck in 1793, their weights were reduced under the Act of May 8, 1792. The modified weights are 6.74 grams for the half cent, and 13.48 grams for the cent (weights are given in grams for modern convenience; the early coinage laws specified the weights in grains). Weights for both copper coins were reduced in 1795, to 5.44 grams for the half cent, and to 10.89 grams for the cent.

The 1794-95 silver coinage was struck in a composition of 90 percent silver and 10 percent copper, according to some sources. When additional silver denominations were added in 1796, the composition for all five coins was changed to 892.427 silver and 107.572 copper, until additional change came in 1836-37.

Arrows signify change

Composition of the first gold coins is 916.667 gold and 83.333 copper and silver.

The only changes made to U.S. coins between the first decade of the 19th century and 1834 were to the designs. Then, on June 28, 1834, the weight of gold coins was reduced and the alloy changed for two years to 899.225 percent gold and 100.775 copper and silver. In 1836, the gold alloy was changed again, to 90 percent gold and 10 percent copper and silver, an alloy unchanged until 1873. Changes were made to silver coins in 1836 as well, when the silver content was changed to 90 percent silver and 10 percent copper, an alloy not abandoned until the mid-1960s.

The rising price of silver resulted in a reduction in weights for the silver coins during 1853 (except for the silver dollar). Arrows were added to both sides of the dates on the reduced weight half dimes, dimes, quarter dollars and dollars, a design feature used for 1853-54. The arrows were removed in 1855 although the weights of the silver coins remained the same.

COINAGE

Major changes to the country's copper coinage were made in 1857. The half cent was eliminated and the large copper cent was replaced during the year with a smaller cent composed of 88 percent copper and 12 percent nickel (Act of Feb. 21, 1857). Diameter of the old cent is approximately 29 millimeters; the new cent has a diameter of 19mm.

The weights of the Seated Liberty silver coinage increased in 1873, and once again arrows were placed at either side of the date for two years to signify the increased weight. At the same time, silver was dropped from the gold-coin alloy; the coins were now composed of 90 percent gold and 10 percent copper.

The next major compositional changes in U.S. coins were made during World War II. At the beginning of the United States' entry into World War II, the supply of several metals used in coinage became critical. The first to change was the 5-cent coin, which had nickel removed in mid-1942 after some copper-nickel specimens were struck. The new composition was 56 percent copper, 35 percent silver and 9 percent manganese. The old alloy was resumed in 1946.

Zinc-plated steel cent

Also during the war, the composition of the cent changed. First, tin was removed late in 1942. Then, in 1943, a zinc-plated steel cent was introduced to conserve copper. The brass alloy of 95 percent copper and 5 percent zinc was resumed in 1944 through 1946. The 95 percent copper, 5 percent tin and zinc composition resumed in 1947 and continued until late 1962. Once again, tin was removed from the bronze alloy, turning the alloy into the same composition, called brass, used in 1944-46.

The 175-year-old history of United States coinage was changed with the stroke of a pen on July 23, 1965. On that day President Lyndon Johnson signed into law the Coinage Act of 1965, the most sweeping changes to the U.S. coinage system since the Mint Act of 1873. The 1965 act eliminated silver in dimes and quarter dollars and reduced the silver content of the half dollars to 40 percent.

Special congressional hearings relative to the nationwide coin shortage were first held in 1964. Coin shortages had continually worsened in the decade prior to 1965 as a result of the population growth, expanding vending machine businesses, popularity of Kennedy half dollars and the worldwide silver shortage.

In the face of the worldwide shortage of silver, it was essential that dependence on silver for the production of coins be reduced. Otherwise the country would be faced with a chronic coin shortage.

As a result of studies conducted by both the Treasury and the Battelle Memorial Institute, a clad metal composed of three layers of metal bonded together was selected for the new composition. Battelle examined and tested various alloys to determine their suitability for coinage. (Battelle is a Columbus, Ohio-based company which specializes in high-tech experimentation and research.)

The dimes and quarter dollars were composed of two layers of 75 percent copper and 25 percent nickel bonded to a core of pure copper. The half dollars were composed of two layers of 80 percent silver and 20 percent copper bonded to a core of approximately 20 percent silver and 80 percent copper, such that the entire coin is composed of 40 percent silver.

The combination of copper-nickel and copper gave the new coins the required electrical conductivity, a necessary property for vending machines. The copper-nickel surfaces also continued the traditional silvery color of the coins. In addition, a clad metal would be much harder to counterfeit.

The legal weights of the coins were affected by the change in alloy. The new clad dime weight is 2.27 grams, the quarter dollar weighs 5.67 grams and the half dollar weighs 11.5 grams. With the elimination of silver from half dollars in 1971 and the introduction of a copper-nickel clad version, the weight was changed to 11.34 grams. The cladding of all coins constitutes approximately 30 percent of the coin by weight.

At first all of the strip (coinage metal rolled out into the proper thickness) was produced at the Olin Brass Division of Olin Mathison Chemical Corp. in East Alton, Ill. From there it was shipped to the U.S. Mints at Philadelphia and Denver and to the San Francisco Assay Office. As time had passed and the Mints built new facilities, more and more of the cladding was produced at the Mints. However, the Mint currently buys all strip from outside manufacturers. Mint officials claim it is more efficient and less expensive to do so. In addition, the Mint buys some of its planchets from private contractors, including all of the copper-plated zinc cent planchets and all of the precious metal planchets for special programs like commemorative coins and the American Eagle bullion coins.

In an effort to maximize production of coinage, 1964-dated silver coins were struck into 1965. The Coinage Act of 1965 also made it mandatory that clad coins be dated not earlier than 1965. Therefore, all clad coins actually made in 1965 bear that date. The first clad dimes were struck in late December 1965 and were released March 8, 1966. The first clad quarter dollars were struck Aug. 23, 1965, and released Nov. 1, 1965. The first silver-clad half dollars were released March 8, 1966, but were struck starting Dec. 30, 1965.

The 1965 date was retained until July 31, 1966, when the date was changed to 1966. Normal dating was resumed on Jan. 1, 1967.

The last great compositional change to U.S. circulating coinage came in mid-1982, when the brass cent was replaced with a cent of nearly pure zinc, plated with a thin layer of pure copper to retain its copper appearance. Rising copper prices were the cause. The switch over to the copper-plated zinc cent was made with few non-numismatists noting the difference.

When the American Eagle bullion coins were introduced in 1986, some numismatists were critical of the .9167 gold content, a composition they deemed "non-traditional"; there was some preference for a .900 gold content. However, the chosen composition is virtually identical to the alloy first used for U.S. gold coins, from 1795 to 1834. A new silver composition was introduced with the production of the .999 fine silver American Eagle dollar.

Future changes in the specifications of U.S. coins will depend on metals markets and politics. Legislation seeking a palladium commemorative coin honoring six Western states found little support in Congress and even less support in the numismatic community and the U.S. Mint as a non-traditional coinage material. Only a handful of nations throughout the world have struck palladium coins. Mint officials warned they had no experience in striking such coins.

Gaining more support in Congress and with coin collectors and Mint officials was a proposal to strike a special Proof set containing 90 percent silver dimes, quarter dollars and half dollars for the five-coin Proof set. Congress passed the proposal in late 1990. Mint officials said the first 90 percent silver Proof sets would be offered in 1992. The silver Proof set will be offered in addition to the standard set offered since 1968, and will not replace it.

Legislation seeking a gold-colored, nearly pure copper dollar has met with opposition from the Treasury Department. Government studies have shown that a dollar coin would circulate extensively only if the $1 Federal Reserve note were withdrawn from circulation. Those same studies also showed opposition to eliminating the paper dollar. Major support for the measure comes from the copper industry which would benefit from a copper dollar and from a lobbying group seeking changes in U.S. coinage.

Mints and Mint marks

3

The United States Mint built in Philadelphia in 1792 has the distinction of being the first building constructed by the federal government. The importance of a federal coinage was widely recognized by national leaders following the ratification of the Constitution. The newly elected president, George Washington, had spoken about coinage issues and the need for a national Mint in his first three addresses to Congress, in 1789, 1790 and 1791. Congress passed a resolution March 3, 1791, saying, "That a Mint shall be established under such regulations as shall be directed by law." That law came a little more than a year later, with passage of the Mint Act of April 2, 1792, the same legislation which set denominations, specifications and legal tender status for the first U.S. coins. The Mint Act specified, "That a Mint for the purpose of a national coinage be, and the same is established; to be situate[d] and carried on at the seat of the Government of the United States, for the time being. ..."

The 1792 Mint Act also specified which officials would be required to conduct operations at the Mint, including the chief position, that of Director. David Rittenhouse, widely considered America's top scientist at the time, was selected as the nation's first Mint Director. He was an astronomer who built the first telescope and observatory in the Colonies, and was educated in

First Philadelphia Mint

Current Philadelphia Mint

many other scientific fields. He became Director in April 1792, and wasted little time in beginning construction on a new Mint. Two lots of land were purchased July 18, 1792, in Philadelphia, and demolition of the existing buildings began the next day. Rittenhouse laid the foundation stone of the new Mint at 10 a.m. July 31. Construction moved promptly, with the building completed Sept. 7. However, much of the minting equipment was beyond the capabilities of America, and had to be ordered from abroad.

The first U.S. coins struck under the provisions of the Constitution were the 1792 half dismes. (The act called for half dismes and dismes, and those spellings appear on the 1792 pieces. By the time coinage of both denominations began in earnest several years later, the "s" was dropped from the spelling.) Research by numismatist Walter Breen indicates the 1792 half dismes were struck outside of the Mint facility on presses newly arrived from Europe. The striking of coins within the walls of the Philadelphia Mint for circulation began in 1793, with copper half cents and cents the first coins to be struck. Silver and gold coins followed.

The first Philadelphia Mint was primitive by modern standards. The coining presses were hand-operated, with all of the other equipment either powered by human or horse. For example, the typical coining press in use at the Mint, called a screw press, was powered by human muscle. While one individual removed planchets from the bottom die by hand and another planchet was placed on the die by an early feed system, two other men grasped ropes tied to the two arms of the press and pulled quickly, causing the upper die to descend and strike the coin. Muscle power, in fact, would power most of the machinery throughout the existence of the first Philadelphia

Mint. The first steam-powered equipment was not installed until June 24, 1816; it powered the machines that rolled the coinage metal strip into the proper thickness, as well as the punching press used to produce planchets. Further mechanization, however, did not come until 1833, when the second Philadelphia Mint was opened. The man-powered screw presses were replaced with steam-powered coining presses. Other equipment once powered by muscles — human or equine — was also mechanized.

The growth of the United States Mint was inexorably linked to the westward expansion of the nation. Despite the improved output of the second Philadelphia Mint, it became clear by the mid-1830s that additional coining facilities were needed. Gold discoveries in the Appalachian Mountain chain triggered America's first gold rush.

The Eastern gold rush was not the only pressure on the Mint. America's western borders had moved past the Mississippi River, thanks to the Louisiana Purchase in 1803. To meet the growing coinage needs of an ever-expanding country and population, Congress authorized the first branch Mints in 1835: Dahlonega, Ga.; Charlotte, N.C.; and New Orleans. All three of the Southern branch Mints opened for coining in 1838. The Dahlonega and Charlotte Mints were never prolific; they struck gold coins only, generally in smaller numbers than struck at Philadelphia. The New Orleans Mint, situated in the nation's great Southern port, was a better match for the Philadelphia Mint, striking both silver and gold coins.

Meanwhile, eyes turned toward California. William Marshall's discovery of gold on the American River in 1848 triggered the biggest gold rush in U.S. history. Ever larger and larger numbers of men with visions of unlimited wealth undertook the hazardous journey west. California became a state of the Union in 1850. The population grew, as did the need for coinage. However, the closest Mint was the one in New Orleans. To fill the

Current San Francisco Mint

Current Denver Mint

need for coinage, a number of private mints sprang up in California, striking native gold and fulfilling a need for coinage the U.S. Mint was unable to fill. Congress authorized the San Francisco Mint in 1852. It began operations in 1854, striking both silver and gold coins, becoming the first national Mint to be built west of the Rocky Mountains.

Even as thousands moved West to seek their fortune, the nation moved ever closer to war. California had entered the Union a free state, without slavery, the result of the Compromise of 1850. However, the Compromise only postponed the inevitable. The sectional troubles that had been tearing the country apart for decades burst into full, horrible bloom with the election of Abraham Lincoln as president in 1860. One by one, the Southern states seceded from the Union. As Louisiana, Georgia and North Carolina left the Union, the federal Mints in those states changed hands. There was no need for Southern troops to use force to capture the facilities; the majority of Mint officials and employees at the three facilities were sympathetic to the Confederate cause. All three facilities struck small quantities of coins in early 1861, the New Orleans facility even striking four half dollars with a special Confederate design on one side. However, coinage at all three Mints ended in 1861 due to dwindling resources. The Dahlonega and Charlotte Mints never reopened following the war; however, New Orleans resumed coining activities from 1879 to 1909.

Gold discoveries were not the only reason additional Mints were built. The silver discoveries in the West, particularly in Nevada, triggered the need for an additional Mint. The Carson City Mint in Nevada opened in 1870 and closed in 1893. Carson City struck silver and gold coins only.

A Mint was built in Denver at the turn of the century, opening for coining in 1906. Denver has struck coins of all

Current West Point Mint

alloys: copper, copper-nickel, silver and gold. It is still in operation.

The San Francisco Mint closed after striking 1955 coinage; its presses were not needed to keep up with the national demand for coinage. Congress revised its status in 1962, naming it the San Francisco Assay Office. However, a growing coin shortage struck the country shortly after its change in status and in 1965 the Assay Office began striking coins once again. The facility regained Mint status in 1988.

Currently, there are four federal Mints in operation in the United States. The Philadelphia Mint is the fourth to bear that name; it strikes all denominations of coins for circulation and some collectors' coins; the Chief Sculptor-Engraver and engraving staff work there; and the Mint produces all coining dies used at all four Mints. The Denver Mint is in its original 1906 building, although there have been recent additions; it, too, strikes a combination of circulation issues and collectors' coins. The San Francisco Mint is in its third building, opened in 1937; today, it strikes coins for collectors only, although in recent years it has struck coins for circulation. The West Point Mint is the newest facility, having gained Mint status in early 1988; previously, it had been the West Point Bullion Depository (opening in 1938) although its coining facilities have been used since 1974. West Point is currently used only for collectors' programs and bullion coins although it has struck coins for circulation in the recent past.

History of Mint marks

A Mint mark on a United States coin is a small letter (or letters) placed on the field (the flat, featureless areas surrounding the designs and lettering) of the coin to show which Mint manufactured it. Mint marks on U.S. coins were authorized by the act of March 3, 1835, establishing the first branch Mints in New Orleans, La., Charlotte, N.C., and Dahlonega, Ga.

Mint marks:

C for Charlotte, N.C., (gold coins only), 1838-1861
CC for Carson City, Nev., 1870-1893
D for Dahlonega, Ga. (gold coins only), 1838-1861
D for Denver, Colo., 1906-present
O for New Orleans, La., 1838-1861; 1879-1909
P for Philadelphia, Pa., 1793-present
S for San Francisco, Calif., 1854-1955; 1968-present
W for West Point, N.Y., 1984-present (gold coins only)

With one four-year exception, U.S. coins struck at the Philadelphia Mint bore no Mint marks until 1979. The initial use of the "P" on a U.S. coin appears on the Jefferson, Wartime 5-cent coins, struck from 1942 to 1945 in a silver alloy. The "P" Mint mark on these issues was designed to distinguish the silver alloy issues from regular copper-nickel 5-cent coins.

With the passage of the Coinage Act of 1965, which gave the United States copper-nickel clad coinage, Mint marks were not used on coins dated 1965 through 1968. The move was designed to help alleviate a coin shortage by removing the distinction between coins struck at branch Mints and those struck in Philadelphia so collectors could not determine which were the more limited strikes.

With the announcement Jan. 4, 1968, that Mint marks would return to coins, Mint Director Eva Adams made several changes in Mint mark application. First, to achieve uniformity, she directed that all Mint marks be placed on the obverse.

Second, she announced Proof coin sets would be manufactured at the San Francisco Assay Office and would bear an "S" Mint mark. Previously, all Proof sets were produced at Philadelphia and so had no Mint mark, except for some 1942 5-cent coins. Proof sets had been discontinued altogether after 1964 because of the coin shortage and revived in 1968.

Mint marks were again omitted from certain U.S. coins when cents were struck at the West Point Bullion Depository in 1974 and later, and when dimes were struck in San Francisco in 1975.

Major changes were made in Mint mark policy beginning in 1978. Mint officials in 1978 announced that the 1979 Anthony dollar would bear the "P" Mint mark for Philadelphia business strikes. The list of coins to bear the "P" Mint mark grew in 1980, when all other denominations but the 1-cent coin received the new Mint mark.

A new Mint mark, a "W," the eighth, was established in September 1983, when the West Point Bullion Depository (now the West Point Mint) began striking 1984-dated $10 gold eagles commemorating the Los Angeles Olympic Games.

Additional changes were placed into effect beginning in 1985 to forestall Mint mark errors, when the Mint mark was placed on the master die instead of the working dies for all Proof coinage. In 1986, Mint officials decided to add the Mint mark on all commemorative and Proof coins at the initial model stage. Thus, on these special collectors' coins, the Mint mark appears on all stages of models, hubs and dies.

In 1990, Mint officials decided to add the Mint mark at the master die stage for coins intended for circulation. The cent and 5-cent coins underwent the change in procedure in 1990, with the remaining denominations following in 1991.

Despite these efforts, Mint mark errors continue to occur, even on Proof coins. In as many as 3,555 1990 Proof sets and Prestige Proof sets sent to customers, a cent was included that was missing the S Mint mark. A die intended for a Philadelphia business-strike cent — the only business-strike coin not to bear a Mint mark — was sent to the San Francisco Mint and given Proof surfaces. The Mint mark-less coins escaped several inspectors and were placed into sets.

Location of Mint marks

Following is a list of all regular U.S. coin issues and where the Mint mark on these coins is located.

Half cents, large cents, Flying Eagle cents, 2 cents, 3 cents (copper-nickel), Shield 5 cents — All coined at Philadelphia, no Mint mark.

Cents — Indian Head: 1908 and 1909, under the wreath on reverse. **Lincoln:** Under the date.

Three cents (silver): All coined at Philadelphia, except 1851 New Orleans Mint, reverse, at right.

Five cents — Liberty: All coined at Philadelphia except 1912-S and -D, reverse to left of word CENTS. **Indian Head:** reverse under words FIVE CENTS. **Jefferson (1938-1964):**

reverse at right of the building; **(1942-1945, silver):** above dome on the reverse side; **(1968 to present):** obverse under Jefferson's queue (pig tail).

Half dimes: reverse either within or below the wreath.

Dimes — Seated Liberty and Barber: reverse below or within wreath. **Winged Liberty Head (1916-1945):** reverse to left of base of fasces (bundle of rods). **Roosevelt (1946-1964):** left of bottom of torch on reverse; **(1968 to present):** obverse above date.

Twenty cents: Reverse under eagle.

Quarter dollars — Old types: reverse under eagle. **Standing Liberty:** obverse to left of date. **Washington (1932-1964):** reverse under eagle; **(1968 to present):** obverse to right of Washington's queue.

Half dollars — 1838 and 1839: "O" Mint mark above date. **Other dates to 1915:** reverse under eagle. **1916:** obverse below motto. **1917:** obverse below motto and on reverse. **After 1917:** lower left reverse. **Franklin:** reverse above bell beam. **Kennedy (1964):** near claw and laurel at left on reverse; **(1968 to present):** obverse under Kennedy portrait.

Dollars — Seated Liberty, Morgan and Trade: reverse under eagle. **Peace:** reverse at lower tip of the eagle's wing. **Eisenhower:** obverse above the date. **Anthony:** obverse to left of bust.

Gold dollars: reverse under wreath.

Quarter eagles — 1838 and 1839: over the date. **Other dates prior to 1907:** reverse under eagle. **Indian type (1908-1929):** reverse, lower left.

$3 gold: reverse under wreath.

Half eagles: same as quarter eagles.

Eagles: reverse under eagle. **After 1907:** at left of value.

Double eagles — Old types: reverse under eagle. **Saint-Gaudens (after 1907):** obverse above date.

American Eagle $1 silver bullion: Proof version only, reverse to left of eagle's tail.

American Eagle $5, $10, $25, $50 gold bullion: Proof version only, obverse below date.

Grading

4

Grading.

Probably no other subject has been more hotly debated in American numismatics by collectors, dealers and investors. Since a dealer first charged more for one specimen of a coin than for another of the same type, date and Mint mark simply because the second had less wear than the other, there has been controversy.

The grade of a coin (note, medal or token) represents what professional numismatist and researcher Dr. Richard Bagg aptly called its "level of preservation." The grading controversy arises both from disagreements over the grade of a coin and often the enormous differences in price between two specimens of the same type and date of a U.S. coin, even when the only difference lies in the placement of one or two marks or surface abrasions from contact with other coins, commonly referred to as "contact marks."

The grade measures the amount of wear, natural mishaps and other surface degradation a coin has received after leaving the coining press. The more wear and surface marks a coin has received, the less it is worth compared to other specimens of the same coin with less surface degradation.

However, not all coins have received circulation wear since they were struck. These coins are called Uncirculated or Mint State. Rather than being easier to grade because there are no points of wear to determine, Uncirculated coins become much harder to grade.

A non-collector unexposed to the intricacies of grading might be expected to show surprise at this last statement. After all, he might think, it seems logical that a coin which has received less wear is worth more than one which has received more wear. But if a coin hasn't received any wear, how can it be different from other unworn specimens of the same coin? Suffice to say, there are graduated levels of Mint State, as many as 11 (from Mint State 60 to Mint State 70), determined by such factors as contact marks, luster and — depending on the grading standard being used — the strength of the strike and toning. Therein lies the heart of the controversy.

For decades, the controversy lay mainly in the differences between the dealer's grade for a specific coin and that of the collector. As grading became more complicated and values increased in greater increments between coins of different grades, third-party grading services began operation.

The first third-party grading agency, the International Numismatic Society Authentication Bureau, began grading coins in December 1976, several months after it began authenticating coins. It laid the groundwork for third-party grading services, all of which provide an opinion about a coin's grade for a fee. INSAB was followed March 1, 1979, when the American Numismatic Association Certification Service began grading coins for a fee.

Another major step in third-party grading services was taken by the Professional Coin Grading Service, a private business founded in February 1986. PCGS is responsible for two firsts. It was the first grading service to encapsulate the coins it graded into hard plastic holders, nicknamed "slabs," and it was the first grading service to use 11 levels of Mint State (the term for a coin with no wear), from Mint State 60 to MS-70. It rapidly overtook ANACS, until then the most active of grading services in terms of numbers of coins graded.

PCGS was followed by the Numismatic Guaranty Corporation of America and the Numismatic Certification Institute, both of which grade and encapsulate coins for a fee. INSAB offered a "slab" service beginning in 1989, as did the ANA with its ANACS Cache.

PCGS was the first of several firms developing computer grading services to go on-line and actually begin grading coins. CompuGrade, a New Orleans firm, hoped to begin grading coins by computer in 1991. Amos Press Inc., Sidney, Ohio, is also exploring computer grading but has not announced when it might inaugurate such a service.

In 1990 the American Numismatic Association sold ANACS — its grading and certification service — to Amos Press. ANA retained the right to authenticate — but not grade — coins, and now operates under the acronym ANAAB, the American Numismatic Association Authentication Bureau.

Amos Press has retained the ANACS name, but it no longer refers to the American Numismatic Association. Amos Press moved ANACS from ANA headquarters in Colorado Springs, Colo., to Columbus, Ohio. Columbus is the site of Battelle Laboratories, with whom Amos Press is developing its computer grading system.

In 1991, NGC announced plans to grade ancient coins but dropped them after widespread criticism from specialists in ancients. PCGS later announced plans to begin grading Colonial-era coins; its plans also drew criticism, this time from Colonial coin specialists.

Grading: What's involved?

Dr. Richard Bagg, in *Grading Coins: A Collection of Readings* which he co-edited in 1977 with James J. Jelinski, described the grade of a coin as its "level of preservation." It is not entirely accurate to call grading the charting of wear on a coin, since the very definition of an Uncirculated coin (also called Mint State) is "a coin which has seen no circulation" (in *Official American Numismatic Association Grading Standards for United States Coins*) and a coin with "no wear" (in *New Photograde: A Photographic Grading Guide for United States Coins*). However, Uncirculated coins are subject to other forms of surface degradation other than circulation wear.

A coin becomes subject to external factors affecting its surface from the second it leaves the press. The moment a coin is struck, it is pushed from the surface of the anvil die. (Prior to 1836, the coin was removed manually by a nimble-fingered press operator; since the widescale mechanization of the Mint, various mechanical devices have removed the newly struck coin from the die.) The coin then falls into a bin of other coins. When the coin hits the previously struck coins lying in the bin, the portion of its surface coming into contact with the other coins will probably be marred. Then, as the coins are bundled into bags for shipment to banks, the coins will scrape, scratch and bump each other.

Contact marks

The collisions between coins create a variety of surface marks called "contact marks" or "bag marks." A contact mark may range in severity from a light, minor disruption of the coin's surface to a large, heavy scrape. Generally, the bigger and heavier the coin, the larger and more unsightly the contact marks, due to the heavier weight of the coins.

The location of contact marks plays a major role in determining at what level of Mint State a coin may be categorized. For example, marks that are clearly visible in the field of a coin, or on the cheeks, chin or forehead of a Liberty Head device, are more distracting than marks of equal severity hidden in curls of

Liberty's hair or the wing feathers of the eagle found on the reverse of many U.S. coins.

The size of contact marks also plays a role in determining the proper Mint State level. Larger marks, of course, are more distracting than smaller marks. Remember, however, that a contact mark 1 millimeter long is less distracting on a large coin such as a silver dollar (diameter of 38.1mm) than it is on a smaller coin such as a silver half dime (diameter of 15.5mm).

The number of contact marks also play a significant role in determining the proper level of a Mint State coin. A coin with numerous contact marks is less appealing to the eye than a coin with one or two distracting marks. The diameter of the coin plays a role here too. A silver dollar with five contact marks scattered across its surfaces may be judged appealing; a much smaller half dime with five contact marks may be judged less appealing, since the half dime has a smaller surface area in which the marks appear.

Luster

Another factor involved in determining the level of Mint State and high-level circulated grades is luster. "Luster is simply the way light reflects from the microscopic flow lines of a coin," according to American Numismatic Association grader-authenticator Michael Fahey in "Basic Grading," a reprint from his series of articles in the American Numismatic Association's *The Numismatist.* James L. Halperin, author of the Numismatic Certification Institute's *The NCI Grading Guide,* defines luster as, "The brightness of a coin which results from the way in which it reflects light."

Luster is imparted to the surfaces of a coin at the moment of striking. The immense pressures used in the coining process create flow lines, the microscopic lines that trace the paths the metal took while filling the crevices of the die that compose the designs.

A coin with full luster is generally one which has a bright, shiny surface (although toning, to be discussed later, may obscure full luster), caused by the light reflecting off the surface of the coin. If the luster has been disturbed, the light reflects from the surface of the coin differently; the coin may appear dull.

Circulation wear erases the microscopic flow lines which cause the luster. Heavy cleaning, or cleaning with a substance that removes a microscopic layer of the surface metal, will also damage the flow lines and disrupt or eliminate the luster of a coin.

A Mint State coin cannot be lackluster. At best, an Uncirculated coin without full luster can be no higher than Mint State 63 under the American Numismatic Association grading standards. Under NCI grading standards, lackluster coins can be graded Mint State but must be described as being lackluster. Also, high-level circulated coins may show small patches of luster in protected areas.

Wear vs. friction

Once a coin enters the channels of commerce, it begins to receive wear. An individual reaches into his pocket to pull out some change and his fingers rub across the surfaces of the coin, creating wear. A coin is thrown into a cash register drawer where it bumps against other coins, creating more wear. A dime is used as an impromptu screwdriver, damaging the edge and creating more wear.

The amount of wear a coin receives determines its grade among the circulated grade levels. The high points of a design are usually the first to depict wear, since they are the most exposed. Then the raised inscriptions and date depict wear, and finally, the flat fields.

Circulation wear erases design details, ultimately to the point where the design features are only slightly visible to the naked eye. The separate curls of hair tend to merge, the eagle's feathers are rubbed away and the inscriptions begin to disappear into the fields.

Coins with only the slightest hint of wear are called About Uncirculated, a term which, if studied closely, defies logic. A coin is either Uncirculated or it is not. Then, in descending order, are Extremely Fine, Very Fine, Fine, Very Good, Good, About Good, Fair (and many years ago, Poor). Some of the higher circulated grades are broken into several levels to denote, for example, an Extremely Fine coin of higher quality than another legitimate Extremely Fine coin.

Many hobbyists differentiate between circulation wear and another form of wear labeled "friction." According to Halperin in *NCI Grading Guide*, friction is "A disturbance which appears either on the high points of a coin or in the fields, as a result of that coin rubbing against other projections." It is often referred to as cabinet friction, a term applied to the minute wear a coin received when sliding back and forth in the drawer of a cabinet used for storage by earlier numismatists.

According to some grading services, friction does disturb the luster of the coin, but it should not disturb the metal underneath. If it does, the disturbance falls into the category of wear, they believe. However, John Albanese of the Numismatic Guaranty Corporation of America says NGC graders make no distinction between circulation wear and friction. Steve Mayer of the Professional Coin Grading Service said PCGS graders do not consider cabinet friction to be wear unless it is heavy.

Some grading standards permit coins with friction to be Mint State. For example, ANACS distinguishes between a coin with circulation wear and one with friction wear, permitting Mint State coins to possess small amounts of friction wear. NGC, however, would consider a coin with just the slightest amount of friction to be no better than About Uncirculated, according to Albanese.

Strike

Strike is "The sharpness of detail which the coin had when it was Mint State," according to Halperin; Fahey defines it as "the evenness and fullness of metal-flow into all the crevices of a die."

The amount of pressure used to strike a coin controls the sharpness of a strike. Design elements may also affect the strike; if two large design features are centered on both sides of the same coin, there may not be enough metal to flow into every little crevice of the design, thus leaving some details weak and ill-defined.

A coin with a sharp strike has sharp design details. For example, the curls of hair on Liberty's head are strong and distinct. The feathers on the eagle's wings and breast are clearly visible. All of the other design details, legends and other elements are sharp and well defined.

A coin with a weak strike has weak and ill-defined design details. It may look worn, since design details are missing from the high points of a coin. However, luster is unimpaired. Lower striking pressures may not force the metal into the deepest crevices on the die (the highest point on the coin), thus the weaker design details.

Most grading services and dealers consider strike an important part of a coin's grade. An Uncirculated coin relatively free of marks and with full luster may still be placed at the lower end of the Mint State scale if it has a weak strike.

Strike does affect the value of a coin. A coin with a sharp strike will generally have a higher value than a coin with a weak strike, all other factors being equal.

Toning and color

As coins age, the original color changes in reaction to the environment. The original red of copper coins becomes brown (or green; witness the copper of the Statue of Liberty, which once had a deep copper color). Silver coins may tone into any color of the rainbow, depending on environmental factors. Gold is a more stable metal and even when immersed in seawater for centuries, generally shows little change in tone and color.

Many years ago, toned coins, particularly silver coins, were judged unattractive. Silver coins were "dipped," placed into a chemical solution that removed the toning and restored the shiny surface by stripping away the outer surface of the silver or the dirt.

However, in the last decade in the United States, attractively toned coins are more appreciated from an aesthetic viewpoint. A silver dollar with rainbow toning may bring a considerable premium because of its coloration. Still, coins which exhibit unattractive tarnish (a form of toning) are still considered to be lesser specimens.

Because attractively toned coins bring higher prices, some unscrupulous individuals have devised ways of artificially toning coins. Some use the bluing materials used by gunsmiths. Others bake their coins in ovens using various substances to impart different colors. Some chemically treat coins.

Novices will find it difficult to judge between natural toning and artificial toning. Experience is important here. An individual who has looked at a large number of coins will find that he can determine at a glance whether the toning is natural or whether it looks "odd." The value of an artificially toned coin is less, since the treatment is considered altering the coin.

Other factors

There are other factors involved in grading that under some grading standards, do not affect the grade but may affect the value. Under other standards, those same factors affect both the grade and the value of the coin.

Among these factors are die scratches, not to be confused with "hairline" scratches. Die scratches are thin raised lines on a coin, resulting from minute scratches in the surface of the die. A hairline is a thin scratch scraped into the surface of a coin inflicted after the coin is struck.

A close examination of a coin's surface through a magnifying glass should indicate whether a line on a coin is raised, and thus a die scratch, or incused, making it a hairline scratch.

Hairlines tend to affect the value more than die scratches. ANACS will not lower the grade of a coin for die scratches, since the scratches took place before the striking. Other grading services, however, will lower the grade of a coin for more extensive, distracting die scratches. For example, NGC considers die scratches when determining a coin's grade.

Adjustment marks are often found on older U.S. silver and gold coins. Planchets (unstruck coins) were individually weighed before striking. If found to be a little overweight, the excess gold or silver was filed away.

The striking pressures often did not obliterate the adjustment marks, which may resemble a series of parallel grooves. Under ANA standards, adjustment marks do not affect the grade, although they may affect value. Under NGC standards, adjustment marks may affect both the grade and the value.

Eye appeal

All of the factors mentioned earlier are ultimately considered when hobbyists decide on the "eye appeal" of a coin. Eye appeal relates to the overall attractiveness of a coin, and ultimately determines its value. A potential buyer, whether he is a dealer, collector or investor, decides just how attractive he believes the coin to be.

Judging eye appeal is a purely subjective action. For example, a coin could have a strong strike and full details, possess full luster and have few large, distracting contact marks and still not have eye appeal if it has toned to an unattractive color.

When examining a coin, a buyer must decide for himself just how "pretty" the coin is and whether its attractiveness warrants the price being asked. Only the buyer can decide the eye appeal, for aesthetic judgments differ from person to person.

"Raw" coins vs. "slabbed" coins

When the Professional Coin Grading Service began grading coins in early 1986, it introduced a new product onto the market: the "slabbed" coin. A "slab" is the hard plastic holder into which a coin graded by a third-party grading service is sealed. The grading information is sealed into the slab as well. The slab permits both obverse and reverse of the coin to be viewed.

Proponents of the "slab" cite several benefits: 1. A coin encased within a slab is protected from environmental factors which could cause a deterioration in the coin's surfaces, and a lowering of its grade; 2. By sealing a coin into the same holder that contains the grading certificate, a buyer is "assured" that a coin meets the grading requirements of a specific grading service, if graded accurately; and 3. It permits the "sight unseen" trading of a coin (in other words, various dealers have agreed to purchase coins graded by a particular grading service at the grade indicated in the slab, even without seeing the coin first).

Individuals who do not like slabbed coins cite detracting factors: 1. A collector cannot handle the coin directly; 2. Most slabs do not permit the edge of the coin to be viewed; and 3. It may be difficult to form one's own opinion about a coin's grade if it has already been encapsulated, since most hobbyists like to grade a coin without having to examine it through a holder.

Related to the "slabbed" coin is the "raw" coin. A "raw" coin is the nickname used by some hobbyists for a coin which has not been graded and encapsulated by a third-party grading service. Until PCGS opened operations in early 1986, all coins were raw coins.

Grading guidelines

The following guidelines are not presented as grading standards, but as introductions to the terminology of grading and its usage.

A few words regarding grading usage. When two grades are linked together by a virgule — as in Mint State 65/63 — it means that the coin has two grades; the first grade represents the obverse and the second, the reverse. When two grades are linked by a hyphen — as in Mint State 65-63 — it means that the grade for both sides is indeterminate and lies somewhere between the two grades given. Sometimes, a combination of both usages will appear, as in MS-60/60-63, meaning the obverse grades MS-60 and the reverse somewhere between MS-60 and MS-63.

Plus signs are used by many to indicate a coin slightly better than the numerical grade indicated, but not as good as the next numerical grade. A coin graded MS-60+ is better than an MS-60 coin, but not as good as an MS-61 coin. The term "premium quality" means the same as a plus.

Many dealers and collectors use adjectives instead of numerals, or combine adjectives and numerals when speaking about Mint State coins. A superb or superb gem coin is generally MS-67, and a gem coin is usually MS-65. Some dealers use choice to describe an MS-63 coin, and others use choice for an MS-65 coin. Mint State 60 coins are generally referred to as Uncirculated or Brilliant Uncirculated; sometimes an MS-60 coin is called typical Uncirculated. Collectors should determine what adjectival "system" the dealer uses when no numerals are present because of the disagreement over what the adjectives represent numerically.

Buyers should remember that different dealers and different collectors or investors use different grading systems. Even though various grading services use an 11-point Mint State system, this does not necessarily mean they use the same criteria for assigning grades. In fact, there is no universally-accepted standard for determining grades for U.S. coins.

Proof: Traditionally, Proof describes a method of manufacture, not a grade. However, since numerals are often assigned to Proof coins, there are different qualities of Proof coins; in effect, different grades. A circulated Proof is often called an "impaired Proof." Proof is rarely abbreviated.

Brilliant Proof coins are struck on highly-polished planchets, using slower, high-pressure presses; coins are struck two or more times to bring up greater detail in the design.

Mint State and Uncirculated: The two terms are interchangeable and describe a coin which has no wear. To qualify as Mint State, a coin must not have any level of wear. Even the slightest amount of wear will drop the coin into the About Uncirculated level. (Also, coins described by some dealers as "Borderline Uncirculated" have wear and are actually About Uncirculated.) Mint State is most often used with numerals.

The numerical Mint State system so widely used in the current rare coin market is based on a system created by Dr. William H. Sheldon for the U.S. large cents of 1793-1814. When the numerical system began to spread to other series, three levels of Mint State were used: Mint State 60, for an Uncirculated coin of average luster, strike and marks; MS-65, an Uncirculated coin of above average quality; and MS-70, a perfect coin as regards luster, strike and marks.

As prices of rare coins began to rise in the later years of the 1970s, dealers began paying more for certain Mint State coins than for others; the price range between an MS-60 coin and an MS-65 coin grew. To account for the rising prices, two additional levels of Mint State were created: MS-63, for a coin located between MS-60 and MS-65; and MS-67, for a coin better than MS-65, but not perfect.

In the mid-1980s, the price gap between MS-63 and MS-65 grew. Coins that were superior MS-63 specimens were bringing better prices than an "average" MS-63 coin, but still less than an MS-65 coin. Thus was born the MS-

64 grade, first used for Morgan and Peace silver dollars. The National Silver Dollar Roundtable, an organization of dealers specializing in silver dollars, was an early supporter of MS-64.

As noted earlier, the Professional Coin Grading Service was the first to adopt an 11-point Mint State grading system for all series of U.S. coins: MS-60, -61, -62, -63, -64, -65, -66, -67, -68, -69 and -70. PCGS has not published the details of its grading standards, but PCGS officials say they plan to do so in the future when PCGS can "do it properly." It maintains what Director of Operations Steve Mayer calls a "tangible group of coins" as a grading reference set.

The ANA Board of Governors recognized all 11 levels of Mint State in June 1986, but stipulated that ANACS could not use the new intermediate grade levels until reference grading sets containing the coins were built. In July 1988, the ANA Board said ANACS no longer had to wait to obtain examples of the coins before using all 11 levels of Mint State. The ANA kept the grading sets when it sold ANACS to Amos Press in 1990.

The ANA did not codify the 11 levels until the April 1987 publication of the third edition of its *Official ANA Grading Standards for United States Coins*. The differences between one level of Mint State and the next on the ANA system involve such factors as placement, size and number of contact marks, numbers and severity of hairlines, and level of luster.

The Numismatic Guaranty Corporation of America uses all 11 levels of Mint State, although as this book was being written, NGC had not published its grading standards. However, NGC official John Albanese said in August 1988 that his firm planned to publish its grading standards in a written form at some time. NGC maintains a grading reference set of coins.

James L. Halperin, in *The NCI Grading Guide* published by the Numismatic Certification Institute, Dallas, discusses the standards used by that private grading service. NCI uses all 11 levels but does not explicitly describe them in its grading guide but instead assigns grades based on a numerical ranking derived by adding numbers assigned to such factors as surface preservation, strike and luster.

Uncirculated is usually abbreviated as Unc.; it often appears as Brilliant Uncirculated, abbreviated as BU.

GRADING

Sometimes used with numerals, generally as Unc. 60, and so on. Some dealers use a plus sign to indicate a coin better than one level of Mint State, but not as good as the next level.

About Uncirculated: This is a coin with only the barest traces of wear on the highest points of the design. It is abbreviated AU and often appears with numerals as AU-50, AU-55 and AU-58. The term has gained acceptance despite seeming inconsistency. Some people in the hobby still say that no coin can be About Uncirculated — it is either Uncirculated or it's not. Some use Almost Uncirculated, although all major U.S. grading guides use "About."

The AU-58 grade has been described as an MS-63 coin with just the slightest hint of wear. It should have fewer contact marks than lower level Mint State coins: MS-60, MS-61 and MS-62.

Extremely Fine: Light overall wear on highest points, but with all design elements sharp and clear, distinguishes this grade. It is abbreviated by most hobbyists as EF, although a few use XF. It appears as EF-40 and EF-45.

Very Fine: The coin has light to moderate even wear on surface and high points of design. Abbreviated VF, it appears with numerals as VF-20 and VF-30. The abbreviations VF-25 and VF-35 are infrequently used.

Fine: The wear is considerable although the entire design is still strong and visible. It is abbreviated as F-12.

Very Good: The design and surface are well worn, main features are clear but flat. Abbreviated as VG, it is used with numeral as VG-8 and VG-10.

Good: Design and surface are heavily worn, with some details weak and many details flat. It is abbreviated only when used with numeral, G-4; G-6 is infrequently used. Ironically, a coin in Good condition is not a "good" coin to collect; a Good coin is generally the lowest collectible grade.

About Good: The design is heavily worn with surface fading into rim, many details weak or missing. Abbreviated as AG, it is used with a numeral as AG-3. Few coins are collectible in About Good condition. Dealers also use the terms Fair and Fair 3 to describe a coin in this state of preservation.

Coin market analysis

5

The rare coin market
August 1990-August 1991

By Keith M. Zaner
Coin World Trends Editor

The U.S. rare coin market in August 1990 was struggling. While hopes were high that Wall Street investor interest would spur major market activity, market indicators continued to reflect a softening market. Then, just when analysts thought the market had hit bottom, war in the Persian Gulf touched off a general economic mudslide that carried the Coin World Trends Index to its lowest level in two years.

Frustration was the predominant emotion throughout early 1991, finally giving way to cautious optimism at the American Numismatic Association's 100th Anniversary Convention Aug. 13-18 in Chicago.

Even as a failed, last-gasp Communist hardliner coup attempt in the Soviet Union underlined the new international world order, a continuing weakness in so-called "investor" or "generic" coins seems to underscore the new world order of numismatics — rarity, quality, collectibility.

The brightest spot in the numismatic market seems to be the most recent — the American Numismatic Association's 100th Anniversary Convention Aug. 13-18 in Rosemont, Ill., a suburb of Chicago. The convention billed as the "World's Fair of Numismatics" just missed the ANA's all-time attendance record, with more than 21,000 attendees reported. Dealers were reporting better than expected business throughout the show. Those dealers catering to collectors — coins and collectibles in the $50 to $500 range — reported exceptional volume and many new buyers. Analysts believe the coin market has reached a comfortable trading range, where business is taking place on a more regular basis, although at levels somewhat lower than a year or two ago.

The United States Mint sold 13,500 Proof sets — more than double the anticipated volume — and couldn't keep them in stock at the convention. The convention auction conducted by Auctions by Bowers and Merena posted a gross hammer of $3.5 million for the 3,488 lots. The Aug. 9-10 Chicago Sale 1991 conducted jointly by Rare Coin Company of America Inc. and David W. Akers Inc., realized $3.6 million for 1,104 lots.

Market indicators

September 1990 saw sharply lower prices for rare coins. Generic coins gave up the most ground, but generally prices fell across the board. Morgan dollars, Peace dollars, Walking Liberty half dollars, 20th century type coins, 19th century type coins, gold coins, commemorative silver and gold coins dropped in value. Coins grading Mint State 61 and better suffered the most, but lesser grades lost value as well. The precipitous decline was brought about by sharply lower sight-unseen bids on the electronic dealer systems. A glut of new trading systems already available on the market as well as those new systems in the preliminary stages of development caused uncertainty in the future and eroded confidence in existing services. Systems such as the American Numismatic Exchange, the Certified Coin Exchange and the new upstarts were dividing an already thin market.

The Coin World Trends Index for September 1990 reported prices sharply lower. The decline was led by the volatile MS-65 line, which dropped approximately 17 percent for the month at 252.98. This MS-65 index is based upon the calculations of 1,325 rare coin values listed in Trends. Precipitous declines were recorded in most market sectors, but generally led by the generic type coins. The decline was across the board and was the lowest level since the 250.83 level posted back in April 1989.

The rare coin market continued to trade at lower levels throughout October. Investors and dealers found no treat during the month and market experts struggled with how to reverse the negative trend. Continued lower price levels for generic coins was the norm throughout the month. The highly volatile and investment-sensitive MS-65 Index continued its steep decline. A decline of more than 5 percent was registered by the Coin World Index for October. This is the lowest level the MS-65 Index stood at since March 1989.

In late 1990, it was becoming apparent that "the coin market" is in fact composed of many "mini markets." Although the investment segment of the rare coin market continued to soften, the collector market showed signs of strength. The

Annual Fall Convention of the Michigan State Numismatic Society Nov. 23-25 was a good collector show, according to several dealers in attendance. The collector, once again, had stepped to the forefront of numismatics. Or perhaps the collector remained standing when investors fell by the wayside.

The Coin World U.S. Trends Index for November clearly showed that the market for most MS-65 rare coins continued to decline. The 5 percent drop in this index was steep but it is important to point out that the latter half of November showed significant signs of improvement. Also, the collector market of key and semi-key circulated coins as well as condition census coins was receiving the lion's share of the rare coin demand.

In late November 1990, a small rebound of increasing activity among encapsulated and professionally graded coins took place in the marketplace, at shows and on the electronic trading networks. This increased activity translated into higher prices for coins which had suffered greatly from the market downturn which began during late March 1990. The steep decline experienced by these generic coins continued practically unabated until buying began to take hold in late November.

December's Coin World Trends Index for MS-65 values increased a slight 0.36 percent to 228.83 from November's 228.02, reversing the negative trend which this segment of the rare coin market has experienced since late March.

Indications were that December prices for many generic coins graded MS-64 and higher by third-party grading services had rebounded from their lows set in November and had established a trading range. Some dealers believed that the steep decline in price for many generic coins was more severe than warranted.

By the end of 1990, the rare coin market had reached a comfortable equilibrium of demand and supply. The market had stopped its fall, but wasn't rising very steeply either. Collectors had continued reason to be happy because the demand for scarce- and rare-date coins continues to increase, as evidenced at the January Florida United Numismatists convention.

Interest in the generic market for common-date coins and high quality encapsulated and certified coins was increasing at the beginning of 1991, but slightly. Still, careful attention was being paid to the quality of the coin, no matter which grading service's grade is on the container.

The collector market strength was exhibited by collector purchases of circulated Seated Liberty half dimes, Seated

Liberty dimes, state and Colonial coinage and some rare date gold coins.

The new year proved to be favorable to the rare coin index. As the first positive signs appeared during December, January's MS-65 Index increased 2.49 percent to 234.53. The rare coin market continued to move higher in February led by MS-63 and MS-65 coins according to Coin World's U.S. Trends Index. The jump was significant, slightly over 5 percent for MS-65, an impressive one-month gain settling at 246.70. Even more substantial was the 10 percent increase in the MS-63 Index at 118.46.

The market had certainly reversed its declining prices of March through November 1990. However, the increases did not appear in all market sectors. Generally speaking, prices for common-date, high-population coins were soft, and only slightly higher than their lowest levels set during 1990. Conversely, there were significant increases in rare-date, low-population coins graded and encapsulated by third-party grading services and unencapsulated coins which are problem-free.

By March, however, the small momentum of early 1991 began to erode. Gem quality Mint State 65 and better generic common-date coins dropped in value. Demand dried up as investors chose to stay away from those common-date coins. Rather, investors continued to desire the more scarce dated coins, keys and condition census coins. Thus, the dichotomy which has existed in the market throughout the 1980s continues to widen in the early 1990s.

Many dealers around the country express concern over weak prices, low demand and lack of available money to buy even at depressed spring levels. The gold convention in Tampa, Fla., was described by dealers as being a slow show with lack of public support and consequently soft prices. However, was it a weak market that kept collectors and investors on the sidelines, or was it simply bad timing? Having a major coin show during a holiday period (Easter and Passover) may have had some effect on the results. However, the weak results were probably a function of the relatively dull market.

The April Coin World Trends MS-65 Index declined slightly as the market remained very lackluster. The market appeared to be weakening, especially among the most common-date coins.

Huge increases in the values of several rare date Morgan dollars in MS-65 helped the U.S. Trends MS-65 Index increase nearly 2 percent during May. However, the overall generic market remained soft.

June's Trends Index only served to increase the confusion in the coin market, and talk of two markets gains momentum. While the MS-65 Index line showed definite upward movement, the direction was limited to a few series rebounding strongly from overly-depressed levels, and some big-ticket single transactions.

The July MS-65 Index dropped again, as did the overall Market line, but the MS-63 grade showed some stability. The so-called "generic" coins continue weak, however.

Discoveries

The year since August 1990 has seen some spectacular numismatic discoveries, and at least one unexpected result of the Persian Gulf conflict.

One of the most exciting parts of the hobby of numismatics comes when a new variety is discovered. However, when it is combined with being an important rarity, rich in history of U.S. coinage, it takes on an added significance. This was the case when a previously uncataloged third specimen of the 1783 pattern bit, proposed as America's first official coinage, appeared in a collection in Italy. The bit crossed the block in a May auction conducted by Stack's in New York. Besides the 100-unit silver bit, Gouverneur Morris proposed to the Confederation Congress in 1792 recommended denominations of the mark of 1,000 units, a quint of 500 units and a copper 5 units.

A dream find by a Long Island, N.Y., woman using a metal detector in an old potato field in East Hampton, N.Y., was authenticated by the American Numismatic Association in June. Lillian Rade was searching for old coins on a cold February evening in 1990, when she turned up the eighth known genuine specimen of a New England 1652 sixpence. The coin has been valued at an estimated $30,000.

Since the end of the war in the Middle East, some counterfeit Coronet gold quarter eagles began to surface. American numismatists warn that counterfeit gold coins are frequently encountered from the Middle East, and unsuspecting servicemen returning home from the war zone are bringing the counterfeit coins with them.

Auctions and shows

The ANA's 99th Anniversary Convention in August 1990 in Seattle was quite actively attended by the public. Expectations were low coming into this coin extravaganza because the generic "slab" market had been extremely weak. Morgan dollars, Peace dollars, Walking Liberty half dollars, some silver commemorative half dollars and Saint-Gaudens $20 double eagle gold coins were trading lower in value. Even though these generic coins continued in the doldrums during the convention, signs of price stabilization and renewed interest at the current lower levels were evident.

Aside from this, rare date gold coins, especially the condition census and no-problem Extremely Fine 45 and better coins were trading at strong price levels. The demand for Seated Liberty coins and Barber coins continued as collectors vie for the key and semi-key dates of each series in attractive circulated grades as well as the Mint State category. Other areas which shined during the ANA include half cents, large cents, Trade dollars and 19th century type coins.

The dichotomy of the market was made clear by strong collector participation for the Robert W. Rusbar collection auction held Sept. 10-12 in New York by Auctions by Bowers and Merena Inc. The sale brought better than $4 million and at least one collector secured the rare Extremely Fine 40 1652 Willow Tree shilling from the Massachusetts Bay Colony for a hammer price of $27,000.

Collectors maintained the only bright side of the market as the Stack's 55th anniversary auction held Oct. 16-18 in New York City concluded. The Allen F. Lovejoy Reference Collection of United States Dimes 1792-1945, held Oct. 16, brought $1.8 million in bids. This fabulous collection was avidly sought after by dime collectors anxious to obtain a rarity for their own collections.

The fall Superior auction and Long Beach (Calif.) Numismatic, Philatelic and Baseball Card Exposition always sheds some light on the direction of the market. The Superior Oct. 7-9 auction in Beverly Hills, Calif., identified the problems of the market as well as shortness of cash by dealers. The $13 million plus auction did not break any records as predicted, but it wasn't for a lack of quality coins. The worsening economy and precious metal prices produced a combined to place a strangle hold on the country's economy, along with coin collectors and investors.

Prices realized from the auction demonstrated the lessening demand by investors and lack of demand for common date, generic type coins which have been professionally graded and slabbed. Overshadowed through all this doom and gloom was the collector. The rare coin collector continues to purchase quality key and semi-key dated coins of many series. The collector that is the ultimate consumer of rare coins and it is the collector base which gives the coin market its greatest stability. A Southern California collector purchased the 1872 Amazonian Proof set for $1.7 million. This is an unique PCGS-graded pattern six-piece 1872 gold coin set comprising the Proof 66 dollar, Proof 66 quarter eagle, Proof 67 $3 coin, Proof 65 half eagle, Proof 65 eagle and Proof 64 double eagle.

The October Long Beach Numismatic, Philatelic and Baseball Card Exposition brought the woes of many coin dealers. The market was in trouble and prices of rare coins were falling sharply. Cash was scarce and even though coins pushed toward lower and lower levels, it became difficult to buy at these levels. Many refused to sell at levels they believed to be unreasonable. The example of this attitude was found at the many buybacks occurring with most auction companies. It is becoming the new policy of many auction companies to now report lots which are repurchased by the consignors as a non-sale.

The Oct. 10th Certsale X11 held in conjunction with the Long Beach show by Pacific Coast Auctions, a division of Ronald J. Gillio, Inc. reported a 46 percent return rate. Heritage Numismatic Auctions also reported a relatively high 40 percent lot return percentage. The Superior auction realized a 25 percent return percentage.

Heritage Numismatic Auctions Inc. of Dallas held two auctions in conjunction with the Long Beach show Oct. 11-13. The Long Beach auction registered a total hammer price of $962,675 while Heritage's Oct. 13 Bullet auction of certified coins brought $509,540. The condition of the rare coin market is being blamed for the weak auction results. Prices realized were soft, as was the general market.

The Chris Schenkel collection auction conducted by Auctions by Bowers and Merena Inc. in New York City Nov. 12-14 brought enthusiastic bidding and a few record-setting prices. The total hammer price for the auction was more than $4 million. A Thomas Jefferson Indian peace medal brought a hammer price of $22,000 breaking the record it set during the Garrett auction of $17,000.

Highlighting the U.S. portion of a Nov. 30 Christie's auction in New York was a Very Fine 1776 Continental dollar in pewter with a clover leaf appearing on the obverse to the right of the date. This coin sold for $16,000. Also, a choice Mint State example of a rare overdate, a 1918/7-S Standing Liberty quarter dollar, sold for $25,000.

MARKET ANALYSIS

Expectations were higher than the first important coin show of 1991 could deliver. The Jan. 3-6 Florida United Numismatists Convention was more active during the latter portions of the show. The show was slow with soft prices initially. However, it became more active and prices showed modest gains. Some of the positive market signs at FUN included an increasing number of public actively looking to purchase coins, dealers busy making deals and a more upbeat attitude than was seen at shows in past months.

The Florida United Numismatists convention auction offered another example of the continued strong demand by collectors for collector coins. Mid-American Rare Coin Auction Inc. of Lexington, Ky., conducted the 1991 FUN auction Jan. 4-5, and realized a hammer price a little more than $1.2 million. Coins combining rarity and quality were especially sought by collectors. Prices realized for the auction were at or slightly above current market levels.

The FUN Bullet Auction of coins graded and encapsulated by the Professional Coin Grading Service, Numismatic Guaranty Corporation of America, ANACS, International Numismatic Society Authentication Bureau and Hallmark Grading Service were featured among the 800+ lots by Heritage Numismatic Auctions Inc. of Dallas on Jan. 2. Strong bidding from the floor brought strong prices for rare date gold coins as the auction realized a hammer price of nearly $600,000.

A collection of U.S. coins formed by a "prominent numismatist" sparked bidding wars and brought nearly $2.9 million at an auction by Stack's Jan. 16-17 in New York City. Strong demand and prices occurred at this auction. The sparkling results were somewhat surprising to dealers as the coin market rebounded from many months of decline. This sale points out that quality rare coins which had been off the market for many years still generate considerable demand whenever they appear on the auction block.

An important hammer total of $2.5 million was realized Jan. 24-25 by Auctions by Bowers & Merena Inc. during its public auction of the Greenwich collection held in conjunction with the Golden State Coin Convention in Pasadena, Calif. Strong prices were paid for key and semi-key dates of many rare coin series. The collector battled to acquire quality and rare U.S. coins. Many coin dealers did not anticipate the strength and degree of the current demand in the marketplace and came up short in their quest to purchase all the coins they intended to buy during such auctions.

The 13th Annual Long Beach Numismatic, Philatelic and Baseball Card Exposition Feb. 7-10 demonstrated continued market strength coupled with much dealer optimism. This well-managed and advertised bellwether show brought more than 16,000 show attendees. The market gained more strength with each passing day at the show. Activity on the bourse floor was brisk with many dealers more optimistic about the rare coin market than at the Long Beach show held in October. While prices for generic coins remained stable to slightly higher, rare or scarce date collector coins were being hotly pursued by collectors, investors and dealers. Rarity was in demand at Long Beach and the lack of availability of this kind of material was a problem, dealers and collectors said.

Heritage Numismatic Auctions Inc. held a "bullet auction" Feb. 7 in conjunction with the Long Beach show. The hammer price realized was $819,877. The auction contained coins which have been encapsulated, certified and graded by third-party grading services such as ANACS, PCGS and NGC.

Activity was brisk with prices steadily rising. Coins which have a relative rarity greater than their common-date counterparts showed considerable strength. Coins which were not scarce or of exceptional quality for its date found few buyers and consequently steady to lower price levels.

A hammer price of $1,293,856 was realized for the total of 2,111 lots offered by Heritage Numismatic Auctions in a Feb. 28-March 2 auction conducted during the American Numismatic Association-Professional Numismatists Guild Early Spring Convention in Dallas. A small public turnout at the March 1-3 Early Spring Convention has been singled out as one of the causes for weak prices and sales.

A Stack's auction March 12-14 featured one of the finest known examples of the key date 1927-D Saint-Gaudens double eagle, which crossed the auction block at a hammer price of $475,000. Additionally, many outstanding rarities were offered including the $75,000 received for a choice BU 1926-D Saint-Gaudens double eagle and the $50,000 hammer price which took home a unique set of 1914 Federal Reserve note die proofs in denominations of $5 to $10,000 within the paper money section. The auction totaled $3,608,042 for 2,222 lots. The demand for high-quality rarities occurred throughout the auction.

The March 21-22 offering in New York of 2,252 lots by Auctions by Bowers & Merena Inc. came on the heels of the Stack's auction and also brought strong prices for rarities. An impressive $20,000 was paid for an NGC-graded MS-63 1871 Coronet double eagle. Some other transactions in the Bower's auction included the $5,000 realized for ANA Cache EF-40 1861-S Coronet, Paquet double eagle. An 1839-O Classic Head $2.50 quarter eagle graded PCGS MS-63 brought $12,000 and a 1796 Liberty Cap, With Pole half cent in NGC-graded AU-55 sold for $27,500. One of the highlights, a 1796 silver Myddelton token in Proof 62, was bid to $5,000.

In a month chock-full of auctions, a 1904 Coronet $10 eagle in gem Proof sold for $22,500 in an auction conducted by Harmer Rooke Numismatists Ltd. in New York. Key and semi-key dated rarities again took home the top honors. An 1875-CC Seated Liberty 20-cent coin in Extremely Fine brought $3,500, a 1794 Flowing Hair half dollar, Overton 104 variety (Early Half Dollar Die Varieties by Al C. Overton) sold for $2,050 in Extremely Fine condition and a BU 1866 Seated Liberty, With Motto half dollar realized $6,500.

Top quality often equals top prices. This statement is certainly the case as an MS-65 1893-O Morgan dollar key traded during May for $160,000 in a private transaction. A dealer that purchased the coin to add to his personal collection of high quality Morgan dollars.

A prooflike 1794 Flowing Hair dollar graded MS-65 by the Professional Coin Grading Service, cataloged as the finest known example, received a successful floor bid of $460,000 during the first session of a public auction conducted by Superior Galleries, conducted May 27-28 in Beverly Hills, Calif. Hammer prices for the auction totaled more than $4 million.

On May 30-June 2, rare coins were in demand despite a soft generic coin market at at public auction conducted by Heritage Numismatic Auctions Inc. The auction held in conjunction with the Long Beach show realized more than $1 million.

Lower prices for some coins seemed to attract collectors to the Long Beach show May 30-June 2, although the wholesale market for generic encapsulated coins remained weak. Regardless, nearly 17,000 visitors attended the show and were greeted by a record 3,200 dealers.

Self-regulation

Self-regulation topped the agenda at the October Long Beach (Calif.) Numismatic, Philatelic and Baseball Card Exposition. The concept of self-regulation got a resounding pledge of commitment Oct. 10 from approximately 60 leaders attending the first-ever numismatic and bullion industry summit. A seven-man steering committee was elected and charged with developing an organizational structure, seeking both short-term and long-term funding, beginning the search for administrative personnel and establishing governmental liaison.

The steering committee presented its recommendations at a Jan. 6 meeting at the Florida United Numismatists convention in Orlando. The steering committee called for the development and adoption of a self-regulation organization to "promote industry growth, protect and improve the education of the consumer, and to allay fears of industry-wide corruption."

However, just a few months later, one attempt at self-regulation, the Coin and Bullion Dealer Accreditation Program, known as CABDAP, was terminated just three short years after its inception. The end came April 15, during the Industry Council for Tangible Assets' Board of Directors meeting. A lack of financial support and participation was blamed for CABDAP's demise.

Federal and state regulators along with at least one member of Congress April 16 urged coin and precious metals dealers not to give up on self-regulation. Warnings from the director of the Federal Trade Commission's Bureau of Consumer Protection, Barry J. Cutler, said it best: "My perception is that industry leaders are agreeing on what they don't want — more government regulation. What I see lacking, unfortunately, is any genuine commitment to what industry leaders say they do want — true consumer protection for investors and collectors alike." The results of this process in the coin industry could have lasting effects upon the hobby.

The Professional Numismatists Guild rejected the proposed self-regulatory organization at a February meeting of the PNG board of directors held in conjunction with the Long Beach show. PNG Executive Director Paul Koppenhaver said, "We do not believe that [a] new, free-standing organization is needed, necessary or viable."

The PNG then met in St. Louis during the Central States Numismatic Society convention to revise the PNG code of ethics. At a press conference in conjunction with the American Numismatic Association's 100th Anniversary Convention in August 1991, the Professional Numismatists Guild announced bylaw changes designed to protect consumers bidding on coins or consigning coins to auctions. New PNG president Ronald J. Gillio said the bylaws changes represent the organization's pledge to "continue its aggressive programs of consumer protection and education," and said the PNG will "continue working to achieve effective dealer self-regulation."

Overall Trends Index chart

About the Index charts

The *Coin World* Index charts in this book track the movement of individual series on a quarterly basis from December 1983 through June 1991. The Index charts show the upward and downward movements of the series in various grades. All information is garnered from *Coin World's* Trends.

December 1983 is the base month and is assigned the value 100. Price movement from that date is depicted as a percentage of the base value — a price rise of 10 percent is depicted as 110; a decrease of 10 percent, 90. These are not actual dollar amounts; a circulated grade in a particular series may have risen dramatically, while the Uncirculated values have remained steady. However, the actual dollar values of the Uncirculateds may be much higher than the circulated pieces.

Values do not exist in all grades for all series. Therefore, for the purpose of consistency, three value ranges for each series are depicted in the charts. The series line traces the movement of the series as a whole, across all available grade ranges. The highest available circulated grade is shown, as is the highest available Uncirculated grade. The exception is for charts depicting the currently circulating series. Here, the highest available Uncirculated grade and the highest available Proof grade are depicted, usually Mint State 65 and Proof 65.

The Index charts visually depict information from *Coin World* Trends. While no one has a lock on predicting the future, past performance is one of the tools market analysts watch carefully for indications of the future. But, past performance is no guarantee of future performance.

Changes in grading standards may also affect future price movements, as they have done in the past.

Values of U.S. coins

6

Rare coin prices rise and fall based upon the interest of collectors, investors and dealers, the overall economy, changes in precious metals prices and a host of other factors.

In 1979-80, rare coins enjoyed immense popularity and prices soared. Rare coins became a very popular investment commodity as investors who had never considered coins turned to the numismatic hobby. That market peak coincided with higher precious metals prices, high inflation rates, interest rates that were six to eight points higher than they are today, oil prices that were much higher than they are currently and an otherwise weak national economy.

The rare coin boom was good for dealers, many of whom found themselves making more money than ever before. The average collector, on the other hand, found himself locked out of the booming market by high prices. Coins that a few years earlier were well within the budget of the average collector suddenly were being offered at prices that in many cases exceeded the collector's total annual budget for coins. Numismatic publications of the boom period were filled with letters from disgruntled collectors, angry over the high cost of collecting. Many said they were leaving the hobby, possibly forever.

However, interest in rare coins as investments waned as inflation seemed to be tamed and the national economy improved. Other, more traditional investments like the stock market began bringing higher returns than rare coins, and precious metals prices dropped. Common-date gold double eagles — $20 coins struck from 1850-1933 — that were worth $774 in precious metals value alone when gold was worth $800 an ounce dropped in value intrinsically as the price of gold lost half of its value in the early to mid-1980s.

Most market observers consider the bottom of the rare coin market to have coincided with the recession in the summer of 1982.

Problems in the numismatic market also helped lessen investor interest in rare coins. As prices dropped, dealers and others sought to maintain the values of their holdings. Grading standards tightened; in order to keep a value of a Mint State 65 coin, for example, a specimen would have to grade at a level that a few months earlier would have been called Mint State 67. Collectors, dealers and investors found that their holdings would have to pass stricter scrutiny. What would have been accepted as one grade level in 1979 — Mint State 65, for example — may have been accepted as only a Mint State 63 several years later, with a corresponding drop in price. Investors who were already losing money because of falling prices lost even more money as a result of the new grading standards which made their coins worth even less.

From 1982 to 1987, grading standards changed and the market wavered. Some years were better than others, but the market never approached the levels achieved in 1979-80. That's not to say the market was dead. Indeed, many major collections entered the market through public auctions. Collections built over the span of decades by such collector greats as Virgil Brand, Emery May Norweb, Amon G. Carter Jr. and Robinson Brown were sold, often in auctions spaced over 18 months to three years. Prices for the classic rarities — coins such as the 1804 silver dollars and 1913 Liberty Head 5-cent coins — generally did not reach the lofty levels generated in 1979-80. In fact, some of the same pieces selling for record highs in those two years realized much lower prices when they reappeared at auction from 1981-87.

However, a "new" force began to emerge beginning in late 1987. The collector, who had all but abandoned the rare coin field since the boom period, began to return. Collector rarities became the most sought-after pieces, as well as common-date coins in top-notch conditions preferred by investors.

Meanwhile, investors were also re-examining the rare coin market. Coins that many collectors have always considered common suddenly became "rare" in the eyes of some dealers and investors. Franklin half dollars, struck from 1948 to 1963, became a "hot" item. Specimens in the higher levels of Mint State and sharply struck began realizing prices that only a few years earlier would have been unthinkable.

It is difficult to define what is a collector's coin and what is an investor's coin, since there is a great deal of overlapping. However, to generalize, investors — some of whom know little about numismatics — prefer high-grade coins, usually graded by a grading service and housed within that service's permanently sealed plastic holders (the sealed holders, investors believe, will prevent any future disagreement over a coin's grade). In many cases, the coin is a common-date piece; it is the high quality of the coin that attracts the investor because high profits can be made quickly.

Collectors, on the other hand, pride themselves on their advanced knowledge. While grade is important, the rarity of the coin or the variety is important (a variety is the difference between individual dies or hubs of the same basic design type). Many true collectors dislike the concept of permanently sealed holders because they cannot physically handle their coins.

The philosophies between the two groups differ as well. Investors purchase rare coins for one reason: to make a profit. Collectors, on the other hand, collect out of the sheer joy of collecting (although most would not mind if the value of their collections increases through the years).

We make no predictions in these pages about what the future may bring for rare coins. We provide the reader with information. The Trends listings give a guide as to retail value. The Coin World Trends Index charts provide a look at performance by quarterly increments over the past few years. Such charts reflect the past, and some use them as a tool for spotting undervalued series and as a means of projecting the future.

We will note that historically, the rare coin market appears to move in cycles. Q. David Bowers, a longtime and well-respected dealer, was one of the first in the hobby to write about price cycles. The overall market moves in cycles, with peaks in 1973-74 and 1979-80, and slumps in 1975-76 and 1981 to late 1987. In 1979-80, the cycle peaked, with prices and interest higher than ever before.

Individual series also experience cyclical movements, with gold coins popular in some years, Proof sets and rolls in other years, and silver dollars at other times.

How coins become rare

The first factor that makes a coin rare is its mintage. The term "mintage" is the number of specimens struck for any given date at a specific Mint. However, mintage figures are often deceptive. For example, the United States Mint struck a total of 312,500 1933 Indian Head eagles, a $10 gold coin. However, price records indicate that the coin is much rarer than the mintage would indicate; perhaps as few as 30-40 pieces now exist.

What happened? The coins were struck shortly before President Franklin D. Roosevelt signed an executive order forbidding Americans to own gold coins. The only gold coins not banned from private ownership were those with numismatic value held by collectors and dealers. Only a few of the 1933 Indian Head eagles struck were released into circulation; the rest were melted before they ever left the Mint. (The 1933 Saint-Gaudens double eagle, a $20 gold coin, was never released into circulation. However, a few pieces turned up in dealers hands, only to be confiscated or withdrawn from circulation. Treasury officials deem it illegal to own the coin since it was never officially released.)

Another case of how mintage figures can be misleading is raised by the 1883 Liberty Head 5-cent varieties. Two distinct varieties were struck that year. The first bears the denomination on the reverse in the form of the Roman numeral V; the word "cents" does not appear. After larcenous individuals began gold-plating the Liberty Head, No CENTS 5-cent coin and passing it off as the similarly sized $5 gold half eagle, a new variety was struck. The second variety bears the word "cents" in addition to the Roman numeral V. Approximately three times as many of the second, with CENTS variety were struck (mintage: 16,026,200) as the first, no CENTS variety (mintage: 5,474,300). However, prices for the "more common" variety are much higher than for the lower mintage piece.

The sudden replacement of the 1883 Liberty, No CENTS 5-cent variety led to the quick withdrawal of the coin by the public, certain they had a rarity. The much more common variety entered circulation and stayed there, with many more pieces eventually consigned to the melting pot as they became too worn and were withdrawn by banks. Thus, many more specimens of the first variety were saved by collectors.

As noted, most coins end up in the melting pot. As coins circulate, they become worn, scratched and damaged. Eventually, they are returned to the Mint for melting. Gold and silver coins have been melted in large quantities by the government and by private individuals. When gold surpassed $800 an ounce and silver reached $50 an ounce in January 1980, many common-date gold and silver coins were melted for their precious metal content. A worn 1964 quarter dollar, for example, worth a dollar or less to a collector in 1978 had a bullion value of $9.04 when silver hit $50 an ounce! Millions of silver coins were melted then for their precious metals value.

Researchers study survival rates by grade. One author traced the appearances of all U.S. gold coins sold at auction by grade. Several grading services now publish "population reports" of the coins they grade, another indicator of the survival rate for a particular coin in a particular grade.

Unexpected supplies of coins turning up on the market can also have an impact on the rare coin market. A 1903-O Morgan silver dollar in Uncirculated was listed in a popular price guide published in 1962 as being valued at $1,500, and a 1904-O Morgan dollar, also in Uncirculated condition, was priced at $350. A year later, in the next edition of the same price guide, the 1903-O dollar was priced at $30 in the same grade, a loss of more than $1,400, and the 1904-O dollar was worth just $3.50, one-hundredth of its value a year earlier!

What had happened was that the Treasury Department cleaned out some of its vaults as citizens turned in ever-increasing numbers of silver certificates in exchange for silver dollars. Numerous bags of the 1903-O and 1904-O dollars, in storage for nearly 60 years, were suddenly dumped onto the market at face value. Prices plummeted.

It is extremely unlikely that such extreme examples will occur again. The Treasury Department sold the last of its silver dollar holdings beginning in 1972 in a series of seven sales, through the General Services Administration. However, some private hoards of certain coins may still exist.

Demand can also make a coin rare. If a dealer has two coins of equal mintages and equal survival rates, but one is more popular than the other, the price will be higher for the popular coin than the piece less popular.

Dealer promotion can also affect the price of a coin. For example, certain types of error coins are promoted as part of the regular series although in actuality, they are not. For example, the 1955 Lincoln, Doubled Die cent is heavily promoted, as is the 1972 Lincoln, Doubled Die cent. Activity is high for both coins, collector albums often have a space reserved for them, and they are heavily promoted by dealers. However, other doubled die cents, available in much smaller quantities than the 1955 and 1972 coins, are promoted only by a few dealers specializing in error coins. Their prices are often much lower than the heavily promoted pieces. That is because the existence of the coins is known only to a few specialists, and the supply is greater than the demand.

About the Trends values

The values in this price guide were compiled by *Coin World* Trends Editor Keith M. Zaner through August 1991. *Coin World's* Trends is a comprehensive retail value guide of U.S. coins, published consecutively in a two-week cycle in *Coin World*. Many different sources — including dealer price lists (both buy and sell), prices quoted on two dealer trading networks, public auction prices, realistic private transactions and any additional information acquired by the staff — are used in determining the Trends. Also, demand and rarity are key considerations in compiling Trends. Values are for problem-free, original and uncleaned coins with attractive color.

Coin World neither buys nor sells coins. Trends values are published as a reader service and may or may not be the same as an individual's or a firm's buy or sell prices.

Unless otherwise noted, condition (grade) designations are for the lowest possible level of each grade range. See Chapter 4 for additional information concerning grading.

Reading a Trends listing

It is not possible to configure each line of Trends to the market peculiarities of each date and variety of every series of U.S. coin. As a result, holes may appear in the listing. In the sample below, the dashes under the F-12 heading indicate that not enough market activity occurs to achieve an accurate Trends value for the varieties at the left in the grade Fine 12. The asterisks in the right-hand column under Prf-65 indicate that no Proof coins of these varieties were issued.

A dash listed among the values usually indicates a coin for which accurate market information is not available due to rarity or lack of activity in the marketplace. An asterisk indicates no coins issued. FV means the coin is commonly available at face value.

	F-12	VF-20	EF-40	AU-50	MS-60	MS-63	MS-65	Prf-65
1954 S/D	—	6.00	9.85	14.00	22.50	35.00	50.00	*
1955	.23	.25	.30	.35	.45	.60	2.15	8.00
1955-D	.07	.08	.10	.15	.19	.28	1.25	*

— Insufficient pricing data	* None issued	FV = Face Value

Half cent

Half cent index chart

Liberty Cap, Left

Date of authorization: April 2, 1792
Dates of issue: 1793
Designer: Adam Eckfeldt
Engraver: Adam Eckfeldt
Diameter (Millimeters/inches):
  23.50mm/0.93 inch
Weight (Grams/ounces):
  6.739 grams/0.21666 ounce
Metallic content: 100% copper
Edge: Lettered (TWO HUNDRED FOR A
  DOLLAR)

	AG-3	G-4	VG-8	F-12	VF-20	EF-40
1793	825.	1550.	2150.	3550.	5250.	10500.

— Insufficient pricing data	* None issued	FV = Face Value

Half cent
Liberty Cap, Right

Date of authorization: April 2, 1792
Dates of issue: 1794-1797
Designers:
  (Large Head): Robert Scot
  (Small Head): Scot-John Gardner
Engraver: Robert Scot
Diameter (Millimeters/inches):
  23.50mm/0.93 inch
Weight (Grams/ounce):
  1794-1795: 6.739 grams/0.21666 ounce
  1795-1797: 5.443 grams/0.17500 ounce
Metallic content: 100% copper
Edge:
  1794-1797: Plain
  1797: Lettered (TWO HUNDRED FOR A
    DOLLAR)
  1797: Gripped

HALF CENTS

	AG-3	G-4	VG-8	F-12	VF-20	EF-40
1794	125.	225.	475.	825.	1550.	2900.
1795	85.00	190.	350.	550.	925.	1800.
1796 With Pole	4250.	6250.	9500.	13500.	17500.	25000.
1796 No Pole	8500.	15000.	18500.	29500.	50000.	—
1797 Plain Edge	115.	215.	385.	600.	1100.	2150.
1797 Lettered Edge	365.	585.	850.	1750.	4250.	—
1797 Gripped Edge	3850.	5500.	9500.	—	—	—

— Insufficient pricing data   * None issued   FV = Face Value

Half cent
Draped Bust

Date of authorization: April 2, 1792
Dates of issue: 1800-1808
Designers:
   Obverse: Gilbert Stuart-Robert Scot
   Reverse: Scot-John Gardner
Engraver: Robert Scot
Diameter (Millimeters/inches):
   23.50mm/0.93 inch
Weight (Grams/ounces):
   5.443 grams/0.175 ounce
Metallic content: 100% copper
Edge: Plain

	G-4	VG-8	F-12	VF-20	EF-40	AU-50	MS-60
1800 Draped Bust	26.50	42.00	75.00	140.	315.	625.	1250.
1802/0	400.	850.	1700.	4750.	11000.	—	—
1802/0 Reverse of 1800	15000.	17500.	32500.	—	—	—	—
1803	27.25	40.00	100.	215.	475.	975.	—
1804	24.00	37.50	55.00	105.	325.	485.	975.
1804 Spiked Chin	35.00	57.50	95.00	200.	400.	700.	1500.
1805	24.75	38.50	57.50	105.	335.	500.	1125.
1805 Small 5, Stems	400.	850.	1800.	—	—	—	—
1806	24.50	36.50	50.00	100.	220.	460.	950.
1806 Small 6, Stems	150.	345.	585.	1000.	1950.	—	—
1807	24.75	39.50	60.00	110.	325.	625.	1375.
1808	26.50	42.50	90.00	185.	375.	—	—
1808/7	100.	150.	425.	1050.	2500.	5750.	—

— Insufficient pricing data	* None issued	FV = Face Value

Half cent
Classic Head

Date of authorization: April 2, 1792
Dates of issue: 1809-1835
Designer: John Reich
Engraver: John Reich
Diameter (Millimeters/inches):
   23.50mm/0.93 inch
Weight (Grams/ounces):
   5.443 grams/0.175 ounce
Metallic content: 100% copper
Edge: Plain

	G-4	VG-8	F-12	VF-20	EF-40	AU-50	MS-60
1809	25.00	30.00	37.50	65.00	115.	250.	550.
1809/6	26.00	32.50	38.50	67.50	135.	300.	650.
1810	27.50	40.00	70.00	265.	550.	1150.	2000.
1811	120.	245.	550.	1000.	2800.	—	—
1825	24.00	32.00	36.50	55.00	160.	375.	850.
1826	21.50	28.50	32.00	45.00	115.	235.	600.
1828 13 Stars	21.00	26.00	30.00	40.00	87.50	125.	285.
1828 12 Stars	23.50	32.50	42.50	90.00	185.	365.	925.
1829	21.00	26.00	30.00	47.50	92.50	135.	290.
1831 Originals and Rrestrikes 1st Restrike Prf-65 $27500; 2nd Restrike Prf-63+ $63250.							
1832	21.00	26.00	29.00	38.50	65.00	130.	285.
1833	21.00	26.00	29.00	38.50	65.00	120.	275.
1834	21.00	26.00	29.00	38.50	65.00	120.	275.
1835	21.00	26.00	29.00	38.50	65.00	120.	270.
1836 Originals and Restrikes original Prf-60 $4400, Prf-63 $10000; 2nd Restrike Prf-65 red $55000.							

— Insufficient pricing data	• None issued	FV = Face Value

Half cent
Coronet

Date of authorization: April 2, 1792
Dates of issue: 1849-1857
Designers:
  Obverse: Robert Scot-Christian Gobrecht
  Reverse: John Reich-Gobrecht
Engraver: Christian Gobrecht
Diameter (Millimeters/inches):
  23.50mm/0.93 inch
Weight (Grams/ounces):
  5.443 grams/0.175 ounce
Metallic content: 100% copper
Edge: Plain

	G-4	VG-8	F-12	VF-20	EF-40 *	AU-50	MS-60	MS-63
1840-49 Originals and Restrikes Prf-60 $2000 Prf-63 $3500 Prf-64 $6000 Prf-65 $20000.								
1849 Large Date	33.00	37.00	47.50	62.50	90.00	180.	340.	705.
1850	35.00	39.00	49.00	80.00	145.	240.	380.	715.
1851	30.50	35.00	40.00	50.00	67.50	125.	220.	365.
1852 Restrikes 2nd Restrike Prf-60 $2750 Prf-63 $5500								
1853	30.50	35.00	40.00	50.00	67.50	110.	210.	350.
1854	30.75	35.50	44.00	55.00	70.00	125.	220.	355.
1855	30.75	35.50	40.00	50.00	70.00	115.	205.	345.
1856	33.00	37.00	45.50	57.50	92.50	155.	245.	425.
1857	37.50	45.00	56.50	72.50	100.	165.	265.	435.

— Insufficient pricing data   * None issued   FV = Face Value

Cent

Large cent index chart

Flowing Hair, Chain

Date of authorization: April 2, 1792
Dates of issue: 1793
Designer: Henry Voigt
Engraver: Henry Voigt
Diameter (Millimeters/inches):
   28.50mm/1.13 inches
Weight (Grams/ounces):
   13.478 grams/0.43333 ounce
Metallic content: 100% copper
Edge: Vine and bars, or lettered (ONE
   HUNDRED FOR A DOLLAR)

	AG-3	G-4	VG-8	F-12	VF-20	EF-40	AU-50
1793 AMERICA	1150.	2550.	3500.	4850.	8500.	17500.	32500.
1793 AMERI	1500.	2700.	3650.	5000.	9500.	19500.	40000.

— Insufficient pricing data	* None issued	FV = Face Value

Cent
Flowing Hair, Wreath

Date of authorization: April 2, 1792
Dates of issue: 1793
Designers:
   Obverse: Henry Voigt-Adam
      Eckfeldt
   Reverse: Eckfeldt
Engraver: Adam Eckfeldt
Diameter (Millimeters/inches):
   28.50mm/1.13 inches
Weight (Grams/ounces):
   13.478 grams/0.43333 ounce
Metallic content: 100% copper
Edge: Plain, lettered (ONE HUNDRED
    FOR A DOLLAR)

	AG-3	G-4	VG-8	F-12	VF-20	EF-40	AU-50
1793	385.	750.	1100.	1850.	3450.	5950.	11500.
1793 Lettered Edge	485.	800.	1200.	2300.	3850.	7500.	14500.
1793 Strawberry Leaf	52500.	60000.	72500.	—	—	—	—

— Insufficient pricing data   * None issued   FV = Face Value

Cent
Liberty Cap, Wreath

Date of authorization: April 2, 1792
Dates of issue: 1793-1796
Designers:
  (1793-1794): Joseph Wright
  (1794-1796): Wright-John Gardner
Engravers:
  (1793-1794): Joseph Wright
  (1794-1796): Robert Scot
Diameter (Millimeters/inches):
  28.50mm/1.13 ounces
Weight (Grams/ounces):
  1793-1795: 13.478 grams/
    0.43333 ounce
  1795-1796: 10.886 grams/
    0.34999 ounce
Metallic content: 100% copper
Edge: Plain, or lettered (ONE
    HUNDRED FOR A DOLLAR)

	AG-3	G-4	VG-8	F-12	VF-20	EF-40	AU-50
1793	825.	1650.	2600.	3650.	7400.	—	—
1794 Head of 1793	300.	500.	950.	2450.	5250.	10500.	—
1794	70.00	145.	240.	465.	810.	1750.	5000.
1794 Starred Reverse	4500.	6250.	13500.	23500.	42500.	—	—
1795 Plain Edge	62.00	135.	230.	400.	675.	1450.	2750.
1795 Lettered Edge	95.00	200.	400.	650.	1250.	2600.	6750.
1795 Jefferson Head, Plain Edge	2750.	6000.	17500.	27500.	40000.	—	—
1796	65.00	185.	300.	600.	1200.	2500.	5750.

— Insufficient pricing data   * None issued   FV = Face Value

Cent
Draped Bust, Wreath

Date of authorization: April 2, 1792
Dates of issue: 1796-1807
Designers:
  Obverse: Gilbert Stuart-Robert Scot
  Reverse: Joseph Wright-Scot
Engraver: Robert Scot
Diameter (Millimeters/inches):
  28.50mm/1.13 inches
Weight (Grams/ounces):
  10.886 grams/0.34999 ounce
Metallic content: 100% copper
Edge: Plain, lettered (ONE HUNDRED FOR A DOLLAR), gripped

	AG-3	G-4	VG-8	F-12	VF-20	EF-40	AU-50
1796 Reverse of 1794	90.00	225.	450.	675.	1275.	2350.	5250.
1796 Reverse of 1796	55.00	130.	210.	420.	950.	1900.	4250.
1796 Reverse of 1797	51.00	115.	205.	410.	925.	1800.	3750.
1796 LIHERTY	85.00	215.	425.	750.	1850.	—	—
1797 Reverse of 1797, Stems	28.00	55.00	120.	195.	510.	1275.	2400.
1797 Gripped Edge of 1796	32.00	72.00	195.	285.	725.	1750.	3000.
1797 Plain Edge of 1796	42.50	72.50	210.	385.	825.	1500.	—
1797 Reverse of 1797, Stemless	45.00	100.	235.	425.	1000.	2450.	5600.
1798 1st Hair Style	21.00	42.50	105.	230.	560.	1325.	2550.
1798 2nd Hair Style	21.00	42.50	100.	165.	450.	1075.	1950.
1798 Reverse of 1796	50.00	100.	250.	350.	925.	3000.	5850.
1798/7 1st Hair Style	70.00	125.	265.	400.	975.	3250.	6000.
1799	525.	1050.	2250.	4850.	12000.	—	—
1799/8	575.	1200.	2450.	5500.	14000.	—	—
1800 Normal Date	16.50	38.00	60.00	190.	455.	775.	1350.
1800/1798 1st Hair Style	22.50	60.00	97.50	400.	900.	2800.	—
1800 80/79 2nd Hair Style	20.00	50.00	82.50	230.	625.	1425.	3100.
1801	13.00	29.50	52.50	170.	350.	650.	1250.
1801 3 Errors	32.50	85.00	225.	475.	1350.	4350.	—
1801 1/000	14.75	43.50	87.50	220.	535.	1025.	2000.
1801 1/100 over 1/000	20.00	67.50	140.	285.	610.	1300.	2550.
1802	13.00	27.00	45.00	140.	260.	625.	1250.
1802 Stemless	13.50	31.25	52.50	120.	225.	600.	1225.
1802 1/000	14.00	36.00	65.00	205.	470.	825.	1625.
1803	12.75	25.00	44.00	90.00	225.	725.	1400.
1803 Large Date, Small Fraction	575.	1350.	2850.	5900.	12000.	—	—
1803 Large Date, Large Fraction	16.00	50.00	125.	250.	675.	1200.	2300.
1803 Stemless	13.75	32.50	61.00	160.	430.	890.	1700.

— Insufficient pricing data	* None issued	FV = Face Value

Cent, Draped Bust, Wreath (continued)

	AG-3	G-4	VG-8	F-12	VF-20	EF-40	AU-50
1803 1/100 over 1/000	14.50	38.50	67.50	190.	480.	1150.	2450.
1804	200.	385.	800.	1600.	3250.	5850.	11500.
1805	13.25	28.50	60.00	140.	360.	710.	1600.
1806	17.50	35.00	85.00	235.	535.	1250.	2600.
1807 Large Fraction	14.00	27.50	52.50	95.00	370.	625.	1275.
1807 Small Fraction	14.75	32.00	72.50	160.	470.	1225.	2525.
1807/6 Large 7	14.25	28.50	65.00	140.	460.	1175.	2500.
1807/6 Small 7	875.	1850.	3650.	6000.	9500.	22500.	50000.

Cent
Classic Head, Wreath

Date of authorization: April 2, 1792
Dates of issue: 1808-1814
Designer: John Reich
Engraver: John Reich
Diameter (Millimeters/inches):
  28.50mm/1.13 inches
Weight (Grams/ounces):
  10.886 grams/0.35999 ounce
Metallic content: 100% copper
Edge: Plain

CENTS

	AG-3	G-4	VG-8	F-12	VF-20	EF-40	AU-50
1808 Classic Head	15.00	36.50	56.50	150.	430.	960.	2250.
1809	29.00	70.00	185.	375.	775.	2300.	4850.
1810	14.00	30.00	56.00	160.	420.	875.	2100.
1810 10/09	18.00	35.00	60.00	175.	460.	1025.	2500.
1811	27.50	75.00	135.	290.	725.	2250.	4500.
1811/0	30.00	85.00	145.	350.	825.	3400.	9500.
1812	15.00	28.75	55.00	160.	370.	960.	2150.
1813	17.00	45.00	100.	205.	500.	1175.	2550.
1814	17.00	29.00	55.00	165.	380.	1050.	2350.

— Insufficient pricing data   * None issued   FV = Face Value

Cent
Coronet, Wreath

Date of authorization: April 2, 1792
Dates of issue: 1816-1857
Designers:
   (1816-1835)
      Obverse: Robert Scot
      Reverse: John Reich
   (1835-1839)
      Obverse: Scot-Christian Gobrecht
      Reverse: Reich
   (1839-1857)
      Obverse: Scot-Gobrecht
      Reverse : Reich-Gobrecht
Engravers:
   (1816-1835)
      Obverse : Scot
      Reverse: Reich
   (1835-1839)
      Obverse: Gobrecht
      Reverse: Reich
   (1839-1857)
      Obverse: Gobrecht
      Reverse: Gobrecht
Diameter (Millimeters/inches):
   28.50mm/1.13 inches
Weight (Grams/ounces):
   10.886 grams/0.34999 ounce
Metallic content: 100% copper
Edge: Plain

	G-4	VG-8	F-12	VF-20	EF-40	AU-50	MS-60	MS-63
1816	10.75	17.00	40.00	75.00	185.	330.	700.	1300.
1817 13 Stars	10.00	14.75	33.75	60.00	145.	275.	425.	1100.
1817 15 Stars	12.25	21.50	35.00	95.00	475.	1250.	3000.	—
1818	10.65	14.75	33.25	55.00	120.	225.	370.	785.
1819	10.50	15.00	33.50	55.00	135.	260.	390.	975.
1819/8	13.00	29.00	45.00	135.	250.	525.	800.	1425.
1820	11.00	15.00	33.75	57.50	130.	245.	385.	875.
1820/19	11.75	17.25	40.00	130.	225.	435.	625.	1200.
1821	24.00	65.00	175.	425.	1150.	2350.	—	—
1822	10.75	16.00	45.00	90.00	215.	500.	875.	1750.
1823	65.00	150.	250.	400.	2050.	4000.	7750.	—
1823/2	52.50	125.	235.	385.	1850.	3850.	7500.	—
1824	10.85	17.50	42.50	165.	550.	1300.	2800.	5250.
1824/2	12.50	26.00	75.00	240.	1000.	2100.	—	—
1825	10.50	15.75	37.50	100.	475.	1100.	2250.	4500.
1826	10.50	15.00	35.25	85.00	200.	335.	490.	875.
1826/5	29.00	60.00	150.	350.	700.	1550.	3250.	—

— Insufficient pricing data	* None issued	FV = Face Value

Cent, Coronet, Wreath (continued)

	G-4	VG-8	F-12	VF-20	EF-40	AU-50	MS-60	MS-63
1827	10.00	14.50	30.00	65.00	190.	305.	375.	675.
1828 Large Date	10.00	14.00	29.00	60.00	175.	295.	385.	700.
1828 Small Date	15.00	25.00	55.00	105.	275.	425.	825.	1650.
1829 Large Letters	10.50	15.00	37.50	70.00	160.	285.	370.	635.
1829 Medium Letters	14.00	25.00	52.50	125.	325.	750.	—	—
1830 Large Letters	9.00	12.00	25.00	62.50	155.	280.	360.	625.
1830 Medium Letters	15.75	29.50	77.50	155.	375.	825.	—	—
1831	8.50	11.50	23.50	65.00	155.	270.	355.	625.
1832	8.90	12.50	24.00	51.00	145.	270.	355.	625.
1833	8.50	11.25	22.50	50.00	150.	245.	330.	615.
1834	8.90	11.50	25.00	50.00	125.	195.	275.	600.
1834 Large 8, Stars, Reverse Letters	11.75	16.75	34.50	55.00	150.	285.	360.	635.
1834 Large 8, Stars, Medium Letters	90.00	185.	290.	550.	950.	2350.	—	—
1835	9.25	12.00	24.00	50.50	130.	240.	300.	525.
1835 Type of 1836	9.00	10.75	23.00	50.00	125.	215.	260.	495.
1836	9.00	11.00	24.25	50.00	135.	220.	270.	500.
1837	8.75	9.50	15.00	34.50	90.00	185.	255.	480.
1838	8.50	10.50	15.00	34.50	90.00	180.	265.	500.
1839 Head of 1838	10.50	15.00	22.00	52.50	145.	300.	435.	1100.
1839/6	200.	425.	850.	2100.	4500.	—	—	—
1839 Silly Head	11.10	14.75	25.00	62.50	175.	400.	1000.	2250.
1839 Booby Head	9.25	13.00	24.00	63.50	170.	425.	900.	1950.
1839	9.10	12.25	18.75	44.50	125.	180.	270.	515.
1840	8.15	10.50	14.75	25.00	70.00	170.	260.	385.
1840 Small Date, Large 18	10.00	12.50	20.00	50.00	135.	245.	325.	610.
1841 Small Date	8.20	10.50	15.00	45.00	140.	210.	295.	445.
1842	8.15	10.50	14.25	25.00	67.50	160.	245.	380.
1843 Petite Small Letters	8.15	10.50	15.00	26.00	72.50	170.	260.	425.
1843 Mature Large Letters	8.15	11.50	17.75	32.75	90.00	180.	300.	550.
1843 Petite Large Letters	14.50	22.50	45.00	95.00	250.	550.	950.	1350.
1844	8.00	9.00	13.25	20.25	70.00	180.	265.	430.
1844/81	21.00	29.00	50.00	97.50	260.	550.	—	—
1845	8.00	9.00	13.25	18.25	57.50	125.	240.	370.
1846	8.00	9.00	13.00	17.50	50.00	135.	245.	380.
1846 Small Date	8.00	9.00	13.00	17.25	52.50	140.	250.	425.
1847	8.00	8.50	13.25	17.25	65.00	195.	310.	600.
1847 7/Small 7	12.50	22.00	30.00	60.00	130.	290.	490.	—
1848	8.00	8.50	13.00	17.25	46.50	130.	235.	390.
1849	8.00	8.50	13.00	17.25	53.50	135.	240.	390.
1850	8.00	8.50	13.00	17.00	46.50	125.	225.	370.
1851	8.00	8.50	13.00	17.00	46.50	125.	225.	370.
1851/81	13.75	18.00	21.00	38.00	135.	275.	475.	950.
1852	8.00	8.50	13.00	17.00	46.50	125.	225.	370.
1853	8.00	8.50	13.00	17.00	46.50	125.	225.	370.
1854	8.15	8.50	13.25	17.00	46.50	125.	225.	370.
1855	8.25	10.15	15.00	18.25	48.50	135.	230.	375.
1855 Slant 5, Knob	9.40	11.25	17.00	33.00	87.50	220.	375.	645.
1856	8.20	8.75	13.35	17.25	46.50	120.	225.	385.
1857 Small Date	32.00	41.00	52.50	60.00	95.00	190.	275.	690.
1857 Large Date	26.50	32.00	42.50	57.50	90.00	215.	320.	795.

— Insufficient pricing data   • None issued   FV = Face Value

Cent

Flying Eagle cent index chart

Flying Eagle, Wreath

Date of authorization: Feb. 21, 1857
Dates of issue: 1857-1858
Designers:
  Obverse: Christian Gobrecht-James B.
    Longacre
  Reverse: Longacre
Engraver: James B. Longacre
Diameter (Millimeters/inches):
  19.30mm/0.76 inch
Weight (Grams/ounces):
  4.666 grams/0.15002 ounce
Metallic content: 88% copper, 12% nickel
Edge: Plain

	G-4	VG-8	F-12	VF-20	EF-40	AU-50	MS-60	MS-63	MS-65
1856 (pattern)	2400.	2650.	2950.	3500.	3850.	4250.	4750.	6250.	20000.
1857	12.50	13.50	16.50	32.50	72.50	160.	225.	365.	2700.
1858 Large Letters	12.65	13.75	17.00	34.00	75.00	175.	265.	380.	2850.
1858 Small Letters	12.75	14.00	17.25	37.50	77.50	185.	290.	450.	2950.
1858/7	40.00	75.00	125.	235.	340.	825.	1350.	2500.	——

— Insufficient pricing data   * None issued   FV = Face Value

Cent

Indian Head cent index chart

Indian Head, Wreath or Shield and Wreath

Date of authorization: Feb. 21, 1857
Dates of issue: 1859-1909
Designer: James B. Longacre
Engraver: James B. Longacre
Diameter (Millimeters/inches):
   1859-1864: 19.30mm/0.76 inch
   1864-1909: 19.05mm/0.75 inch
Weight (Grams/ounces):
   1859-1864: 4.666 grams/0.15002 ounce
   1864-1909: 3.110 grams/0.09999 ounce
Metallic content:
   1859-1864: 88% copper, 12% nickel
   1864-1909: 95 % copper, 5% tin and zinc
Edge: Plain

	G-4	VG-8	F-12	VF-20	EF-40	AU-50	MS-60	MS-63	MS-65
1859	5.00	6.15	7.75	26.50	67.50	130.	185.	315.	2650.
1860 Shield	4.50	5.25	7.00	12.50	27.50	59.00	90.00	195.	715.
1861	11.00	13.25	19.50	30.00	62.50	105.	165.	290.	800.
1862	3.25	3.75	5.25	9.50	18.00	38.00	82.50	110.	725.

— Insufficient pricing data   * None issued   FV = Face Value

	G-4	VG-8	F-12	VF-20	EF-40	AU-50	MS-60	MS-63	MS-65
1863	2.50	3.00	4.50	9.00	17.75	37.50	75.00	105.	700.
1864 copper-nickel	10.95	12.00	14.75	20.50	29.00	60.00	85.00	150.	750.
1864 bronze, Initial L	26.00	38.00	48.50	85.00	135.	170.	200.	285.	950.
1864	4.00	5.00	8.50	15.50	24.00	39.50	65.00	120.	575.
1865	3.95	4.95	7.75	15.00	21.50	35.00	63.50	115.	565.
1866	21.50	26.00	36.00	54.50	90.00	135.	170.	265.	1025.
1867	21.75	26.50	37.00	54.50	100.	135.	175.	250.	1000.
1868	21.75	26.50	38.50	52.50	90.00	130.	160.	245.	965.
1869	29.00	40.00	115.	165.	200.	250.	335.	475.	1650.
1869/9	90.00	130.	190.	325.	415.	525.	675.	1300.	3250.
1870	23.50	35.00	120.	160.	195.	230.	250.	300.	950.
1871	30.00	40.00	125.	180.	220.	255.	285.	315.	975.
1872	42.50	55.00	160.	235.	315.	350.	425.	575.	1350.
1873 Closed 3	11.00	16.00	31.50	54.00	110.	250.	435.	600.	1200.
1873 Doubled LIBERTY	67.50	150.	325.	665.	875.	1650.	3350.	8500.	— —
1873 Open 3	10.00	11.50	19.00	32.00	65.00	80.00	145.	225.	535.
1874	10.50	12.00	19.00	32.00	57.50	75.00	135.	175.	405.
1875	10.00	11.75	18.00	31.00	55.00	71.00	130.	185.	675.
1876	16.50	19.50	28.00	49.00	79.00	115.	155.	245.	875.
1877	205.	260.	375.	650.	950.	1300.	1600.	2150.	7000.
1878	16.25	19.50	29.00	55.00	85.00	130.	180.	265.	800.
1879	3.25	3.95	5.75	13.00	26.00	35.00	55.00	100.	380.
1880	1.95	2.50	3.85	6.50	14.50	27.50	40.00	80.00	375.
1881	1.95	2.50	3.50	5.00	11.50	23.25	32.00	60.00	320.
1882	1.95	2.50	3.50	5.00	11.50	21.25	32.00	60.00	320.
1883	1.95	2.50	3.50	5.00	11.50	24.25	33.00	61.00	305.
1884	2.50	2.95	4.25	9.50	15.50	30.00	50.00	90.00	340.
1885	3.75	4.00	8.75	15.00	27.00	37.50	67.50	125.	430.
1886	1.95	2.55	8.00	16.00	33.50	42.50	67.50	120.	420.
1887	0.95	1.25	1.95	3.50	8.00	16.50	30.00	57.50	310.
1888/7	350.	525.	800.	1250.	1750.	— —	— —	— —	— —
1888	0.95	1.25	2.00	3.50	8.00	16.00	26.50	52.50	285.
1889	0.95	1.25	1.95	3.00	7.50	15.25	26.50	52.50	285.
1890	0.95	1.25	1.95	3.00	7.50	15.00	25.50	52.00	285.
1891	0.95	1.25	1.95	3.00	7.50	15.00	25.50	57.00	285.
1892	0.95	1.25	1.95	3.00	7.50	15.00	25.50	53.00	315.
1893	0.95	1.25	1.95	3.00	7.50	15.00	25.50	52.50	335.
1894	1.25	2.00	4.50	8.50	15.00	20.50	42.50	75.00	325.
1895	0.85	1.15	1.75	2.75	7.50	14.50	25.50	52.00	315.
1896	0.85	1.15	1.75	2.75	7.50	14.25	25.50	52.00	285.
1897	0.85	1.15	1.75	2.75	7.50	14.25	25.50	52.00	285.
1898	0.75	1.10	1.75	2.75	7.50	13.75	25.00	45.00	285.
1899	0.75	1.10	1.75	2.75	7.50	13.75	25.00	45.00	325.
1900	0.70	0.85	0.95	1.75	5.50	13.00	24.50	42.50	275.
1901	0.70	0.85	0.95	1.75	5.50	13.00	24.50	42.50	275.
1902	0.70	0.85	0.95	1.75	5.50	13.00	24.50	42.50	275.
1903	0.70	0.85	0.95	1.75	5.50	13.00	24.50	42.50	275.
1904	0.70	0.85	0.95	1.75	5.50	13.00	24.50	42.50	275.
1905	0.70	0.85	0.95	1.75	5.50	13.00	24.50	42.50	275.
1906	0.70	0.85	0.95	1.75	5.50	13.00	24.50	42.50	275.
1907	0.70	0.85	0.95	1.75	5.50	13.00	24.50	42.50	275.
1908	0.70	0.85	0.95	1.75	5.50	13.00	24.50	42.50	275.
1908-S	17.00	19.00	23.50	35.00	55.00	89.00	150.	290.	700.
1909	1.00	1.25	2.00	3.50	7.50	14.00	26.00	47.50	300.
1909-S	115.	130.	140.	155.	200.	265.	315.	400.	1050.

— Insufficient pricing data   * None issued   FV = Face Value

CENTS

Cent

Lincoln cent index chart

Lincoln, Wheat Ears

Date of authorization: Feb. 21, 1857
Dates of issue: 1909-1958
Designer: Victor D. Brenner
Engraver: Charles Barber
Diameter (Millimeters/inches):
    19.05mm/0.75 inch
Weight (Grams/ounces):
    1909-1942, 1944-1958: 3.110 grams/
    0.09999 ounce
    1943: 2.689 grams/0.08645 ounce; 2.754
    grams/0.08854
Metallic content:
    1909-1942: 95% copper, 5% zinc and tin
    1942: 95% copper, 5% zinc
    1943: zinc-plated steel
    1944-1946: 95% copper, 5% zinc
    1947-1958: 95% copper, 5% zinc and tin
Edge: Plain

	G-4	VG-8	F-12	VF-20	EF-40	AU-50	MS-60	MS-63	MS-65
1909 VDB	1.50	1.75	1.95	2.50	3.75	6.00	8.75	19.00	50.00
1909-S VDB	235.	265.	315.	375.	405.	440.	485.	525.	1300.
1909	0.50	0.60	0.80	1.50	2.25	5.50	12.00	19.25	60.00
1909-S	35.00	37.00	44.00	52.50	75.00	90.00	100.	125.	400.
1910	0.15	0.20	0.30	0.65	2.75	4.00	11.75	19.50	80.00

— Insufficient pricing data	* None issued	FV = Face Value

	G-4	VG-8	F-12	VF-20	EF-40	AU-50	MS-60	MS-63	MS-65
1910-S	5.50	6.25	7.00	11.00	19.00	47.50	62.50	85.00	250.
1911	0.20	0.25	0.50	1.75	3.50	6.00	14.00	25.00	100.
1911-D	3.75	4.25	6.00	10.50	22.50	42.50	85.00	110.	650.
1911-S	13.00	14.25	15.75	18.50	26.50	52.50	105.	175.	1750.
1912	0.40	0.60	1.50	2.90	5.50	11.00	20.00	35.00	110.
1912-D	4.00	4.25	6.00	13.00	29.00	52.50	90.00	115.	900.
1912-S	9.00	10.25	11.50	15.00	28.00	57.50	87.50	150.	1650.
1913	0.35	0.50	1.00	2.50	5.25	9.50	16.50	32.00	110.
1913-D	1.50	2.00	2.50	6.00	17.50	35.00	70.00	110.	975.
1913-S	5.00	6.00	7.00	11.00	25.00	52.50	90.00	175.	2000.
1914	0.30	0.40	1.25	2.60	6.75	15.00	37.50	45.00	175.
1914-D	72.50	80.00	100.	185.	385.	485.	625.	1300.	5250.
1914-S	7.50	8.50	10.50	19.00	39.00	67.50	155.	350.	5000.
1915	0.75	1.00	2.50	7.00	35.00	52.50	77.50	100.	350.
1915-D	0.50	0.65	1.25	3.50	10.00	19.00	37.50	92.50	450.
1915-S	5.00	6.50	7.50	10.00	22.50	52.50	85.00	185.	1650.
1916	0.14	0.18	0.30	1.00	2.00	3.90	9.25	22.00	85.00
1916-D	0.25	0.35	1.00	1.60	6.00	19.00	38.00	60.00	1250.
1916-S	0.60	0.75	1.15	3.00	6.75	20.00	45.00	85.00	2500.
1917	0.14	0.18	0.30	0.95	2.00	4.00	9.75	23.00	80.00
1917-D	0.20	0.30	0.75	1.45	5.85	14.00	40.00	75.00	775.
1917-S	0.20	0.30	0.75	1.50	6.50	20.50	50.00	95.00	2650.
1918	0.14	0.18	0.30	0.90	2.00	4.25	10.00	20.50	90.00
1918-D	0.20	0.30	0.75	1.65	5.85	16.50	42.50	87.50	950.
1918-S	0.25	0.35	0.75	1.70	6.00	20.50	50.00	90.00	2750.
1919	0.14	0.18	0.30	0.95	1.75	4.00	7.00	19.00	65.00
1919-D	0.20	0.30	0.50	1.90	5.00	15.00	35.00	70.00	600.
1919-S	0.20	0.25	0.40	1.00	3.65	10.75	24.00	57.50	1250.
1920	0.14	0.18	0.30	0.90	1.50	3.75	7.50	16.00	75.00
1920-D	0.20	0.26	0.50	1.90	6.00	12.00	36.00	77.50	475.
1920-S	0.20	0.25	0.60	1.20	4.00	11.50	42.00	105.	3250.
1921	0.17	0.23	0.50	1.85	5.10	9.00	27.50	45.00	175.
1921-S	0.60	0.75	1.25	3.00	13.00	47.50	105.	245.	2150.
1922 Missing D	145.	185.	275.	425.	1750.	3000.	3750.	7500.	25000.
1922-D	4.00	4.50	6.00	10.00	20.00	33.00	72.50	95.00	350.
1923	0.10	0.15	0.20	1.75	3.90	4.75	8.00	20.00	90.00
1923-S	1.15	1.40	2.00	4.65	22.00	55.00	140.	285.	3150.
1924	0.10	0.15	0.20	1.75	4.00	6.00	18.50	35.00	75.00
1924-D	7.50	8.50	11.00	21.00	49.00	95.00	165.	290.	3750.
1924-S	0.60	0.75	1.25	1.90	9.00	24.50	85.00	175.	2750.
1925	0.10	0.15	0.20	0.50	1.60	3.75	7.50	17.00	50.00
1925-D	0.20	0.30	0.50	1.90	5.85	13.00	45.00	60.00	950.
1925-S	0.20	0.35	0.50	1.40	4.50	14.50	48.00	140.	3000.
1926	0.10	0.15	0.20	0.50	1.50	3.00	7.00	15.75	35.00
1926-D	0.20	0.30	0.50	1.50	4.25	12.75	38.00	62.50	1000.
1926-S	1.75	2.00	2.50	3.75	9.75	37.50	77.50	165.	2750.
1927	0.10	0.15	0.20	0.50	1.60	3.00	7.50	15.00	47.50
1927-D	0.20	0.30	0.50	0.90	3.00	10.00	23.00	55.00	800.
1927-S	0.40	0.60	1.10	3.00	8.50	22.50	57.50	95.00	1100.
1928	0.10	0.15	0.20	0.48	1.45	2.85	6.00	16.00	45.00
1928-D	0.20	0.30	0.50	0.75	2.75	6.50	18.00	38.00	525.
1928-S	0.25	0.35	0.60	1.65	4.00	10.00	38.00	65.00	750.
1929	0.10	0.15	0.20	0.44	1.00	2.00	5.50	13.00	45.00
1929-D	0.20	0.30	0.40	0.70	2.00	5.00	13.00	32.50	185.
1929-S	0.15	0.20	0.30	0.50	1.50	3.00	7.50	17.00	100.
1930	0.09	0.14	0.19	0.45	1.00	1.90	3.85	11.00	30.00
1930-D	0.10	0.20	0.40	0.65	1.90	6.00	10.00	22.00	65.00
1930-S	0.11	0.25	0.35	0.60	1.55	3.00	5.50	16.00	60.00
1931	0.40	0.50	0.65	0.90	1.75	6.50	14.50	28.00	80.00
1931-D	2.00	2.25	3.00	3.50	7.00	21.50	32.50	55.00	200.
1931-S	29.00	31.00	34.50	36.50	41.50	52.50	57.50	77.50	175.

CENTS

— Insufficient pricing data   • None issued   FV = Face Value

Cent, Lincoln, Wheat Ears (continued)

	G-4	VG-8	F-12	VF-20	EF-40	AU-50	MS-60	MS-63	MS-65
1932	1.15	1.25	1.50	2.00	2.90	9.50	19.00	27.50	53.00
1932-D	0.60	0.75	1.00	1.50	2.25	6.00	13.00	32.50	65.00
1933	0.65	0.80	1.00	1.60	2.50	7.75	15.50	30.00	55.00
1933-D	1.60	1.90	2.10	3.00	5.00	9.00	19.00	31.00	60.00

	F-12	VF-20	EF-40	AU-50	MS-60	MS-63	MS-65	PF-65
1934	0.25	0.40	0.75	1.00	2.00	6.00	27.50	*
1934-D	0.50	0.90	2.75	7.50	15.00	25.00	30.00	*
1935	0.22	0.40	0.75	1.00	1.50	3.00	12.00	*
1935-D	0.40	0.75	1.50	2.85	4.00	5.75	17.50	*
1935-S	0.65	1.45	2.90	5.75	10.00	21.00	38.00	*
1936	0.22	0.40	0.65	0.80	0.95	2.50	5.00	1250.
1936-D	0.30	0.40	0.85	1.25	1.85	4.00	11.00	*
1936-S	0.30	0.50	0.95	1.35	2.00	4.50	18.00	*
1937	0.20	0.30	0.50	0.60	0.80	1.50	6.50	200.
1937-D	0.25	0.40	0.75	0.95	1.75	2.50	7.50	*
1937-S	0.25	0.40	0.75	1.00	1.75	2.50	11.25	*
1938	0.20	0.30	0.60	0.90	1.50	2.00	6.25	155.
1938-D	0.40	0.75	1.25	1.75	3.25	5.00	11.00	*
1938-S	0.35	0.55	0.80	0.95	1.55	3.85	16.00	*
1939	0.15	0.25	0.30	0.40	0.50	1.25	5.50	140.
1939-D	0.40	0.75	1.50	1.75	3.75	6.50	16.25	*
1939-S	0.25	0.40	0.75	1.50	2.00	4.00	14.00	*
1940	0.20	0.30	0.40	0.45	0.60	1.50	3.50	140.
1940-D	0.30	0.50	0.60	0.95	1.40	2.00	5.00	*
1940-S	0.30	0.50	0.60	1.00	1.50	2.10	6.00	*
1941	0.23	0.40	0.50	0.55	0.65	1.50	5.50	145.
1941-D	0.40	0.60	0.90	1.45	1.95	3.00	9.50	*
1941-S	0.50	0.70	1.00	1.25	1.75	3.50	10.50	*
1942	0.20	0.30	0.40	0.45	0.75	1.00	3.00	150.
1942-D	0.25	0.35	0.45	0.75	1.45	2.00	5.00	*
1942-S	0.55	0.95	1.90	2.00	3.00	7.50	32.50	*
1943	0.10	0.25	0.50	0.75	0.85	1.00	6.85	*
1943-D	0.20	0.40	0.75	0.85	0.95	1.25	9.00	*
1943-S	0.30	0.50	0.90	1.25	1.50	2.50	12.00	*
1944	0.10	0.15	0.20	0.35	0.50	0.60	2.25	*
1944-D	0.20	0.25	0.30	0.35	0.40	0.50	3.00	*
1944-D/S Variety 1	75.00	115.	150.	215.	310.	515.	1550.	*
1944-D/S Variety 2	60.00	80.00	100.	150.	245.	365.	950.	*
1944-S	0.15	0.20	0.25	0.35	0.40	0.50	2.50	*
1945	0.10	0.15	0.24	0.45	0.85	1.25	2.20	*
1945-D	0.15	0.20	0.25	0.40	0.50	0.60	2.10	*
1945-S	0.15	0.20	0.25	0.40	0.55	0.65	2.15	*
1946	0.10	0.15	0.20	0.25	0.30	0.50	1.50	*
1946-D	0.15	0.18	0.20	0.25	0.30	0.35	1.85	*
1946-S	0.20	0.25	0.30	0.40	0.50	1.00	3.00	*
1947	0.20	0.30	0.40	0.75	1.15	1.50	3.50	*
1947-D	0.15	0.18	0.20	0.25	0.30	0.35	2.25	*
1947-S	0.16	0.22	0.26	0.35	0.50	0.60	2.85	*
1948	0.20	0.30	0.40	0.65	0.75	0.95	2.75	*
1948-D	0.25	0.35	0.45	0.85	1.15	1.35	3.00	*
1948-S	0.30	0.40	0.50	0.95	1.15	1.40	4.00	*
1949	0.20	0.30	0.40	0.75	0.85	1.00	3.65	*
1949-D	0.30	0.40	0.50	0.80	1.00	1.25	4.50	*
1949-S	0.30	0.45	0.60	1.25	2.50	3.00	6.00	*
1950	0.07	0.15	0.25	0.50	0.75	0.95	3.00	53.00
1950-D	0.05	0.14	0.20	0.25	0.27	0.35	2.00	*
1950-S	0.07	0.15	0.25	0.55	0.80	0.95	3.10	*
1951	0.07	0.15	0.25	0.40	0.60	0.75	2.25	40.00

— Insufficient pricing data   * None issued   FV = Face Value

CENTS

	F-12	VF-20	EF-40	AU-50	MS-60	MS-63	MS-65	Prf-65
1951-D	0.05	0.10	0.20	0.30	0.35	0.40	1.75	*
1951-S	0.20	0.25	0.35	0.65	0.85	1.00	3.50	*
1952	0.07	0.12	0.25	0.50	0.65	0.75	3.75	35.00
1952-D	0.04	0.08	0.15	0.20	0.23	0.25	1.75	*
1952-S	0.07	0.12	0.25	0.50	0.75	0.95	2.85	*
1953	0.05	0.09	0.15	0.18	0.20	0.25	1.30	32.50
1953-D	0.04	0.08	0.15	0.18	0.20	0.25	1.35	*
1953-S	0.07	0.12	0.16	0.26	0.35	0.60	1.50	*
1954	0.12	0.16	0.20	0.30	0.50	0.75	2.25	13.00
1954-D	0.04	0.07	0.10	0.20	0.30	0.35	0.85	*
1954-S	0.05	0.08	0.10	0.18	0.20	0.25	0.90	*
1955	0.04	0.07	0.09	0.10	0.12	0.15	0.95	19.00
1955 Doubled Die	280.	345.	450.	525.	650.	950.	4500.	*
1955-D	0.04	0.07	0.09	0.10	0.12	0.15	0.90	*
1955-S	0.15	0.18	0.20	0.25	0.30	0.35	1.75	*
1956	0.03	0.04	0.05	0.10	0.12	0.15	0.75	3.25
1956-D	0.03	0.04	0.05	0.10	0.12	0.15	0.75	*
1957	0.03	0.04	0.05	0.10	0.12	0.15	0.75	2.00
1957-D	0.03	0.04	0.05	0.10	0.12	0.15	0.75	*
1958	0.03	0.04	0.05	0.10	0.12	0.15	0.70	1.50
1958-D	0.03	0.04	0.05	0.10	0.12	0.15	0.70	*

Cent
Lincoln, Memorial

Date of authorization: Feb. 21, 1857
Dates of issue: 1959-present
Designers:
    Obverse: Victor D. Brenner
    Reverse: Frank Gasparro
Engraver:
    Obverse: Charles Barber
    Reverse: Gilroy Roberts
Diameter (Millimeters/inches):
    19.05mm/0.75 inch
Weight (Grams/ounces):
    1959-1982: 3.110 grams/0.09999 ounce
    1982-present: 2.5 grams/0.08038 ounce
Metallic content:
    1959-1962: 95% copper, 5% zinc and tin
    1962-1982: 95% copper, 5% zinc
    1982-present: 97.5% zinc, 2.5% copper (99.2% zinc, 0.8% copper planchet plated with pure copper)
Edge: Plain

	F-12	VF-20	EF-40	AU-50	MS-60	MS-63	MS-65	Prf-65
1959	FV	FV	FV	FV	FV	0.15	0.70	1.75
1959-D	FV	FV	FV	FV	FV	0.15	0.70	*
1960 Large Date	FV	FV	FV	FV	FV	0.15	0.70	0.75
1960 Small Date	0.50	0.75	1.50	2.00	2.50	3.00	7.00	18.00

— Insufficient pricing data	* None issued	FV = Face Value

CENTS

Cent, Lincoln, Memorial (continued)

	F-12	VF-20	EF-40	AU-50	MS-60	MS-63	MS-65	Prf-65
1960-D Large Date	FV	FV	FV	FV	FV	0.15	0.70	*
1960-D Small Date	0.03	0.05	0.10	0.20	0.25	0.45	1.85	*
1961	FV	FV	FV	FV	FV	0.15	0.70	0.75
1961-D	FV	FV	FV	FV	FV	0.15	0.70	*
1962	FV	FV	FV	FV	FV	0.15	0.70	0.75
1962-D	FV	FV	FV	FV	FV	0.15	0.70	*
1963	FV	FV	FV	FV	FV	0.15	0.70	0.75
1963-D	FV	FV	FV	FV	FV	0.15	0.70	*
1964	FV	FV	FV	FV	FV	0.15	0.70	0.75
1964-D	FV	FV	FV	FV	FV	0.15	0.70	*
1965	FV	FV	FV	FV	FV	0.15	1.00	*
1966	FV	FV	FV	FV	FV	0.18	1.05	*
1967	FV	FV	FV	FV	FV	0.20	1.00	*
1968	FV	FV	FV	FV	FV	0.15	0.70	*
1968-D	FV	FV	FV	FV	FV	0.15	0.70	*
1968-S	FV	FV	FV	FV	FV	0.15	0.85	1.00
1969	FV	FV	FV	FV	FV	0.25	1.35	*
1969-D	FV	FV	FV	FV	FV	0.15	0.70	*
1969-S	FV	FV	FV	FV	FV	0.15	0.70	1.00
1970	FV	FV	FV	FV	FV	0.25	1.00	*
1970-D	FV	FV	FV	FV	FV	0.15	0.70	*
1970-S Low 7	FV	FV	FV	FV	FV	0.15	0.70	1.00
1970-S Level 7	5.00	7.50	9.50	11.00	16.00	25.00	80.00	62.50
1971	FV	FV	FV	FV	FV	0.30	1.35	*
1971-D	FV	FV	FV	FV	FV	0.25	1.10	*
1971-S	FV	FV	FV	FV	FV	0.15	1.00	0.90
1972	FV	FV	FV	FV	FV	0.15	0.70	*
1972-D	FV	FV	FV	FV	FV	0.20	0.70	*
1972-S	FV	FV	FV	FV	FV	0.20	0.70	0.90
1972 Doubled Die	— —	87.50	95.00	110.	130.	165.	250.	*
1973	FV	FV	FV	FV	FV	0.15	0.70	*
1973-D	FV	FV	FV	FV	FV	0.15	0.70	*
1973-S	FV	FV	FV	FV	FV	0.25	0.70	0.90
1974	FV	FV	FV	FV	FV	0.15	0.70	*
1974-D	FV	FV	FV	FV	FV	0.15	0.70	*
1974-S	FV	FV	FV	FV	FV	0.25	0.85	0.90
1975	FV	FV	FV	FV	FV	0.15	0.70	*
1975-D	FV	FV	FV	FV	FV	0.15	0.70	*
1975-S	*	*	*	*	*	*	*	6.00
1976	FV	FV	FV	FV	FV	0.15	0.70	*
1976-D	FV	FV	FV	FV	FV	0.15	0.70	*
1976-S	*	*	*	*	*	*	*	3.50
1977	FV	FV	FV	FV	FV	0.15	0.70	*
1977-D	FV	FV	FV	FV	FV	0.15	0.70	*
1977-S	*	*	*	*	*	*	*	2.25
1978	FV	FV	FV	FV	FV	0.15	0.70	*
1978-D	FV	FV	FV	FV	FV	0.15	0.70	*
1978-S	*	*	*	*	*	*	*	2.25
1979	FV	FV	FV	FV	FV	0.15	0.70	*
1979-D	FV	FV	FV	FV	FV	0.15	0.70	*
1979 Filled S	*	*	*	*	*	*	*	2.00
1979 Clear S	*	*	*	*	*	*	*	3.50
1980	FV	FV	FV	FV	FV	0.15	0.70	*
1980-D	FV	FV	FV	FV	FV	0.15	0.70	*
1980-S	*	*	*	*	*	*	*	2.50
1981	FV	FV	FV	FV	FV	0.15	0.70	*
1981-D	FV	FV	FV	FV	FV	0.15	0.70	*
1981-S	*	*	*	*	*	*	*	3.00
1982 Large Date brass	FV	FV	FV	FV	0.12	0.20	0.70	*

— Insufficient pricing data	* None issued	FV = Face Value

CENTS

	F-12	VF-20	EF-40	AU-50	MS-60	MS-63	MS-65	Prf-65
1982 Large Date zinc .... FV	FV	FV	FV	0.22	0.25	0.95	*
1982 Small Date brass .... FV	FV	FV	FV	0.17	0.30	1.00	*
1982 Small Date zinc .... FV	FV	FV	FV	0.67	0.75	1.75	*
1982-D Large Date brass ... FV	FV	FV	FV	0.12	0.20	0.70	*
1982-D Large Date zinc ..... FV	FV	FV	FV	0.17	0.30	1.20	*
1982-D Small Date zinc ...... FV	FV	FV	FV	0.14	0.24	0.85	*
1982-S .... *	*	*	*	*	*	*	2.50
1983 .... FV	FV	FV	FV	FV	0.15	0.70	*
1983-D .... FV	FV	FV	FV	FV	0.15	0.70	*
1983-S .... *	*	*	*	*	*	*	4.50
1983 Doubled Die .... ——	——	72.50	87.50	105.	145.	215.	*
1984 .... FV	FV	FV	FV	FV	0.15	0.70	*
1984-D .... FV	FV	FV	FV	0.17	0.25	1.00	*
1984-S .... *	*	*	*	*	*	*	6.75
1984 Doubled Die .... ——	——	37.50	50.00	67.50	85.00	110.	*
1985 .... FV	FV	FV	FV	FV	0.15	0.70	*
1985-D .... FV	FV	FV	FV	FV	0.15	0.70	*
1985-S .... *	*	*	*	*	*	*	5.00
1986 .... FV	FV	FV	FV	0.15	0.25	0.90	*
1986-D .... FV	FV	FV	FV	FV	0.15	0.70	*
1986-S .... *	*	*	*	*	*	*	9.00
1987 .... FV	FV	FV	FV	FV	0.15	0.70	*
1987-D .... FV	FV	FV	FV	FV	0.15	0.70	*
1987-S .... *	*	*	*	*	*	*	7.00
1988 .... FV	FV	FV	FV	FV	0.15	0.70	*
1988-D .... FV	FV	FV	FV	FV	0.15	0.70	*
1988-S .... *	*	*	*	*	*	*	6.00
1989 .... FV	FV	FV	FV	FV	0.15	0.70	*
1989-D .... FV	FV	FV	FV	FV	0.15	0.70	*
1989-S .... *	*	*	*	*	*	*	6.50
1990 .... FV	FV	FV	FV	FV	0.15	0.70	*
1990-D .... FV	FV	FV	FV	FV	0.15	0.70	*
1990-S .... *	*	*	*	*	*	*	6.50
1990 Missing S .... *	*	*	*	*	*	*	1350.
1991 .... FV	FV	FV	FV	FV	0.15	0.70	*
1991-D .... FV	FV	FV	FV	FV	0.15	0.70	*
1991-S .... *	*	*	*	*	*	*	6.50

◄ CENTS ◄

— Insufficient pricing data   * None issued   FV = Face Value

2 cents

2 cents index chart

2 cents

Date of authorization: April 22, 1864
Dates of issue: 1864-1872
Designer: James B. Longacre
Engraver: James B. Longacre
Diameter (Millimeters/inches):
  23.00mm/0.91 inch
Weight (Grams/ounces):
  6.221 grams/0.20001 ounce
Metallic content: 95% copper, 5% zinc and
  tin
Edge: Plain

	F-12	VF-20	EF-40	AU-50	MS-60	MS-63	MS-65	PF-63	PF-65
1864 Small Motto	87.50	155.	225.	350.	475.	1100.	3850.	12500.	50000.
1864 Large Motto	7.00	14.00	32.00	60.00	87.50	130.	1150.	650.	6000.
1865	7.00	14.25	33.00	65.00	90.00	140.	1225.	415.	4350.
1866	7.25	15.00	33.50	67.50	92.50	165.	1375.	395.	3150.
1867	7.25	15.00	34.00	68.00	97.50	155.	1350.	405.	3450.
1868	7.50	16.00	38.50	72.50	100.	160.	1450.	395.	3200.
1869	8.00	17.00	41.00	75.00	105.	170.	1275.	395.	3150.
1869/8	350.	525.	—	—	—	—	—	—	—

— Insufficient pricing data	* None issued	FV = Face Value

	F-12	VF-20	EF-40	AU-50	MS-60	MS-63	MS-65	Prf-63	Prf-65
1870	17.00	32.50	55.00	87.50	120.	220.	1700.	465.	3200.
1871	22.50	40.00	80.00	125.	250.	475.	2500.	485.	3250.
1872	135.	235.	335.	435.	600.	1250.	3100.	525.	3300.
1873 Closed 3 Proofs Only				925.	1150.	——	——	1650.	5250.
1873 Open 3 Restrike Proofs Only			——	1550.	——	——	2200.	9500.

3 cents

Copper-nickel 3 cents index chart

Copper-nickel

Date of authorization: April 22, 1864
Dates of issue: 1865-1889
Designer: James B. Longacre
Engraver: James B. Longacre
Diameter (Millimeters/inches):
  17.90mm/0.71 inch
Weight (Grams/ounces):
  1.944 grams/0.0625 ounce
Metallic content: 75% copper, 25% nickel
Edge: Plain

	F-12	VF-20	EF-40	AU-50	MS-60	MS-63	MS-65	PF-65
1865	5.50	6.75	17.00	37.50	70.00	110.	1000.	1900.
1866	5.50	6.75	17.00	37.50	69.00	110.	975.	875.
1867	5.50	6.75	17.00	37.50	69.00	115.	1100.	775.
1868	5.55	7.50	17.25	38.50	71.00	115.	975.	750.
1869	6.00	7.75	18.00	39.00	72.50	125.	1150.	725.

— Insufficient pricing data	* None issued	FV = Face Value

3 cents, copper-nickel (continued)

	F-12	VF-20	EF-40	AU-50	MS-60	MS-63	MS-65	Prf-65
1870	6.25	8.00	18.50	41.00	80.00	120.	1000.	775.
1871	7.75	9.50	19.50	41.50	92.50	170.	1000.	600.
1872	7.00	9.00	19.00	39.00	87.50	165.	1025.	600.
1873 Closed 3	9.50	13.50	22.50	55.00	120.	270.	2050.	650.
1873 Open 3	7.00	8.50	18.00	38.00	82.50	165.	2025.	—
1874	7.00	8.50	19.00	43.00	92.50	190.	1925.	600.
1875	12.00	16.00	28.50	65.00	110.	200.	1000.	750.
1876	15.00	19.00	35.00	75.00	140.	305.	2000.	600.
1877 (Proofs only)	*	*	800.	975.	*	*	*	1550.
1878 (Proofs only)	*	*	500.	625.	*	*	*	950.
1879	55.00	67.50	80.00	135.	185.	285.	1000.	575.
1880	70.00	85.00	115.	185.	240.	310.	940.	575.
1881	5.50	6.75	17.00	38.00	71.00	115.	975.	575.
1882	60.00	79.00	120.	165.	225.	350.	1175.	725.
1883	175.	215.	250.	290.	390.	875.	2000.	825.
1884	315.	345.	395.	470.	600.	1250.	2200.	600.
1885	450.	500.	540.	625.	750.	1100.	1950.	625.
1886 (Proofs only)	*	300.	350.	400.	*	*	*	800.
1887/6 (Proofs only)	*	*	375.	450.	*	*	*	675.
1887	250.	270.	325.	370.	450.	725.	1025.	625.
1888	47.50	58.00	70.00	100.	200.	350.	940.	500.
1889	67.50	87.50	115.	145.	195.	265.	1300.	525.

3 cents

Silver 3 cents index chart

— Insufficient pricing data   * None issued   FV = Face Value

3 cents, silver

Date of authorization: March 3, 1851
Dates of issue: 1851-1873
Designer: James B. Longacre
Engraver: James B. Longacre
Diameter (Millimeters/inches):
  14.00mm/0.55 inch
Weight (Grams/ounces):
  (1851-1853): 0.802 gram/0.02578 ounce
  (1854-1873): 0.746 gram/0.02398 ounce
Metallic content:
  (1851-1853): 75% silver, 25% copper
  (1854-1873): 90% silver, 10% copper
Weight of pure silver:
  (1851-1853): 0.6015 grams/0.01934
  (1854-1873): 0.6714 grams/0.02159
Edge: Plain

	VG-8	F-12	VF-20	EF-40	AU-50	MS-60	MS-63	MS-65
1851 One Outline of Star	10.30	13.50	23.50	52.50	105.	160.	265.	1650.
1851-O	18.00	32.50	55.00	95.00	175.	250.	500.	4500.
1852	10.30	13.50	23.50	52.50	105.	160.	265.	1650.
1853	10.30	13.50	23.50	52.50	105.	160.	295.	1700.
1854 Three Outlines of Star	14.25	18.50	34.00	80.00	195.	310.	625.	7000.
1855	22.50	39.00	67.50	120.	225.	475.	1350.	7750.
1856	12.85	17.25	33.00	75.00	185.	290.	635.	7250.
1857	13.00	17.50	34.00	80.00	170.	280.	625.	7150.
1858	13.00	17.25	33.00	75.00	165.	275.	615.	7000.
1859 Two Outlines of Star	13.25	17.35	31.00	57.50	110.	175.	375.	1500.
1860	13.25	17.00	30.50	57.50	110.	175.	350.	1375.
1861	13.25	17.35	31.00	57.50	110.	175.	340.	1375.
1862	13.25	17.35	31.00	57.50	110.	175.	330.	1350.
1862/1	——	19.50	36.50	65.00	145.	225.	435.	1400.

	AU-50	MS-60	MS-63	MS-65	PF-60	PF-63	PF-65
1863	340.	425.	750.	2000.	315.	610.	2200.
1863/2 (Proofs only)	430.	——	——	——	525.	640.	2475.
1864	340.	425.	775.	2550.	315.	625.	2225.
1865	355.	435.	800.	2100.	335.	635.	2250.
1866	350.	425.	800.	2150.	315.	625.	2325.
1867	360.	445.	850.	2450.	355.	640.	2275.
1868	365.	445.	900.	2600.	320.	640.	2275.
1869	400.	450.	850.	2350.	335.	650.	2225.
1869/8 (Proofs only)	560.	——	——	——	650.	925.	2775.
1870	375.	455.	875.	2500.	345.	650.	2250.
1871	375.	445.	825.	2200.	345.	660.	2275.
1872	525.	650.	1300.	2850.	360.	735.	2350.
1873 Closed 3 (Proofs only)	750.	*	*	*	1000.	1350.	3100.

3 CENTS

— Insufficient pricing data   * None issued   FV = Face Value

5 cents

Shield 5 cents index chart

Shield

Date of authorization: May 16, 1866
Dates of issue: 1866-1883
Designer: James B. Longacre
Engraver: James B. Longacre
Diameter (Millimeters/inches):
  20.50mm/0.81 inch
Weight (Grams/ounces):
  5.000 grams/0.16075 ounce
Metallic content: 75% copper, 25% nickel
Edge: Plain

	VG-8	F-12	VF-20	EF-40	AU-50	MS-60	MS-63	MS-65
1866 Rays	15.00	19.00	32.50	70.00	115.	230.	475.	5000.
1867 Rays	16.25	23.50	42.50	110.	200.	310.	635.	8000.
1867 No Rays	8.50	10.00	15.00	26.00	45.00	90.00	170.	850.
1868	8.50	10.00	14.00	25.00	52.50	90.00	170.	825.
1869	8.50	10.25	15.25	26.50	50.00	95.00	190.	875.
1870	9.00	11.00	18.00	39.00	65.00	135.	210.	925.
1871	29.00	40.00	52.50	92.50	155.	275.	500.	975.
1872	9.00	11.25	18.00	39.00	69.00	140.	255.	925.
1873 Closed 3	21.50	27.50	42.50	87.50	135.	220.	475.	1150.

— Insufficient pricing data	• None issued	FV = Face Value

	VG-8	F-12	VF-20	EF-40	AU-50	MS-60	MS-63	MS-65
1873 Open 3	9.00	11.50	18.50	40.00	70.00	135.	225.	900.
1874	9.25	12.00	18.75	45.00	72.50	135.	240.	1375.
1875	11.50	16.00	27.00	50.00	77.50	140.	255.	1550.
1876	11.00	15.00	22.50	46.00	75.00	130.	240.	1025.
1877	750.	850.	900.	950.	1100.	1450.	2250.	4250.
1878	525.	575.	650.	725.	825.	950.	1150.	1700.
1879	250.	315.	370.	470.	500.	550.	850.	1550.
1880	305.	335.	385.	480.	550.	600.	1000.	1900.
1881	170.	220.	275.	350.	395.	475.	725.	1100.
1882	8.50	10.50	14.50	28.00	47.50	95.00	165.	800.
1883	8.75	10.75	15.50	29.00	49.00	90.00	160.	775.
1883/2	50.00	75.00	110.	150.	265.	350.	750.	2400.

— Insufficient pricing data   * None issued   FV = Face Value

5 cents

Liberty Head 5 cents index chart

Liberty Head, No CENTS or With CENTS

Date of authorization: May 16, 1866
Dates of issue: 1883-1912
Designer: Charles Barber
Engraver: Charles Barber
Diameter (Millimeters/inches):
    21.21mm/0.84 inch
Weight (Grams/ounces):
    5.000 grams/0.16075 ounce
Metallic content: 75% copper, 25% nickel
Edge: Plain

— Insufficient pricing data   * None issued   FV = Face Value

	VG-8	F-12	VF-20	EF-40	AU-50	MS-60	MS-63	MS-65
1883 No CENTS	2.95	3.50	4.75	6.50	13.50	35.00	65.00	600.
1883 CENTS	7.75	13.50	21.00	35.00	70.00	100.	125.	675.
1884	8.50	14.00	23.00	39.00	72.50	120.	190.	1200.
1885	215.	290.	375.	465.	525.	650.	800.	3450.
1886	55.00	110.	160.	225.	315.	425.	625.	1450.
1887	7.00	12.00	19.00	32.00	61.50	92.50	125.	750.
1888	8.75	16.50	25.00	49.00	79.00	105.	175.	775.
1889	5.00	11.00	17.00	29.00	62.50	92.50	125.	710.
1890	5.50	12.00	19.00	35.00	64.00	100.	165.	775.
1891	4.55	10.75	16.50	34.50	62.50	92.50	120.	800.
1892	4.75	11.00	18.00	35.00	65.00	100.	135.	775.
1893	4.25	11.50	17.25	32.00	62.50	97.50	140.	800.
1894	8.50	21.00	45.00	90.00	105.	160.	225.	875.
1895	3.00	9.50	16.50	28.50	63.50	90.00	145.	1250.
1896	4.75	11.00	20.50	35.00	67.50	91.00	160.	1400.
1897	1.25	4.75	8.25	24.00	59.00	85.00	125.	1300.
1898	1.40	5.50	8.75	27.00	57.50	80.00	120.	750.
1899	1.25	4.50	7.75	20.00	52.50	75.00	110.	675.
1900	0.95	4.00	6.00	17.00	47.50	77.50	105.	650.
1901	0.95	4.00	6.00	17.00	45.00	75.00	110.	665.
1902	0.95	4.00	6.00	17.00	45.00	75.00	110.	675.
1903	0.95	4.00	6.00	17.00	45.00	80.00	105.	660.
1904	0.95	4.00	6.00	17.00	45.00	75.00	110.	660.
1905	0.95	3.75	6.00	17.00	45.00	75.00	105.	650.
1906	0.95	3.75	6.00	17.00	45.00	75.00	110.	700.
1907	0.95	3.75	6.00	17.00	45.00	75.00	105.	700.
1908	0.95	3.75	6.00	17.00	45.00	75.00	120.	975.
1909	1.00	4.00	6.50	20.00	50.00	87.50	125.	925.
1910	0.95	3.75	5.50	16.50	45.00	75.00	110.	750.
1911	0.95	3.75	5.50	16.50	45.00	75.00	105.	660.
1912	0.95	3.75	5.50	16.50	45.00	77.50	105.	710.
1912-D	1.35	4.25	9.00	42.50	80.00	130.	225.	1250.
1912-S	38.50	60.00	185.	375.	450.	525.	700.	2950.

1913 Extremely Rare - 5 known Proof 63 $750000.

— Insufficient pricing data   * None issued   FV = Face Value

5 cents

Indian Head 5 cents index chart

Legend: ■ AU.50   □ MS.65   ✕ SERIES

Indian Head, Bison on Mound or Bison on Plain

(nicknamed "Buffalo nickel")

Date of authorization: May 16, 1866
Dates of issue: 1913-1938
Designer: James Earle Fraser
Engraver: Charles Barber
Diameter (Millimeters/inches):
  21.21mm/0.84 inch
Weight (Grams/ounces):
  5.000 grams/0.16075 ounce
Metallic content: 75% copper, 25% nickel
Edge: Plain

— Insufficient pricing data   * None issued   FV = Face Value

	G-4	VG-8	F-12	VF-20	EF-40	AU-50	MS-60	MS-63	MS-65
1913 Mound	4.00	4.50	5.00	6.75	10.50	21.00	28.00	45.00	130.
1913-D Mound	7.25	8.10	9.75	12.50	23.00	34.00	44.00	65.00	350.
1913-S Mound	10.00	12.00	15.75	24.50	37.50	49.00	57.50	80.00	450.
1913 Plain	4.00	4.50	5.50	7.00	11.00	22.00	27.00	50.00	275.
1913-D Plain	31.00	34.00	44.00	55.00	69.00	90.00	110.	185.	750.
1913-S Plain	67.50	87.50	100.	130.	175.	225.	285.	425.	2350.
1914	4.00	5.00	7.00	9.00	15.75	25.00	35.00	55.00	285.
1914-D	29.00	37.50	45.00	60.00	110.	145.	205.	310.	1950.
1914-S	5.25	6.50	10.75	18.50	35.00	47.50	85.00	210.	2400.
1915	2.00	3.00	5.00	6.85	13.00	24.00	30.00	52.50	255.
1915-D	6.75	9.90	17.00	35.00	43.00	67.50	115.	250.	2700.
1915-S	10.00	17.00	26.00	65.00	130.	185.	235.	475.	3000.
1916	0.80	1.00	2.25	3.25	7.00	17.50	30.00	46.50	270.
1916 Doubled Die	1300.	1850.	2750.	5250.	8500.	12000.	19000.	35000.	67500.
1916-D	5.00	7.00	9.75	21.00	45.00	65.00	105.	245.	3900.
1916-S	3.25	4.75	6.50	18.00	42.50	57.50	120.	335.	3650.
1917	0.80	1.00	2.25	3.75	10.00	26.00	43.00	60.00	385.
1917-D	5.00	7.50	15.00	40.00	80.00	105.	190.	550.	3250.
1917-S	4.25	6.25	15.75	55.00	110.	165.	245.	700.	3350.
1918	1.00	1.75	2.35	7.00	17.50	32.50	45.00	75.00	800.
1918/7-D	300.	525.	850.	1650.	3750.	7750.	12500.	35000.	60000.
1918-D	5.25	8.00	17.50	70.00	165.	225.	275.	385.	2600.
1918-S	4.00	7.75	15.75	55.00	145.	215.	375.	1000.	7850.
1919	0.75	1.25	2.00	3.75	9.00	19.50	36.50	45.00	385.
1919-D	5.75	9.50	17.00	75.00	170.	230.	375.	650.	3150.
1919-S	3.50	5.25	10.75	60.00	145.	220.	350.	975.	7250.
1920	0.65	1.25	1.75	4.00	9.25	20.00	33.50	42.50	480.
1920-D	3.75	6.75	13.75	65.00	160.	275.	365.	775.	4500.
1920-S	2.00	4.25	7.50	37.50	120.	195.	275.	740.	11000.
1921	0.90	1.35	3.00	6.25	22.00	42.50	67.50	90.00	400.
1921-S	14.00	21.00	47.50	305.	550.	800.	1000.	1650.	3850.
1923	0.60	1.05	1.65	3.00	7.25	17.00	33.50	50.00	365.
1923-S	2.50	3.25	6.00	45.00	135.	190.	285.	575.	7250.
1924	0.60	1.05	1.65	3.25	9.75	26.50	34.00	55.00	485.
1924-D	2.50	3.75	6.50	40.00	105.	200.	280.	485.	2750.
1924-S	4.75	6.50	30.00	400.	650.	875.	1100.	1750.	4400.
1925	0.60	0.95	1.25	3.00	8.25	20.00	32.50	47.50	265.
1925-D	4.25	6.50	18.00	59.00	135.	195.	290.	425.	3000.
1925-S	1.75	3.75	7.75	50.00	120.	160.	315.	975.	13500.
1926	0.40	0.85	1.00	2.00	5.50	15.00	23.50	35.00	130.
1926-D	3.00	5.00	13.00	60.00	110.	145.	175.	350.	2600.
1926-S	5.50	7.00	22.50	240.	625.	825.	1175.	2500.	12500.
1927	0.40	0.80	1.00	2.25	5.75	15.00	24.50	32.50	185.
1927-D	1.25	2.50	8.50	20.00	40.00	60.00	90.00	160.	2250.
1927-S	0.85	1.40	3.25	19.00	65.00	105.	190.	1050.	12000.
1928	0.40	0.80	1.00	2.25	5.85	16.00	25.00	34.50	190.
1928-D	0.95	1.45	2.25	4.50	18.00	27.50	30.00	50.00	775.
1928-S	0.65	1.25	2.00	6.00	15.50	35.00	67.50	305.	3350.
1929	0.40	0.80	1.00	2.00	4.00	13.50	21.00	30.00	185.
1929-D	1.00	1.30	1.75	5.50	17.00	27.50	32.50	60.00	950.
1929-S	0.40	0.80	1.15	2.75	12.00	20.00	30.00	42.50	265.
1930	0.40	0.75	1.00	2.00	4.25	13.00	15.50	25.00	97.50
1930-S	0.45	0.85	1.10	2.25	8.00	18.50	30.00	37.50	330.
1931-S	3.25	3.50	4.25	5.00	11.50	20.00	37.50	50.00	160.
1934	0.27	0.40	0.50	1.50	4.00	10.75	17.50	28.00	290.
1934-D	0.35	0.65	0.95	3.00	9.75	19.50	30.00	47.50	1375.
1935	0.25	0.35	0.50	1.00	4.10	7.50	16.00	20.00	82.50
1935-D	0.45	0.65	1.10	2.50	8.75	16.50	22.00	32.50	265.
1935-S	0.27	0.40	0.65	1.65	5.00	11.00	19.00	23.00	160.
1936	0.25	0.35	0.50	1.00	3.25	6.50	13.50	19.00	45.00

5 CENTS

— Insufficient pricing data   • None issued   FV = Face Value

5 cents, Indian Head, Bison on Plain (continued)

	G-4	VG-8	F-12	VF-20	EF-40	AU-50	MS-60	MS-63	MS-65
1936-D	0.32	0.45	0.60	1.30	4.00	9.75	16.00	20.00	80.00
1936-S	0.27	0.40	0.55	1.25	4.00	10.00	15.50	19.75	80.00
1937	0.25	0.35	0.50	1.00	3.00	5.95	13.50	17.00	40.00
1937-D	0.32	0.45	0.60	1.25	4.00	8.00	15.00	20.00	41.00
1937-D 3 Legs	80.00	125.	150.	200.	315.	500.	850.	2750.	13500.
1937-S	0.38	0.55	0.60	1.25	4.00	8.00	16.00	22.00	47.50
1938-D	0.35	0.50	0.60	1.35	3.25	7.50	13.50	18.50	40.00
1938-D/D	1.00	1.75	2.75	4.00	6.00	11.00	20.00	24.00	75.00
1938-D/S	4.75	5.50	6.00	9.50	15.00	19.00	28.50	35.00	175.

5 cents

Jefferson 5 cents index chart

Jefferson

Date of authorization: May 16, 1866; March 27, 1942

Dates of issue: 1938-present

Designer: Felix Schlag

Engraver: John R. Sinnock

Diameter (Millimeters/inches):
21.21mm/0.84 inch

Weight (Grams/ounces):
5.000 grams/0.16075 ounce

Metallic content:
(1938-1942): 75% copper, 25% nickel
(1942-1945): 56% copper, 35% silver, 9% manganese
(1946-present): 75% copper, 25% nickel

— Insufficient pricing data   * None issued   FV = Face Value

Weight of pure silver:(1942-1945) 1.750 grams/0.05626 ounce
Edge: Plain

	VG-8	F-12	VF-20	EF-40	AU-50	MS-60	MS-63	MS-65	PF-65
1938	0.13	0.31	0.38	0.60	0.90	1.25	1.75	4.00	47.50
1938-D	0.75	1.15	1.35	1.95	2.50	3.50	4.50	8.00	*
1938-S	1.40	1.60	2.00	2.50	2.95	3.75	4.95	8.25	*
1939	0.15	0.25	0.40	0.75	1.20	1.95	3.25	55.00
1939 Doubled Die	15.00	32.50	57.50	95.00	225.	350.	600.	1600.	*
1939-D	3.25	3.75	4.75	7.50	17.25	25.00	30.00	55.00	*
1939-S	0.85	1.00	1.25	3.25	8.00	14.00	19.00	40.00	*
1940	FV	0.07	0.15	0.25	0.60	0.80	1.00	2.85	45.00
1940-D	0.07	0.10	0.20	0.45	1.45	2.25	2.90	4.50	*
1940-S	0.07	0.10	0.25	0.50	1.00	1.90	2.50	3.95	*
1941	FV	0.07	0.15	0.25	0.40	0.75	0.95	2.10	42.50
1941-D	0.07	0.10	0.20	0.45	1.50	2.50	2.75	4.85	*
1941-S	0.07	0.10	0.25	0.50	1.75	2.55	2.80	6.00	*
1942	0.07	0.10	0.15	0.20	0.60	0.85	1.00	3.00	40.00
1942-P	0.25	0.50	0.90	1.85	3.00	8.00	10.00	23.00	140.
1942-D	0.30	0.42	0.60	1.40	8.00	14.00	21.00	42.50	*
1942-S	0.25	0.40	0.55	1.30	2.90	7.00	8.50	27.00	*
1943/2-P	50.00	60.00	80.00	105.	175.	235.	350.	600.	*
1943-P	0.25	0.40	0.50	1.10	1.75	3.00	3.75	11.00	*
1943-P Doubled Eye	—	—	—	—	—	95.00	175.	650.	*
1943-D	0.75	0.90	1.10	1.75	2.15	2.50	2.75	16.00	*
1943-S	0.25	0.40	0.55	1.25	1.95	2.75	3.75	18.50	*
1944-P	0.25	0.40	0.55	1.45	2.00	3.35	3.75	14.50	*
1944-D	0.25	0.40	0.55	1.50	2.75	5.00	9.00	20.00	*
1944-S	0.35	0.50	0.65	1.55	3.25	4.25	5.50	21.00	*
1945-P	0.25	0.40	0.55	1.50	2.00	3.00	4.50	19.00	*
1945-P Doubled Die	—	—	—	—	—	75.00	140.	500.	*
1945-D	0.25	0.40	0.55	1.30	2.25	2.75	4.00	18.00	*
1945-S	0.25	0.40	0.65	1.50	2.00	2.50	3.00	16.00	*
1946	FV	0.07	0.15	0.20	0.30	0.50	0.60	1.85	*
1946-D	0.07	0.10	0.15	0.20	0.40	0.55	0.75	5.50	*
1946-S	0.10	0.20	0.25	0.35	0.40	0.45	0.50	5.00	*
1947	FV	0.07	0.15	0.20	0.30	0.45	0.50	1.70	*
1947-D	0.06	0.08	0.15	0.25	0.50	0.65	0.75	2.05	*
1947-S	0.06	0.08	0.15	0.20	0.35	0.60	0.65	2.00	*
1948	FV	0.07	0.15	0.20	0.33	0.45	0.55	1.80	*
1948-D	0.07	0.10	0.25	0.40	0.60	0.75	1.50	2.65	*
1948-S	0.10	0.20	0.30	0.40	0.45	0.50	0.60	2.25	*
1949	0.08	0.15	0.20	0.25	0.45	0.75	0.85	3.25	*
1949-D	0.07	0.10	0.15	0.25	0.45	0.75	0.90	3.50	*
1949-D/S	—	—	35.00	70.00	105.	175.	300.	775.	*
1949-S	0.27	0.37	0.55	0.70	1.10	1.50	1.75	4.00	*
1950	0.29	0.35	0.45	0.55	1.00	1.25	1.50	3.65	40.00
1950-D	4.35	4.50	4.75	5.00	5.25	5.50	6.50	25.00	*
1951	FV	0.07	0.15	0.25	0.35	0.40	0.50	2.75	37.50
1951-D	FV	0.07	0.15	0.25	0.55	0.75	0.80	2.65	*
1951-S	0.20	0.25	0.38	0.50	1.10	1.35	2.00	4.50	*
1952	FV	0.07	0.08	0.10	0.50	0.75	0.90	2.25	29.00
1952-D	FV	0.07	0.15	0.25	0.75	1.10	1.45	3.35	*
1952-S	0.07	0.10	0.15	0.25	0.35	0.70	0.95	2.30	*
1953	FV	0.07	0.08	0.10	0.20	0.22	0.25	1.10	28.00
1953-D	FV	0.07	0.10	0.15	0.20	0.21	0.25	1.25	*
1953-S	0.08	0.15	0.20	0.25	0.34	0.45	0.50	2.00	*
1954	FV	0.07	0.08	0.10	0.15	0.19	0.25	1.25	14.00
1954-D	FV	0.07	0.08	0.10	0.15	0.19	0.24	1.35	*

◄ 5 CENTS ◄

5 cents, Jefferson (continued)

	VG-8	F-12	VF-20	EF-40	AU-50	MS-60	MS-63	MS-65	PF-65
1954-S .... FV	0.07	0.08	0.10	0.20	0.23	0.30	1.75	*
1954 S/D .... FV	FV	6.50	10.50	15.50	25.00	47.50	115.	*
1955 .... 0.15	0.23	0.25	0.27	0.30	0.35	0.40	2.15	9.00
1955-D .... FV	0.07	0.08	0.10	0.15	0.19	0.25	1.25	*
1955 D/S Variety 1 ——	——	6.65	12.00	27.50	38.50	52.50	135.	*
1956 .... FV	FV	FV	FV	FV	0.19	0.22	0.75	3.00
1956-D .... FV	FV	FV	FV	FV	0.19	0.22	0.75	*
1957 .... FV	FV	FV	FV	FV	0.20	0.24	0.85	2.00
1957-D .... FV	FV	FV	FV	FV	0.19	0.23	0.75	*
1958 .... 0.06	0.08	0.12	0.17	0.20	0.25	0.35	1.65	3.00
1958-D .... FV	FV	FV	FV	FV	0.19	0.22	0.75	*
1959 .... FV	FV	FV	FV	FV	0.19	0.22	0.75	1.50
1959-D .... FV	FV	FV	FV	FV	0.19	0.22	0.75	*
1960 .... FV	FV	FV	FV	FV	0.19	0.22	0.75	0.95
1960-D .... FV	FV	FV	FV	FV	0.19	0.22	0.75	*
1961 .... FV	FV	FV	FV	FV	0.19	0.22	0.75	0.60
1961-D .... FV	FV	FV	FV	FV	0.19	0.22	0.75	*
1962 .... FV	FV	FV	FV	FV	0.19	0.22	0.75	0.60
1962-D .... FV	FV	FV	FV	FV	0.19	0.22	0.75	*
1963 .... FV	FV	FV	FV	FV	0.19	0.22	0.75	0.60
1963-D .... FV	FV	FV	FV	FV	0.19	0.22	0.75	*
1964 .... FV	FV	FV	FV	FV	0.19	0.22	0.75	0.60
1964-D .... FV	FV	FV	FV	FV	0.19	0.22	0.75	*
1965 .... FV	FV	FV	FV	FV	0.13	0.20	0.85	*
1966 .... FV	FV	FV	FV	FV	0.13	0.20	0.85	*
1967 .... FV	FV	FV	FV	FV	0.13	0.20	0.85	*
1968-D .... FV	FV	FV	FV	FV	0.13	0.20	0.35	*
1968-S .... FV	FV	FV	FV	FV	0.13	0.20	0.35	0.50
1969-D .... FV	FV	FV	FV	FV	0.13	0.20	0.35	*
1969-S .... FV	FV	FV	FV	FV	0.13	0.20	0.35	0.50
1970-D .... FV	FV	FV	FV	FV	0.13	0.20	0.35	*
1970-S .... FV	FV	FV	FV	FV	0.13	0.20	0.35	0.50
1971 .... FV	FV	FV	FV	FV	0.50	0.65	1.25	*
1971-D .... FV	FV	FV	FV	FV	0.13	0.20	0.35	*
1971-S .... *	*	*	*	*	*	*	*	1.10
1972 .... FV	FV	FV	FV	FV	0.13	0.20	0.35	*
1972-D .... FV	FV	FV	FV	FV	0.13	0.20	0.35	*
1972-S .... *	*	*	*	*	*	*	*	1.10
1973 .... FV	FV	FV	FV	FV	0.13	0.20	0.35	*
1973-D .... FV	FV	FV	FV	FV	0.13	0.20	0.35	*
1973-S .... *	*	*	*	*	*	*	*	1.10
1974 .... FV	FV	FV	FV	FV	0.13	0.20	0.35	*
1974-D .... FV	FV	FV	FV	FV	0.15	0.30	0.45	*
1974-S .... *	*	*	*	*	*	*	*	1.25
1975 .... FV	FV	FV	FV	FV	0.15	0.30	0.50	*
1975-D .... FV	FV	FV	FV	FV	0.20	0.30	0.50	*
1975-S .... *	*	*	*	*	*	*	*	0.75
1976 .... FV	FV	FV	FV	FV	0.25	0.40	0.85	*
1976-D .... FV	FV	FV	FV	FV	0.30	0.60	1.50	*
1976-S .... *	*	*	*	*	*	*	*	0.75
1977 .... FV	FV	FV	FV	FV	0.13	0.20	0.35	*
1977-D .... FV	FV	FV	FV	FV	0.28	0.45	1.25	*
1977-S .... *	*	*	*	*	*	*	*	0.75
1978 .... FV	FV	FV	FV	FV	——	0.20	——	*
1978-D .... FV	FV	FV	FV	FV	0.15	0.40	——	*
1978-S .... *	*	*	*	*	*	*	*	0.75
1979 .... FV	FV	FV	FV	FV	——	0.20	——	*
1979-D .... FV	FV	FV	FV	FV	0.13	0.30	——	*
1979 Filled S .... *	*	*	*	*	*	*	*	0.75

—— Insufficient pricing data	* None issued	FV = Face Value

	VG-8	F-12	VF-20	EF-40	AU-50	MS-60	MS-63	MS-65	PF-65
1979 Clear S	*	*	*	*	*	*	*	*	1.95
1980-P	FV	FV	FV	FV	FV	---	0.20	---	*
1980-D	FV	FV	FV	FV	FV	---	0.20	---	*
1980-S	*	*	*	*	*	*	*	*	0.75
1981-P	FV	FV	FV	FV	FV	---	0.20	---	*
1981-D	FV	FV	FV	FV	FV	---	0.20	---	*
1981-S Filled S	*	*	*	*	*	*	*	*	0.75
1981-S Clear S	*	*	*	*	*	*	*	*	1.95
1982-P	FV	FV	FV	FV	FV	0.14	0.30	---	*
1982-D	FV	FV	FV	FV	FV	0.15	0.40	---	*
1982-S	*	*	*	*	*	*	*	*	1.25
1983-P	FV	FV	FV	FV	FV	0.13	0.30	---	*
1983-D	FV	FV	FV	FV	FV	0.18	0.45	---	*
1983-S	*	*	*	*	*	*	*	*	1.50
1984-P	FV	FV	FV	FV	FV	0.10	0.20	---	*
1984-D	FV	FV	FV	FV	FV	0.15	0.40	---	*
1984-S	*	*	*	*	*	*	*	*	4.00
1985-P	FV	FV	FV	FV	FV	0.13	0.30	---	*
1985-D	FV	FV	FV	FV	FV	0.15	0.40	---	*
1985-S	*	*	*	*	*	*	*	*	3.50
1986-P	FV	FV	FV	FV	FV	0.10	0.20	---	*
1986-D	FV	FV	FV	FV	FV	0.15	0.40	---	*
1986-S	*	*	*	*	*	*	*	*	2.75
1987-P	FV	FV	FV	FV	FV	---	0.20	---	*
1987-D	FV	FV	FV	FV	FV	---	0.20	---	*
1987-S	*	*	*	*	*	*	*	*	3.00
1988-P	FV	FV	FV	FV	FV	---	0.20	---	*
1988-D	FV	FV	FV	FV	FV	---	0.20	---	*
1988-S	*	*	*	*	*	*	*	*	4.00
1989	FV	FV	FV	FV	FV	---	0.20	---	*
1989-D	FV	FV	FV	FV	FV	---	0.20	---	*
1989-S	*	*	*	*	*	*	*	*	3.50
1990	FV	FV	FV	FV	FV	---	0.20	---	*
1990-D	FV	FV	FV	FV	FV	---	0.20	---	*
1990-S	*	*	*	*	*	*	*	*	3.00
1991	FV	FV	FV	FV	FV	---	0.20	---	*
1991-D	FV	FV	FV	FV	FV	---	0.20	---	*
1991-S	*	*	*	*	*	*	*	*	3.00

5 CENTS

— Insufficient pricing data   * None issued   FV = Face Value

Half dime

Early half dimes index chart

Flowing Hair

Date of authorization: April 2, 1792
Dates of issue: 1792 (half disme); 1794-1795
Designer: Robert Scot
Engraver: Robert Scot
Diameter (Millimeters/inches):
  16.50mm/0.65 inch
Weight (Grams/ounces):
  1.348 grams/0.04334 ounce
Metallic content: 89.25% silver, 10.75%
  copper
Weight of pure silver: 1.2031 grams/0.03868
  ounce
Edge: Reeded

	AG-3	G-4	VG-8	F-12	VF-20	EF-40	AU-50
1792 half disme	2000.	3350.	4300.	5750.	9000.	16500.	31000.
1794	335.	775.	950.	1350.	2100.	3000.	5500.
1795	295.	590.	765.	925.	1400.	2250.	3600.

— Insufficient pricing data	* None issued	FV = Face Value

Half dime
Draped Bust, Small Eagle or Heraldic Eagle

Date of authorization: April 2, 1792
Dates of issue: 1796-1805
Designer:
  Obverse: Gilbert Stuart-Robert Scot
  Reverse:
    (1796-1797): Robert Scot-John Eckstein
    (1800-1805): Robert Scot
Engraver: Robert Scot
Diameter (Millimeters/inches):
  16.50mm/0.65 inch
Weight (Grams/ounces):
  1.348 grams/0.04334 ounce
Metallic content: 89.25% silver, 10.75% copper
Weight of pure silver: 1.2031 grams/0.03868 ounce
Edge: Reeded

	AG-3	G-4	VG-8	F-12	VF-20	EF-40	AU-50
1796/5 Small Eagle	390.	755.	875.	1300.	2700.	5100.	10000.
1796	350.	715.	825.	1200.	2050.	3400.	7500.
1796 LIKERTY	350.	715.	825.	1250.	2200.	5000.	8500.
1797 15 Stars	325.	685.	810.	1200.	1950.	3000.	4450.
1797 16 Stars	340.	705.	825.	1250.	2000.	3250.	4500.
1797 13 Stars	425.	820.	975.	1800.	2850.	4000.	8500.
1800 Heraldic Eagle	180.	525.	665.	825.	1150.	2200.	2700.
1800 LIBEKTY	185.	535.	675.	840.	1200.	2225.	2750.
1801	235.	575.	725.	900.	1350.	2550.	4400.
1802	5000.	8500.	12500.	20000.	35000.	70000.	—
1803	220.	550.	700.	875.	1250.	2200.	2800.
1805	300.	645.	800.	1000.	1400.	2650.	4850.

— Insufficient pricing data   * None issued   FV = Face Value

Half dime
Capped Bust

Date of authorization: April 2, 1792
Dates of issue: 1829-1837
Designers: John Reich-William Kneass
Engraver: William Kneass
Diameter (Millimeters/inches):
  15.50mm/0.61 inch
Weight (Grams/ounces):
  1.348 grams/0.04334 ounce
Metallic content: 89.25% silver, 10.75%
  copper
Weight of pure silver: 1.2031 grams/0.03868 ounce
Edge: Reeded

	G-4	VG-8	F-12	VF-20	EF-40	AU-50	MS-60	MS-63
1829	12.25	15.00	22.50	43.00	92.50	210.	320.	650.
1830	12.25	15.00	22.50	43.00	91.50	195.	315.	640.
1831	12.25	15.00	22.50	43.00	92.50	200.	305.	625.
1832	12.25	15.00	22.50	43.00	92.50	200.	315.	640.
1833	12.25	15.00	22.50	43.00	91.50	195.	305.	625.
1834	12.25	15.00	22.50	43.00	95.00	200.	305.	625.
1835	12.25	15.00	22.50	43.00	92.50	205.	315.	640.
1836	12.25	15.00	22.50	43.00	92.50	210.	310.	625.
1837 Small 5c	18.50	23.00	40.00	97.50	250.	550.	1250.	2550.
1837 Large 5c	12.25	15.00	22.50	43.00	92.50	200.	305.	625.

Half dime
Seated Liberty half dime chart

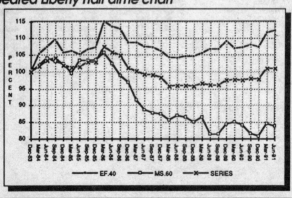

— Insufficient pricing data	* None issued	FV = Face Value

HALF DIMES

Seated Liberty

Date of authorization: April 2, 1792
Dates of issue: 1837-1873
Designers:
    (1837-1840): Christian Gobrecht
    (1840-1859):
        Obverse: Gobrecht-Robert B. Hughes
        Reverse: Christian Gobrecht
    (1860-1873):
        Obverse: Christian Gobrecht-Robert B.
        Hughes-James B. Longacre
        Reverse: James B. Longacre

Engraver:
    (1837-1840): Christian Gobrecht
    (1840-1859): Christian Gobrecht
    (1860-1873): James B. Longacre
Diameter (Millimeters/inches):
    15.50mm/0.61 inch
Weight (Grams/ounces):
    (1837-1853): 1.336 grams/0.04295 ounce
    (1853-1873): 1.244 grams/0.04000 ounce
Metallic content: 90% silver, 10% copper
Weight of pure silver:
    (1837-1853): 1.2024 grams/0.03866 ounce
    (1853-1873): 1.1196 grams/0.03600 ounce
Edge: Reeded

HALF DIMES

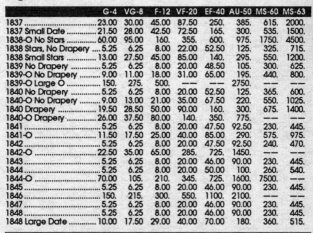

	G-4	VG-8	F-12	VF-20	EF-40	AU-50	MS-60	MS-63
1837	23.00	30.00	45.00	87.50	250.	385.	615.	2000.
1837 Small Date	21.50	28.00	42.50	72.50	165.	300.	535.	1500.
1838-O No Stars	60.00	95.00	160.	355.	600.	975.	1750.	4500.
1838 Stars, No Drapery	5.25	6.25	8.00	22.00	52.50	125.	325.	715.
1838 Small Stars	13.00	27.50	45.00	85.00	140.	295.	550.	1200.
1839 No Drapery	5.25	6.25	8.00	20.00	48.50	105.	300.	625.
1839-O No Drapery	9.00	11.00	18.00	31.00	65.00	195.	440.	800.
1839-O Large O	150.	275.	500.	—	—	2750.	—	—
1840 No Drapery	5.25	6.25	8.00	20.00	52.50	125.	365.	600.
1840-O No Drapery	9.00	13.00	21.00	35.00	67.50	220.	550.	1025.
1840 Drapery	19.50	28.50	50.00	90.00	160.	300.	675.	1400.
1840-O Drapery	26.00	37.50	80.00	140.	350.	775.	—	—
1841	5.25	6.25	8.00	20.00	47.50	92.50	230.	445.
1841-O	11.50	17.50	25.00	40.00	85.00	290.	575.	975.
1842	5.25	6.25	8.00	20.00	47.50	92.50	240.	470.
1842-O	22.50	35.00	65.00	285.	725.	1450.	—	—
1843	5.25	6.25	8.00	20.00	46.00	90.00	230.	445.
1844	5.25	6.25	8.00	20.00	50.00	100.	260.	540.
1844-O	70.00	105.	210.	345.	725.	1600.	7500.	—
1845	5.25	6.25	8.00	20.00	46.00	90.00	230.	445.
1846	150.	215.	300.	550.	1100.	2100.	—	—
1847	5.25	6.25	8.00	20.00	46.00	90.00	230.	445.
1848	5.25	6.25	8.00	20.00	46.00	90.00	230.	445.
1848 Large Date	10.00	17.50	29.00	40.00	70.00	180.	360.	515.

— Insufficient pricing data	* None issued	FV = Face Value

Half dime, Seated Liberty (continued)

	G-4	VG-8	F-12	VF-20	EF-40	AU-50	MS-60	MS-63
1848-O	11.00	15.50	27.50	45.00	97.50	205.	435.	700.
1849/6	10.00	13.00	23.00	42.50	75.00	150.	315.	625.
1849/8	13.00	15.75	27.50	55.00	110.	190.	350.	725.
1849	5.25	6.25	8.00	18.75	46.00	90.00	230.	440.
1849-O	25.00	40.00	85.00	185.	425.	1000.	2050.	—
1850	5.25	6.25	8.00	18.50	46.00	90.00	255.	470.
1850-O	10.75	13.00	24.00	60.00	115.	225.	650.	1300.
1851	5.30	6.35	8.00	18.50	43.50	92.50	260.	470.
1851-O	6.50	11.00	21.00	37.50	97.50	200.	575.	975.
1852	5.25	6.25	8.00	18.50	43.50	92.50	260.	460.
1852-O	20.00	29.00	60.00	115.	235.	465.	1000.	2000.
1853 No Arrows	25.00	32.50	55.00	100.	190.	385.	550.	950.
1853-O No Arrows	150.	185.	235.	465.	900.	2000.	—	—
1853 Arrows	4.50	5.05	8.00	14.50	39.00	89.50	190.	550.
1853-O Arrows	6.00	7.00	10.00	27.00	49.00	165.	365.	925.
1854 Arrows	4.50	5.05	8.00	14.00	40.00	89.50	190.	575.
1854-O Arrows	5.25	6.00	8.50	27.00	50.00	175.	550.	1100.
1855 Arrows	4.50	5.05	8.00	19.00	40.00	89.50	190.	600.
1855-O Arrows	15.00	18.50	25.00	47.50	95.00	250.	575.	1250.
1856 No Arrows	4.60	5.10	7.25	17.00	40.00	84.00	180.	405.
1856-O No Arrows	8.00	12.00	19.00	37.50	80.00	200.	450.	950.
1857	4.60	5.10	7.25	17.00	40.50	85.00	180.	405.
1857-O	8.00	10.50	13.75	30.00	65.00	145.	410.	800.
1858	4.60	5.10	7.15	17.00	41.50	85.00	180.	405.
1858/Inverted Date	23.00	32.00	55.00	125.	185.	365.	525.	975.
1858/1858	35.00	50.00	75.00	155.	250.	425.	695.	1150.
1858-O	7.00	9.50	12.25	33.00	65.00	135.	270.	700.
1859	8.00	12.25	21.00	30.00	60.00	120.	185.	600.
1859-O	15.00	17.50	25.00	45.00	87.50	195.	415.	800.
1860 Transitional	—	—	—	—	—	—	4000.	8500.
1860 Obverse Legend	4.35	4.85	8.00	17.00	39.50	78.50	165.	305.
1860-O	5.00	7.00	15.00	21.00	50.00	100.	225.	410.
1861	4.35	4.85	8.00	17.00	39.50	77.00	155.	275.
1861/O	21.50	35.00	55.00	95.00	190.	390.	550.	875.
1862	4.35	4.85	8.00	17.00	39.50	77.00	155.	290.
1863	120.	160.	210.	275.	375.	475.	650.	1200.
1863-S	15.00	19.50	33.00	40.00	100.	235.	550.	1225.
1864	175.	230.	310.	410.	575.	800.	1450.	2500.
1864-S	29.00	37.50	60.00	85.00	220.	385.	750.	1500.
1865	170.	220.	315.	385.	560.	685.	950.	1850.
1865-S	12.00	15.75	27.50	40.00	75.00	295.	900.	1675.
1866	165.	210.	275.	315.	450.	505.	875.	1600.
1866-S	12.00	15.75	27.50	40.00	95.00	265.	825.	1650.
1867	300.	335.	410.	490.	550.	675.	1025.	1750.
1867-S	14.50	17.25	32.50	67.50	100.	205.	395.	825.
1868	25.00	37.50	80.00	130.	230.	315.	475.	1150.
1868-S	5.25	6.00	8.15	24.00	65.00	135.	465.	1175.
1869	5.85	7.00	17.50	24.50	52.50	120.	320.	650.
1869-S	5.15	5.75	8.00	23.00	60.00	140.	365.	710.
1870	5.75	6.25	8.60	13.50	35.00	70.00	180.	340.
1870-S (unique)	—	—	—	—	—	—	—	1500000.
1871	4.70	5.35	8.00	14.50	30.00	65.00	170.	285.
1871-S	8.50	13.00	32.00	42.50	65.00	135.	245.	625.
1872	4.70	5.25	6.50	13.50	30.00	60.00	160.	285.
1872-S S in Wreath	5.30	6.00	8.60	13.50	30.00	60.00	160.	285.
1872-S S Below Wreath	5.30	6.00	8.60	13.50	30.00	60.00	160.	285.
1873	4.70	5.25	6.50	13.50	30.00	60.00	160.	285.
1873-S	7.50	10.25	15.00	28.50	45.00	85.00	170.	300.

HALF DIMES

— Insufficient pricing data   • None issued   FV = Face Value

Dime

Early dimes index chart

Draped Bust, Small Eagle or Heraldic Eagle

Date of authorization: April 2, 1792
Dates of issue: 1796-1807
Designers:
 Obverse: Gilbert Stuart-Robert Scot
 Reverse:
  (1796-1797): Robert Scot-John Eckstein
  (1798-1807): Robert Scot
Engraver: Robert Scot
Diameter (Millimeters/inches):
 18.80mm/0.74 inch
Weight (Grams/ounces):
 2.696 grams/0.08668 ounce
Metallic content: 89.25% silver, 10.75% copper
Weight of pure silver: 2.4062 grams/0.07736 ounce
Edge: Reeded

	G-4	VG-8	F-12	VF-20	EF-40	AU-50	MS-60
1796 Small Eagle	975.	1400.	1850.	2850.	4500.	6900.	12500.
1797 16 Stars	785.	1225.	1600.	2150.	3300.	5500.	8000.
1797 13 Stars	785.	1225.	1600.	2150.	3300.	5500.	8000.

— Insufficient pricing data	* None issued	FV = Face Value

Dime, Draped Bust, Heraldic Eagle (continued)

	G-4	VG-8	F-12	VF-20	EF-40	AU-50	MS-60
1798/97	500.	635.	975.	1950.	2750.	4250.	7250.
1798/97 13 Stars	1850.	2750.	4500.	6500.	—	—	—
1798	400.	580.	725.	1050.	1650.	2350.	3400.
1798 Small 8	575.	750.	950.	1750.	2300.	4500.	10500.
1800	400.	580.	725.	1025.	1650.	2350.	3400.
1801	400.	580.	725.	1050.	1800.	4150.	7000.
1802	625.	825.	1400.	2650.	5000.	11500.	25000.
1803	390.	570.	710.	1125.	1750.	2500.	3500.
1804	900.	1300.	2250.	4400.	8750.	22000.	—
1805	380.	485.	675.	975.	1600.	2300.	3250.
1805 5 Berries	500.	575.	750.	1250.	1900.	4000.	—
1807	390.	500.	700.	1000.	1650.	2450.	3750.

Dime
Capped Bust

▶ **Date of authorization:** April 2, 1792
Dates of issue: 1809-1837
Designer: John Reich
Engraver: John Reich
Diameter (Millimeters/inches):
 (1809-1828): 18.80mm/0.74 inch
 (1828-1837): 17.90mm/0.71 inch
Weight (Grams/ounces):
 2.696 grams/0.08668 ounce
Metallic content: 89.25% silver, 10.75% copper
Weight of pure silver: 2.4062 grams/0.07736 ounce
Edge: Reeded

	G-4	VG-8	F-12	VF-20	EF-40	AU-50	MS-60
1809	82.50	160.	315.	450.	800.	1850.	3200.
1811/9	42.50	70.00	100.	225.	650.	1750.	3050.
1814 Small Date	30.00	60.00	105.	215.	500.	1050.	1850.
1814 Large Date	19.00	24.50	45.00	130.	330.	610.	1200.
1814 STATESOFAMERICA	19.00	24.50	47.50	150.	365.	700.	1250.
1820 Large O	13.00	16.75	30.50	90.00	290.	595.	1050.
1820 Small O	14.00	18.00	32.50	125.	305.	605.	1150.
1820 STATESOFAMERICA	19.00	24.50	47.50	135.	375.	860.	1450.
1821 Small Date	20.00	25.50	47.50	145.	350.	650.	1250.
1821 Large Date	13.00	16.75	30.50	90.00	310.	600.	1050.
1822	290.	400.	700.	1000.	1850.	3850.	8000.
1823/2	12.25	16.75	28.00	85.00	250.	595.	1000.
1824/2	17.50	25.00	45.00	195.	465.	975.	2650.
1825	12.25	16.75	28.00	85.00	250.	595.	1000.
1827	12.50	16.75	28.00	85.00	250.	595.	1000.
1828 Large Date	23.50	32.50	52.50	150.	325.	835.	2500.

	G-4	VG-8	F-12	VF-20	EF-40	AU-50	MS-60	MS-63
1828 Small Date	24.50	39.00	75.00	110.	290.	725.	1550.	3150.
1829 Curl Base 2	3500.	4750.	7500.	12500.	—	—	—	—

— Insufficient pricing data	* None issued	FV = Face Value

	G-4	VG-8	F-12	VF-20	EF-40	AU-50	MS-60	MS-63
1829 Small 10c	16.50	24.00	35.00	85.00	235.	385.	800.	2400.
1829 Large 10c	32.50	55.00	89.00	145.	400.	600.	1650.	3400.
1830	10.50	14.00	20.00	47.50	165.	320.	580.	1400.
1830/29	40.00	57.50	92.50	175.	375.	575.	1000.	4000.
1831	10.50	14.00	20.00	47.50	165.	320.	580.	1350.
1832	10.50	14.00	20.00	47.50	165.	345.	630.	1400.
1833	10.50	14.00	20.00	47.50	165.	320.	605.	1375.
1834	10.50	14.00	20.00	47.50	165.	320.	580.	1400.
1835	10.50	14.00	20.00	47.50	165.	320.	580.	1350.
1836	10.50	14.00	20.00	47.50	165.	320.	605.	1500.
1837	10.50	14.00	20.00	47.50	165.	320.	605.	1500.

Dime

Seated Liberty dime index chart

PERCENT

EF.40   MS.60   SERIES

Seated Liberty

Date of authorization: April 2, 1792
Dates of issue: 1837-1891
Designer:
(1837-1840):
    Obverse: Thomas Sully-Christian Gobrecht
    Reverse: Christian Gobrecht
(1840-1860):
    Obverse: John Hughes-Gobrecht-Sully
    Reverse: Christian Gobrecht
(1860-1891):
    Obverse: James B. Longacre-Hughes-
    Gobrecht-Sully
    Reverse: James B. Longacre

— Insufficient pricing data   * None issued   FV = Face Value

Dime, Seated Liberty (continued)

Engraver:
(1837-1840): Christian Gobrecht
(1840-1860): Christian Gobrecht
(1860-1891): James B. Longacre
Diameter (Millimeters/inches):
17.90mm/0.71 inch
Weight (Grams/ounces):
(1837-1853): 2.673 grams/0.08594 ounce
(1853-1873): 2.488 grams/0.07999 ounce
Metallic content: 90% silver, 10% copper
Weight of pure silver:
(1837-1853): 2.4057 grams/0.07735 ounce
(1853-1873): 2.2392 grams/0.07199 ounce
Edge: Reeded

	G-4	VG-8	F-12	VF-20	EF-40	AU-50	MS-60	MS-63
1837 No Stars	25.00	35.00	50.00	175.	400.	675.	1000.	2250.
1838-O	29.00	45.00	80.00	215.	600.	1150.	2350.	—
1838 Small Stars	18.00	25.00	42.50	70.00	160.	410.	1150.	1950.
1838 Large Stars	5.75	7.50	15.00	21.00	57.50	180.	330.	1150.
1838 Partial Drapery	15.00	25.00	40.00	75.00	185.	375.	850.	—
1839	5.75	7.50	16.00	25.00	48.00	145.	300.	850.
1839-O Reverse of 1838	125.	235.	350.	475.	750.	—	—	—
1839-O	8.75	15.50	19.25	39.50	75.00	200.	600.	1200.
1840 No Drapery	5.00	7.25	10.50	18.25	46.50	140.	300.	900.
1840-O No Drapery	8.50	15.00	19.00	40.00	80.00	350.	1300.	—
1840 Drapery	25.00	37.50	75.00	160.	375.	750.	—	—
1841	4.00	7.00	10.50	21.00	43.00	135.	300.	845.
1841-O	7.00	16.00	22.50	45.00	65.00	210.	775.	1900.
1842	4.00	7.25	10.50	17.25	40.00	90.00	275.	760.
1842-O	7.25	13.50	19.00	37.50	85.00	400.	2000.	5750.
1843	4.00	7.00	9.75	24.00	40.00	90.00	275.	895.
1843-O	32.50	47.50	135.	225.	515.	1150.	—	—
1844	30.00	45.00	130.	210.	490.	950.	—	—
1845	4.00	6.00	9.00	25.50	42.50	100.	265.	760.
1845/1845	10.00	20.00	55.00	125.	215.	415.	—	—
1845-O	15.00	21.00	57.50	185.	465.	925.	—	—
1846	58.00	85.00	135.	275.	800.	1600.	—	—
1847	12.00	20.00	30.00	55.00	115.	350.	875.	—
1848	8.50	12.00	16.00	38.50	72.50	155.	950.	1900.
1849	5.75	8.25	15.00	27.50	49.00	105.	525.	1075.
1849-O	7.75	12.50	45.00	135.	300.	875.	2850.	—
1850	6.00	8.00	11.00	26.00	48.00	90.00	300.	760.
1850-O	8.25	11.50	26.50	45.00	110.	265.	1050.	—
1851	4.00	6.00	10.75	22.50	41.50	87.50	310.	785.
1851-O	8.50	12.50	26.50	65.00	150.	375.	1650.	—
1852	4.00	6.00	10.75	23.00	40.00	87.50	315.	700.
1852-O	12.00	19.00	35.00	97.50	185.	390.	1750.	3500.
1853 No Arrows	28.00	42.50	77.50	145.	275.	390.	675.	1800.
1853 Arrows	3.25	3.75	6.00	13.25	40.00	110.	355.	775.
1853-O Arrows	6.25	12.00	23.50	37.00	92.50	335.	900.	2250.
1854 Arrows	3.25	5.75	8.75	13.25	40.00	115.	390.	800.
1854-O Arrows	3.15	3.75	6.00	19.50	65.00	210.	625.	1550.
1855 Arrows	3.30	5.75	8.75	13.25	50.00	155.	405.	1025.
1856 Small Date, No Arrows	3.40	7.25	14.00	19.00	31.00	105.	280.	675.

— Insufficient pricing data	• None issued	FV = Face Value

	G-4	VG-8	F-12	VF-20	EF-40	AU-50	MS-60	MS-63
1856 Large Date	7.60	11.75	16.75	22.50	65.00	180.	345.	760.
1856-O	7.00	11.00	17.50	25.00	77.50	200.	650.	1900.
1856-S	85.00	145.	210.	425.	850.	1650.	3250.	7750.
1857	3.25	4.00	6.00	11.00	35.00	87.50	285.	665.
1857-O	5.00	7.25	8.50	23.00	55.00	185.	475.	825.
1858	3.15	3.75	6.00	11.25	36.00	87.50	280.	675.
1858-O	12.75	21.00	42.50	75.00	135.	345.	800.	1800.
1858-S	70.00	105.	135.	285.	425.	850.	1800.	3750.
1859	3.50	5.00	7.50	24.00	55.00	140.	390.	1650.
1859-O	7.00	13.00	20.00	35.00	72.50	195.	500.	1150.
1859-S	80.00	140.	235.	415.	800.	1650.	——	——
1860-S	23.50	35.00	45.00	100.	235.	625.	2250.	——
1860 Obverse Legend	4.90	8.00	9.50	22.50	35.00	64.00	155.	365.
1860-O	275.	405.	700.	1400.	2250.	4000.	7850.	——
1861	4.75	7.75	8.75	14.25	34.00	60.00	145.	350.
1861-S	37.50	55.00	82.50	175.	260.	500.	1450.	——
1862	4.75	7.75	8.75	14.25	34.00	60.00	235.	550.
1862-S	31.00	47.50	65.00	145.	250.	525.	1400.	2600.
1863	240.	340.	490.	615.	750.	900.	1325.	2100.
1863-S	26.00	37.50	46.00	75.00	145.	325.	1200.	2450.
1864	175.	260.	380.	465.	625.	800.	1200.	2050.
1864-S	24.00	33.50	45.00	70.00	150.	335.	1550.	——
1865	215.	325.	445.	550.	685.	950.	1275.	2000.
1865-S	24.00	34.50	50.00	105.	220.	550.	2250.	——
1866	230.	345.	515.	650.	800.	975.	1400.	2150.
1866-S	24.00	33.00	47.50	77.50	180.	340.	1500.	——
1867	300.	425.	625.	750.	850.	1025.	1650.	2850.
1867-S	32.50	37.50	55.00	90.00	185.	350.	2000.	——
1868	8.75	12.50	19.00	36.00	60.00	145.	380.	——
1868-S	13.50	17.50	25.50	70.00	140.	255.	500.	——
1869	13.00	17.50	28.00	57.50	87.50	225.	535.	——
1869-S	9.00	12.50	18.00	35.00	70.00	155.	425.	1000.
1870	5.00	6.00	9.00	20.00	47.50	135.	240.	375.
1870-S	200.	275.	365.	425.	550.	850.	1500.	2650.
1871	4.50	5.25	7.00	11.00	33.00	140.	385.	850.
1871-CC	575.	775.	900.	1525.	3250.	5750.	12000.	——
1871-S	15.00	20.00	29.00	56.50	110.	375.	850.	1750.
1872	4.25	5.00	6.75	11.00	31.00	115.	170.	310.
1872-CC	285.	465.	625.	1050.	2000.	4250.	23500.	——
1872-S	20.00	32.50	55.00	115.	225.	485.	1075.	1950.
1873 Closed 3	9.00	14.00	18.50	22.50	34.00	105.	175.	475.
1873 Open 3	15.00	23.50	47.50	82.50	125.	245.	600.	——
1873-CC (Unique)	——	——	——	——	——	——	——	——
1873 Arrows	8.00	12.50	22.00	45.00	95.00	265.	500.	1250.
1873-CC Arrows	575.	750.	1300.	2150.	4250.	8000.	22500.	50000.
1873-S Arrows	12.00	15.50	26.00	60.00	135.	365.	725.	2950.
1874 Arrows	6.75	10.00	23.00	46.00	115.	325.	575.	1400.
1874-CC Arrows	1300.	1600.	2450.	3500.	7850.	14500.	27500.	—
1874-S Arrows	16.50	27.00	48.50	77.50	185.	400.	775.	1850.
1875 No Arrows	3.05	3.60	5.50	10.50	21.50	60.00	130.	270.
1875-CC CC Below Wreath	5.75	9.00	19.00	27.50	60.00	120.	550.	1100.
1875-CC CC in Wreath	5.00	7.75	14.00	19.00	35.00	62.50	200.	550.
1875-S S Below Wreath	3.00	3.50	5.50	10.00	20.50	57.50	155.	345.
1875-S S in Wreath	3.00	3.50	5.50	9.00	20.50	57.50	155.	345.
1876	3.00	3.50	5.50	9.00	19.00	53.50	130.	270.
1876-CC	3.00	3.50	6.00	11.00	22.50	60.00	170.	445.
1876-S	4.75	5.25	9.25	14.25	27.00	55.00	145.	385.
1877	3.00	3.50	5.50	9.00	19.00	52.50	125.	300.
1877-CC	3.00	3.50	6.00	11.00	23.50	53.00	165.	400.
1877-S	5.00	5.50	9.50	14.50	28.00	55.00	130.	345.

— Insufficient pricing data   * None issued   FV = Face Value

DIMES

Dime, Seated Liberty (continued)

	G-4	VG-8	F-12	VF-20	EF-40	AU-50	MS-60	MS-63
1878	4.00	4.50	7.00	9.75	21.50	52.50	250.	475.
1878-CC	37.50	57.50	75.00	135.	215.	440.	700.	1250.
1879	140.	180.	205.	245.	280.	315.	350.	650.
1880	95.00	145.	175.	200.	230.	280.	325.	625.
1881	95.00	145.	175.	225.	270.	320.	375.	675.
1882	3.00	3.50	6.50	10.00	19.00	52.50	145.	330.
1883	3.00	3.50	6.50	10.00	19.00	52.50	125.	275.
1884	3.00	3.50	6.50	10.00	19.00	52.50	125.	280.
1884-S	14.00	18.50	24.50	33.50	65.00	145.	500.	1250.
1885	3.00	3.50	6.50	10.00	19.00	52.50	125.	285.
1885-S	300.	400.	500.	850.	1400.	2650.	3750.	5750.
1886	3.00	3.50	5.50	9.50	18.75	52.50	125.	275.
1886-S	35.00	45.00	57.50	87.50	115.	290.	750.	1300.
1887	3.00	3.50	5.50	9.50	18.75	52.50	125.	280.
1887-S	3.00	3.50	6.00	10.25	19.00	52.50	130.	285.
1888	3.00	3.50	5.50	9.50	18.75	52.50	125.	280.
1888-S	3.10	3.65	6.75	11.25	32.50	95.00	175.	485.
1889	3.00	3.50	5.50	9.50	18.75	52.50	125.	280.
1889-S	8.75	11.00	21.00	35.00	70.00	225.	475.	——
1890	3.00	3.50	5.50	9.50	18.75	52.50	125.	290.
1890-S	11.50	15.00	23.50	48.50	70.00	165.	375.	800.
1891	3.00	3.50	5.50	9.50	18.00	50.00	125.	265.
1891-O	3.25	3.75	6.00	11.00	28.50	53.50	150.	345.
1891-S	3.50	4.00	6.00	11.50	29.00	65.00	180.	475.

DIMES

Dime

Barber dime index chart

— Insufficient pricing data	* None issued	FV = Face Value

Barber

Date of authorization: April 2, 1792
Dates of issue: 1892-1916
Designer:
Obverse: Charles Barber
Reverse: James B. Longacre
Engraver: Charles Barber
Diameter (Millimeters/inches):
17.91mm/0.71 inch
Weight (Grams/ounces):
2.500 grams/0.08038 ounce
Metallic content: 90% silver, 10% copper
Weight of pure silver: 2.250 grams/0.07234 ounce
Edge: Reeded

	G-4	VG-8	F-12	VF-20	EF-40	AU-50	MS-60	MS-63
1892	2.90	3.40	6.50	9.15	24.00	45.00	115.	205.
1892-O	5.00	6.65	9.85	14.75	29.00	80.00	165.	385.
1892-S	25.00	35.00	62.50	80.00	115.	195.	390.	1125.
1893	4.60	5.40	9.40	14.50	28.50	70.00	125.	240.
1893/2	—	—	—	125.	185.	300.	565.	1200.
1893-O	13.00	20.50	55.00	67.50	92.50	145.	305.	700.
1893-S	5.40	10.50	17.50	24.50	45.00	105.	250.	450.
1894	6.50	11.75	49.00	57.50	90.00	165.	295.	650.
1894-O	32.00	47.00	95.00	165.	315.	625.	1150.	2800.
1894-S 24 Struck	33000.	—	—	—	—	—	85000.	—
1895	55.00	70.00	165.	205.	285.	390.	615.	1275.
1895-O	140.	190.	365.	465.	625.	1050.	1900.	3400.
1895-S	16.50	24.00	45.00	59.00	97.50	185.	375.	975.
1896	5.25	10.00	17.50	27.50	42.50	75.00	145.	205.
1896-O	38.00	52.00	120.	185.	285.	400.	725.	1650.
1896-S	35.00	47.50	80.00	120.	235.	360.	525.	950.
1897	2.45	2.80	3.85	7.60	20.25	45.00	110.	185.
1897-O	33.50	47.50	97.50	175.	300.	420.	700.	1500.
1897-S	7.50	11.75	28.00	40.00	72.50	150.	350.	1050.
1898	1.25	1.40	2.85	7.50	20.00	44.50	100.	165.
1898-O	3.90	6.25	29.00	49.00	90.00	205.	400.	1100.
1898-S	3.50	4.85	12.00	20.00	41.00	92.50	235.	690.
1899	1.25	1.40	2.85	7.00	19.00	43.50	100.	165.
1899-O	3.25	6.00	19.50	38.50	77.50	175.	425.	1050.
1899-S	3.50	4.75	11.75	19.00	37.50	80.00	240.	505.
1900	1.25	1.40	2.85	7.00	19.00	43.50	110.	165.
1900-O	4.75	8.50	27.50	57.50	140.	285.	550.	1175.
1900-S	2.50	2.80	5.00	8.50	27.50	60.00	180.	500.
1901	1.25	1.40	2.85	7.00	19.00	43.50	100.	165.
1901-O	2.50	2.90	6.85	15.00	45.00	145.	285.	900.
1901-S	31.00	43.50	97.50	205.	385.	525.	850.	1750.
1902	1.25	1.40	2.85	7.00	19.00	43.50	100.	165.
1902-O	2.55	3.50	8.50	14.50	33.50	105.	295.	805.
1902-S	3.60	5.90	16.50	35.00	70.00	145.	285.	690.
1903	1.25	1.40	2.85	7.50	19.00	43.50	100.	175.
1903-O	2.50	3.00	5.25	10.00	28.00	105.	235.	575.
1903-S	25.00	40.00	95.00	180.	350.	525.	750.	1500.
1904	1.25	1.40	2.85	7.00	19.00	43.50	100.	165.

DIMES

— Insufficient pricing data	* None issued	FV = Face Value

Dime, Barber (continued)

	G-4	VG-8	F-12	VF-20	EF-40	AU-50	MS-60	MS-63
1904-S	17.50	30.00	77.50	135.	250.	465.	640.	1300.
1905	1.25	1.40	2.85	7.50	19.50	44.50	100.	165.
1905-O	2.55	3.75	13.50	19.00	45.00	105.	220.	525.
1905-S	2.50	2.85	5.50	10.00	35.00	72.50	195.	415.
1906	1.25	1.40	2.85	7.00	19.00	43.50	100.	165.
1906-D	2.50	3.05	5.25	12.00	30.00	69.00	130.	220.
1906-O	2.75	5.50	17.50	29.00	47.50	120.	235.	450.
1906-S	1.85	3.00	10.00	17.00	37.50	110.	230.	475.
1907	1.25	1.40	2.85	7.00	19.00	43.50	100.	165.
1907-D	1.70	2.35	7.00	12.00	31.00	77.50	225.	490.
1907-O	1.70	2.35	6.50	11.00	26.50	65.00	135.	330.
1907-S	2.35	3.50	9.25	14.00	39.00	120.	250.	510.
1908	1.25	1.40	2.85	6.75	19.00	43.50	100.	165.
1908-D	1.55	1.90	5.00	7.75	26.00	60.00	125.	180.
1908-O	2.25	4.75	17.50	30.00	55.00	135.	290.	600.
1908-S	1.65	2.25	6.50	13.75	27.50	85.00	220.	500.
1909	1.45	1.75	2.85	6.70	19.00	43.50	100.	165.
1909-D	2.90	5.60	19.50	31.00	72.50	175.	385.	785.
1909-O	2.15	2.75	8.75	22.00	40.00	85.00	180.	255.
1909-S	2.90	5.80	22.00	40.00	85.00	195.	390.	775.
1910	1.25	1.40	2.85	6.75	19.00	46.50	110.	170.
1910-D	1.60	2.65	7.50	14.50	41.00	87.50	200.	465.
1910-S	1.70	3.75	14.75	25.00	52.50	155.	285.	520.
1911	1.25	1.55	2.85	6.50	18.50	43.00	100.	165.
1911-D	1.25	1.55	4.00	8.50	21.00	46.00	105.	175.
1911-S	1.50	2.35	7.00	12.50	26.00	75.00	145.	230.
1912	1.25	1.55	2.85	6.50	18.50	43.00	100.	165.
1912-D	1.25	1.50	3.20	7.00	22.50	45.50	115.	175.
1912-S	1.40	1.80	5.00	9.50	27.00	55.00	165.	320.
1913	1.25	1.50	2.85	6.50	18.00	43.00	110.	165.
1913-S	6.90	12.50	35.00	77.50	130.	250.	475.	875.
1914	1.25	1.55	2.85	6.50	18.00	43.00	100.	165.
1914-D	1.25	1.55	3.00	7.00	21.50	46.50	100.	165.
1914-S	2.00	2.75	6.50	12.00	29.00	70.00	150.	265.
1915	1.25	1.55	2.85	6.50	18.00	43.00	110.	165.
1915-S	1.65	2.75	9.00	21.00	47.50	115.	235.	440.
1916	1.25	1.55	2.85	6.50	18.00	43.00	115.	165.
1916-S	1.50	2.00	3.00	8.25	20.00	44.50	120.	175.

DIMES

| — Insufficient pricing data | * None issued | FV = Face Value |

Dime

Winged Liberty Head index chart

Winged Liberty Head

(nicknamed "Mercury")

Date of authorization: April 2, 1792
Dates of issue: 1916-1945
Designer: Adolph Weinman
Engraver: Charles Barber
Diameter (Millimeters/inches):
  17.91mm/0.71 inch
Weight (Grams/ounces):
  2.500 grams/0.08038 ounce
Metallic content: 90% silver, 10% copper
Weight of pure silver: 2.250 grams/0.07234
  ounce
Edge: Reeded
NOTE: MS-65B refers to Full Split Bands on the fasces on the reverse

	VG-8	F-12	VF-20	EF-40	AU-50	MS-60	MS-63	MS-65	MS-65B
1916	2.25	4.00	6.00	9.75	17.50	23.50	37.50	87.50	120.
1916-D	575.	900.	1450.	2000.	2850.	3750.	5000.	9500.	15000.
1916-S	3.75	5.25	9.00	17.50	24.00	32.50	48.00	165.	325.
1917	1.75	2.25	4.50	6.50	10.75	17.50	35.00	145.	260.
1917-D	3.50	7.00	13.50	35.00	60.00	145.	285.	700.	4250.
1917-S	2.25	3.25	5.50	9.00	23.50	40.00	125.	1000.	1350.
1918	2.00	4.00	8.50	22.50	38.00	50.00	95.00	440.	600.
1918-D	2.65	3.50	8.25	22.00	40.00	60.00	245.	1050.	9500.
1918-S	2.50	3.25	5.00	12.75	28.50	47.50	145.	1150.	3450.

— Insufficient pricing data	* None issued	FV = Face Value

Dime, Wnged Liberty Head (continued)

NOTE: MS-65B refers to Full Split Bands on the fasces on the reverse

	VG-8	F-12	VF-20	EF-40	AU-50	MS-60	MS-63	MS-65	MS-65B
1919	2.00	3.00	5.00	7.25	13.50	24.00	55.00	360.	450.
1919-D	3.35	5.50	15.00	33.50	67.50	145.	415.	2250.	4750.
1919-S	3.00	4.50	12.00	30.00	69.00	160.	400.	1600.	3900.
1920	1.50	2.50	4.25	6.00	12.00	18.50	38.50	285.	390.
1920-D	2.20	3.75	7.00	18.50	35.00	62.50	285.	1550.	2500.
1920-S	2.10	3.50	6.75	16.50	26.50	60.00	185.	1100.	3550.
1921	30.00	85.00	155.	400.	685.	875.	1150.	2550.	4000.
1921-D	40.00	92.50	185.	410.	715.	900.	1400.	2900.	4250.
1923	1.50	2.25	3.50	6.00	9.00	17.50	35.00	205.	245.
1923-S	2.25	3.65	7.50	33.50	50.00	80.00	215.	1750.	2650.
1924	1.75	2.50	4.25	8.00	17.75	37.50	75.00	325.	425.
1924-D	2.25	4.25	8.75	29.00	53.50	85.00	285.	1150.	2750.
1924-S	2.00	3.50	6.50	25.00	52.50	80.00	325.	2450.	4250.
1925	1.50	2.00	3.50	7.00	14.25	32.50	60.00	235.	395.
1925-D	4.00	8.50	23.50	80.00	130.	225.	400.	1450.	4000.
1925-S	2.00	3.50	8.00	28.00	60.00	120.	425.	2150.	3400.
1926	1.50	2.00	3.50	4.25	8.50	16.00	32.50	275.	425.
1926-D	2.00	3.50	7.50	15.00	30.00	60.00	140.	550.	1850.
1926-S	8.50	18.00	36.00	130.	325.	650.	1250.	3250.	4750.
1927	1.50	2.00	3.00	4.15	8.50	16.00	31.00	230.	305.
1927-D	3.00	7.00	17.50	35.00	79.00	150.	350.	1500.	3750.
1927-S	2.00	3.75	6.00	15.50	47.50	85.00	250.	1150.	2300.
1928	1.50	2.00	3.00	4.00	8.50	16.25	34.00	215.	260.
1928-D	3.50	7.50	17.50	35.00	67.50	115.	285.	825.	1550.
1928-S	2.00	2.75	5.00	11.50	30.00	60.00	160.	675.	1500.
1929	1.45	1.95	3.00	4.00	7.00	12.50	22.00	75.00	130.
1929-D	2.50	4.00	6.50	9.00	19.00	30.00	40.00	87.50	135.
1929-S	1.50	4.00	5.50	7.50	15.00	37.50	50.00	115.	325.
1930	1.50	2.25	3.50	5.00	14.00	20.00	38.50	135.	225.
1930-S	2.50	4.25	6.50	11.00	37.50	65.00	80.00	250.	375.
1931	2.00	2.50	4.00	8.75	18.00	28.50	45.00	140.	325.
1931-D	7.50	11.00	18.00	25.00	49.00	65.00	82.50	230.	330.
1931-S	2.50	4.00	7.00	15.00	35.00	62.50	87.50	275.	750.
1934	0.35	1.00	1.35	2.25	4.50	15.00	22.50	33.50	75.00
1934-D	1.50	2.25	3.25	6.75	15.00	21.00	27.50	67.50	380.
1935	0.35	1.00	1.35	2.00	4.25	11.00	18.50	28.00	50.00
1935-D	1.75	2.50	3.25	7.50	15.25	24.00	35.00	50.00	475.
1935-S	0.90	1.25	1.75	3.85	9.00	19.00	23.50	42.50	235.
1936	0.35	1.00	1.35	2.00	3.50	9.00	19.00	28.00	55.00
1936-D	0.90	1.30	1.75	5.00	9.00	20.00	25.00	41.50	130.
1936-S	0.90	1.30	1.75	3.65	7.50	15.50	22.00	34.00	70.00
1937	0.35	1.00	1.35	2.00	3.50	9.00	19.00	24.00	45.00
1937-D	0.90	1.30	1.75	3.75	6.25	21.00	27.50	38.00	115.
1937-S	0.90	1.30	1.75	3.25	5.75	15.50	21.00	36.00	140.
1938	0.35	1.00	1.35	2.00	3.50	11.00	20.50	24.50	45.00
1938-D	1.50	1.75	2.50	4.00	9.00	18.50	21.00	26.00	45.00
1938-S	1.25	1.50	1.75	3.25	5.75	12.50	21.00	30.00	85.00
1939	0.35	1.00	1.35	2.05	3.25	11.00	15.00	23.00	75.00
1939-D	0.60	1.25	1.75	2.50	4.75	12.25	16.00	23.50	43.00
1939-S	1.75	1.95	2.35	3.25	6.00	15.50	27.50	50.00	485.
1940	0.35	1.00	1.35	1.65	2.50	9.00	14.00	23.00	37.50
1940-D	0.35	1.00	1.35	1.80	3.00	10.75	17.50	23.00	40.00
1940-S	0.35	1.00	1.35	1.65	3.50	10.00	15.00	23.00	48.00
1941	0.35	1.00	1.35	1.65	2.00	9.00	13.00	23.00	40.00
1941-D	0.35	1.00	1.35	1.80	3.00	10.25	15.75	24.00	43.00
1941-S	0.35	1.00	1.35	1.80	3.15	9.75	13.50	23.00	37.50
1942/1	175.	200.	215.	300.	550.	1250.	2250.	6250.	11000.

— Insufficient pricing data	* None issued	FV = Face Value

NOTE: MS-65B refers to Full Split Bands on the fasces on the reverse

	VG-8	F-12	VF-20	EF-40	AU-50	MS-60	MS-63	MS-65	MS-65B
1942/1-D	180.	210.	240.	375.	675.	1450.	1950.	4500.	6500.
1942	0.35	1.00	1.35	1.55	2.00	9.00	13.00	23.00	40.00
1942-D	0.35	1.00	1.35	1.65	3.00	10.75	15.50	23.00	40.00
1942-S	0.35	1.00	1.35	1.65	3.50	13.50	16.50	27.50	57.50
1943	0.35	1.00	1.35	1.55	2.50	9.50	13.00	23.00	42.50
1943-D	0.35	1.00	1.35	1.65	3.00	10.50	14.50	25.50	42.50
1943-S	0.35	1.00	1.35	1.65	3.00	11.00	14.00	23.00	45.00
1944	0.35	1.00	1.35	1.55	2.25	9.00	13.00	25.00	75.00
1944-D	0.35	1.00	1.35	1.65	2.50	9.50	13.25	25.00	40.00
1944-S	0.35	1.00	1.35	1.65	2.50	9.75	13.50	24.00	45.00
1945	0.35	1.00	1.35	1.55	2.25	9.00	12.50	27.00	2850.
1945-D	0.35	1.00	1.35	1.65	2.50	9.75	12.75	23.00	37.50
1945-S	0.35	1.00	1.35	1.65	2.50	9.85	12.50	25.00	75.00
1945-S Micro S	1.25	1.60	2.50	3.65	6.50	14.50	19.00	55.00	400.

Dime

Roosevelt dime index chart

DIMES

Roosevelt

Date of authorization: April 2, 1792; July 23, 1965
Dates of issue: 1946-present
Designer: John R. Sinnock
Engraver: John R. Sinnock
Diameter (Millimeters/inches):
   17.91mm/0.71 inch

— Insufficient pricing data	* None issued	FV = Face Value

Dime, Roosevelt (continued)

Weight (Grams/ounces):
(1946-1964): 2.500 grams/0.08038 ounce
(1965-present): 2.268 grams/0.07292 ounce
Metallic content:
(1946-1964): 90% silver, 10% copper
(1965-present): 75% copper, 25% nickel clad
to pure copper core
Weight of pure silver: (1946-1964) 2.250
grams/0.07234 ounce
Edge: Reeded

	VG-8	F-12	VF-20	EF-40	AU-50	MS-60	MS-63	MS-65	PF-65
1946	0.30	0.50	0.60	0.70	0.80	0.95	1.50	4.00	*
1946-D	0.30	0.50	0.60	0.80	0.90	1.00	1.25	6.00	*
1946-S	0.30	0.50	0.60	1.10	1.40	2.00	2.50	10.50	*
1947	0.30	0.50	0.60	0.80	1.20	1.35	1.75	5.00	*
1947-D	0.40	0.60	0.75	1.25	1.75	2.00	2.50	12.00	*
1947-S	0.30	0.50	0.60	0.90	1.25	2.25	2.75	9.90	*
1948	0.30	0.50	0.65	0.85	1.55	4.25	6.00	16.00	*
1948-D	0.40	0.60	0.75	1.25	2.00	3.00	4.00	12.00	*
1948-S	0.30	0.50	0.60	0.95	1.45	2.75	3.50	13.00	*
1949	0.70	0.80	0.90	1.75	2.95	10.00	11.50	24.00	*
1949-D	0.35	0.60	0.85	1.25	2.85	4.50	5.50	15.50	*
1949-S	0.85	1.25	1.75	2.50	8.00	18.00	20.00	45.00	*
1950	0.30	0.50	0.60	0.70	1.55	1.95	2.50	10.00	27.50
1950-D	0.30	0.50	0.60	0.70	0.95	1.45	1.75	10.00	*
1950-S	0.60	0.85	0.95	1.30	4.50	8.50	10.00	22.50	*
1951	0.30	0.50	0.60	0.70	0.85	1.20	1.50	4.50	23.00
1951-D	0.30	0.50	0.60	0.70	0.90	1.35	1.75	4.75	*
1951-S	0.60	0.85	0.95	1.45	3.00	6.50	7.50	19.00	*
1952	0.30	0.50	0.60	0.70	0.95	1.60	2.00	4.50	22.00
1952-D	0.30	0.50	0.60	0.70	1.05	1.45	1.75	4.75	*
1952-S	0.50	0.65	0.80	0.95	1.35	3.00	4.50	12.50	*
1953	0.30	0.50	0.60	0.70	1.25	1.55	1.95	4.75	21.00
1953-D	0.30	0.50	0.60	0.70	0.90	1.15	1.75	3.75	*
1953-S	0.30	0.50	0.60	0.70	0.90	1.10	1.50	3.30	*
1954	0.30	0.50	0.60	0.70	0.75	0.85	1.00	3.35	12.50
1954-D	0.30	0.50	0.60	0.70	0.75	0.85	1.25	3.20	*
1954-S	0.35	0.55	0.65	0.75	0.85	1.10	1.45	3.20	*
1955	0.70	0.75	0.85	0.90	0.95	1.00	1.25	5.00	11.00
1955-D	0.65	0.70	0.75	0.80	0.85	0.90	1.00	3.40	*
1955-S	0.65	0.70	0.75	0.80	0.85	0.90	1.00	3.75	*
1956	0.30	0.50	0.60	0.70	0.80	0.90	1.00	2.90	3.00
1956-D	0.30	0.50	0.60	0.70	0.80	0.90	1.00	2.80	*
1957	0.30	0.50	0.60	0.75	0.85	0.90	1.00	2.90	2.25
1957-D	0.30	0.50	0.60	0.75	0.90	0.95	1.50	3.85	*
1958	0.35	0.55	0.65	0.80	0.85	0.90	1.00	3.30	3.50
1958-D	0.30	0.50	0.60	0.70	0.80	0.90	1.00	3.75	*
1959	0.30	0.40	0.45	0.50	0.55	0.90	1.00	2.60	2.00
1959-D	0.30	0.40	0.45	0.50	0.55	0.85	1.00	3.00	*
1960	0.30	0.35	0.40	0.45	0.50	0.80	1.00	2.55	1.40
1960-D	0.30	0.35	0.40	0.45	0.50	0.75	1.00	2.55	*
1961	0.30	0.35	0.40	0.45	0.50	0.70	1.00	2.30	1.40

— Insufficient pricing data	* None issued	FV = Face Value

	VG-8	F-12	VF-20	EF-40	AU-50	MS-60	MS-63	MS-65	PF-65
1961-D	0.30	0.35	0.40	0.45	0.50	0.70	1.00	2.30	*
1962	0.30	0.35	0.40	0.45	0.50	0.70	1.00	2.30	1.40
1962-D	0.30	0.35	0.40	0.45	0.50	0.75	1.00	2.75	*
1963	0.30	0.35	0.40	0.45	0.50	0.70	1.00	2.25	1.40
1963-D	0.30	0.35	0.40	0.45	0.50	0.70	1.00	2.25	*
1964	0.30	0.35	0.40	0.45	0.50	0.70	1.00	2.25	1.40
1964-D	0.30	0.35	0.40	0.45	0.50	0.70	1.00	2.25	*
1965	FV	FV	FV	FV	FV	0.30	0.40	0.70	*
1966	FV	FV	FV	FV	FV	0.30	0.40	0.70	*
1967	FV	FV	FV	FV	FV	0.30	0.40	0.70	*
1968	FV	FV	FV	FV	FV	0.30	0.40	0.70	*
1968-D	FV	FV	FV	FV	FV	0.30	0.40	0.70	*
1968-S	*	*	*	*	*	*	*	*	0.75
1969	FV	FV	FV	FV	FV	0.35	0.50	1.00	*
1969-D	FV	FV	FV	FV	FV	0.25	0.40	0.65	*
1969-S	*	*	*	*	*	*	*	*	0.75
1970	FV	FV	FV	FV	FV	0.25	0.40	0.65	*
1970-D	FV	FV	FV	FV	FV	0.25	0.40	0.65	*
1970-S	*	*	*	*	*	*	*	*	0.75
1971	FV	FV	FV	FV	FV	0.32	0.45	0.75	*
1971-D	FV	FV	FV	FV	FV	0.25	0.40	0.65	*
1971-S	*	*	*	*	*	*	*	*	0.75
1972	FV	FV	FV	FV	FV	0.27	0.45	0.70	*
1972-D	FV	FV	FV	FV	FV	0.25	0.40	0.65	*
1972-S	*	*	*	*	*	*	*	*	0.75
1973	FV	FV	FV	FV	FV	0.25	0.40	0.65	*
1973-D	FV	FV	FV	FV	FV	0.25	0.40	0.65	*
1973-S	*	*	*	*	*	*	*	*	0.75
1974	FV	FV	FV	FV	FV	0.25	0.40	0.65	*
1974-D	FV	FV	FV	FV	FV	0.25	0.40	0.65	*
1974-S	*	*	*	*	*	*	*	*	0.75
1975	FV	FV	FV	FV	FV	0.25	0.45	0.70	*
1975-D	FV	FV	FV	FV	FV	0.25	0.40	0.65	*
1975-S	*	*	*	*	*	*	*	*	0.95
1976	FV	FV	FV	FV	FV	0.25	0.42	0.70	*
1976-D	FV	FV	FV	FV	FV	0.25	0.42	0.70	*
1976-S	*	*	*	*	*	*	*	*	0.95
1977	FV	FV	FV	FV	FV	0.20	0.25	0.65	*
1977-D	FV	FV	FV	FV	FV	0.21	0.30	0.70	*
1977-S	*	*	*	*	*	*	*	*	0.60
1978	FV	FV	FV	FV	FV	0.20	0.25	0.65	*
1978-D	FV	FV	FV	FV	FV	0.21	0.30	0.70	*
1978-S	*	*	*	*	*	*	*	*	0.60
1979	FV	FV	FV	FV	FV	0.20	0.25	0.65	*
1979-D	FV	FV	FV	FV	FV	0.20	0.25	0.65	*
1979-S	*	*	*	*	*	*	*	*	0.75
1980-P	FV	FV	FV	FV	FV	0.20	0.25	0.50	*
1980-D	FV	FV	FV	FV	FV	0.20	0.25	0.50	*
1980-S	*	*	*	*	*	*	*	*	0.75
1981-P	FV	FV	FV	FV	FV	0.20	0.25	0.50	*
1981-D	FV	FV	FV	FV	FV	0.20	0.25	0.50	*
1981-S	*	*	*	*	*	*	*	*	0.75
1982 No Motto, Strong Strike	——	——	——	50.00	60.00	70.00	80.00	225.	*
1982-P	FV	FV	FV	FV	FV	0.50	1.00	——	*
1982-D	FV	FV	FV	FV	FV	0.20	0.25	——	*
1982-S	*	*	*	*	*	*	*	*	1.50
1983-P	FV	FV	FV	FV	FV	0.25	0.40	——	*
1983-D	FV	FV	FV	FV	FV	0.24	0.33	——	*
1983-S	*	*	*	*	*	*	*	*	1.95
1984-P	FV	FV	FV	FV	FV	0.20	0.25	——	*

DIMES

— Insufficient pricing data	* None issued	FV = Face Value

Dime, Roosevelt (continued)

	VG-8	F-12	VF-20	EF-40	AU-50	MS-60	MS-63	MS-65	PF-65
1984-D	FV	FV	FV	FV	FV	0.20	0.27	— —	*
1984-S	*	*	*	*	*	*	*	*	3.00
1985-P	FV	FV	FV	FV	FV	0.21	0.28	— —	*
1985-D	FV	FV	FV	FV	FV	0.20	0.25	— —	*
1985-S	*	*	*	*	*	*	*	*	2.50
1986-P	FV	FV	FV	FV	FV	0.20	0.30	— —	*
1986-D	FV	FV	FV	FV	FV	0.20	0.30	— —	*
1986-S	*	*	*	*	*	*	*	*	2.50
1987-P	FV	FV	FV	FV	FV	0.20	0.25	— —	*
1987-D	FV	FV	FV	FV	FV	0.20	0.25	— —	*
1987-S	*	*	*	*	*	*	*	*	2.50
1988-P	FV	FV	FV	FV	FV	0.20	0.25	— —	*
1988-D	FV	FV	FV	FV	FV	0.20	0.25	— —	*
1988-S	*	*	*	*	*	*	*	*	2.50
1989	FV	FV	FV	FV	FV	0.20	0.25	— —	*
1989-D	FV	FV	FV	FV	FV	0.20	0.25	— —	*
1989-S	*	*	*	*	*	*	*	*	2.50
1990	FV	FV	FV	FV	FV	0.20	0.25	— —	*
1990-D	FV	FV	FV	FV	FV	0.20	0.25	— —	*
1990-S	*	*	*	*	*	*	*	*	2.50
1991	FV	FV	FV	FV	FV	0.20	0.25	— —	*
1991-D	FV	FV	FV	FV	FV	0.20	0.25	— —	*
1991-S	*	*	*	*	*	*	*	*	2.50

DIMES

— Insufficient pricing data   * None issued   FV = Face Value

20 cents

20 cents index chart

- AU.50 ── MS.65 ──×── SERIES

Seated Liberty

Date of authorization: March 3, 1875
Dates of issue: 1875-1876
Designers:
  Obverse: Thomas Sully-Christian
    Gobrecht-John Hughes-William Barber
  Reverse: William Barber
Engraver: William Barber
Diameter (Millimeters/inches):
  22.50mm/0.89 inch
Weight (Grams/ounces):
  5.000 grams/0.16075 ounce
Metallic content: 90% silver, 10% copper
Weight of pure silver: 4.500 grams/
  0.14468 ounce
Edge: Plain

	F-12	VF-20	EF-40	AU-50	MS-60	MS-63	MS-65	PF-65
1875	70.00	97.50	195.	385.	725.	1350.	12000.	9000.
1875-CC	67.50	120.	225.	435.	775.	1650.	13000.	——
1875-S 8-10								
Proofs known	57.50	92.50	165.	375.	585.	1225.	10500.	100000.
1876	135.	215.	400.	650.	1150.	2300.	11500.	8500.
1876-CC 16-18 known			25000.	32500.	47500.	67500.	205000.	——
1877 Proofs only		1050.	1200.	1350.	1750.	2900.		12500.
1878 Proofs only			1050.	1200.	1550.	2500.		10000.

— Insufficient pricing data	* None issued	FV = Face Value

Quarter dollar

Early quarter dollars index chart

Draped Bust, Small Eagle

QUARTERS

Date of authorization: April 2, 1792
Dates of issue: 1796
Designers:
 Obverse: Gilbert Stuart-Robert Scot
 Reverse: Robert Scot-John Eckstein
Engraver: Robert Scot
Diameter (Millimeters/inches):
 27.00mm/1.07 inch
Weight (Grams/ounces):
 6.739 grams/0.21666 ounce
Metallic content: 89.25% silver, 10.75%
 copper
Weight of pure silver: 6.015 grams/
 0.19339 ounce
Edge: Reeded

	G-4	VG-8	F-12	VF-20	EF-40	AU-50	MS-60
1796	3200.	4500.	6750.	13500.	18500.	22500.	30000.

— Insufficient pricing data	* None issued	FV = Face Value

Draped Bust, Heraldic Eagle

Date of authorization: April 2, 1792
Dates of issue: 1804-1807
Designers:
  Obverse: Gilbert Stuart-Robert Scot
  Reverse: Robert Scot
Engraver: Robert Scot
Diameter (Millimeters/inches):
  27.00mm/1.07 inch
Weight (Grams/ounces):
  6.739 grams/0.21666 ounce
Metallic content: 89.25% silver, 10.75%
  copper
Weight of pure silver: 6.015 grams/
  0.19339 ounce
Edge: Reeded

	G-4	VG-8	F-12	VF-20	EF-40	AU-50	MS-60
1804	775.	1300.	2600.	4500.	8750.	—	—
1805	195.	260.	415.	765.	1850.	3100.	6750.
1806/5	190.	250.	405.	740.	1800.	4350.	8750.
1806	180.	240.	395.	730.	1600.	2400.	4050.
1807	180.	240.	390.	725.	1600.	2350.	3950.

Quarter dollar
Capped Bust

Date of authorization: April 2, 1792
Dates of issue: 1815-1837
Designer: John Reich
Engraver: John Reich
Diameter (Millimeters/inches):
  1815-1828: 27.00mm/1.07 inches
  1831-1837: 24.26mm/0.96 inch
Weight (Grams/ounces):
  6.739 grams/0.21666 ounce
Metallic content: 89.25% silver, 10.75%
  copper
Weight of pure silver: 6.015 grams/
  0.19339 ounce
Edge: Reeded

— Insufficient pricing data   * None issued   FV = Face Value

Quarter dollar, Capped Bust (continued)

	G-4	VG-8	F-12	VF-20	EF-40	AU-50	MS-60
1815	35.00	67.50	105.	300.	775.	1800.	2650.
1818/5	40.00	75.00	145.	340.	800.	1900.	2850.
1818	35.00	67.50	100.	275.	675.	1325.	2250.
1819	35.00	60.00	97.50	240.	650.	1225.	2200.
1820 Small O	35.00	67.50	100.	270.	750.	1750.	2600.
1820 Large O	35.00	60.00	97.50	240.	650.	1225.	2200.
1821	35.00	60.00	97.50	240.	650.	1225.	2200.
1822	51.00	85.00	140.	400.	950.	2100.	4500.
1822 25/50c	800.	1100.	1700.	3750.	8500.	14500.	20000.
1823/2	5750.	7250.	14000.	20000.	27500.	38500.	—
1824/2	70.00	115.	185.	500.	1100.	2450.	5500.
1825/2	85.00	135.	235.	550.	1150.	1950.	3750.
1825	35.00	60.00	95.00	240.	650.	1225.	2200.
1825/4	35.00	60.00	95.00	240.	650.	1225.	2300.
1827 Originals and Restrikes: Original Prf-60 $50000; Restrike Prf-63 $26500.							
1828	35.00	60.00	92.50	240.	650.	1225.	2300.
1828 25/50c	77.50	150.	285.	725.	1450.	2650.	4250.
1831 No Motto	25.00	35.00	47.50	85.00	185.	440.	890.
1832	25.00	35.00	47.50	85.00	185.	440.	900.
1833	27.25	37.50	55.00	100.	360.	700.	1900.
1834	26.25	36.50	50.00	87.50	200.	450.	950.
1835	25.00	35.00	47.50	85.00	185.	435.	890.
1836	25.75	35.00	47.50	85.00	185.	445.	1300.
1837	25.75	35.00	47.50	85.00	185.	435.	925.
1838	25.75	35.00	49.50	90.00	215.	450.	1100.

QUARTERS

Quarter dollar

Seated Liberty quarter index chart

— Insufficient pricing data	* None issued	FV = Face Value

Seated Liberty

Date of authorization: April 2, 1792
Dates of issue: 1838-1891
Designers:
  (1838-1840):
    Obverse: Thomas Sully-Christian Gobrecht
    Reverse: John Reich-William Kneass-Gobrecht
  (1840-1891):
    Obverse: Robert B. Hughes-Gobrecht-Sully
    Reverse: Hughes-Gobrecht-Sully
Engravers:
  Obverse: Christian Gobrecht
  Reverse:
    (1838-1853): Christian Gobrecht
    (1853-1891): James B. Longacre
Diameter (Millimeters/inches):
  24.26mm/0.96 inch
Weight (Grams/ounces):
  (1838-1873): 6.221 grams/0.20001 ounce
  (1873-1891): 6.250 grams/0.20094 ounce
Metallic content: 90% silver, 10% copper
Weight of pure silver:
  (1838-1873): 5.599 grams/0.18001 ounce
  (1873-1891): 5.625 grams/0.18085 ounce
Edge: Reeded

	G-4	VG-8	F-12	VF-20	EF-40	AU-50	MS-60	MS-63
1838 No Drapery	8.00	13.75	27.50	60.00	255.	485.	1250.	3900.
1839 No Drapery	8.00	14.00	27.50	52.50	245.	475.	975.	3700.
1840-O No Drapery	8.00	14.00	27.50	55.00	240.	500.	990.	3750.
1840 Drapery	18.25	26.00	47.50	87.50	185.	350.	1000.	4300.
1840-O Drapery	19.50	27.50	57.50	90.00	245.	515.	1300.	4650.
1841	44.50	65.00	80.00	145.	255.	390.	1000.	4500.
1841-O	16.00	22.50	32.50	70.00	170.	355.	1050.	—
1842 Small Date Proofs only	...	—	—	—	—	—	20000.	—
1842 Large Date	60.00	80.00	110.	185.	300.	640.	1650.	4150.
1842-O Small Date	285.	425.	800.	1350.	2750.	5500.	—	—
1842-O Large Date	12.00	17.25	32.00	47.50	125.	575.	2050.	—
1843	8.75	13.75	17.50	36.00	67.50	170.	510.	925.
1843-O Small O	16.50	25.50	37.50	75.00	205.	475.	—	—
1843-O Large O	65.00	100.	170.	325.	650.	—	—	—
1844	7.25	13.50	18.50	36.00	70.00	190.	540.	950.
1844-O	7.75	16.50	22.50	50.00	115.	300.	1250.	—
1845	7.25	13.50	18.00	32.50	70.00	195.	550.	975.
1845/5	8.00	17.00	24.00	39.00	82.50	210.	—	—
1846	8.75	16.50	21.50	36.00	70.00	185.	525.	925.
1846/1846	9.50	17.50	25.00	41.00	97.50	235.	—	—

— Insufficient pricing data	* None issued	FV = Face Value

Quarter dollar, Seated Liberty (continued)

	G-4	VG-8	F-12	VF-20	EF-40	AU-50	MS-60	MS-63
1847	7.25	13.50	18.00	32.50	70.00	185.	515.	925.
1847/7	8.00	17.00	24.00	39.00	82.50	205.	—	—
1847-O	19.50	34.00	66.00	120.	225.	475.	2750.	7000.
1848	22.00	33.00	67.50	115.	185.	375.	—	—
1848/1848	42.50	57.50	95.00	150.	225.	450.	—	—
1849	12.50	18.75	40.00	69.00	145.	315.	1300.	—
1849-O	375.	475.	750.	1450.	2850.	4900.	—	—
1850	23.25	33.50	47.50	70.00	135.	290.	1200.	2350.
1850-O	14.50	25.00	45.00	71.00	145.	285.	1075.	2050.
1851	27.50	40.00	65.00	115.	175.	325.	685.	—
1851-O	125.	215.	375.	575.	925.	2000.	—	—
1852	35.00	47.50	75.00	120.	195.	330.	675.	1800.
1852-O	145.	210.	355.	505.	950.	1750.	—	—
1853/53 Recut Date	165.	225.	325.	485.	675.	1300.	3350.	6750.
1853 Arrows & Rays	7.50	11.00	20.00	35.00	155.	400.	975.	3950.
1853/4 Arrows & Rays	42.50	67.50	125.	210.	400.	925.	2300.	—
1853-O Arrows & Rays	10.00	16.50	30.00	52.50	200.	1350.	3500.	—
1854 Arrows	7.00	9.00	18.00	29.00	65.00	215.	525.	1550.
1854-O Arrows	8.50	13.25	20.00	37.50	72.50	275.	975.	3000.
1854-O Huge O	100.	225.	275.	335.	525.	—	—	—
1855 Arrows	7.00	9.00	19.00	29.50	65.00	215.	540.	1650.
1855-O Arrows	32.50	60.00	80.00	165.	375.	850.	—	—
1855-S Arrows	30.00	41.50	65.00	120.	300.	675.	1800.	5250.
1856 No Arrows	6.50	10.50	17.00	22.50	50.50	105.	320.	735.
1856-O	8.75	14.00	18.50	41.00	82.50	350.	1350.	2750.
1856-S	30.00	42.50	72.50	145.	340.	700.	1850.	5750.
1856-S/S	45.00	67.50	115.	225.	505.	850.	—	—
1857	7.00	10.50	17.50	22.50	50.00	105.	320.	715.
1857-O	7.25	11.00	19.00	27.50	62.50	355.	1250.	3050.
1857-S	37.50	75.00	155.	285.	525.	950.	2200.	7750.
1858	7.00	10.50	17.50	22.50	50.00	105.	320.	715.
1858-O	9.50	14.50	24.25	47.50	87.50	435.	1600.	5250.
1858-S	32.50	60.00	120.	190.	400.	775.	—	—
1859	7.25	11.50	18.00	28.50	57.50	165.	500.	1800.
1859-O	16.50	23.50	35.00	60.00	88.00	385.	1450.	—
1859-S	72.50	105.	165.	285.	600.	1200.	—	—
1860	7.00	10.50	17.00	22.50	51.50	145.	450.	1075.
1860-O	12.00	19.00	32.50	52.50	85.00	380.	1275.	—
1860-S	110.	160.	300.	775.	2850.	9500.	—	—
1861	7.00	10.50	17.00	22.50	51.50	145.	345.	725.
1861-S	48.50	67.50	125.	250.	525.	1250.	—	—
1862	7.15	11.25	18.00	23.50	52.00	155.	450.	775.
1862-S	47.50	65.00	90.00	200.	450.	900.	2300.	5500.
1863	25.00	33.50	45.00	67.50	130.	280.	725.	1850.
1864	52.50	65.00	90.00	140.	235.	425.	900.	1800.
1864-S	155.	225.	400.	800.	1850.	3750.	—	—
1865	52.50	67.50	95.00	140.	230.	435.	950.	1600.
1865-S	62.50	79.00	135.	255.	425.	1150.	2850.	7000.
1866 No Motto, One Known								
1866 Motto	205.	275.	365.	475.	700.	1150.	2000.	3500.
1866-S	155.	215.	315.	450.	800.	1450.	3050.	6250.
1867	120.	160.	220.	275.	450.	625.	1100.	2000.
1867-S	110.	155.	215.	290.	515.	1300.	4500.	—
1868	93.50	110.	185.	230.	350.	490.	825.	2200.
1868-S	60.00	80.00	110.	175.	490.	1000.	2300.	6750.
1869	190.	245.	345.	425.	565.	725.	1400.	—
1869-S	62.50	105.	155.	265.	500.	1125.	2350.	—
1870	42.50	55.00	100.	160.	260.	425.	1200.	—
1870-CC	1350.	1850.	2650.	3650.	5500.	8750.	—	—

— Insufficient pricing data	* None issued	FV = Face Value

QUARTERS

	G-4	VG-8	F-12	VF-20	EF-40	AU-50	MS-60	MS-63
1871	28.00	35.00	47.50	97.50	165.	330.	625.	1175.
1871-CC	825.	1200.	1800.	2850.	4750.	7350.	—	—
1871-S	210.	275.	330.	485.	725.	1150.	2950.	7250.
1872	23.00	30.00	45.00	75.00	125.	245.	675.	1900.
1872-CC	285.	375.	625.	1650.	3350.	7500.	—	—
1872-S	205.	340.	415.	875.	1450.	2550.	4750.	9000.
1873 Closed 3	77.50	95.00	155.	300.	400.	700.	—	—
1873 Open 3	27.00	32.50	55.00	82.50	150.	235.	455.	—
1873-CC No Arrows, 3 known MS-64 $350000.								
1873 Arrows	9.75	15.00	23.50	50.00	195.	390.	750.	1700.
1873-CC Arrows	975.	1275.	1900.	2900.	5350.	8850.	—	—
1873-S Arrows	22.50	28.00	42.50	85.00	285.	600.	1250.	4500.
1874 Arrows	9.75	15.00	23.50	60.00	195.	425.	785.	1800.
1874-S Arrows	13.50	19.50	37.50	70.00	210.	475.	1050.	2500.
1875	6.85	10.50	17.50	22.00	50.00	110.	230.	540.
1875-CC	52.50	65.00	145.	255.	410.	775.	1900.	3700.
1875-S	25.00	38.50	52.50	105.	170.	295.	585.	2650.
1876	6.75	10.50	17.00	21.00	45.00	100.	225.	540.
1876-CC	7.15	14.50	24.00	31.00	75.00	150.	515.	1050.
1876-S	6.90	10.50	17.00	22.00	50.00	120.	320.	610.
1877	6.75	10.75	17.00	21.00	45.00	100.	225.	540.
1877-CC	7.00	13.00	23.50	31.00	77.50	155.	525.	1000.
1877-S	6.85	10.50	22.00	30.00	45.00	115.	325.	575.
1877-S/Horizontal S	25.00	42.50	70.00	155.	275.	390.	800.	—
1878	6.75	10.75	17.75	22.00	45.00	100.	235.	560.
1878-CC	18.50	29.00	47.50	72.50	110.	205.	550.	1025.
1878-S	62.50	87.50	145.	220.	320.	475.	1250.	3500.
1879	105.	125.	155.	205.	310.	395.	490.	1085.
1880	105.	130.	160.	210.	315.	400.	485.	1000.
1881	115.	135.	165.	225.	310.	395.	515.	1150.
1882	120.	140.	165.	225.	315.	415.	600.	1200.
1883	115.	135.	165.	225.	310.	395.	515.	1125.
1884	125.	145.	205.	270.	345.	475.	560.	1225.
1885	115.	135.	165.	225.	315.	395.	485.	1075.
1886	190.	225.	300.	355.	445.	510.	760.	1450.
1887	135.	145.	175.	240.	320.	420.	585.	1300.
1888	135.	145.	175.	240.	320.	420.	585.	1250.
1888-S	7.50	11.25	19.00	25.00	46.00	155.	385.	900.
1889	115.	135.	165.	225.	315.	415.	585.	1050.
1890	50.00	55.00	67.50	105.	210.	350.	520.	1025.
1891	7.00	10.50	17.50	27.50	46.50	105.	235.	540.
1891-O	110.	170.	225.	340.	575.	1050.	1950.	—
1891-S	8.25	12.25	20.00	36.50	49.50	110.	245.	635.

Quarter dollar

Barber quarter dollar index chart

- —•— AU.50   —○— MS.60   —✕— SERIES

Barber

Date of authorization: April 2, 1792
Dates of issue: 1892-1916
Designer: Charles Barber
Engraver: Charles Barber
Diameter (Millimeters/inches):
  24.26mm/0.96 inch
Weight (Grams/ounces):
  6.250 grams/0.20094 ounce
Metallic content:
  90% silver, 10% copper
Weight of pure silver: 5.625 grams/
  0.18085 ounce
Edge: Reeded

	G-4	VG-8	F-12	VF-20	EF-40	AU-50	MS-60	MS-63
1892	3.00	3.80	15.25	24.00	52.50	120.	175.	390.
1892-O	4.50	7.25	16.50	28.00	59.50	145.	225.	525.
1892-S	12.00	17.50	35.00	55.00	115.	250.	365.	710.
1893	3.00	4.05	15.00	23.00	53.50	120.	185.	440.
1893-O	4.00	5.50	18.50	32.50	65.00	150.	240.	625.
1893-S	4.20	7.00	24.00	42.50	97.50	250.	425.	1000.
1894	3.00	4.05	15.00	26.50	54.00	120.	195.	405.

— Insufficient pricing data	* None issued	FV = Face Value

	G-4	VG-8	F-12	VF-20	EF-40	AU-50	MS-60	MS-63
1894-O	4.00	5.75	18.00	30.50	60.00	150.	325.	700.
1894-S	4.00	5.75	16.00	29.50	61.00	155.	290.	660.
1895	3.00	3.90	15.00	24.00	54.00	120.	205.	600.
1895-O	4.00	5.45	18.00	30.50	72.50	190.	350.	750.
1895-S	4.05	6.75	25.00	42.00	75.00	175.	315.	700.
1896	3.00	3.95	15.00	29.00	55.00	125.	200.	535.
1896-O	4.05	8.50	45.00	105.	260.	485.	750.	1400.
1896-S	175.	245.	475.	685.	1075.	2350.	3500.	6000.
1897	2.60	3.50	13.25	20.25	46.50	105.	165.	385.
1897-O	6.50	11.50	47.50	115.	280.	550.	800.	1650.
1897-S	8.50	13.50	27.50	52.00	110.	280.	355.	1200.
1898	2.55	3.50	12.50	20.25	46.50	105.	165.	385.
1898-O	4.50	7.00	29.50	70.00	175.	350.	475.	1150.
1898-S	4.00	5.65	19.75	33.00	67.50	165.	315.	715.
1899	2.55	3.50	12.50	20.25	46.50	105.	165.	385.
1899-O	4.50	7.00	20.00	40.00	87.50	240.	365.	850.
1899-S	7.15	10.50	32.00	42.00	90.00	230.	335.	775.
1900	2.50	3.25	12.00	20.00	46.50	105.	165.	350.
1900-O	5.25	8.00	25.00	45.00	90.00	240.	390.	765.
1900-S	5.00	7.50	17.50	30.50	65.00	140.	260.	695.
1901	2.50	3.25	12.00	20.00	46.50	105.	165.	350.
1901-O	11.00	18.50	42.50	140.	285.	525.	675.	1650.
1901-S	950.	1500.	2500.	3600.	5000.	7000.	8500.	16500.
1902	2.50	3.25	12.00	20.00	46.50	105.	160.	350.
1902-O	4.00	5.25	21.50	43.00	75.00	160.	365.	865.
1902-S	7.50	9.50	22.50	45.00	80.00	165.	335.	760.
1903	2.50	3.25	12.00	20.00	46.50	105.	160.	365.
1903-O	4.00	5.25	21.50	39.00	80.00	240.	400.	925.
1903-S	7.00	10.25	32.50	50.00	92.50	250.	375.	700.
1904	2.50	3.25	12.00	20.00	46.50	105.	160.	350.
1904-O	4.55	6.75	25.00	55.00	160.	390.	675.	1350.
1905	2.50	3.25	12.00	20.00	46.50	105.	160.	360.
1905-O	4.55	6.75	25.00	45.00	95.00	240.	390.	950.
1905-S	5.50	7.50	17.50	29.50	64.50	165.	225.	660.
1906	2.50	3.25	12.00	20.00	46.50	105.	160.	350.
1906-D	3.10	3.75	17.25	30.50	60.00	145.	250.	600.
1906-O	3.05	4.25	21.00	33.00	65.00	155.	255.	575.
1907	2.50	3.25	12.00	20.00	46.50	105.	160.	350.
1907-D	2.65	3.40	17.25	29.00	62.50	170.	240.	710.
1907-O	2.65	3.40	15.50	26.50	53.50	130.	195.	515.
1907-S	3.75	4.55	22.00	35.00	92.50	190.	325.	850.
1908	2.50	3.25	12.00	20.00	46.50	105.	160.	350.
1908-D	2.60	3.40	13.50	24.00	52.50	120.	170.	400.
1908-O	2.60	3.40	14.00	25.50	55.00	125.	215.	500.
1908-S	6.75	11.00	37.50	92.50	190.	415.	525.	900.
1909	2.50	3.35	11.75	20.00	46.50	105.	165.	365.
1909-D	2.75	3.65	12.00	23.00	56.50	150.	220.	500.
1909-O	8.00	13.00	38.50	95.00	185.	325.	515.	1250.
1909-S	2.65	4.00	14.50	28.00	67.50	165.	235.	685.
1910	2.50	3.25	12.00	20.00	52.50	120.	190.	385.
1910-D	3.00	4.00	19.50	32.50	85.00	170.	245.	690.
1911	2.50	3.25	12.00	20.00	46.50	105.	160.	360.
1911-D	3.05	5.00	30.00	85.00	160.	325.	425.	975.
1911-S	2.65	4.00	20.00	36.00	80.00	175.	245.	575.
1912	2.50	3.25	12.00	20.00	46.50	105.	165.	350.
1912-S	2.60	4.00	22.00	39.50	80.00	205.	315.	785.
1913	10.00	13.00	47.50	125.	375.	540.	975.	1650.
1913-D	2.50	4.00	16.50	29.50	82.50	145.	235.	635.
1913-S	265.	390.	875.	1550.	2200.	3100.	3500.	5250.
1914	2.50	3.25	12.00	20.00	46.50	105.	165.	360.
1914-D	2.50	4.00	14.00	23.50	49.50	110.	190.	385.

QUARTERS

— Insufficient pricing data   * None issued   FV = Face Value

Quarter dollar, Barber (continued)

	G-4	VG-8	F-12	VF-20	EF-40	AU-50	MS-60	MS-63
1914-S	42.50	65.00	77.50	145.	275.	475.	700.	1400.
1915	2.50	3.25	12.00	20.00	46.50	105.	190.	425.
1915-D	2.50	3.30	12.25	22.50	49.50	105.	170.	350.
1915-S	4.00	5.00	18.50	39.00	67.50	155.	210.	485.
1916	2.50	3.35	14.00	24.50	50.00	110.	165.	350.
1916-D	2.60	3.40	12.50	21.25	49.50	105.	190.	355.

Quarter dollar

Standing Liberty quarter chart

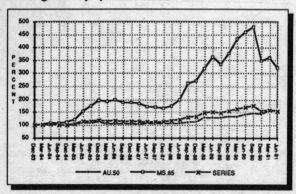

— Insufficient pricing data   * None issued   FV = Face Value

Standing Liberty

Date of authorization: April 2, 1792
Dates of issue: 1916-1930
Designer: Hermon MacNeil
Engravers:
  Obverse: Hermon MacNeil
  Reverse: MacNeil, Charles Barber
Diameter (Millimeters/inches):
  24.26mm/0.96 inch
Weight (Grams/ounces):
  6.250 grams/0.20094 ounce
Metallic content: 90% silver 10% copper
Weight of pure silver: 5.625 grams/
  0.18085 ounce
Edge: Reeded

Note: MS-65H refers to Full Head

	G-4	F-12	VF-20	EF-40	AU-50	MS-60	MS-63	MS-65	MS-65H
1916 Bared									
Breast	800.	1275.	1850.	2450.	3250.	3950.	6350.	17500.	25000.
1917	9.50	13.00	27.50	57.50	100.	150.	275.	1025.	1250.
1917-D	14.75	25.00	48.50	87.50	115.	210.	450.	1700.	2500.
1917-S	13.75	18.75	54.00	120.	175.	270.	475.	1550.	2000.
1917 Mailed									
Breast	12.50	15.75	21.75	36.50	70.00	110.	215.	575.	1175.
1917-D	18.75	42.50	56.50	87.50	115.	180.	300.	2950.	10500.
1917-S	18.00	28.00	49.00	71.00	97.50	165.	260.	1600.	4500.
1918	14.50	21.50	29.00	44.00	75.00	145.	180.	625.	1275.
1918-D	20.50	36.00	51.00	80.00	125.	235.	425.	1900.	10000.
1918-S	14.75	19.00	23.50	42.50	75.00	190.	385.	2850.	20000.
1918/7-S	975.	1600.	2250.	3750.	7500.	14500.	29000.	80000.	250000.
1919	23.00	38.50	46.50	61.00	90.00	165.	255.	595.	1275.
1919-D	42.00	96.50	155.	255.	335.	675.	1400.	3250.	23500.
1919-S	41.00	90.00	180.	350.	450.	625.	1250.	6500.	25000.
1920	13.50	17.00	22.50	34.00	60.00	110.	250.	525.	1175.
1920-D	21.75	48.00	69.00	95.00	140.	250.	450.	2850.	9500.
1920-S	15.00	22.50	26.00	46.00	75.00	305.	430.	4900.	22500.
1921	50.00	115.	155.	235.	315.	575.	775.	2500.	5500.
1923	14.50	18.00	22.00	35.00	62.50	130.	225.	775.	3000.
1923-S	85.00	165.	225.	345.	485.	625.	1025.	2750.	6500.
1924	13.00	16.00	22.75	35.00	62.50	135.	250.	575.	1150.
1924-D	22.50	40.00	59.00	83.50	110.	145.	220.	550.	9500.

— Insufficient pricing data	* None issued	FV = Face Value

Quarter dollar, Standing Liberty (continued)
Note: MS-65H refers to Full Head

	G-4	F-12	VF-20	EF-40	AU-50	MS-60	MS-63	MS-65	MS-65H
1924-S	16.25	20.00	34.50	75.00	110.	250.	700.	2850.	7750.
1925	2.75	5.00	14.00	25.00	60.00	110.	185.	525.	1125.
1926	2.75	5.50	14.00	25.00	60.00	110.	185.	520.	2150.
1926-D	6.00	12.00	25.00	50.00	90.00	120.	200.	775.	16500.
1926-S	3.75	10.75	19.50	87.50	175.	325.	885.	4250.	20500.
1927	2.75	5.00	14.00	25.00	60.00	120.	180.	510.	1125.
1927-D	6.00	11.00	30.00	70.00	110.	155.	240.	750.	6500.
1927-S	6.75	45.00	120.	950.	2000.	3450.	5750.	14000.	100000.
1928	2.75	5.00	14.00	25.00	60.00	115.	195.	510.	2250.
1928-D	4.00	7.25	16.25	35.00	75.00	125.	200.	515.	6750.
1928-S	2.75	5.50	14.50	33.50	70.00	130.	215.	525.	1125.
1929	2.75	6.00	13.75	30.00	60.00	115.	185.	510.	1100.
1929-D	4.25	8.00	16.00	31.00	67.50	125.	185.	560.	7000.
1929-S	2.75	5.50	12.85	27.00	60.00	115.	180.	510.	1075.
1930	2.75	5.50	12.85	24.00	60.00	110.	175.	500.	1050.
1930-S	2.75	5.50	12.85	26.50	60.00	120.	240.	650.	1175.

QUARTERS

Quarter dollar

Washington quarter index chart

— Insufficient pricing data	* None issued	FV = Face Value

Washington

Date of authorization: April 2, 1792; July 23, 1965; Oct. 18, 1973
Dates of issue: 1932-present
Designers: James Flanagan
(Bicentennial Reverse): Jack L. Ahr
Engravers: John R. Sinnock
(Bicentennial Reverse): Frank Gasparro
Diameter (Millimeters/inches):
24.26mm/0.96 inch
Weight (Grams/ounces):
(1932-1964): 6.250 grams/0.20094 ounce
(1965-present): 5.670 grams/0.18229 ounce
1976 Bicentennial Proof and Uncirculated: 5.750 grams/0.18487 ounce
Metallic content:
(1932-1964): 90% silver, 10% copper
(1965-present): 75% copper, 25% nickel bonded to a pure copper core
(1976 Bicentennial Proof and Uncirculated sets only): 80% silver, 20% copper bonded to a core of 21.5% silver, 78.5% copper
Weight of pure silver:
(1932-1964): 5.625 grams/0.18085 ounce
(1976 Bicentennial Proof and Uncirculated sets only): 2.300 grams/0.07395 ounce
Edge: Reeded

	G-4	VG-8	F-12	VF-20	EF-40	AU-50	MS-60	MS-63	MS-65	PF-65
1932	2.50	3.00	4.00	5.00	8.00	13.00	25.00	35.00	225.	*
1932-D	32.50	39.00	48.50	75.00	140.	275.	445.	965.	4850.	*
1932-S	29.00	33.50	41.50	47.50	65.00	120.	265.	450.	4000.	*
1934	2.00	2.35	3.00	3.50	5.00	7.85	22.50	32.50	92.50	*
1934 Light Motto	2.20	3.20	3.75	6.00	7.50	11.00	29.00	47.50	190.	*
1934 Doubled Die	——	——	——	77.50	200.	325.	525.	925.	2100.	*
1934-D	2.90	3.50	5.50	6.25	11.75	24.00	46.00	145.	975.	*
1935	1.30	1.50	2.00	3.50	4.75	8.50	19.00	25.00	80.00	*
1935-D	2.15	2.35	3.90	6.00	11.50	22.50	46.00	100.	425.	*
1935-S	1.90	2.35	4.00	5.00	7.50	16.50	41.00	65.00	275.	*
1936	1.30	1.85	2.35	2.80	4.50	7.25	14.50	22.50	70.00	1050.
1936-D	2.05	2.35	3.85	13.75	28.50	92.50	240.	385.	900.	*
1936-S	1.90	2.10	4.00	5.00	9.00	18.50	35.00	50.00	185.	*
1937	1.30	1.85	2.85	3.50	4.00	9.00	20.50	30.00	115.	230.
1937-D	1.90	2.10	4.00	4.50	8.00	14.00	32.50	38.50	135.	*
1937-S	3.50	4.00	4.75	11.00	16.50	41.50	77.50	85.00	230.	*

— Insufficient pricing data	* None issued	FV = Face Value

	G-4	VG-8	F-12	VF-20	EF-40	AU-50	MS-60	MS-63	MS-65	Prf-65
1938	2.40	2.85	3.85	7.00	9.75	24.00	37.00	44.00	120.	185.
1938-S	2.50	3.25	5.00	8.00	9.50	20.00	39.00	46.00	115.	*
1939	1.30	1.50	1.95	3.50	5.00	8.00	12.00	20.00	65.00	140.
1939-D	1.90	2.90	3.75	6.00	8.00	11.50	23.50	35.00	85.00	*
1939-S	2.95	3.00	4.50	6.00	10.00	24.00	47.50	55.00	125.	*
1940	1.30	1.50	2.25	2.60	3.35	6.00	11.25	14.00	60.00	125.
1940-D	2.95	3.65	5.25	7.50	9.25	24.00	45.00	55.00	95.00	*
1940-S	1.90	2.00	2.65	3.15	4.00	8.00	11.50	19.00	55.00	*
1941	0.90	1.15	1.85	2.35	3.00	4.00	6.00	9.25	40.00	125.
1941-D	0.90	1.15	1.85	2.60	3.50	6.75	16.00	19.00	47.50	*
1941-S	0.90	1.15	1.85	2.35	3.25	6.50	14.00	22.50	65.00	*
1942	0.90	1.15	1.85	2.25	2.85	3.95	7.00	8.00	55.00	120.
1942-D	1.35	1.60	2.10	2.45	3.35	5.50	9.25	15.00	75.00	*
1942-S	1.45	1.65	2.20	2.85	5.00	18.00	35.00	42.50	120.	*
1943	0.90	1.15	1.85	2.35	3.20	3.50	4.50	9.00	38.00	*
1943-D	0.90	1.15	1.85	2.25	2.85	6.00	13.25	17.00	41.00	*
1943-S	0.90	1.15	1.85	2.35	3.50	9.00	14.50	19.00	38.00	*
1943-S Doubled Die	85.00	95.00	125.	150.	185.	245.	350.	750.	2000.	*
1944	0.90	1.15	1.85	2.20	2.70	3.50	4.00	5.00	17.50	*
1944-D	0.90	1.15	1.85	2.10	2.55	6.00	8.75	11.75	32.50	*
1944-S	0.90	1.15	1.85	2.10	2.55	5.75	8.00	12.00	38.00	*
1945	0.90	1.15	1.85	2.00	2.30	3.50	4.00	5.00	20.00	*
1945-D	1.40	1.60	2.20	2.50	2.95	4.50	7.50	10.50	45.00	*
1945-S	0.90	1.15	1.85	2.00	2.55	4.10	6.00	9.00	37.50	*
1946	0.90	1.15	1.85	2.00	2.30	2.80	3.90	5.50	15.00	*
1946-D	0.90	1.15	1.85	2.10	2.55	3.25	4.25	5.50	25.00	*
1946-S	1.35	1.55	2.20	2.45	2.90	3.50	4.50	5.50	32.50	*
1947	0.90	1.15	1.85	2.00	2.30	3.50	5.00	6.00	16.00	*
1947-D	0.90	1.15	1.85	2.10	2.55	4.50	5.50	6.50	22.00	*
1947-S	0.90	1.15	1.85	2.10	2.55	4.25	5.00	8.50	19.00	*
1948	0.90	1.15	1.85	2.00	2.30	2.60	3.50	6.00	12.00	*
1948-D	0.90	1.15	1.85	2.00	2.55	3.25	4.75	5.50	16.00	*
1948-S	0.90	1.15	1.85	2.10	2.55	3.45	5.75	7.50	18.00	*
1949	0.90	1.15	1.85	2.60	3.45	6.00	13.00	19.00	29.00	*
1949-D	0.90	1.15	1.85	2.10	2.55	5.00	7.50	12.00	25.00	*
1950	0.90	0.95	1.85	2.00	2.30	2.80	3.75	4.50	10.00	55.00
1950-D	0.90	0.95	1.85	2.00	2.30	2.45	3.65	5.50	12.50	*
1950-D/S	——	——	30.00	65.00	135.	190.	245.	300.	750.	*
1950-S	0.90	0.95	1.85	2.00	2.30	4.50	7.75	14.00	22.50	*
1950-S/D	——	——	87.50	110.	145.	235.	325.	425.	1050.	*
1951	0.90	0.95	1.85	2.00	2.30	2.50	3.50	5.00	8.50	42.50
1951-D	0.90	0.95	1.85	2.00	2.30	2.50	3.20	5.50	7.50	*
1951-S	0.90	0.95	1.85	2.00	2.30	5.50	8.00	11.50	23.00	*
1952	0.90	0.95	1.85	2.00	2.30	2.45	3.05	3.25	7.00	35.00
1952-D	0.90	0.95	1.85	2.00	2.30	2.45	3.15	3.50	8.00	*
1952-S	0.90	0.95	1.85	2.00	2.30	4.50	7.25	8.50	17.50	*
1953	1.10	1.25	2.10	2.30	2.60	2.70	3.00	3.25	9.50	27.50
1953-D	0.90	0.95	1.85	2.00	2.30	2.45	2.95	3.50	8.75	*
1953-S	0.90	0.95	1.95	2.10	2.80	3.25	3.50	4.50	11.00	*
1954	0.90	0.95	1.10	1.20	1.30	1.40	1.50	1.85	5.75	15.00
1954-D	0.90	0.95	1.50	1.55	1.60	1.70	1.85	2.00	5.50	*
1954-S	0.90	0.95	1.70	1.75	1.80	1.90	2.00	2.25	8.00	*
1955	0.90	0.95	1.85	1.95	2.00	2.10	2.25	2.50	6.00	11.00
1955-D	1.20	1.45	2.00	2.25	2.50	2.65	2.75	3.00	8.25	*
1956	0.90	0.95	1.20	1.25	1.35	1.40	1.50	1.75	5.50	6.50
1956-D	1.10	1.25	1.50	1.60	1.70	1.80	1.90	2.75	6.00	*
1957	0.90	0.95	1.20	1.25	1.35	1.40	1.50	1.75	4.50	5.00
1957-D	0.90	0.95	1.20	1.25	1.35	1.40	1.50	1.75	4.50	*

QUARTERS

— Insufficient pricing data	* None issued	FV = Face Value

	G-4	VG-8	F-12	VF-20	EF-40	AU-50	MS-60	MS-63	MS-65	Prf-65
1958	0.90	0.95	1.25	1.35	1.45	1.55	1.65	1.85	4.75	6.50
1958-D	0.90	0.95	1.05	1.10	1.15	1.20	1.30	1.75	4.15	*
1959	0.90	0.95	1.20	1.30	1.50	1.70	2.00	2.75	5.00	5.00
1959-D	0.90	0.95	1.05	1.10	1.15	1.20	1.30	1.50	4.15	*
1960	0.90	0.95	1.00	1.05	1.10	1.15	1.25	1.50	4.75	4.00
1960-D	0.90	0.95	1.00	1.05	1.10	1.15	1.25	1.50	3.65	*
1961	0.90	0.95	1.05	1.10	1.15	1.20	1.35	1.50	5.50	4.00
1961-D	0.90	0.95	1.00	1.05	1.10	1.15	1.25	1.50	3.65	*
1962	0.90	0.95	1.00	1.05	1.10	1.15	1.25	1.50	3.65	4.00
1962-D	0.90	0.95	1.00	1.05	1.10	1.15	1.25	1.50	3.65	*
1963	0.90	0.90	0.90	0.90	0.90	0.95	1.00	1.50	3.50	4.00
1963-D	0.90	0.90	0.90	0.90	0.90	0.95	1.00	1.50	3.50	*
1964	0.90	0.90	0.90	0.90	0.90	0.95	1.00	1.50	3.50	4.00
1964-D	0.90	0.90	0.90	0.90	0.90	0.95	1.00	1.50	3.50	*
1965	FV	FV	FV	FV	FV	FV	0.50	0.70	1.50	*
1966	FV	FV	FV	FV	FV	FV	0.50	0.70	1.50	*
1967	FV	FV	FV	FV	FV	FV	0.50	0.70	1.50	*
1968	FV	FV	FV	FV	FV	FV	0.40	0.70	1.00	*
1968-D	FV	FV	FV	FV	FV	FV	0.42	0.75	1.05	*
1968-S	*									1.40
1969	FV	FV	FV	FV	FV	FV	0.40	0.70	1.00	*
1969-D	FV	FV	FV	FV	FV	FV	0.50	0.80	1.10	*
1969-S	*									1.40
1970	FV	FV	FV	FV	FV	FV	0.35	0.70	0.95	*
1970-D	FV	FV	FV	FV	FV	FV	0.35	0.70	0.95	*
1970-S	*									1.40
1971	FV	FV	FV	FV	FV	FV	0.50	0.75	1.10	*
1971-D	FV	FV	FV	FV	FV	FV	0.35	0.70	0.95	*
1971-S	*									1.40
1972	FV	FV	FV	FV	FV	FV	0.35	0.70	0.95	*
1972-D	FV	FV	FV	FV	FV	FV	0.35	0.70	0.95	*
1972-S	*									1.40
1973	FV	FV	FV	FV	FV	FV	0.30	0.70	0.90	*
1973-D	FV	FV	FV	FV	FV	FV	0.30	0.70	0.90	*
1973-S	*									1.40
1974	FV	FV	FV	FV	FV	FV	0.30	0.70	0.90	*
1974-D	FV	FV	FV	FV	FV	FV	0.30	0.70	0.90	*
1974-S	*									1.40
1976	FV	FV	FV	FV	FV	FV	0.41	0.85	1.00	*
1976-D	FV	FV	FV	FV	FV	FV	0.41	0.85	1.00	*
1976-S	*									1.40
1976-S 40% silver	——	——	——	——	——	——	1.25	1.50	2.00	4.00
1977	FV	FV	FV	FV	FV	FV	0.30	0.70	0.90	*
1977-D	FV	FV	FV	FV	FV	FV	0.30	0.70	0.90	*
1977-S	*									1.40
1978	FV	FV	FV	FV	FV	FV	——	0.70	——	*
1978-D	FV	FV	FV	FV	FV	FV	——	0.70	——	*
1978-S	*									1.40
1979	FV	FV	FV	FV	FV	FV	0.80	0.90	——	*
1979-D	FV	FV	FV	FV	FV	FV	0.40	0.80	——	*
1979-S Filled S	*								*	1.40
1979-S Clear S	*								*	2.00
1980-P	FV	FV	FV	FV	FV	FV	——	0.70	——	*
1980-D	FV	FV	FV	FV	FV	FV	——	0.70	——	*
1980-S	*								*	1.40
1981-P	FV	FV	FV	FV	FV	FV	——	0.70	——	*
1981-D	FV	FV	FV	FV	FV	FV	——	0.70	——	*
1981-S	*								*	1.40

— Insufficient pricing data   * None issued   FV = Face Value

QUARTERS

Quarter dollar, Washington (continued)

	G-4	VG-8	F-12	VF-20	EF-40	AU-50	MS-60	MS-63	MS-65	Prf-65
1982-P	FV	FV	FV	FV	FV	FV	——	3.75	——	•
1982-D	FV	FV	FV	FV	FV	FV	——	3.50	——	•
1982-S	•	•	•	•	•	•	•	•	•	3.00
1983-P	FV	FV	FV	FV	FV	FV	——	4.38	——	•
1983-D	FV	FV	FV	FV	FV	FV	——	6.63	——	•
1983-S	•	•	•	•	•	•	•	•	•	3.00
1984-P	FV	FV	FV	FV	FV	FV	——	0.90	——	•
1984-D	FV	FV	FV	FV	FV	FV	——	0.95	——	•
1984-S	•	•	•	•	•	•	•	•	•	3.00
1985-P	FV	FV	FV	FV	FV	FV	——	1.25	——	•
1985-D	FV	FV	FV	FV	FV	FV	——	3.38	——	•
1985-S	•	•	•	•	•	•	•	•	•	3.00
1986-P	FV	FV	FV	FV	FV	FV	——	3.50	——	•
1986-D	FV	FV	FV	FV	FV	FV	——	3.63	——	•
1986-S	•	•	•	•	•	•	•	•	•	2.50
1987-P	FV	FV	FV	FV	FV	FV	——	0.70	——	•
1987-D	FV	FV	FV	FV	FV	FV	——	0.70	——	•
1987-S	•	•	•	•	•	•	•	•	•	2.50
1988-P	FV	FV	FV	FV	FV	FV	——	0.95	——	•
1988-D	FV	FV	FV	FV	FV	FV	——	0.70	——	•
1988-S	•	•	•	•	•	•	•	•	•	2.50
1989	FV	FV	FV	FV	FV	FV	——	0.70	——	•
1989-D	FV	FV	FV	FV	FV	FV	——	0.70	——	•
1989-S	•	•	•	•	•	•	•	•	•	3.00
1990	FV	FV	FV	FV	FV	FV	——	0.70	——	•
1990-D	FV	FV	FV	FV	FV	FV	——	0.70	——	•
1990-S	•	•	•	•	•	•	•	•	•	2.50
1991	FV	FV	FV	FV	FV	FV	——	0.70	——	•
1991-D	FV	FV	FV	FV	FV	FV	——	0.70	——	•
1991-S	•	•	•	•	•	•	•	•	•	2.50

QUARTERS

| — Insufficient pricing data | * None issued | FV = Face Value |

Half dollar

Early half dollars index chart

Flowing Hair

Date of authorization: April 2, 1792

Dates of issue: 1794–1795

Designer: Robert Scot

Engravers: Robert Scot, John S. Gardner

Diameter (Millimeters/inches): 32.50mm/1.28 inches

Weight (Grams/ounces): 13.478 grams/0.43333 ounce

Metallic content: 90% silver, 10% copper

Weight of pure silver: 12.1302 grams/0.39 ounce

Edge: Lettered (FIFTY CENTS OR HALF A DOLLAR)

◀ HALF DOLLARS ◀

	AG-3	G-4	VG-8	F-12	VF-20	EF-40	AU-50	MS-60
1794	500.	875.	1400.	2450.	3800.	7250.	14500.	—
1795	225.	325.	425.	700.	1450.	3400.	7250.	13500.
1795 3 Leaves	475.	1050.	2250.	3750.	5500.	11000.	20000.	—

— Insufficient pricing data	* None issued	FV = Face Value

Half dollar
Draped Bust, Small Eagle

Date of authorization: April 2, 1792
Dates of issue: 1796-1797
Designers:
    Obverse: Gilbert Stuart-Robert
      Scot
    Reverse: Robert Scot-John
      Eckstein
Engraver: Robert Scot
Diameter (Millimeters/inches):
    32.50mm/1.28 inch
Weight (Grams/ounces):
    13.478 grams/0.43333 ounce
Metallic content: 89.25% silver,
    10.75% copper
Weight of pure silver: 12.0291
    grams/0.38674 ounce
Edge: Lettered (FIFTY CENTS OR
    HALF A DOLLAR)

	AG-3	G-4	VG-8	F-12	VF-20	EF-40	AU-50	MS-60
1796 15 Stars	7850.	10000.	12500.	17500.	26500.	34000.	65000.	—
1796 16 Stars	8750.	11500.	14500.	18500.	30000.	42500.	—	—
1797 15 Stars	8050.	10500.	13000.	17000.	27500.	34500.	55000.	—

— Insufficient pricing data   * None issued   FV = Face Value

Half dollar
Draped Bust, Heraldic Eagle

Date of authorization: April 2, 1792
Dates of issue: 1801-1807
Designers:
  Obverse: Gilbert Stuart-Robert
    Scot
  Reverse: Robert Scot
Engraver: Robert Scot
Diameter (Millimeters/inches):
  32.50mm/1.28 inch
Weight (Grams/ounces):
  13.478 grams/0.43333 ounce
Metallic content: 89.25% silver,
  10.75% copper
Weight of pure silver: 12.0291
  grams/0.38674 ounce
Edge: Lettered (FIFTY CENTS OR
  HALF A DOLLAR)

	AG-3	G-4	VG-8	F-12	VF-20	EF-40	AU-50	MS-60
1801	82.50	175.	260.	565.	1000.	1850.	6750.	— —
1802	75.00	165.	230.	550.	975.	1800.	6750.	18500.
1803 Small 3	55.00	120.	200.	325.	560.	1050.	3000.	6000.
1803 Large 3	37.50	77.50	120.	200.	475.	900.	2600.	3750.
1805/4	92.50	185.	275.	475.	975.	1700.	5500.	11000.
1805	35.00	75.00	110.	175.	425.	875.	2750.	5000.
1806/5	42.50	82.50	160.	275.	500.	800.	2000.	4000.
1806/Inverted 6	80.00	165.	230.	500.	925.	1400.	3750.	9000.
1806 Knobbed 6, No Stem, 4 known VF-35 $57,500.								
1806	35.00	75.00	105.	175.	385.	700.	1725.	3850.
1807	35.00	75.00	105.	175.	385.	700.	1700.	3800.

— Insufficient pricing data   * None issued   FV = Face Value

Half dollar

Capped Bust half index chart

Capped Bust

Date of authorization: April 2, 1792
Dates of issue: 1807-1839
Designers:
  Obverse: John Reich
  Reverse:
      (1807-1836): John Reich
      (1836-1839): John Reich-
      Christian Gobrecht
Engraver: John Reich
Diameter (Millimeters/inches):
  (1807-1836): 32.50mm/1.28
  inches
  (1836-1839): 30.61mm/1.21
  inches
Weight (Grams/ounces):
  (1807-1836): 13.478 grams/
  0.43333 ounce
  (1836-1839): 13.365 grams/
  0.42969 ounce
Metallic content:
  (1807-1836): 89.25% silver,
  10.75% copper
  (1836-1839): 90% silver, 10%
  copper

— Insufficient pricing data   * None issued   FV = Face Value

Weight of pure silver:
(1807-1836): 12.0291 grams/0.38674 ounce
(1836-1839): 12.0285 grams/0.38673 ounce

Edge:
(1807-1836): Lettered (FIFTY CENTS OR A DOLLAR)
(1836-1839): Reeded

	G-4	VG-8	F-12	VF-20	EF-40	AU-50	MS-60	MS-63
1807 Small Stars	62.50	97.50	170.	305.	750.	1950.	3550.	6000.
1807 Large Stars	45.00	57.50	150.	300.	750.	2500.	4500.	9000.
1807 50/20	37.50	55.00	100.	225.	550.	1150.	2900.	5500.
1808/7	35.50	39.50	75.00	155.	375.	850.	2000.	4750.
1808	32.50	38.50	54.50	105.	235.	725.	1600.	4250.
1809	31.50	38.50	55.50	105.	200.	775.	1750.	4400.
1810	28.00	36.50	52.50	85.00	175.	750.	1650.	4450.
1811 Small 8	28.00	36.50	52.50	82.50	180.	380.	805.	1750.
1811 Large 8	28.00	36.50	52.50	92.50	185.	390.	805.	1750.
1811/0	31.00	39.00	65.00	115.	325.	710.	1250.	4600.
1812/1 Small 8	34.00	65.00	92.50	190.	340.	750.	1750.	3650.
1812/1 Large 8	1750.	2500.	3500.	5850.	8500.	—	—	—
1812	27.50	36.00	52.50	90.00	165.	370.	805.	1800.
1813	27.50	36.00	52.50	92.50	175.	550.	1200.	2700.
1813 50C/UNI	30.50	41.50	70.00	120.	295.	650.	1750.	4950.
1814	27.50	36.50	54.00	100.	260.	560.	1300.	2800.
1814/3	47.50	57.50	80.00	135.	340.	700.	1850.	3750.
1815/2	610.	835.	1250.	1850.	2750.	6250.	11500.	22500.
1817/3	80.00	115.	190.	335.	900.	1750.	3250.	17500.
1817/4	—	—	35000.	65000.	—	—	—	—
1817	25.50	32.00	57.50	90.00	165.	285.	800.	2000.
1818/7	25.50	34.50	46.00	100.	215.	675.	1200.	3150.
1818	25.50	34.50	44.50	67.50	160.	280.	775.	2000.
1819/8	25.50	34.50	44.50	77.50	170.	315.	780.	2200.
1819	24.00	32.50	38.00	62.50	135.	275.	785.	2000.
1820/19	31.50	41.00	62.50	180.	310.	675.	1275.	3500.
1820	32.00	42.00	61.50	130.	260.	470.	925.	2450.
1821	29.00	38.00	54.00	70.00	165.	310.	800.	2100.
1822	25.50	33.50	43.50	72.50	150.	305.	745.	1600.
1822/1	50.00	62.50	90.00	175.	330.	785.	1800.	4400.
1823	25.50	30.00	37.50	62.50	150.	300.	730.	1600.
1823 Broken 3	37.50	60.00	77.50	115.	265.	605.	1350.	3500.
1824/1	25.50	31.00	43.00	90.00	215.	295.	705.	2100.
1824/4	26.50	30.00	42.50	110.	230.	440.	810.	2000.
1824	24.00	29.00	34.00	52.50	110.	255.	705.	1475.
1825	23.50	28.00	31.50	50.00	100.	230.	695.	1400.
1826	23.50	28.00	31.50	51.00	95.00	235.	695.	1400.
1827/6	23.50	28.00	33.00	90.00	225.	375.	800.	2000.
1827 Square 2	23.50	28.00	31.50	55.00	105.	245.	705.	1400.
1827 Curl 2	26.00	33.50	41.00	75.00	120.	235.	720.	1425.
1828	23.50	28.00	31.50	47.50	88.50	230.	690.	1400.
1828 Large 8s	25.50	31.00	33.00	52.50	95.00	235.	715.	1450.
1828 Small 8s	23.50	28.00	31.50	43.50	87.50	230.	705.	1425.
1829/7	24.50	32.00	42.50	75.00	150.	290.	950.	5000.
1829	23.50	28.00	31.50	43.50	87.50	220.	665.	1425.
1830 Large O	23.50	28.00	31.50	43.50	87.50	225.	660.	1400.
1830 Small O	23.50	28.00	31.50	43.50	87.50	225.	660.	1400.
1831	23.50	28.00	31.50	43.50	87.50	225.	660.	1400.
1832 Normal	23.50	28.00	31.50	43.50	87.50	225.	660.	1400.
1832 Large Letters	26.00	31.00	41.00	85.00	200.	360.	740.	1650.
1833	23.50	28.00	31.50	43.50	87.50	235.	680.	1500.
1834	23.50	28.00	31.50	43.50	87.50	225.	660.	1400.

HALF DOLLARS

— Insufficient pricing data	* None issued	FV = Face Value

Half dollar, Capped Bust (continued)

	G-4	VG-8	F-12	VF-20	EF-40	AU-50	MS-60	MS-63
1835	23.50	28.00	31.50	43.50	87.50	225.	660.	1450.
1836	23.50	28.00	31.50	43.50	87.50	225.	660.	1400.
1836 50/00	30.00	50.00	75.00	125.	250.	775.	1250.	4000.
1836 Reeded Edge, 50 CENTS	550.	725.	975.	1375.	2650.	4900.	9750.	21500.
1837 50 CENTS	28.00	32.50	43.50	70.00	170.	435.	975.	2300.
1838 HALF DOL	28.00	32.50	43.50	70.00	170.	450.	1050.	2550.
1838-O	—	—	—	—	50000.	95000.	185000.	350000.
1839	28.00	32.50	43.50	70.00	170.	485.	1100.	3750.
1839-O	160.	210.	285.	425.	775.	1400.	3350.	6250.

Half dollar

Seated Liberty half dollar index chart

— Insufficient pricing data   * None issued   FV = Face Value

Seated Liberty

Date of authorization: April 2, 1792
Dates of issue: 1839-1891
Designers:
   Obverse: Christian Gobrecht
   Reverse: John Reich-Gobrecht
Engraver: Christian Gobrecht
Diameter (Millimeters/inches):
   30.61mm/1.21 inches
Weight (Grams/ounces):
   (1839-1853): 13.365 grams/0.42969
      ounce
   (1853-1873): 12.441 grams/0.39999
      ounce
   (1873-1891): 12.500 grams/0.40188
      ounce
Metallic content: 90% silver, 10%
   copper
Weight of pure silver:
   (1839-1853): 12.0285 grams/0.38673
      ounce
   (1853-1873): 11.1969 grams/0.35999 ounce
   (1873-1891): 11.250 grams/0.3617 ounce
Edge: Reeded

	G-4	VG-8	F-12	VF-20	EF-40	AU-50	MS-60	MS-63
1839 No Drapery	40.00	47.50	85.00	210.	575.	1400.	3500.	6000.
1839 Drapery	20.00	32.50	49.00	85.00	135.	250.	475.	2400.
1840 Small Letters	22.50	35.00	52.00	82.50	130.	285.	550.	2100.
1840 Medium Letters	115.	175.	265.	365.	725.	1300.	2650.	5500.
1840-O	19.50	31.00	48.00	77.50	100.	250.	585.	2250.
1841	30.00	45.00	83.00	150.	265.	465.	1600.	— —
1841-O	14.50	23.00	39.00	65.50	100.	265.	875.	2300.
1842 Small Date	23.00	45.00	65.00	82.50	125.	325.	1000.	2500.
1842 Medium Date	14.75	31.50	46.50	62.50	105.	215.	685.	2100.
1842-O Large Date	14.50	24.25	39.00	65.00	115.	220.	550.	2550.
1842-O Small Date	550.	850.	1200.	1750.	4000.	8000.	— —	— —
1843	14.50	22.25	41.50	61.50	91.00	180.	390.	1075.
1843-O	14.60	27.00	49.00	65.00	110.	250.	625.	1850.
1844	14.50	22.25	38.00	50.00	90.00	185.	390.	1075.
1844-O	14.50	22.25	36.00	46.00	95.00	235.	675.	2050.
1844-O Doubled Date	225.	425.	850.	1350.	2650.	3750.	7500.	15000.
1845	25.00	40.00	58.00	97.50	180.	375.	1025.	— —
1845-O	14.50	22.25	38.00	54.00	125.	250.	625.	2550.
1845-O No Drapery	24.50	42.50	72.50	110.	220.	400.	900.	2850.
1846 Small Date	15.50	24.25	39.00	52.00	82.50	185.	565.	1900.
1846 Tall Date	18.50	26.50	44.00	82.50	120.	255.	660.	2150.
1846/Horizontal 6	135.	180.	235.	340.	550.	1000.	2375.	— —
1846-O Medium Date	16.75	24.25	38.50	46.00	125.	245.	650.	2500.
1846-O Tall Date	155.	250.	325.	575.	1050.	1800.	3700.	— —
1847	14.50	22.75	36.00	43.00	81.50	190.	480.	1850.

— Insufficient pricing data	* None issued	FV = Face Value

	G-4	VG-8	F-12	VF-20	EF-40	AU-50	MS-60	MS-63
1847-O	14.50	23.75	38.50	45.00	97.50	275.	700.	2450.
1847/6	——	3000.	3750.	4500.	5750.	——	——	——
1848	33.50	55.00	75.00	135.	245.	550.	1500.	2900.
1848-O	17.00	27.00	40.50	51.00	100.	300.	900.	3000.
1849	30.00	39.00	55.00	77.50	175.	385.	1300.	2350.
1849-O	18.00	25.00	40.75	59.00	120.	270.	715.	2850.
1850	165.	225.	300.	435.	550.	1000.	1850.	6000.
1850-O	17.00	24.75	40.00	56.50	120.	270.	735.	2200.
1851	200.	300.	375.	425.	500.	700.	1550.	—
1851-O	16.50	28.50	51.50	77.50	180.	325.	715.	2125.
1852	245.	365.	425.	550.	675.	850.	1650.	3250.
1852-O	42.50	85.00	145.	210.	350.	725.	1850.	3750.
1853-O No Arrows (Only 3 known - Beware Alterations)								
1853 Arrows & Rays	14.00	20.50	44.00	87.50	240.	490.	1650.	4250.
1853-O Arrows & Rays	18.50	25.00	52.50	125.	275.	550.	2850.	8000.
1854 Arrows	12.50	20.00	38.00	44.00	140.	315.	625.	1850.
1854-O Arrows	11.50	20.00	37.50	43.50	115.	245.	525.	1750.
1855/1854	65.00	94.00	165.	275.	400.	775.	1800.	——
1855 Arrows	17.50	27.00	42.00	65.00	145.	390.	1600.	3300.
1855-O Arrows	11.50	22.00	35.50	45.00	115.	240.	750.	2500.
1855-S Arrows	365.	575.	800.	1600.	3250.	6000.	14000.	——
1856 No Arrows	11.00	19.75	33.00	44.00	72.50	155.	385.	1075.
1856-O	11.00	19.75	33.50	44.00	82.50	190.	515.	1525.
1856-S	40.00	55.00	95.00	215.	450.	950.	2200.	—
1857	11.00	19.75	33.00	42.00	75.00	155.	385.	1100.
1857-O	15.50	23.00	42.00	61.50	95.00	200.	1000.	2400.
1857-S	50.00	70.00	120.	265.	475.	675.	2100.	5850.
1858	11.00	19.75	33.00	42.00	75.00	155.	385.	985.
1858-O	11.00	17.00	31.00	40.50	77.50	190.	480.	1500.
1858-S	17.00	28.00	49.50	105.	200.	400.	1000.	3350.
1859	25.00	37.50	55.00	77.50	110.	240.	650.	1950.
1859-O	11.00	19.50	33.50	43.00	75.00	160.	470.	1475.
1859-S	17.00	26.00	51.00	92.50	170.	345.	725.	2800.
1860	18.50	24.00	47.00	64.00	100.	325.	750.	1600.
1860-O	15.00	20.00	36.00	53.00	85.00	190.	475.	1450.
1860-S	20.00	23.00	41.50	56.50	92.50	265.	775.	2750.
1861	11.00	19.75	32.50	42.00	76.00	160.	425.	965.
1861-O	16.00	23.00	41.75	56.50	85.00	165.	490.	1650.
1861-S	14.50	22.75	37.00	51.00	87.50	275.	800.	3500.
1862	25.00	36.00	57.00	105.	180.	310.	775.	1700.
1862-S	12.50	20.25	37.50	50.50	82.50	265.	710.	2450.
1863	17.50	25.00	44.00	61.50	105.	200.	635.	1050.
1863-S	12.50	20.50	42.50	51.00	80.00	265.	700.	1550.
1864	20.00	30.00	49.00	80.00	165.	315.	750.	1500.
1864-S	15.50	20.25	43.00	56.50	85.00	290.	825.	3100.
1865	21.00	31.00	51.00	70.00	160.	290.	810.	1450.
1865-S	12.50	20.25	40.50	56.50	105.	385.	900.	3650.
1866-S No Motto	72.50	97.50	155.	285.	550.	1450.	4250.	——
1866 Unique Trial Piece								
1866 Motto	15.00	29.00	46.00	66.50	135.	225.	450.	1250.
1866-S Motto	13.00	20.00	41.50	54.00	85.00	275.	625.	2450.
1867	23.00	38.00	57.00	105.	200.	295.	475.	1150.
1867-S	13.00	20.00	40.50	47.50	82.50	250.	650.	2650.
1868	40.00	50.00	83.00	130.	225.	305.	690.	1200.
1868-S	14.50	25.50	45.50	59.00	125.	350.	750.	2700.
1869	22.00	30.00	49.00	70.50	120.	195.	420.	1350.
1869-S	14.25	23.75	43.00	59.00	155.	375.	875.	3450.
1870	21.00	28.00	46.50	67.50	145.	240.	395.	1325.
1870-CC	525.	775.	1450.	2500.	4250.	8000.	——	——

— Insufficient pricing data	* None issued	FV = Face Value

	G-4	VG-8	F-12	VF-20	EF-40	AU-50	MS-60	MS-63
1870-S	15.00	25.00	47.00	64.00	135.	260.	675.	2850.
1871	17.50	23.00	41.50	61.50	80.00	160.	355.	1125.
1871-CC	125.	170.	265.	415.	875.	1700.	4500.	——
1871-S	12.00	19.60	34.00	43.00	82.50	190.	800.	1850.
1872	16.00	22.00	40.50	54.00	78.50	165.	345.	825.
1872-CC	50.00	77.50	145.	300.	525.	1275.	3050.	——
1872-S	24.50	39.00	60.50	110.	235.	375.	1250.	3250.
1873 Closed 3	23.00	42.50	63.00	97.50	170.	270.	530.	1150.
1873 Open 3 No Arrows	2450.	3000.	3750.	5500.	7250.	9750.	17500.	35000.
1873-CC No Arrows	95.00	125.	270.	475.	975.	2350.	4850.	16500.
1873 Arrows	17.50	24.00	37.50	75.00	210.	450.	950.	2800.
1873-CC Arrows	110.	145.	275.	450.	900.	2000.	3850.	17500.
1873-S Arrows	42.50	67.50	110.	235.	410.	800.	1900.	14000.
1874 Arrows	17.50	24.00	37.50	70.00	200.	485.	925.	2600.
1874-CC Arrows	210.	375.	500.	850.	1250.	2250.	5000.	27500.
1874-S Arrows	32.00	40.00	72.50	165.	325.	600.	1850.	4000.
1875	11.00	19.25	32.50	45.00	77.50	155.	345.	850.
1875-CC	18.00	38.00	55.00	75.00	175.	295.	690.	1325.
1875-S	15.00	21.00	46.50	64.00	135.	200.	400.	950.
1876	11.00	19.25	32.50	40.00	76.50	150.	345.	885.
1876-CC	15.00	29.00	47.00	66.50	135.	320.	725.	1500.
1876-S	11.00	19.25	32.50	40.00	76.50	160.	465.	1100.
1877	11.00	19.25	32.50	40.00	76.50	150.	345.	900.
1877-CC	16.00	30.00	47.00	64.00	135.	300.	715.	1250.
1877-S	11.25	19.50	33.50	42.00	75.50	165.	400.	975.
1878	16.50	36.00	49.00	80.00	145.	210.	445.	1225.
1878-CC	205.	325.	475.	810.	1400.	2250.	4100.	15000.
1878-S	6500.	7850.	9500.	13750.	20500.	25500.	35000.	57500.
1879	190.	230.	265.	315.	360.	460.	625.	1450.
1880	175.	200.	230.	300.	355.	465.	675.	1750.
1881	175.	200.	225.	270.	350.	455.	675.	1775.
1882	205.	235.	270.	330.	395.	505.	710.	1800.
1883	185.	210.	240.	300.	360.	480.	695.	1875.
1884	220.	260.	290.	360.	430.	570.	750.	1900.
1885	210.	250.	280.	350.	420.	560.	725.	1950.
1886	265.	325.	380.	440.	485.	625.	800.	1900.
1887	300.	340.	415.	500.	550.	675.	1250.	3250.
1888	180.	205.	235.	290.	365.	505.	690.	1700.
1889	180.	205.	235.	300.	370.	510.	705.	1650.

— Insufficient pricing data	* None issued	FV = Face Value

Half dollar

Barber half dollar index chart

Barber

Date of authorization: April 2, 1792
Dates of issue: 1892-1915
Designer: Charles Barber
Engraver: Charles Barber
Diameter (Millimeters/inches):
  30.61mm/1.21 inches
Weight (Grams/ounces):
  12.500 grams/0.40188 ounce
Metallic content: 90% silver, 10%
  copper
Weight of pure silver: 11.250
  grams/0.3617 ounce
Edge: Reeded

— Insufficient pricing data   * None issued   FV = Face Value

	G-4	VG-8	F-12	VF-20	EF-40	AU-50	MS-60	MS-63
1892	13.50	22.00	37.00	63.50	160.	250.	435.	700.
1892-O	77.50	120.	195.	275.	390.	535.	850.	1800.
1892-S	90.00	125.	185.	255.	335.	550.	825.	2050.
1893	9.50	17.00	35.50	60.00	160.	255.	440.	975.
1893-O	16.00	24.00	45.00	95.00	220.	350.	650.	1750.
1893-S	40.00	65.00	115.	255.	320.	550.	975.	2150.
1894	6.95	12.50	47.00	72.50	160.	265.	470.	1100.
1894-O	7.15	14.00	50.00	77.50	200.	290.	515.	1150.
1894-S	7.00	12.25	43.00	74.00	185.	270.	465.	1200.
1895	7.00	11.75	41.00	52.50	150.	235.	395.	825.
1895-O	7.05	12.85	43.00	72.50	200.	305.	550.	1300.
1895-S	14.00	19.00	45.00	95.00	220.	310.	480.	975.
1896	9.50	17.75	47.00	75.00	165.	270.	450.	800.
1896-O	13.00	21.00	57.50	125.	315.	585.	1150.	3000.
1896-S	45.00	64.00	87.50	190.	365.	600.	1200.	2400.
1897	5.00	8.25	24.00	47.50	145.	215.	400.	750.
1897-O	37.50	62.50	120.	240.	410.	750.	1000.	2100.
1897-S	65.00	95.00	165.	250.	375.	625.	1050.	2250.
1898	5.00	8.00	24.00	47.50	135.	215.	375.	650.
1898-O	12.00	22.50	60.00	120.	325.	450.	750.	2050.
1898-S	7.25	12.00	36.00	75.00	190.	270.	550.	1950.
1899	5.00	7.50	23.50	47.50	130.	210.	370.	650.
1899-O	7.00	11.00	36.00	77.50	230.	270.	500.	850.
1899-S	7.05	10.75	35.00	60.00	200.	265.	430.	875.
1900	5.00	7.50	22.00	47.50	135.	210.	375.	650.
1900-O	7.00	10.25	34.00	77.50	240.	335.	650.	1750.
1900-S	6.85	9.75	32.50	65.00	195.	290.	475.	1500.
1901	5.00	7.50	22.00	47.50	135.	210.	375.	700.
1901-O	7.25	11.00	40.00	90.00	290.	435.	1100.	2700.
1901-S	11.00	16.25	55.00	185.	485.	725.	1350.	3250.
1902	5.00	7.50	22.00	47.50	135.	210.	375.	650.
1902-O	6.50	9.50	32.50	55.00	185.	310.	600.	1950.
1902-S	6.75	9.75	36.00	70.00	210.	325.	565.	1450.
1903	5.00	7.50	22.00	47.50	135.	210.	375.	750.
1903-O	6.00	9.25	32.00	60.00	185.	310.	525.	1225.
1903-S	6.25	11.00	34.00	65.00	200.	320.	525.	1175.
1904	5.00	7.50	22.00	47.50	135.	210.	385.	825.
1904-O	8.50	14.00	42.50	97.50	275.	500.	1150.	2650.
1904-S	11.00	15.00	57.50	185.	410.	650.	1325.	3100.
1905	9.00	15.25	40.00	75.00	225.	310.	525.	1200.
1905-O	9.25	15.50	45.00	105.	250.	375.	650.	2100.
1905-S	5.25	8.50	32.00	60.00	185.	285.	525.	1600.
1906	5.00	7.50	22.00	47.50	135.	210.	385.	700.
1906-D	5.05	8.00	26.00	52.50	150.	220.	415.	775.
1906-O	5.15	8.25	29.00	55.00	170.	255.	535.	1175.
1906-S	5.15	9.25	37.50	62.50	185.	300.	470.	900.
1907	5.00	7.50	22.00	47.50	135.	210.	390.	650.
1907-D	5.05	7.75	26.00	51.00	150.	250.	410.	725.
1907-O	5.05	7.75	26.00	52.50	160.	245.	390.	700.
1907-S	5.50	9.00	35.00	67.50	245.	300.	550.	1950.
1908	5.00	7.50	26.00	52.50	165.	250.	460.	800.
1908-D	5.05	7.75	27.50	52.00	140.	235.	385.	725.
1908-O	5.05	7.50	27.00	55.00	150.	230.	385.	725.
1908-S	5.05	9.00	33.00	61.50	190.	335.	550.	1950.
1909	5.00	7.50	22.50	47.50	135.	210.	375.	650.
1909-O	7.50	10.00	39.50	82.50	255.	460.	625.	1900.
1909-S	5.05	8.50	25.50	52.50	160.	285.	440.	1400.
1910	8.15	11.00	43.00	90.00	225.	375.	550.	1075.
1910-S	5.05	8.25	26.00	52.50	165.	260.	440.	1850.
1911	5.00	8.00	22.00	47.50	135.	210.	375.	725.
1911-D	5.50	8.75	28.00	55.00	165.	260.	415.	850.

— Insufficient pricing data   * None issued   FV = Face Value

HALF DOLLARS

Half dollar, Barber (continued)

	G-4	VG-8	F-12	VF-20	EF-40	AU-50	MS-60	MS-63
1911-S	5.05	8.25	27.25	55.00	170.	265.	415.	1175.
1912	5.00	8.00	22.00	47.50	135.	210.	375.	650.
1912-D	5.05	8.05	25.00	52.50	140.	225.	410.	665.
1912-S	5.05	8.15	26.00	55.00	180.	260.	440.	1150.
1913	15.00	19.75	67.50	165.	295.	550.	700.	2150.
1913-D	5.05	8.00	31.50	60.00	185.	230.	410.	750.
1913-S	5.25	10.50	37.50	75.00	205.	330.	600.	1450.
1914	17.25	28.00	120.	225.	450.	650.	850.	1400.
1914-S	5.75	8.25	28.00	58.00	180.	310.	470.	1200.
1915	17.00	23.50	75.00	180.	350.	575.	850.	1800.
1915-D	5.00	7.50	22.00	47.50	135.	230.	365.	650.
1915-S	5.05	7.65	25.00	55.00	145.	235.	440.	700.

Half dollar
Walking Liberty half index chart

— Insufficient pricing data   * None issued   FV = Face Value

Walking Liberty

Date of authorization: April 2, 1792
Dates of issue: 1916-1947
Designer: Adolph Weinman
Engraver: Charles Barber
Diameter (Millimeters/inches):
  30.61mm/1.21 inches
Weight (Grams/ounces):
  12.500 grams/0.40188 ounce
Metallic content: 90% silver, 10%
  copper
Weight of pure silver: 11.250
  grams/0.3167 ounce
Edge: Reeded

	VG-8	F-12	VF-20	EF-40	AU-50	MS-60	MS-63	MS-64	MS-65
1916	20.00	49.00	99.00	140.	185.	230.	335.	575.	1550.
1916-D	17.50	30.00	62.50	105.	155.	195.	355.	675.	1800.
1916-S	38.50	115.	250.	425.	575.	650.	1200.	1650.	3850.
1917	6.75	9.50	19.50	30.00	60.00	82.50	155.	350.	750.
1917-D Obverse Mint Mark	13.50	29.50	75.00	135.	200.	325.	575.	1275.	4650.
1917-D Reverse Mint Mark	10.00	19.00	55.00	130.	275.	475.	1200.	3200.	11000.
1917-S Obverse Mint Mark	18.00	39.00	175.	425.	625.	850.	1850.	4250.	8500.
1917-S Reverse Mint Mark	7.50	15.00	22.50	42.50	92.50	180.	825.	2000.	6000.
1918	8.00	16.00	45.00	125.	200.	310.	500.	800.	2800.
1918-D	9.25	19.00	51.50	135.	225.	550.	1250.	4000.	15000.
1918-S	7.00	11.50	23.50	45.00	95.00	200.	1050.	3000.	8500.
1919	12.50	30.00	115.	345.	550.	850.	1750.	2350.	5650.
1919-D	11.50	31.00	135.	400.	800.	1650.	3250.	6000.	25000.
1919-S	11.00	25.00	110.	500.	850.	1500.	4250.	5500.	7750.
1920	7.00	9.50	18.50	46.00	97.50	145.	385.	875.	3250.
1920-D	8.00	21.50	105.	260.	500.	925.	2250.	3000.	6050.
1920-S	7.25	12.50	37.50	125.	340.	500.	1150.	2050.	6350.
1921	62.50	165.	450.	1150.	1450.	1900.	2750.	4250.	11000.
1921-D	90.00	210.	525.	1550.	1750.	2350.	3250.	4250.	6500.
1921-S	20.00	65.00	400.	2050.	4150.	6900.	11500.	15500.	25000.
1923-S	9.00	16.00	50.00	155.	375.	625.	1900.	3500.	7750.
1927-S	7.00	10.75	52.50	75.00	260.	500.	1000.	1850.	5250.
1928-S	7.00	11.25	26.50	87.50	285.	525.	1550.	2400.	6500.
1929-D	6.85	9.50	18.00	65.00	145.	235.	385.	625.	1900.

— Insufficient pricing data	* None issued	FV = Face Value

Half dollar, Walking Liberty (continued)

	VG-8	F-12	VF-20	EF-40	AU-50	MS-60	MS-63	MS-64	MS-65
1929-S	6.75	8.75	14.00	57.50	120.	245.	415.	775.	2050.
1933-S	7.50	8.50	13.00	48.50	125.	335.	875.	1400.	1850.
1934	2.75	3.85	5.50	8.00	23.00	37.00	52.50	80.00	275.
1934-D	3.00	4.00	9.50	26.50	46.50	82.50	175.	335.	1000.
1934-S	3.25	4.25	9.00	21.00	60.00	240.	400.	600.	1550.
1935	2.75	3.85	5.50	8.00	21.00	36.00	47.50	80.00	185.
1935-D	3.25	4.35	9.00	25.50	47.50	85.00	185.	375.	1000.
1935-S	3.25	4.40	8.25	24.00	75.00	100.	205.	450.	1700.
1936	2.75	3.85	5.50	8.00	19.50	37.50	45.00	77.50	125.
1936-D	3.25	4.35	8.00	17.00	40.00	66.00	80.00	160.	260.
1936-S	3.25	4.50	8.00	17.00	40.00	75.00	135.	225.	475.
1937	2.75	3.85	5.50	8.00	19.00	35.50	42.50	60.00	130.
1937-D	6.50	7.50	13.00	32.00	60.00	95.00	225.	265.	450.
1937-S	5.00	6.00	7.75	18.75	47.50	77.50	120.	215.	400.
1938	4.00	5.50	6.50	9.00	28.00	47.50	75.00	90.00	240.
1938-D	20.00	25.00	40.00	92.50	215.	335.	500.	700.	1250.
1939	2.25	3.85	5.50	9.00	20.00	37.50	45.00	57.50	130.
1939-D	3.00	4.00	7.50	10.00	22.50	38.50	45.00	65.00	150.
1939-S	5.50	6.50	7.50	13.00	40.00	80.00	95.00	115.	185.
1940	2.25	3.85	4.75	6.50	12.00	22.50	33.50	55.00	115.
1940-S	2.75	5.15	7.00	10.00	25.00	35.00	55.00	80.00	440.
1941	2.25	3.85	4.50	6.00	9.50	25.00	32.50	57.50	115.
1941-D	2.25	4.00	6.00	8.00	16.50	36.50	42.50	77.50	125.
1941-S	2.25	4.10	6.00	10.00	27.50	82.50	175.	340.	1300.
1942	2.25	3.85	4.50	6.00	9.50	25.00	35.00	52.50	100.
1942-D	2.25	4.00	6.00	8.50	18.00	35.00	57.50	110.	190.
1942-D/S	—	—	67.50	80.00	200.	475.	950.	1900.	4500.
1942-S	2.25	4.00	6.00	9.50	32.50	37.00	60.00	95.00	600.
1943	2.25	3.85	4.50	6.00	9.50	25.00	32.50	50.00	100.
1943-D	2.25	3.85	5.00	7.50	17.50	37.50	60.00	87.50	135.
1943-S	2.25	4.00	6.00	9.00	27.50	35.00	42.50	110.	540.
1944	2.25	3.85	4.50	6.00	9.50	25.00	32.50	60.00	115.
1944-D	2.25	4.00	6.00	7.90	17.00	32.50	37.50	75.00	125.
1944-S	2.25	4.00	6.00	8.50	19.50	37.50	47.50	110.	750.
1945	2.25	3.85	4.50	6.00	9.75	25.00	37.50	57.50	105.
1945-D	2.25	4.00	5.50	6.50	14.00	40.00	46.50	65.00	105.
1945-S	2.25	4.00	5.50	8.00	18.00	35.00	42.50	60.00	125.
1946	2.25	4.75	5.75	6.50	12.00	27.50	41.00	47.50	105.
1946-D	5.50	6.50	8.00	11.00	19.00	34.00	38.00	50.00	105.
1946-S	4.50	5.00	5.50	9.00	20.00	37.50	52.50	67.50	125.
1947	4.50	5.00	5.50	8.50	25.00	32.50	45.00	65.00	120.
1947-D	4.50	5.00	5.50	8.25	21.00	34.00	40.00	75.00	120.

— Insufficient pricing data   * None issued   FV = Face Value

Half dollar

Franklin half dollar index chart

Franklin

Date of authorization: April 2, 1792
Dates of issue: 1948-1963
Designer: John Sinnock
Engraver: Gilroy Roberts
Diameter (Millimeters/inches):
 30.61mm/1.21 inches
Weight (Grams/ounces):
 12.500 grams/0.40188 ounce
Metallic content: 90% silver, 10%
 copper
Weight of pure silver:
 11.250 grams/0.3617 ounce
Edge: Reeded

NOTE: MS-65F refers to Full Bell Lines

	F-12	VF-20	EF-40	AU-50	MS-60	MS-63	MS-65	MS-65F	PF-65
1948	5.00	6.00	7.00	9.00	16.00	22.50	90.00	225.	*
1948-D	4.50	5.00	5.50	7.50	13.00	25.00	185.	325.	*
1949	4.50	5.00	6.00	10.00	29.00	55.00	130.	190.	*
1949-D	5.00	5.50	6.25	10.00	28.00	50.00	1900.	2500.	*

— Insufficient pricing data	* None issued	FV = Face Value

Half dollar, Franklin (continued)

NOTE: MS-65F refers to Full Bell Lines

	F-12	VF-20	EF-40	AU-50	MS-60	MS-63	MS-65	MS-65F	PF-65
1949-S	5.00	5.75	13.50	25.00	65.00	85.00	125.	165.	*
1950	3.90	4.00	4.50	9.50	47.50	62.50	140.	200.	525.
1950-D	3.85	3.90	4.45	8.50	18.00	30.00	650.	2000.	*
1951	1.90	2.75	3.50	6.00	14.50	25.00	105.	140.	250.
1951-D	1.90	5.00	6.40	9.50	31.50	43.00	145.	400.	*
1951-S	1.90	3.90	4.50	9.00	37.50	42.00	90.00	225.	*
1952	1.90	2.75	4.00	7.00	11.00	15.00	75.00	100.	145.
1952-D	1.90	2.75	3.75	5.00	10.00	13.00	160.	300.	*
1952-S	1.90	4.00	5.00	10.25	30.00	43.00	77.50	275.	*
1953	4.50	5.00	5.50	10.00	22.50	28.00	155.	325.	95.00
1953-D	1.90	2.75	3.75	5.00	9.25	19.00	160.	315.	*
1953-S	1.90	3.25	4.75	7.00	18.50	22.50	60.00	500.	*
1954	1.90	2.75	3.40	4.75	8.50	12.00	80.00	140.	48.00
1954-D	1.90	2.75	3.50	4.00	7.00	10.00	160.	325.	*
1954-S	1.90	3.00	4.00	6.00	9.00	11.50	60.00	115.	*
1955	5.75	6.25	7.00	8.25	9.00	10.00	42.50	80.00	45.00
1956	3.50	4.00	5.00	6.00	8.75	9.50	35.00	70.00	32.50
1957	2.15	3.25	4.00	5.00	8.50	11.50	35.00	65.00	22.00
1957-D	2.15	3.25	4.00	4.25	8.00	9.00	35.00	60.00	*
1958	3.00	3.50	5.00	6.00	8.50	10.00	35.00	90.00	25.00
1958-D	1.90	2.25	2.75	3.00	5.50	8.00	35.00	85.00	*
1959	1.90	2.25	2.75	3.00	6.00	7.00	200.	325.	22.00
1959-D	1.90	2.25	2.75	3.00	6.00	12.00	325.	500.	*
1960	1.90	2.25	2.75	3.00	6.00	7.00	265.	425.	19.00
1960-D	1.90	2.25	2.75	3.00	5.50	11.00	850.	1200.	*
1961	1.90	2.25	2.75	3.00	5.50	8.00	325.	1000.	19.00
1961-D	1.90	2.25	2.75	3.00	5.50	10.00	620.	950.	*
1962	1.90	2.25	2.75	3.00	5.50	8.00	300.	475.	19.00
1962-D	1.90	2.25	2.75	3.00	5.25	9.00	700.	1300.	*
1963	1.90	2.00	2.25	2.50	5.00	6.00	80.00	180.	18.00
1963-D	1.90	2.00	2.25	2.50	5.00	6.00	90.00	165.	*

Half dollar

Kennedy half dollar index chart

- Insufficient pricing data   * None issued   FV = Face Value

Kennedy

Date of authorization: Dec. 30,
1963; July 23, 1965; Oct. 18,
1973
Dates of issue: 1964-present
Designer:
Obverse: Gilroy Roberts
Reverse: Frank Gasparro
Bicentennial Reverse: Seth G.
Huntington
Engraver: Gilroy Roberts
Bicentennial Obverse: Frank
Gasparro
Diameter (Millimeters/inches):
30.61mm/1.21 inches
Weight (Grams/ounces):
(1964): 12.500 grams/0.40188
ounce
(1965-1970): 11.500 grams/
0.36973 ounce
(1971-present): 11.340 grams/
0.36459 ounce
(1976 Bicentennial Proof and
Uncirculated): 11.500 grams/
0.36973 ounce
Metallic content:
(1964): 90% silver, 10% copper
(1965-1970): 80% silver, 20%
copper bonded to a core of
21.5% silver, 78.5% copper
(1971-present): 75% copper, 25%
nickel bonded to pure copper
core

(1976 Bicentennial Proof and Uncirculated sets only): 80% silver,
20% copper bonded to a core of 21.5% silver, 78.5% copper
Weight of pure silver:
(1964): 11.250 grams/0.3617 ounce
(1965-1970): 4.600 grams/0.14789 ounce
(1976 Bicentennial Proof and Uncirculated sets only): 4.600
grams/0.14789 ounce
Edge: Reeded

	MS-60	MS-63	MS-65	PF-63	PF-65
1964	2.60	3.00	11.50	10.50	13.50
1964-D	2.70	3.50	12.00	*	*
1965	1.13	1.95	10.00	*	*
1966	1.08	1.95	8.00	*	*

— Insufficient pricing data	* None issued	FV = Face Value

HALF DOLLARS

Half dollar, Kennedy (continued)

	MS-60	MS-63	MS-65	PF-63	PF-65
1967	0.90	1.90	9.50	*	*
1968-D	0.88	1.50	5.00	*	*
1968-S	*	*	*	5.50	7.50
1969-D	0.88	1.50	5.00	*	*
1969-S	*	*	*	5.50	6.50
1970-D	11.00	16.00	125.	*	*
1970-S	*	*	*	8.50	9.50
1971	0.90	2.00	4.00	*	*
1971-D	0.75	1.50	3.00	*	*
1971-S	*	*	*	3.50	4.50
1972	1.13	2.00	4.00	*	*
1972-D	1.05	2.00	4.00	*	*
1972-S	*	*	*	3.50	5.00
1973	0.88	2.00	3.50	*	*
1973-D	0.75	2.00	3.00	*	*
1973-S	*	*	*	1.50	3.50
1974	0.73	1.50	2.45	*	*
1974-D	0.83	1.50	4.00	*	*
1974-S	*	*	*	1.50	3.00
1976	0.73	1.50	2.85	*	*
1976-D	0.75	1.50	2.50	*	*
1976-S	*	*	*	1.50	2.00
1976-S 40% silver	3.00	3.50	5.50	4.50	7.00
1977	1.50	2.25	4.75	*	*
1977-D	1.55	2.25	4.00	*	*
1977-S	*	*	*	1.75	3.00
1978	1.45	2.25	4.50	*	*
1978-D	1.43	2.25	4.50	*	*
1978-S	*	*	*	1.75	3.00
1979	0.93	2.00	3.50	*	*
1979-D	1.33	2.25	4.00	*	*
1979-S Filled S	*	*	*	2.50	3.00
1980-P	0.88	1.50	2.50	*	*
1980-D	0.80	1.50	2.50	*	*
1980-S	*	*	*	1.75	2.50
1981-P	0.73	1.50	2.85	*	*
1981-D	0.85	1.50	2.25	*	*
1981-S Filled S	*	*	*	1.25	2.50
1982-P	0.80	2.75	——	*	*
1982-D	0.83	2.85	——	*	*
1982-S	*	*	*	3.25	5.50
1983-P	0.73	1.95	——	*	*
1983-D	0.70	1.95	——	*	*
1983-S	*	*	*	3.00	5.00
1984-P	1.00	3.00	——	*	*
1984-D	0.70	1.95	——	*	*
1984-S	*	*	*	12.00	14.00
1985-P	1.00	2.75	——	*	*
1985-D	0.93	3.00	——	*	*
1985-S	*	*	*	7.00	8.50
1986-P	0.73	2.20	——	*	*
1986-D	0.93	2.15	——	*	*
1986-S	*	*	*	13.50	16.50
1987-P	2.00	3.50	7.50	*	*
1987-D	2.00	3.50	7.50	*	*
1987-S	*	*	*	5.00	6.50
1988-P	0.73	1.95	——	*	*
1988-D	0.65	1.95	——	*	*
1988-S	*	*	*	5.50	10.00

HALF DOLLARS

— Insufficient pricing data	* None issued	FV = Face Value

	MS-60	MS-63	MS-65	Prf-63	Prf-65
1989-P	0.65	2.00	— —	*	*
1989-D	0.65	2.00	— —	*	*
1989-S	*	*	*	5.00	7.50
1990-P	0.65	2.00	— —	*	*
1990-D	0.65	2.00	— —	*	*
1990-S	*	*	*	5.00	7.50
1991-P	0.65	2.00	— —	*	*
1991-D	0.65	2.00	— —	*	*
1991-S	*	*	*	5.00	7.50

— Insufficient pricing data   * None issued   FV = Face Value

$1 silver

Early silver dollars index chart

Flowing Hair

DOLLARS

Date of authorization: April 2, 1792
Dates of issue: 1794-1795
Designer: Robert Scot
Engraver: Robert Scot
Diameter (Millimeters/ inches):
39.50mm/1.56 inches
Weight (Grams/ounces):
26.956 grams/0.86666 ounce
Metallic content: 90% silver, 10% copper
Weight of pure silver:
24.2604 grams/0.77999 ounce
Edge: Lettered (HUNDRED CENTS ONE DOLLAR OR UNIT)

	AG-3	G-4	VG-8	F-12	VF-20	EF-40	AU-50
1794	3000.	6250.	12000.	16000.	24000.	47500.	95000.
1795 Type of 1794	375.	675.	925.	1450.	2150.	3900.	9600.

— Insufficient pricing data	* None issued	FV = Face Value

$1 silver
Draped Bust, Small Eagle or Heraldic Eagle

Date of authorization: April 2, 1792
Dates of issue: 1795-1803
Designers:
  Obverse: Gilbert Stuart-Robert Scot
  Reverse:
    (1795-1798): Robert Scot-John Eckstein
    (1798-1803): Robert Scot
Engraver: Robert Scot
Diameter (Millimeters/inches):
  39.50mm/1.56 inches
Weight (Grams/ounces):
  26.956 grams/0.86666 ounce
Metallic content: 89.25% silver, 10.75% copper
Weight of pure silver:
  24.0582 grams/0.77349 ounce
Edge: Lettered (HUNDRED CENTS ONE DOLLAR OR UNIT)

	AG-3	G-4	VG-8	F-12	VF-20	EF-40	AU-50
1795	360.	625.	765.	1050.	1600.	3350.	6400.
1796	360.	565.	750.	1000.	1550.	3300.	7850.
1797 9x7 Small Letters	700.	1050.	1500.	2250.	4000.	8750.	18500.
1797 9x7 Large Letters	250.	540.	740.	925.	1400.	3250.	6250.
1797 10x6	250.	540.	740.	925.	1400.	3150.	6150.
1798 13 Stars, Small Eagle	375.	750.	875.	1250.	1850.	4100.	10500.

— Insufficient pricing data	* None issued	FV = Face Value

$1 silver, Draped Bust (continued)

	AG-3	G-4	VG-8	F-12	VF-20	EF-40	AU-50
1798 15 Stars, Small Eagle	550.	1050.	1475.	2100.	3150.	6500.	14500.
1798 Heraldic Eagle	125.	305.	340.	435.	625.	1300.	3000.
1799	125.	305.	340.	435.	625.	1350.	3050.
1799/98	140.	335.	375.	485.	685.	1550.	4900.
1799 8x5 Stars	180.	350.	390.	525.	710.	1600.	5500.
1800	140.	315.	340.	435.	650.	1375.	3400.
1801	200.	345.	375.	525.	700.	1900.	5550.
1802/1	140.	315.	340.	460.	670.	1425.	6150.
1802	170.	330.	350.	470.	680.	1475.	4000.
1803 Large 3	140.	315.	340.	450.	665.	1400.	3450.
1803 Small 3	150.	325.	345.	460.	675.	1475.	5400.

1804 Three varieties struck 1834-1858 - Class I Proof 65 $990000.

$1 silver
Gobrecht

Date of authorization: April 2, 1792; Jan. 18, 1837
Dates of issue: 1836-1839
Designers:
  Obverse: Thomas Sully
  Reverse: Titian Peale
Engraver: Christian Gobrecht
Diameter (Millimeters/inches):
  39.50mm/1.56 inches
Weight (Grams/ounces):
  (1836): 26.956 grams/
    0.86666 ounce
  (1836, 1839, standard of
    1837): 26.73 grams/
    0.8594 ounce
Metallic content:
  (1836): 89.25% silver, 10.75%
    copper
  (1836, 1839, standard of
    1837): 90% silver, 10%
    copper
Weight of pure silver:
  (1836): 24.0582 grams/
    0.77349 ounce
  (1836, 1839, standard of
    1837): 24.057 grams/
    0.77346 ounce

— Insufficient pricing data	* None issued	FV = Face Value

Edge:
    (1836, standard of 1836):
      Plain
    (1836, standard of 1837):
      Plain
    (1839): Reeded
Note:
    The series called the Gobrecht dollar contains patterns, coins
    struck for circulation and restrikes produced especially for
    collectors. Only three versions were issued for circulation, as
    listed above. See Chapter 13 for information about how to
    distinguish a restrike from an original Gobrecht dollar.

	VF-20	EF-40	AU-50	MS-60	MS-63	MS-65	PF-60	PF-63	PF-65
1836 pattern (Proofs only)	*	13500.	*	*	*	21500.	52500.	150000.
1836 circulation	3300.	4350.	5650.	6850.	12000.	55000.	6100.	11000.	55000.
1836 circulation,									
new weight	3450.	4650.	6250.	7250.	12500.	60000.	6500.	12750.	60000.
1838 pattern	3750.	5500.	7500.	8750.	14500.	85000.	13500.	32500.	75000.
1839 circulation	3650.	5150.	6750.	7750.	14000.	67500.	11000.	27500.	70000.

$1 silver

Seated Liberty dollar index chart

— Insufficient pricing data   * None issued   FV = Face Value

Seated Liberty

Date of authorization: Jan 18, 1837
Dates of issue: 1840-1873
Designers:
Obverse: Robert Hughes-Christian Gobrecht-Thomas Sully
Reverse: John Reich-Christian Gobrecht
Engraver: Christian Gobrecht
Diameter (Millimeters/inches): 38.10mm/1.5 inches
Weight (Grams/ounces): 26.730 grams/0.85939 ounce
Metallic content: 90% silver, 10% copper
Weight of pure silver: 24.057 grams/0.77345 ounce
Edge: Reeded

	G-4	VG-8	F-12	VF-20	EF-40	AU-50	MS-60	MS-63
1840 No Motto	135.	165.	200.	265.	465.	800.	1650.	3550.
1841	72.50	110.	180.	220.	375.	550.	1325.	3050.
1842	67.50	87.50	145.	190.	300.	510.	1250.	2700.
1843	67.50	87.50	145.	200.	320.	560.	2250.	6000.
1844	170.	210.	270.	365.	625.	925.	3000.	7750.
1845	185.	235.	285.	375.	490.	950.	5250.	12500.
1846	70.00	89.00	160.	200.	315.	560.	1550.	3150.
1846-O	110.	165.	190.	305.	700.	2450.	5750.	—
1847	67.50	86.50	145.	190.	350.	525.	1300.	2750.
1848	195.	250.	310.	425.	650.	1175.	2800.	9500.
1849	110.	155.	200.	240.	350.	750.	1425.	5000.
1850	275.	385.	525.	725.	1250.	2000.	6750.	—
1850-O	175.	245.	315.	625.	1200.	3850.	10500.	24500.
1851 Rare Only 1300 Struck Original MS-60 $16500. MS-63 $24500. MS-65 $80000.								
1852 Rare Only 1100 Struck MS-60 $14500. MS-63 $21500. MS-65 $75000.								
1853	120.	170.	205.	330.	585.	900.	1450.	2900.
1854	750.	975.	1300.	1850.	2500.	4100.	7750.	—
1855	700.	900.	1200.	1700.	2350.	3800.	7500.	—
1856	225.	285.	315.	460.	790.	1300.	3350.	9000.
1857	190.	250.	325.	435.	850.	1400.	2900.	6750.
1858 Proofs only	*	*	*	4500.	5000.	6000.	8500.	14500.
1859	170.	215.	305.	405.	530.	1100.	2650.	6250.
1859-O	66.50	95.00	145.	190.	285.	490.	950.	2400.
1859-S	185.	275.	350.	475.	1200.	4000.	8750.	—

— Insufficient pricing data	* None issued	FV = Face Value

	G-4	VG-8	F-12	VF-20	EF-40	AU-50	MS-60	MS-63
1860	155.	205.	275.	390.	530.	875.	1800.	3350.
1860-O	66.50	95.00	145.	185.	275.	485.	925.	2350.
1861	300.	385.	525.	690.	950.	1650.	3500.	8250.
1862	225.	310.	430.	665.	865.	1350.	2950.	9750.
1863	160.	205.	295.	375.	600.	1100.	2350.	7000.
1864	140.	190.	285.	370.	590.	1150.	2850.	8000.
1865	120.	185.	275.	345.	565.	1100.	2400.	8000.
1866 No Motto, 2 known	——	——	——	——	——	——	——	——
1866 Motto	115.	175.	235.	320.	540.	875.	2200.	7250.
1867	120.	195.	255.	360.	580.	925.	2250.	7900.
1868	110.	170.	230.	340.	490.	850.	2250.	8500.
1869	90.00	125.	215.	260.	450.	675.	1800.	5750.
1870	67.50	100.	150.	185.	300.	620.	1700.	4750.
1870-CC	175.	310.	415.	625.	1050.	2200.	6850.	20000.
1870-S 7-12 known	——	——	55000.	77500.	115000.	185000.	——	——
1871	63.50	90.00	150.	195.	305.	625.	1150.	3300.
1871-CC	1100.	2050.	3250.	4500.	6250.	12500.	——	——
1872	65.00	87.50	145.	185.	300.	635.	1200.	3350.
1872-CC	725.	975.	1500.	2100.	3500.	6750.	15000.	——
1872-S	145.	245.	375.	575.	1150.	2500.	7750.	——
1873	95.00	130.	175.	250.	375.	700.	1250.	3500.
1873-CC	2050.	2800.	4100.	6250.	11500.	18500.	——	——

1873-S Unknown in any collection

$1 silver

Morgan dollar index chart

— Insufficient pricing data   * None issued   FV = Face Value

Morgan

Date of authorization: Feb. 28, 1878
Dates of issue: 1878-1921
Designer: George T. Morgan
Engraver: George T. Morgan
Diameter (Millimeters/inches): 38.10mm/1.5 inches
Weight (Grams/ounces): 26.730 grams/0.85939 ounce
Metallic content: 90% silver, 10% copper
Weight of pure silver: 24.057 grams/0.77345 ounce
Edge: Reeded

Note: MS-65D refers to Deep Mirror Prooflike

	F-12	VF-20	EF-40	AU-50	MS-60	MS-63	MS-64	MS-65	MS-65D
1878 8 Tail Feathers	15.00	18.00	22.00	26.00	40.00	72.50	260.	1350.	3500.
1878 7 Tail Feathers, Reverse of 1878	9.50	11.75	15.00	17.00	27.50	70.00	250.	1400.	5250.
1878 7 Tail Feathers, Reverse of 1879	14.75	17.00	21.00	31.00	42.50	120.	425.	2250.	5000.
1878 7/8 Tail Feathers	20.00	23.50	26.00	33.00	50.00	92.50	335.	2200.	4500.
1878-CC	22.50	29.00	39.00	47.50	72.50	125.	225.	1550.	3500.
1878-S	11.75	16.50	18.50	23.00	30.00	42.50	64.00	175.	2650.
1879	7.25	7.75	13.00	16.75	22.25	45.00	150.	1375.	4750.
1879-CC	37.50	70.00	170.	445.	1175.	2200.	3650.	20000.	30000.
1879-CC Large CC/ Small CC	35.00	65.00	165.	400.	1100.	1700.	3550.	10500.	22500.
1879-O	7.25	7.75	17.25	19.25	42.50	240.	675.	4100.	12500.
1879-S Reverse of 1878	16.50	18.50	24.00	37.50	85.00	375.	1350.	5750.	12000.
1879-S Reverse of 1879	10.75	15.00	16.00	18.00	20.00	30.00	47.50	125.	900.
1880	7.25	7.75	12.50	15.75	20.75	42.50	130.	1750.	4250.
1880-CC Reverse of 1878	39.00	55.00	80.00	105.	150.	225.	485.	1850.	15000.
1880-CC	35.00	52.50	77.50	95.00	120.	150.	200.	675.	3900.

— Insufficient pricing data	* None issued	FV = Face Value

Note: MS-65D refers to Deep Mirror Prooflike

	F-12	VF-20	EF-40	AU-50	MS-60	MS-63	MS-64	MS-65	MS-65D
1880-O	7.25	7.75	16.25	20.75	37.50	450.	1200.	25000.	45000.
1880-S	10.75	15.75	17.50	20.75	24.75	30.00	45.00	115.	800.
1881	7.50	7.75	12.50	15.75	29.75	45.00	170.	1750.	7500.
1881-CC	80.00	90.00	95.00	100.	125.	150.	210.	390.	1800.
1881-O	7.15	9.25	14.25	15.75	24.75	60.00	180.	2350.	4750.
1881-S	10.75	14.25	16.25	18.75	21.75	30.00	60.00	110.	775.
1882	7.15	8.25	12.75	19.25	25.25	37.50	77.50	500.	6500.
1882-CC	25.50	28.50	40.00	47.50	57.50	75.00	115.	335.	1250.
1882-O	7.15	7.75	12.50	14.25	25.75	37.50	110.	1900.	6500.
1882-O/S	14.25	20.00	30.00	55.00	110.	325.	1900.	5000.	7000.
1882-S	9.25	14.75	16.75	18.50	23.75	30.00	45.00	115.	2150.
1883	7.15	8.25	12.75	17.25	23.50	32.50	50.00	125.	2550.
1883-CC	26.50	30.00	38.00	45.00	50.00	72.50	92.50	240.	1050.
1883-O	7.25	10.25	13.75	15.75	17.25	30.00	45.00	120.	1550.
1883-S	14.75	19.00	38.50	100.	370.	1350.	3650.	31000.	47500.
1884	7.25	8.75	12.75	19.25	24.25	32.50	50.00	290.	2950.
1884-CC	42.50	45.00	47.50	50.00	52.50	72.50	95.00	240.	1000.
1884-O	7.25	8.00	12.75	15.75	17.75	30.00	45.00	115.	950.
1884-S	13.75	19.00	45.00	200.	4850.	13000.	71000.	125000.	----
1885	7.25	8.00	12.75	15.75	17.75	30.00	45.00	110.	1050.
1885-CC	150.	155.	160.	165.	185.	215.	275.	525.	1875.
1885-O	7.25	8.00	12.75	15.75	18.75	30.00	45.00	120.	1000.
1885-S	12.75	15.25	17.75	42.50	77.50	195.	440.	2000.	7750.
1886	7.25	8.25	12.75	15.75	17.75	30.00	45.00	110.	1350.
1886-O	10.50	14.75	18.75	55.00	235.	1450.	5000.	15000.	25000.
1886-S	15.25	18.75	23.25	37.50	85.00	285.	550.	2550.	5350.
1887/6	13.25	14.25	21.25	37.50	62.50	850.	1600.	3750.	11000.
1887	7.25	8.00	12.75	16.25	17.75	30.00	45.00	120.	925.
1887/6-O	12.00	14.50	23.00	42.50	185.	1500.	4100.	5250.	----
1887-O	7.25	8.10	15.75	19.75	29.75	185.	650.	5000.	15500.
1887-S	13.75	14.50	17.75	28.00	52.50	250.	600.	3900.	5250.
1888	7.50	10.25	14.25	17.75	20.75	30.00	50.00	200.	2150.
1888-O	7.50	13.75	14.75	17.75	21.75	35.00	75.00	850.	2400.
1888-S	16.25	17.75	21.75	38.50	82.50	265.	600.	3750.	7000.
1889	7.25	8.25	12.75	15.75	19.75	35.00	47.50	600.	4000.
1889-CC	200.	365.	775.	2850.	6000.	13500.	29500.	90000.	190000.
1889-O	11.75	14.25	17.75	26.25	70.00	245.	600.	4650.	10500.
1889-S	17.25	19.25	24.25	47.50	75.00	210.	435.	1500.	3750.
1890	7.25	8.25	14.25	16.25	27.25	50.00	275.	4250.	7750.
1890-CC	22.25	32.00	43.00	75.00	155.	385.	925.	4600.	6250.
1890-O	11.25	14.25	16.75	22.25	37.50	75.00	215.	2350.	5000.
1890-S	11.75	14.00	15.25	21.25	30.00	65.00	210.	900.	6250.
1891	8.25	11.25	14.75	27.75	35.00	140.	600.	6250.	9000.
1891-CC	23.00	27.00	41.00	60.00	115.	200.	900.	2600.	7750.
1891-O	12.75	15.75	17.75	27.75	57.50	200.	750.	7000.	17500.
1891-S	13.50	15.25	16.75	21.25	35.00	100.	335.	1450.	4250.
1892	11.25	15.75	20.25	40.00	85.00	250.	575.	3300.	6700.
1892-CC	30.00	50.00	82.50	165.	325.	675.	1300.	3850.	6250.
1892-O	11.75	15.75	17.75	40.00	70.00	150.	525.	4750.	12500.
1892-S	15.25	45.00	165.	850.	10000.	18000.	25000.	47500.	130000.
1893	36.50	44.50	62.50	160.	275.	480.	1150.	5000.	8750.
1893-CC	45.00	150.	350.	550.	950.	2750.	6250.	60000.	95000.
1893-O	50.00	65.00	200.	425.	1125.	3750.	17500.	160000.	250000.
1893-S	750.	1175.	2500.	9000.	15500.	55000.	100000.	225000.	----
1894	175.	200.	325.	565.	925.	1850.	3750.	12500.	25000.
1894-O	15.25	17.75	25.00	80.00	400.	1950.	3800.	15500.	----
1894-S	17.75	33.00	75.00	170.	350.	600.	1150.	3750.	8500.
1895 Proof only	--	--	7500.	8500.	10500.	13500.	16500.	25000.	----
1895-O	50.00	80.00	235.	600.	6000.	22500.	37500.	100000.	----
1895-S	120.	185.	365.	625.	1050.	1850.	3400.	23500.	35000.
1896	7.25	8.50	12.75	13.75	19.75	32.50	52.50	190.	2100.

— Insufficient pricing data   * None issued   FV = Face Value

DOLLARS

$1 silver, Morgan (continued)

Note: MS-65D refers to Deep Mirror Prooflike

	F-12	VF-20	EF-40	AU-50	MS-60	MS-63	MS-64	MS-65	MS-65D
1896-O	13.25	14.75	25.00	135.	675.	3500.	18500.	29000.	—
1896-S	15.25	40.00	95.00	235.	625.	1050.	1950.	14000.	18500.
1897	7.25	8.50	12.75	14.75	20.75	32.50	65.00	350.	2700.
1897-O	13.25	15.75	24.00	85.00	550.	2850.	13000.	32500.	50000.
1897-S	10.75	13.75	14.75	19.75	42.50	65.00	165.	575.	2300.
1898	7.25	8.50	12.75	13.75	19.75	29.00	47.50	240.	2100.
1898-O	11.75	16.00	17.25	18.25	21.25	29.00	45.00	130.	1500.
1898-S	13.25	16.75	22.25	50.00	110.	215.	500.	1750.	5250.
1899	23.75	27.75	40.00	55.00	62.50	92.50	150.	1100.	2500.
1899-O	10.25	13.25	14.25	15.25	22.25	32.50	55.00	150.	1475.
1899-S	14.75	17.75	23.25	50.00	85.00	285.	480.	2000.	4650.
1900	7.75	8.25	12.75	13.75	22.25	32.50	47.50	200.	5850.
1900-O	11.00	13.25	13.75	16.75	20.75	32.00	45.00	140.	3500.
1900-O/CC	16.00	19.75	24.75	57.50	130.	385.	600.	1850.	6750.
1900-S	14.75	16.75	22.25	43.50	75.00	190.	375.	1900.	5700.
1901	18.75	23.25	65.00	250.	1000.	8500.	30000.	50000.	—
1901-O	11.25	15.75	16.75	17.75	19.75	32.00	45.00	275.	2950.
1901-S	13.75	19.25	27.75	87.50	175.	370.	825.	3750.	7500.
1902	8.25	8.75	12.75	24.75	31.00	65.00	140.	550.	7500.
1902-O	10.75	13.25	14.25	17.25	20.75	35.00	45.00	170.	4250.
1902-S	23.75	32.50	57.50	75.00	130.	300.	725.	3100.	4950.
1903	9.25	10.75	12.75	17.75	27.25	38.00	80.00	285.	6850.
1903-O	105.	110.	115.	125.	155.	185.	225.	440.	4500.
1903-S	16.25	46.50	170.	715.	1550.	2550.	3250.	5500.	12500.
1904	9.75	16.25	17.75	27.50	45.00	165.	550.	4150.	6800.
1904-O	12.75	14.25	14.75	15.75	18.75	29.00	46.00	120.	1600.
1904-S	21.25	42.50	105.	475.	825.	1450.	2250.	10750.	13000.
1921	7.00	7.25	8.00	8.50	11.75	18.00	32.00	185.	4850.
1921-D	7.25	7.50	8.50	9.00	17.75	35.00	120.	375.	7500.
1921-S	7.25	7.50	8.50	9.00	18.75	40.00	175.	2500.	12500.

$1 silver

Peace dollar index chart

--- Insufficient pricing data   * None issued   FV = Face Value

Peace

Date of authorization: Feb. 28, 1878
Dates of issue: 1921-1935
Designer: Anthony deFrancisci
Engraver: George T. Morgan
Diameter (Millimeters/inches): 38.10mm/1.5 inches
Weight (Grams/ounces): 26.730/0.85939 ounce
Metallic content: 90% silver, 10% copper
Weight of pure silver: 24.057 grams/0.77345 ounce
Edge: Reeded

	F-12	VF-20	EF-40	AU-50	MS-60	MS-63	MS-64	MS-65
1921	24.50	30.00	37.50	55.00	115.	190.	375.	1950.
1922	6.85	7.35	8.50	9.00	10.00	22.00	40.00	135.
1922-D	7.35	8.10	9.00	10.35	26.50	52.50	140.	925.
1922-S	7.35	7.85	9.00	10.10	23.00	65.00	350.	2750.
1923	6.85	7.35	8.50	9.00	10.00	22.00	40.00	130.
1923-D	8.10	8.35	10.85	16.00	29.00	87.50	290.	2250.
1923-S	7.35	8.85	9.00	11.35	29.00	65.00	455.	4500.
1924	9.35	9.85	10.75	11.50	13.00	25.00	45.00	225.
1924-S	14.00	16.00	22.00	47.50	85.00	400.	1500.	8750.
1925	9.10	9.35	11.00	11.50	13.00	25.00	45.00	135.
1925-S	10.50	13.50	15.50	34.00	57.50	140.	850.	9000.
1926	9.10	11.35	12.50	15.00	17.00	42.50	87.50	475.
1926-D	10.50	14.50	18.50	23.00	39.00	95.00	195.	1075.
1926-S	8.85	11.35	12.00	17.00	30.00	67.50	275.	1900.
1927	14.00	16.50	21.50	35.00	57.50	145.	525.	5250.
1927-D	15.00	17.00	22.50	72.50	125.	525.	1450.	5750.
1927-S	12.50	14.50	22.00	46.50	75.00	225.	1250.	9000.
1928	80.00	85.00	90.00	100.	150.	300.	675.	4150.
1928-S	12.50	13.50	17.00	40.00	75.00	305.	1400.	16000.
1934	15.50	17.00	21.50	28.00	50.00	100.	260.	1950.
1934-D	12.50	13.50	17.50	37.00	60.00	165.	675.	2150.
1934-S	17.00	47.50	175.	435.	1050.	2300.	3850.	6500.
1935	11.50	13.50	18.50	22.50	40.00	72.50	225.	1250.
1935-S	10.35	11.35	18.00	42.50	85.00	255.	400.	1450.

— Insufficient pricing data	* None issued	FV = Face Value

Trade dollar

Trade dollar index chart

Trade dollar

Date of authorization: Feb. 12, 1873
Dates of issue: 1873-1878
Designer: William Barber
Engraver: William Barber
Diameter (Millimeters/inches): 38.10mm/1.5 inches
Weight (Grams/ounces): 27.216 grams/0.87501 ounce
Metallic content: 90% silver, 10% copper
Weight of pure silver: 24.4944 grams/0.78751 ounce
Edge: Reeded

— Insufficient pricing data   * None issued   FV = Face Value

	F-12	VF-20	EF-40	AU-50	MS-60	MS-63	MS-65	PF-63	PF-65
1873	95.00	135.	180.	245.	570.	1700.	13500.	1850.	7550.
1873-CC	125.	275.	425.	650.	1400.	7500.	25500.	*	*
1873-S	97.50	145.	215.	300.	1125.	3500.	18500.	*	*
1874	97.50	135.	190.	265.	565.	1700.	19500.	1850.	8250.
1874-CC	85.00	115.	185.	400.	1100.	4000.	24500.	*	*
1874-S	69.50	80.00	145.	240.	555.	3750.	24000.	*	*
1875	300.	350.	565.	785.	1400.	3150.	19500.	1875.	7450.
1875-CC	71.00	80.00	200.	325.	675.	2750.	22250.	*	*
1875-S	69.50	78.00	135.	240.	540.	1150.	9500.	*	*
1875-S/CC	225.	360.	485.	825.	1750.	4500.	26000.	*	*
1876	71.00	80.00	140.	250.	555.	1200.	12000.	1850.	7450.
1876-CC	80.00	145.	275.	450.	1450.	5750.	24000.	*	*
1876-S	69.50	80.00	145.	260.	550.	1200.	15000.	*	*
1877	71.00	80.00	140.	250.	570.	1550.	21500.	2000.	7350.
1877-S	69.50	80.00	130.	240.	540.	1200.	20000.	*	*
1877-CC	185.	265.	315.	465.	1200.	4150.	24000.	*	*
1878	*	*	*	*	*	*	*	2025.	7600.
1878-CC	460.	825.	1400.	3000.	6000.	11500.	47500.	*	*
1878-S	69.50	80.00	145.	275.	585.	1200.	9500.	*	*
1879	*	*	*	*	*	*	*	2025.	7100.
1880	*	*	*	*	*	*	*	2025.	7000.
1881	*	*	*	*	*	*	*	2150.	7200.
1882	*	*	*	*	*	*	*	2175.	7300.
1883	*	*	*	*	*	*	*	2250.	7850.
1884	*	*	*	*	*	*	*	87500.	300000.
1885	*	*	*	*	*	*	*	175000.	500000.

DOLLARS

$1 clad

Eisenhower dollar index chart

— Insufficient pricing data	* None issued	FV = Face Value

Eisenhower

Date of authorization: Dec. 31, 1970

Dates of issue: 1971-1978

Designers: Frank Gasparro (Bicentennial Reverse): Dennis R. Williams

Engraver: Frank Gasparro

Diameter (Millimeters/ inches):
38.10mm/1.5 inches

Weight (Grams/ounces):
(1971-1978): 22.680 grams/0.72918 ounce
(1971-1976 Bicentennial Proof and Uncirculated sets only): 24.592 grams/ 0.79065 ounce

Metallic content:
(1971-1978): 75% copper, 25% nickel bonded to a core of pure copper
(1971-1976 Bicentennial Proof and Uncirculated sets only): 80% silver, 20% copper bonded to a core of 21.5% silver, 78.5% copper

Weight of pure silver:
(1971-1976 Bicentennial Proof and Uncirculated sets only): 9.8368 grams/ 0.31626 ounce

Edge: Reeded

DOLLARS

	MS-60	MS-63	MS-65	PF-63	PF-65
1971	2.25	4.00	5.75	*	*
1971-D	1.90	3.00	6.00	*	*
1971-S 40% silver	3.25	4.50	16.00	5.00	15.00
1972	2.00	3.00	3.25	*	*
1972-D	1.85	3.00	7.00	*	*

— Insufficient pricing data	* None issued	FV = Face Value

	MS-60	MS-63	MS-65	Prf-63	Prf-65
1972-S 40% silver	3.25	4.50	18.00	6.00	17.00
1973	3.25	4.50	25.00	*	*
1973-D	3.00	4.00	40.00	*	*
1973-S copper-nickel clad			*	8.50	14.00
1973-S 40% silver	4.25	6.00	30.00	27.50	30.00
1974	1.65	2.95	6.50	*	*
1974-D	1.65	2.95	6.00	*	*
1974-S copper-nickel clad			*	6.50	8.00
1974-S 40% silver	3.25	4.50	28.00	7.00	12.50
1976 Bold Reverse Letters	2.25	2.95	5.00	*	*
1976 Thin Reverse Letters	1.65	2.50	6.50	*	*
1976-D Bold Reverse Letters	1.85	2.95	11.00	*	*
1976-D Thin Reverse Letters	1.65	2.50	9.00	*	*
1976-S Bold Reverse Letters, copper-nickel clad	*		*	6.00	10.00
1976-S Thin Reverse Letters, copper-nickel clad	*		*	6.50	8.00
1976-S 40% silver	6.50	7.50	24.00	8.50	15.00
1977	1.85	2.50	6.00	*	*
1977-D	1.80	2.50	6.00	*	*
1977-S copper-nickel clad			*	7.00	8.50
1978	1.60	2.95	5.00	*	*
1978-D	1.60	2.95	5.00	*	*
1978-S copper-nickel clad			*	8.50	9.50

$1 clad

Anthony dollar index chart

— Insufficient pricing data   * None issued   FV = Face Value

Anthony

Date of authorization: Oct. 10, 1978
Dates of issue: 1979-1981
Designer: Frank Gasparro
Engraver: Frank Gasparro
Diameter (Millimeters/inches):
   26.50mm/1.05 inches
Weight (Grams/ounces):
   8.100 grams/0.26042 ounce
Metallic content: 75% copper, 25%
   nickel bonded to a core of pure
   copper
Edge: Reeded

DOLLARS

	MS-60	MS-63	MS-65	PF-63	PF-65
1979-P Near Date	9.50	16.50	47.50	*	*
1979-P	1.50	1.95	2.50	*	*
1979-D	1.50	1.95	2.50	*	*
1979-S Filled S	1.55	1.95	2.65	7.50	8.00
1979-S Clear S	*	*	*	62.50	75.00
1980-P	1.50	1.95	2.50	*	*
1980-D	1.50	1.95	2.50	*	*
1980-S	1.60	1.95	2.75	8.00	9.50
1981	3.00	3.50	6.00	*	*
1981-D	3.00	3.50	6.00	*	*
1981-S Filled S	3.00	3.50	6.00	8.50	9.50
1981-S Clear S	*	*	*	70.00	105.

— Insufficient pricing data	* None issued	FV = Face Value

$1 gold

Gold dollars index chart

Coronet

Date of authorization: Jan. 18, 1837
Dates of issue: 1849-1854
Designer: James B. Longacre
Engraver: James B. Longacre
Diameter (Millimeters/inches):
  13.00mm/0.51 inch
Weight (Grams/ounces):
  1.672 grams/0.05376
Metallic content: 90% gold, 10% copper and silver
Weight of pure gold:
  1.5048 grams/0.04838 ounce
Edge: Reeded

DOLLARS

	F-12	VF-20	EF-40	AU-50	MS-60	MS-63	MS-64	MS-65
1849 Open Wreath, L, Small Head	120.	140.	165.	215.	445.	1400.	3650.	7100.
1849 Open Wreath, No L, Small Head	130.	150.	260.	350.	640.	2250.	6250.	12500.
1849 Open Wreath, Large Head	120.	140.	165.	210.	425.	1275.	2250.	6600.
1849 Closed Wreath	120.	140.	165.	205.	415.	1275.	2400.	6700.
1849-C Closed Wreath	275.	585.	1300.	2450.	5750.	17500.	——	——
1849-C Open Wreath	——	38500.	87500.	——	——	——	——	——

— Insufficient pricing data	* None issued	FV = Face Value

$1 gold, Coronet (continued)

	F-12	VF-20	EF-40	AU-50	MS-60	MS-63	MS-64	MS-65
1849-D	265.	530.	775.	1350.	3200.	8250.	16500.	30000.
1849-O	130.	155.	275.	490.	1200.	3750.	8450.	19500.
1850	125.	145.	165.	200.	380.	1225.	2300.	7350.
1850-C	375.	750.	1350.	2400.	7500.	—	—	—
1850-D	345.	675.	1150.	2450.	8400.	—	—	—
1850-O	245.	300.	450.	725.	2100.	4250.	14500.	29000.
1851	120.	135.	160.	190.	375.	1200.	2100.	6350.
1851-C	275.	450.	600.	1150.	2650.	5500.	17000.	31000.
1851-D	280.	525.	875.	1500.	4200.	8500.	18500.	34000.
1851-O	140.	170.	215.	290.	750.	2600.	8350.	18750.
1852	120.	135.	160.	190.	375.	1200.	2100.	6600.
1852-C	270.	650.	875.	1500.	3500.	12500.	27500.	45500.
1852-D	340.	775.	1300.	2300.	8350.	—	—	—
1852-O	135.	175.	225.	425.	1450.	5250.	12500.	28000.
1853	120.	145.	165.	195.	375.	1200.	2100.	6100.
1853-C	245.	600.	1200.	2000.	5750.	—	—	—
1853-D	340.	800.	1250.	2200.	8250.	18000.	32500.	52500.
1853-O	135.	175.	235.	275.	675.	2250.	6000.	15500.
1854	120.	135.	160.	190.	375.	1200.	2300.	6600.
1854-D	550.	875.	1450.	8500.	17500.	—	—	—
1854-S	275.	290.	400.	750.	1900.	5500.	13500.	28500.

$1 gold
Indian Head, Small Head or Large Head

Date of authorization: Jan. 18, 1837
Dates of issue: 1854-1889
Designer: James B. Longacre
Engraver: James B. Longacre
Diameter (Millimeters/inches):
 14.86mm/0.59 inch
Weight (Grams/ounces):
 1.672 grams/0.05376 ounce
Metallic content: 90% gold, 10% copper and silver
Weight of pure gold:
 1.5048 grams/0.044838 ounce
Edge: Reeded

	F-12	VF-20	EF-40	AU-50	MS-60	MS-63	MS-64	MS-65
1854 Small Head	215.	305.	425.	800.	2850.	8000.	15000.	30000.
1855	215.	305.	425.	800.	2850.	7750.	14000.	26500.
1855-C	675.	1000.	2250.	6500.	14500.	—	—	—
1855-D	1400.	2250.	4900.	9500.	25000.	—	—	—
1855-O	400.	525.	765.	1950.	6500.	16000.	—	—

— Insufficient pricing data	* None issued	FV = Face Value

	F-12	VF-20	EF-40	AU-50	MS-60	MS-63	MS-64	MS-65
1856-S	410.	650.	1350.	2850.	9000.	——	——	——
1856 Upright 5, Large Head	130.	135.	180.	350.	660.	1100.	1925.	3800.
1856 Slant 5	115.	125.	135.	165.	400.	850.	1175.	2950.
1856-D	2800.	4250.	6500.	12500.	——	——	——	——
1857	115.	125.	130.	150.	395.	850.	1225.	2850.
1857-C	300.	600.	1275.	2850.	9500.	——	——	——
1857-D	335.	850.	1700.	3750.	10500.	——	——	——
1857-S	300.	475.	700.	2150.	——	——	——	——
1858	115.	125.	140.	165.	395.	850.	1225.	3250.
1858-D	375.	750.	1600.	2450.	9000.	27500.	50000.	——
1858-S	310.	390.	575.	1700.	6500.	——	——	——
1859	125.	140.	185.	220.	435.	900.	1275.	2650.
1859-C	305.	465.	1250.	2750.	9750.	28000.	45000.	75000.
1859-D	450.	800.	1650.	3250.	8250.	26500.	——	——
1859-S	270.	300.	450.	2200.	——	——	——	——
1860	140.	145.	175.	205.	425.	850.	1175.	3850.
1860-D	2250.	2600.	4950.	8500.	25000.	——	——	——
1860-S	295.	325.	425.	850.	2800.	5750.	9250.	16500.
1861	115.	125.	145.	195.	380.	850.	1175.	2850.
1861-D	4650.	6750.	12000.	19500.	37500.	65000.	100000.	225000.
1862	115.	125.	145.	190.	380.	850.	1175.	2650.
1863	325.	400.	800.	1750.	4500.	12000.	22500.	45000.
1864	270.	350.	445.	850.	1300.	2600.	5800.	10750.
1865	270.	350.	600.	900.	1450.	2800.	5900.	12000.
1866	270.	350.	465.	750.	1050.	2050.	5000.	9500.
1867	300.	415.	575.	875.	1225.	2225.	5050.	9950.
1868	250.	270.	420.	600.	1050.	1900.	4700.	8900.
1869	305.	325.	525.	825.	1200.	2400.	5750.	10500.
1870	250.	260.	400.	545.	1000.	1850.	4950.	8900.
1870-S	290.	465.	750.	1550.	2900.	6250.	9000.	18500.
1871	250.	260.	385.	550.	675.	1750.	4700.	8500.
1872	260.	275.	410.	475.	800.	2050.	5000.	10500.
1873 Closed 3	300.	400.	850.	1650.	3100.	5500.	14000.	32500.
1873 Open 3	115.	125.	145.	170.	365.	875.	1800.	4250.
1874	115.	125.	160.	170.	365.	875.	1650.	2800.
1875	1700.	2000.	3000.	4750.	7750.	14500.	22500.	50000.
1876	195.	230.	290.	450.	850.	1300.	4800.	8750.
1877	145.	175.	275.	440.	650.	1625.	4700.	8650.
1878	185.	190.	295.	435.	700.	1700.	4750.	8700.
1879	145.	175.	275.	400.	600.	1000.	2250.	3800.
1880	130.	140.	165.	190.	365.	800.	1150.	2450.
1881	130.	140.	165.	190.	365.	800.	1150.	2500.
1882	140.	145.	170.	195.	465.	825.	1250.	2700.
1883	130.	140.	165.	190.	365.	800.	1150.	2450.
1884	130.	140.	165.	190.	365.	820.	1300.	3000.
1885	130.	140.	165.	190.	365.	800.	1150.	2600.
1886	130.	140.	165.	190.	365.	800.	2850.	7500.
1887	130.	140.	165.	190.	365.	800.	1150.	2500.
1888	130.	140.	165.	190.	365.	800.	1150.	2450.
1889	130.	140.	165.	190.	365.	800.	1150.	2450.

DOLLARS

— Insufficient pricing data	* None issued	FV = Face Value

$2.50 quarter eagle
Capped Bust

Date of authorization: April 2, 1792
Dates of issue: 1796-1807
Designer: Robert Scot
Engraver: Robert Scot
Diameter (Millimeters/inches):
20.00mm/0.79 inch
Weight (Grams/ounces):
4.374 grams/0.14063 ounce
Metallic content: 91.67% gold, 8.33% copper
and silver
Weight of pure gold:
4.009 grams/0.12889 ounce
Edge: Reeded

	F-12	VF-20	EF-40	AU-50	MS-60	MS-63	MS-64	MS-65
1796 No Stars	9500.	16500.	31500.	57500.	125000.	---	---	---
1796 Stars	8500.	12500.	25000.	47500.	100000.	---	---	---
1797	7500.	9000.	15000.	27500.	52500.	---	---	---
1798	2850.	3750.	7000.	11500.	25500.	66000.	---	600000.
1802/1	2550.	3500.	4250.	6050.	16750.	45000.	92500.	250000.
1804 13 Stars	13000.	17500.	28500.	50000.	---	---	---	---
1804 14 Stars	2850.	3400.	4900.	9750.	26000.	70000.	---	---
1805	2550.	3200.	4100.	6000.	15750.	45000.	92500.	250000.
1806/4	2750.	3400.	4350.	6100.	---	---	---	---
1806/5	5000.	6750.	9850.	19000.	---	---	---	---
1807	2550.	3100.	4050.	5750.	16750.	45000.	92500.	250000.

— Insufficient pricing data   * None issued   FV = Face Value

$2.50 quarter eagle
Capped Draped Bust

Date of authorization: April 2, 1792
Dates of issue: 1808
Designer: John Reich
Engraver: John Reich
Diameter (Millimeters/inches):
   20.00mm/0.79 inch
Weight (Grams/ounces):
   4.374 grams/0.14063 ounce
Metallic content: 91.67% gold, 8.33% copper
   and silver
Weight of pure gold:
   4.009 grams/0.12889 ounce
Edge: Reeded

	F-12	VF-20	EF-40	AU-50	MS-60	MS-63	MS-64	MS-65
1808 Left	7750.	12500.	18500.	27500.	57500.	105000.	180000.	400000.

$2.50 quarter eagle
Capped Head

Date of authorization: April 2, 1792
Dates of issue: 1821-1834
Designers:
   Obverse: John Reich-Robert Scot
   Reverse: John Reich
Engravers:
   Obverse: Robert Scot
   Reverse: John Reich
Diameter (Millimeters/inches):
   (1821-1827): 18.50mm/0.73 inch
   (1829-1834): 18.20mm/0.72 inch
Weight (Grams/ounces):
   4.374 grams/0.14063 ounce
Metallic content: 91.67% gold, 8.33% copper and silver
Weight of pure gold:
   4.009 grams/0.12889 ounce
Edge: Reeded

— Insufficient pricing data	* None issued	FV = Face Value

$2.50 quarter eagle, Capped Head (continued)

	F-12	VF-20	EF-40	AU-50	MS-60	MS-63	MS-64	MS-65
1821	3050.	3375.	4300.	5900.	15750.	32000.	55000.	115000.
1824/1	3000.	3350.	4100.	5050.	12250.	22000.	36500.	77500.
1825	2950.	3300.	4050.	4950.	11250.	21000.	35000.	75000.
1826	3450.	3900.	6000.	7850.	23000.	37000.	60000.	120000.
1827	3450.	4000.	6050.	7900.	22500.	39000.	62500.	130000.
1829 Small Planchet	2650.	3150.	3950.	4850.	7450.	14500.	22500.	56500.
1830	2750.	3250.	4000.	5050.	7550.	15000.	23000.	57500.
1831	2800.	3275.	4050.	5100.	7800.	15500.	23500.	60000.
1832	2750.	3250.	4000.	4900.	8000.	15000.	23000.	57500.
1833	3000.	3500.	5100.	7000.	11000.	20500.	28500.	64000.
1834	7000.	10500.	19500.	35000.	—	—	—	—

$2.50 quarter eagle
Classic Head

Date of authorization: June 28, 1834, Jan. 18, 1837
Dates of issue: 1834-1839
Designers:
  Obverse: William Kneass
  Reverse: John Reich-William Kneass
Engraver: William Kneass
Diameter (Millimeters/inches):
  18.20mm/0.72 inch
Weight (Grams/ounces):
  4.180 grams/0.13439 ounce
Metallic content:
  (1834-1836): 89.92% gold, 10.08% copper and silver
  (1837-1839): 90% gold, 10% copper and silver
Weight of pure gold:
  (1834-1836): 3.758 grams/0.12082 ounce
  (1837-1839): 3.762 grams/0.12095 ounce
Edge: Reeded

	F-12	VF-20	EF-40	AU-50	MS-60	MS-63
1834 No Motto	215.	255.	450.	900.	2100.	7000.
1835	215.	255.	450.	950.	2600.	7750.
1836	215.	255.	450.	900.	2100.	7000.
1837	215.	255.	450.	1025.	2800.	8750.
1838	215.	255.	450.	925.	2500.	7500.
1838-C	525.	875.	1800.	4250.	17500.	—
1839/8	215.	255.	475.	1750.	5500.	11500.
1839-C 9 Over 8	425.	675.	1900.	3750.	14500.	24000.
1839-D 9 Over 8	425.	825.	2500.	5500.	19500.	—
1839-O	380.	525.	1200.	2500.	6750.	18500.

— Insufficient pricing data	* None issued	FV = Face Value

▼ $2.50 GOLD QUARTER EAGLES ▼

$2.50 quarter eagle

Coronet quarter eagle index chart

Coronet

Date of authorization: Jan. 18, 1837
Dates of issue: 1840-1907
Designers:
   Obverse: Christian Gobrecht
   Reverse: Christian Gobrecht-John Reich-
      William Kneass
Engraver: Christian Gobrecht
Diameter (Millimeters/inches):
   18.20mm/0.72 inch
Weight (Grams/ounces):
   4.180 grams/0.13439 ounce
Metallic content: 90% gold, 10% copper
Weight of pure gold:
   3.762 grams/0.12095 ounce
Edge: Reeded

▼ $2.50 GOLD QUARTER EAGLES ▼

	F-12	VF-20	EF-40	AU-50	MS-60	MS-63
1840	155.	175.	525.	1100.	2950.	——
1840-C	365.	550.	1250.	4250.	16500.	——
1840-D	485.	1850.	4150.	10250.	——	——
1840-O	165.	195.	600.	1500.	7500.	——
1841 Extremely Rare	——	——	32500.	——	——	——
1841-C	290.	525.	1300.	3750.	18000.	——
1841-D	510.	1300.	3350.	7250.	19500.	35000.
1842	330.	800.	2400.	——	——	——
1842-C	450.	950.	2000.	5500.	17500.	——

— Insufficient pricing data	* None issued	FV = Face Value

	F-12	VF-20	EF-40	AU-50	MS-60	MS-63
1842-D	460.	1400.	3250.	9000.	—	—
1842-O	240.	295.	1200.	3000.	15000.	—
1843	150.	165.	250.	295.	750.	2500.
1843-C Large Date	385.	570.	1050.	3200.	9000.	23500.
1843-C Small Date	950.	2050.	4600.	8750.	—	—
1843-D	350.	550.	1150.	2400.	8500.	—
1843-O Small Date	160.	195.	255.	400.	1400.	3950.
1844	225.	435.	1075.	2700.	8400.	—
1844-C	325.	600.	1500.	4450.	19000.	—
1844-D	325.	585.	1275.	2450.	8000.	18500.
1845	180.	305.	440.	485.	1000.	5500.
1845-D	325.	600.	1425.	3450.	9750.	—
1845-O	575.	1050.	2500.	6250.	14250.	—
1846	215.	310.	775.	2400.	8100.	—
1846-C	470.	900.	1900.	5000.	18500.	—
1846-D	455.	750.	1400.	3200.	8750.	—
1846-O	160.	300.	535.	1350.	5000.	—
1847	150.	195.	425.	1000.	4750.	7000.
1847-C	400.	575.	1125.	2350.	7000.	20000.
1847-D	410.	585.	1400.	2350.	8500.	—
1847-O	160.	230.	425.	1050.	3500.	—
1848	240.	500.	950.	2500.	8250.	—
1848 CAL	—	—	—	17500.	28500.	57500.
1848-C	370.	535.	1650.	3600.	9500.	—
1848-D	405.	550.	1575.	2550.	8500.	—
1849	165.	265.	575.	1500.	3750.	—
1849-C	390.	565.	1500.	4100.	18000.	—
1849-D	420.	700.	1875.	3850.	14500.	—
1850	140.	150.	240.	380.	1000.	4000.
1850-C	285.	560.	1800.	4500.	15500.	—
1850-D	325.	570.	1425.	3500.	16000.	—
1850-O	140.	225.	425.	1250.	4400.	12500.
1851	140.	150.	195.	260.	510.	1500.
1851-C	300.	550.	1500.	4150.	15250.	—
1851-D	370.	635.	1500.	3750.	14000.	—
1851-O	155.	170.	260.	800.	3500.	—
1852	160.	175.	240.	325.	550.	1450.
1852-C	370.	550.	1475.	4100.	16000.	—
1852-D	450.	850.	2500.	4550.	16750.	—
1852-O	145.	165.	250.	775.	3500.	9250.
1853	140.	150.	185.	255.	495.	1400.
1853-D	525.	1300.	3050.	4900.	16750.	—
1854	140.	150.	185.	255.	475.	1450.
1854-C	325.	605.	2000.	4600.	15500.	—
1854-D	1250.	2400.	5000.	8250.	—	—
1854-O	145.	175.	300.	600.	1350.	4500.
1854-S Extremely Rare - 246 Struck F-12 $14000 VF-20 $21500.						
1855	150.	160.	200.	305.	505.	1550.
1855-C	630.	1250.	2450.	5250.	20000.	—
1855-D	1850.	3500.	7000.	12500.	—	—
1856	150.	160.	200.	255.	455.	1450.
1856-C	500.	750.	2100.	4600.	16500.	—
1856-D	3450.	6350.	13500.	25000.	50000.	—
1856-O	155.	205.	700.	1900.	7500.	—
1856-S	155.	175.	425.	1100.	7250.	—
1857	145.	150.	195.	260.	455.	1450.
1857-D	445.	975.	1950.	4000.	11000.	—
1857-O	150.	160.	335.	1050.	4400.	9750.
1857-S	150.	165.	390.	1500.	5750.	—

— Insufficient pricing data	* None issued	FV = Face Value

◄ $2.50 GOLD QUARTER EAGLES ▼

	F-12	VF-20	EF-40	AU-50	MS-60	MS-63
1858	150.	160.	300.	500.	1550.	4800.
1858-C	325.	600.	1450.	3750.	14000.	——
1859	150.	160.	300.	675.	1400.	4200.
1859-D	515.	1250.	2950.	6000.	18000.	——
1859-S	160.	300.	875.	2000.	4900.	——
1860 Small Letters & Arrowhead	145.	160.	260.	525.	1150.	4100.
1860-C	315.	725.	2150.	4750.	15500.	——
1860-S	145.	160.	650.	1400.	4450.	8250.
1861	140.	150.	205.	265.	450.	1450.
1861-S	200.	355.	1350.	3300.	——	——
1862	145.	160.	220.	485.	1400.	——
1862/1	440.	950.	1950.	4850.	——	——
1862-S	425.	850.	2250.	5000.	15000.	——
1863 Proofs Only - 30 Pcs. Struck Prf 60 $35000 Prf 63 $55000 Prf 65 $175000.						
1863-S	150.	350.	1200.	2500.	5750.	——
1864	2500.	5250.	9500.	20000.	——	——
1865	1100.	2750.	6500.	13500.	——	——
1865-S	145.	215.	600.	1400.	3650.	——
1866	255.	800.	3200.	7500.	——	——
1866-S	145.	325.	850.	2400.	6000.	14500.
1867	150.	335.	775.	1450.	4400.	10500.
1867-S	145.	250.	750.	2000.	——	——
1868	145.	260.	460.	925.	2900.	6000.
1868-S	145.	245.	555.	1300.	4250.	8500.
1869	160.	260.	465.	825.	4150.	7500.
1869-S	145.	235.	550.	1250.	4200.	8000.
1870	160.	280.	500.	975.	3200.	6250.
1870-S	145.	240.	495.	1175.	4300.	——
1871	170.	270.	450.	925.	3100.	5900.
1871-S	145.	225.	415.	850.	3150.	6750.
1872	205.	345.	875.	1850.	4750.	8500.
1872-S	150.	235.	465.	1100.	3750.	7250.
1873 Closed 3	215.	320.	395.	500.	1600.	3000.
1873 Open 3	140.	150.	185.	225.	435.	1425.
1873-S	145.	250.	490.	1075.	3800.	——
1874	160.	275.	480.	1000.	3650.	6700.
1875	——	4000.	5650.	8500.	——	——
1875-S	145.	185.	440.	1025.	3750.	6750.
1876	180.	235.	700.	1550.	4350.	——
1876-S	145.	185.	590.	1200.	5750.	11000.
1877	305.	405.	850.	1700.	4500.	8500.
1877-S	145.	160.	195.	265.	575.	2250.
1878	140.	150.	185.	225.	310.	600.
1878-S	140.	150.	185.	225.	310.	600.
1879	140.	150.	185.	225.	310.	725.
1879-S	150.	215.	300.	350.	900.	3150.
1880	175.	215.	400.	800.	1750.	3900.
1881	725.	1450.	3750.	7250.	15500.	——
1882	210.	220.	345.	500.	1400.	3550.
1883	210.	220.	440.	700.	2450.	5000.
1884	210.	220.	425.	900.	1750.	3900.
1885	445.	800.	1900.	2900.	6750.	——
1886	200.	210.	315.	600.	1550.	3650.
1887	205.	215.	300.	550.	1400.	3600.
1888	205.	215.	290.	395.	800.	1900.
1889	205.	215.	290.	390.	485.	1500.
1890	205.	215.	290.	390.	700.	1750.
1891	205.	215.	290.	395.	675.	1675.
1892	190.	210.	335.	450.	1150.	3400.
1893	180.	185.	190.	225.	310.	1350.
1894	175.	195.	325.	475.	950.	2650.

▼ $2.50 GOLD QUARTER EAGLES ▼

— Insufficient pricing data	* None issued	FV = Face Value

$2.50 quarter eagle, Coronet (continued)

	F-12	VF-20	EF-40	AU-50	MS-60	MS-63
1895	140.	145.	215.	245.	490.	2450.
1896	140.	145.	185.	210.	280.	600.
1897	140.	150.	210.	225.	285.	650.
1898	140.	145.	185.	210.	280.	950.
1899	140.	145.	185.	220.	290.	1000.
1900	140.	145.	185.	210.	280.	600.
1901	140.	145.	185.	210.	280.	575.
1902	140.	145.	185.	210.	280.	625.
1903	140.	145.	185.	210.	280.	675.
1904	140.	145.	185.	210.	280.	600.
1905	140.	145.	185.	210.	280.	600.
1906	140.	145.	185.	210.	280.	550.
1907	140.	145.	185.	210.	280.	550.

$2.50 quarter eagle
Indian Head quarter eagle chart

— Insufficient pricing data	* None issued	FV = Face Value

Indian Head

Date of authorization: Jan. 18, 1837
Dates of issue: 1908-1929
Designer: Bela Lyon Pratt
Engraver: Charles Barber
Diameter (Millimeters/inches):
   17.78mm/0.70 inc
Weight (Grams/ounces):
   4.180 grams/0.13439 ounce
Metallic content: 90% gold, 10% copper
Weight of pure gold:
   3.762 grams/0.12095 ounce
Edge: Reeded

	F-12	VF-20	EF-40	AU-50	MS-60	MS-63	MS-64	MS-65
1908	130.	140.	155.	170.	230.	675.	1275.	4400.
1909	130.	140.	155.	170.	230.	725.	1850.	4600.
1910	130.	140.	155.	170.	265.	850.	2300.	6450.
1911	130.	140.	155.	170.	230.	725.	2200.	10000.
1911-D	450.	525.	825.	1175.	3300.	6500.	14500.	42500.
1912	130.	140.	155.	170.	230.	750.	2450.	11250.
1913	130.	140.	155.	170.	215.	725.	2350.	10000.
1914	135.	145.	160.	175.	750.	2850.	6150.	13250.
1914-D	130.	140.	160.	190.	245.	1375.	2650.	11500.
1915	130.	140.	155.	165.	210.	725.	2400.	7500.
1925-D	130.	140.	155.	165.	210.	600.	1150.	4400.
1926	130.	140.	155.	165.	210.	600.	1200.	5250.
1927	130.	140.	155.	165.	210.	600.	1200.	5650.
1928	130.	140.	155.	165.	210.	600.	1150.	4550.
1929	130.	140.	155.	165.	210.	605.	1450.	9500.

▲ $2.50 GOLD QUARTER EAGLES ▼

— Insufficient pricing data   * None issued   FV = Face Value

$3 gold

$3 gold index chart

Indian Head

Date of authorization: Feb. 21, 1853
Dates of issue: 1854-1889
Designer: James B. Longacre
Engraver: James B. Longacre
Diameter (Millimeters/inches):
   20.63mm/0.81 inch
Weight (Grams/ounces):
   5.015 grams/0.16124 ounce
Metallic content:
   (1854-1873): 90% gold, 10% copper and
     silver
   (1873-1889): 90% gold, 10% copper
Weight of pure gold:
   4.5135 grams/0.14511 ounce
Edge: Reeded

	F-12	VF-20	EF-40	AU-50	MS-60	MS-63	MS-64	MS-65
1854	445.	525.	625.	900.	2150.	3400.	5500.	15500.
1854-D	4750.	7250.	12500.	25000.	70000.	—	—	—
1854-O	470.	625.	900.	2100.	3500.	6000.	12250.	21500.
1855	445.	525.	675.	900.	2125.	3600.	6600.	16500.
1855-S	525.	875.	1750.	4500.	13000.	—	—	—
1856	445.	525.	675.	950.	2300.	3800.	7100.	18500.
1856-S	460.	580.	875.	1450.	7500.	15750.	—	—
1857	445.	530.	675.	975.	3300.	5550.	8000.	20500.

— Insufficient pricing data	* None issued	FV = Face Value

	F-12	VF-20	EF-40	AU-50	MS-60	MS-63	MS-64	MS-65
1857-S	610.	800.	1200.	3000.	10000.	——	——	——
1858	675.	850.	1125.	2050.	4750.	8300.	——	——
1859	445.	575.	685.	925.	2175.	3450.	6600.	19500.
1860	445.	600.	760.	1000.	2250.	3500.	5850.	16000.
1860-S	570.	815.	1450.	4000.	——	——	——	——
1861	505.	605.	915.	1225.	3250.	5450.	9250.	20000.
1862	505.	605.	925.	1275.	3100.	5500.	9500.	20500.
1863	520.	620.	900.	1325.	3200.	5300.	9500.	20250.
1864	530.	630.	975.	1350.	3050.	5600.	9500.	21000.
1865	725.	975.	1650.	3450.	9500.	15000.	27500.	60000.
1866	605.	655.	975.	1325.	3100.	4900.	8200.	18850.
1867	585.	640.	950.	1475.	2950.	5000.	8250.	18750.
1868	565.	625.	925.	1175.	2850.	4850.	8150.	19000.
1869	590.	665.	1000.	1500.	3900.	6500.	10500.	23500.
1870	590.	665.	985.	1400.	4000.	8050.	12000.	25000.
1870-S Only One Known EF-40 $1500000.								
1871	605.	665.	985.	1475.	3050.	5550.	9000.	20000.
1872	595.	650.	925.	1425.	3250.	6050.	10000.	22000.
1873 Open 3 Proofs Only 25 Struck 70000.					10000.	17500.	26500.	35000.
1873 Closed 3 originals	2500.	3250.	4000.	7250.	18500.	——	——	——
1874	435.	500.	600.	860.	2050.	3350.	5350.	14250.
1875 Proofs Only 20 Struck	——	——	——	47500.	67500.	140000.	300000.	
1876 Proofs Only 45 Struck	——	——	10500.	20000.	30000.	42500.	90000.	
1877	720.	1100.	2300.	3950.	8500.	17500.	——	——
1878	430.	490.	600.	850.	2000.	3300.	5250.	14000.
1879	490.	575.	800.	1150.	2125.	3550.	6850.	15500.
1880	515.	640.	1350.	2550.	3600.	4600.	7100.	15500.
1881	625.	900.	1700.	3400.	4800.	6050.	12000.	25000.
1882	570.	615.	900.	1400.	3350.	4450.	6850.	15550.
1883	575.	625.	1000.	1600.	3450.	4850.	8250.	18000.
1884	785.	1050.	1500.	2250.	3350.	5000.	8000.	18500.
1885	685.	950.	1200.	1800.	3250.	5200.	9250.	19250.
1886	625.	875.	1150.	1850.	3750.	5300.	8750.	20250.
1887	515.	590.	775.	925.	2100.	3450.	5550.	14400.
1888	515.	590.	775.	925.	2100.	3450.	5550.	14500.
1889	515.	590.	775.	925.	2100.	3450.	5550.	14500.

▲

$3 GOLD

▼

— Insufficient pricing data   • None issued   FV = Face Value

$5 half eagle
Capped Bust, Small Eagle or Heraldic Eagle

Date of authorization: April 2, 1792
Dates of issue: 1795-1807
Designer: Robert Scot
Engraver: Robert Scot
Diameter (Millimeters/inches):
　25.00mm/0.99 inch
Weight (Grams/ounces):
　8.748 grams/0.28125 ounce
Metallic content: 91.67% gold, 8.33%
　copper and silver
Weight of pure gold:
　8.0193 grams/0.25783 ounce
Edge: Reeded

	F-12	VF-20	EF-40	AU-50	MS-60	MS-63	MS-64	MS-65
1795 Small Eagle	5250.	6350.	8000.	12500.	32500.	90000.	175000.	450000.
1796/5	5750.	8250.	13000.	20000.	42500.	—	—	—
1797 15 Stars	8000.	10000.	19500.	28500.	—	—	—	—
1797 16 Stars	7250.	9000.	18000.	26500.	52500.	120000.	—	—
1798	—	22500.	42500.	—	—	—	—	—
1795 Heraldic Eagle	6000.	7000.	13500.	25000.	60000.	—	—	—
1797/5	4500.	7750.	12750.	22500.	—	—	—	—
1797 16 Stars	5500.	9500.	23500.	—	—	—	—	—
1798 Small 8	1550.	2000.	3600.	5500.	—	—	—	—
1798 Large 8, 13 Stars	1150.	1500.	2350.	3750.	6200.	23500.	36000.	83500.
1798 Large 8, 14 Stars	1650.	2150.	4150.	12500.	—	—	—	—
1799 Large 9, Small Stars	1300.	1800.	3500.	5850.	13700.	27500.	51500.	97500.
1799 Large Stars	1850.	2400.	4600.	—	—	—	—	—
1800	1000.	1450.	2100.	3400.	5850.	18250.	28500.	76000.
1802/1	975.	1425.	2050.	3375.	5800.	18000.	28250.	75000.
1803/2	975.	1425.	2050.	3350.	5750.	17750.	28000.	74000.
1804 Small 8	1075.	1485.	2175.	3350.	6000.	18750.	30500.	77500.
1804 Small 8/Large 8	1100.	1500.	2250.	3375.	6350.	19500.	31500.	80000.
1805	1025.	1475.	2200.	3450.	6000.	18500.	29000.	76000.
1806 Pointed 6	1250.	1750.	2500.	4100.	8250.	22000.	34500.	92500.
1806 Round 6	975.	1400.	2050.	3250.	5750.	17750.	28000.	74000.
1807	1025.	1450.	2150.	3350.	5800.	18250.	29000.	77000.

— Insufficient pricing data　　　* None issued　　　FV = Face Value

$5 half eagle
Capped Draped Bust

Date of authorization: April 2, 1792
Dates of issue: 1807-1812
Designer: John Reich
Engraver: John Reich
Diameter (Millimeters/inches):
  25.00mm/0.99 inch
Weight (Grams/ounces):
  8.748 grams/0.28125 ounce
Metallic content: 91.67% gold, 8.33%
  copper and silver
Weight of pure gold:
  8.0193 grams/0.25783 ounce
Edge: Reeded

	F-12	VF-20	EF-40	AU-50	MS-60	MS-63	MS-64	MS-65
1807	1050.	1475.	2125.	3500.	5700.	14750.	25000.	63500.
1808/7	1250.	1750.	2450.	4250.	10000.	——	——	——
1808	1000.	1425.	2150.	3450.	6000.	14750.	25000.	63500.
1809/8	975.	1400.	2000.	3200.	5450.	14500.	24000.	62000.
1810 Small Date, Small 5	——	4150.	5000.	6750.	14500.	33500.	65500.	——
1810 Small Date, Tall 5	1500.	2150.	2950.	4250.	7000.	14750.	23000.	60500.
1810 Large Date, Small 5	1750.	3350.	4400.	6200.	15500.	30000.	62500.	——
1810 Large Date, Large 5	1050.	1450.	2300.	3500.	6000.	15250.	——	——
1811 Small 5	1000.	1425.	1950.	3350.	5550.	14750.	24500.	62500.
1811 Tall 5	1050.	1450.	2000.	3400.	5750.	22250.	40000.	82500.
1812	950.	1375.	1900.	3300.	5500.	14000.	22000.	61000.

— Insufficient pricing data   * None issued   FV = Face Value

$5 half eagle
Capped Head

Date of authorization: April 2, 1792
Dates of issue: 1813-1834
Designers:
  Obverse: John Reich-Robert Scot
  Reverse: John Reich
Engraver:
  Obverse: Robert Scot
  Reverse: John Reich
Diameter (Millimeters/inches):
  (1813-1829): 25.00mm/0.99 inch
  (1829-1834): 22.50mm/0.89 inch
Weight (Grams/ounces):
  8.748 grams/0.28125 ounce
Metallic content: 91.67% gold, 8.33%
  copper and silver
Weight of pure gold:
  8.0193 grams/0.25783 ounce
Edge: Reeded

	F-12	VF-20	EF-40	AU-50	MS-60	MS-63	MS-64	MS-65
1813	1250.	1675.	2350.	3450.	6750.	16500.	25500.	66000.
1814/3	1525.	2100.	3100.	5250.	9750.	30500.	57500.	——
1815	——	——	45000.	85000.	175000.	——	——	——
1818	1500.	2050.	3050.	5000.	9500.	17500.	——	——
1818 STATESOF	——	——	3950.	8750.	20500.	42500.	——	——
1818 5D/50	——	——	——	12500.	——	——	——	——
1819 Wide Date	——	——	——	——	——	——	——	——
1819 Close Date	——	——	——	27500.	——	——	——	——
1819 5D/50	——	11500.	22500.	55000.	——	——	——	——
1820 Curved Base 2, Small Letters	1525.	1975.	4600.	10000.	——	——	——	——
1820 Curved Base 2, Large Letters	1550.	2000.	4650.	10000.	——	——	——	——
1820 Square Base 2, Large Letters	1500.	1950.	3400.	5250.	8650.	15500.	27000.	65000.
1821	2050.	3700.	7750.	12000.	20500.	26500.	80000.	200000.
1822 3 known	——	1750000.	——	——	——	——	——	——
1823	1575.	2000.	3550.	6250.	18000.	25000.	65000.	100000.
1824	2000.	3650.	9500.	16500.	28500.	35000.	80000.	175000.
1825/1	3500.	5650.	7200.	9500.	18000.	29500.	75000.	——
1825/4	——	——	175000.	——	——	——	——	——
1826	2800.	5900.	7600.	11000.	27500.	——	——	——
1827	——	——	——	——	24500.	37500.	85000.	——
1828/7	——	——	——	31500.	57500.	——	——	——
1828	——	——	——	28000.	47500.	——	——	——
1829 Large Planchet	——	——	——	——	——	——	210000.	——
1829 Small Planchet	——	——	85000.	185000.	——	——	——	——
1830 Small 5D	3200.	4700.	5900.	8000.	16500.	26500.	64000.	145000.

— Insufficient pricing data	* None issued	FV = Face Value

	F-12	VF-20	EF-40	AU-50	MS-60	MS-63	MS-64	MS-65
1830 Large 5D	3500.	5050.	6550.	9000.	19000.	—	—	—
1831 Small 5D	3650.	5250.	6900.	10250.	21500.	—	—	—
1831 Large 5D	3300.	4900.	6000.	8250.	19000.	27500.	68500.	155000.
1832 Curl Base 2, 12 Stars	—	—	—	—	—	—	—	—
1832 Square Base 2, 13 Stars	—	5150.	6650.	9250.	18500.	30500.	75500.	—
1833	3150.	4700.	5800.	7900.	17750.	26000.	61500.	140000.
1834 Plain 4	3200.	4750.	5850.	8000.	18750.	28000.	67500.	—
1834 Crosslet 4	3450.	5000.	6600.	9500.	20500.	—	—	—

$5 half eagle
Classic Head

$5 GOLD HALF EAGLES

Date of authorization: April 2, 1792
Dates of issue: 1834-1838
Designer:
  Obverse: William Kneass
  Reverse: John Reich-William Kneass
Engraver: William Kneass
Diameter (Millimeters/inches):
  22.50mm/0.89 inch
Weight (Grams/ounces):
  8.359 grams/0.26875 ounce
Metallic content:
  (1834-1836): 89.92% gold, 10.08% copper and silver
  (1837-1838): 90% gold, 10% copper and silver
Weight of pure gold:
  (1834-1836): 7.5164 grams/0.24166 ounce
  (1837-1838): 7.5231 grams/0.24187 ounce
Edge: Reeded

	F-12	VF-20	EF-40	AU-50	MS-60	MS-63
1834 Plain 4	215.	300.	495.	975.	2750.	12500.
1834 Crosslet 4	525.	1150.	2050.	4600.	—	—
1835	215.	280.	485.	975.	2700.	12500.
1836	215.	280.	485.	975.	2650.	12250.
1837	235.	295.	590.	1425.	3350.	13000.
1838	220.	285.	485.	1000.	3050.	12600.
1838-C	1100.	2350.	5000.	9400.	—	—
1838-D	925.	1700.	3350.	6750.	15500.	—

— Insufficient pricing data	* None issued	FV = Face Value

$5 half eagle

Coronet half eagle index chart

Coronet

Date of authorization: Jan. 18, 1837
Dates of issue: 1839-1908
Designers:
  Obverse: Christian Gobrecht
  Reverse: John Reich-William Kneass-
    Christian Gobrecht
Engraver: Christian Gobrecht
Diameter (Millimeters/inches):
  (1839-1840): 22.50mm/0.89 inch
  (1840-1908): 21.54mm/0.85 inch
Weight (Grams/ounces):
  8.359 grams/0.26875 ounce
Metallic content:
  (1839-1849): 90% gold, 10% copper
    and silver
  (1849-1908): 90% gold, 10% copper
Weight of pure gold:
  7.5231 grams/0.24187 ounce
Edge: Reeded

	F-12	VF-20	EF-40	AU-50	MS-60	MS-63
1839 No Motto	215.	270.	480.	1200.	3250.	—
1839-C	485.	1050.	1850.	3950.	19000.	—
1839-D	435.	800.	1550.	3500.	12500.	—
1840 Broad Mill	300.	400.	875.	1950.	—	—

— Insufficient pricing data	* None issued	FV = Face Value

$5 GOLD HALF EAGLES

	F-12	VF-20	EF-40	AU-50	MS-60	MS-63
1840 Narrow Mill	175.	250.	375.	1575.	4000.	13500.
1840-C	430.	825.	1800.	4850.	—	—
1840-D	435.	800.	1600.	4000.	14000.	—
1840-O Broad Mill	325.	600.	1500.	3750.	—	—
1840-O Narrow Mill	250.	360.	775.	2600.	10000.	—
1841	165.	375.	1150.	2350.	4500.	15500.
1841-C	375.	700.	1450.	3500.	12250.	—
1841-D	380.	675.	1300.	3350.	12000.	32500.
1842 Small Letters	160.	325.	1200.	2900.	—	—
1842 Large Letters	400.	700.	1900.	4250.	—	—
1842-C Large Letters	415.	800.	1475.	3350.	—	—
1842-C Small Date	1700.	2850.	5250.	9000.	62500.	—
1842-D Large Date, Large Letters	975.	2150.	4500.	—	—	—
1842-D Small Date, Small Letters	420.	750.	1525.	3300.	12750.	—
1842-O	315.	850.	2300.	5000.	—	—
1843	140.	175.	230.	465.	2700.	11500.
1843-C	415.	725.	1350.	3700.	13000.	47500.
1843-D	385.	625.	1200.	2650.	10250.	—
1843-O Small Letters	365.	600.	1550.	3500.	—	—
1843-O Large Letters	195.	275.	1250.	3200.	13750.	—
1844	150.	220.	235.	465.	2150.	9750.
1844-C	500.	800.	2250.	—	—	—
1844-D	425.	635.	1175.	2600.	12000.	27500.
1844-O	250.	285.	365.	825.	4000.	13500.
1845	150.	220.	235.	490.	2800.	8750.
1845-D	420.	550.	1150.	2200.	12500.	—
1845-O	280.	365.	850.	2900.	—	—
1846 Small Date	240.	290.	415.	875.	4200.	—
1846	140.	200.	270.	465.	2800.	9000.
1846-C	475.	1025.	2350.	5000.	20000.	57500.
1846-D	450.	600.	1350.	3150.	11000.	—
1846-O	280.	350.	1000.	3500.	14000.	—
1847	140.	185.	205.	425.	1950.	8500.
1847-C	440.	650.	1450.	4400.	19000.	—
1847-D	470.	600.	1100.	3050.	11250.	—
1847-O	435.	900.	2750.	6000.	—	—
1848	150.	230.	400.	750.	2900.	10500.
1848-C	450.	710.	1650.	3600.	15500.	—
1848-D	435.	650.	1450.	3100.	15000.	—
1849	140.	205.	350.	900.	2850.	—
1849-C	400.	575.	1275.	3000.	12500.	—
1849-D	410.	650.	1600.	3350.	—	—
1850	215.	310.	850.	1900.	3800.	13000.
1850-C	400.	585.	1300.	2850.	13000.	—
1850-D	410.	650.	1675.	4650.	—	—
1851	150.	220.	275.	600.	2800.	—
1851-C	380.	635.	1200.	2950.	—	—
1851-D	385.	635.	1075.	2900.	—	—
1851-O	315.	525.	1200.	4750.	—	—
1852	140.	195.	210.	425.	1875.	8000.
1852-C	380.	615.	1200.	2700.	12750.	45000.
1852-D	385.	585.	1075.	2650.	11500.	—
1853	150.	205.	240.	465.	2300.	—
1853-C	380.	600.	1175.	2750.	12500.	—
1853-D	385.	540.	1100.	2550.	11500.	28500.
1854	160.	235.	390.	775.	3350.	—
1854-C	410.	700.	1750.	3600.	13500.	—
1854-D	375.	575.	1050.	2200.	11500.	—
1854-O	275.	315.	525.	1200.	7750.	—
1854-S Extremely Rare - 268 Struck AU-55 $210000.						
1855	150.	210.	285.	475.	2750.	8750.

— Insufficient pricing data	* None issued	FV = Face Value

$5 half eagle, Coronet (continued)

	F-12	VF-20	EF-40	AU-50	MS-60	MS-63
1855-C	410.	675.	1900.	3750.	17000.	---
1855-D	420.	665.	1450.	3000.	18000.	---
1855-O	370.	600.	2200.	4900.	---	---
1855-S	200.	425.	950.	3000.	---	---
1856	145.	185.	225.	350.	2800.	9500.
1856-C	410.	625.	1300.	2650.	13000.	---
1856-D	400.	610.	1325.	2900.	12500.	---
1856-O	410.	615.	1800.	5000.	---	---
1856-S	190.	290.	650.	2200.	---	---
1857	150.	205.	250.	490.	2900.	9500.
1857-C	355.	595.	1300.	2750.	12000.	---
1857-D	410.	600.	1300.	2800.	12750.	---
1857-O	355.	600.	1600.	5150.	---	---
1857-S	210.	305.	700.	2150.	7000.	---
1858	215.	310.	800.	1800.	5250.	14750.
1858-C	380.	625.	1200.	2850.	15500.	---
1858-D	410.	635.	1325.	2500.	12750.	---
1858-S	345.	650.	2100.	5500.	---	---
1859	230.	335.	650.	1800.	6500.	---
1859-C	375.	585.	1500.	3300.	13500.	50000.
1859-D	425.	725.	1650.	2900.	12500.	---
1859-S	525.	1325.	3500.	12500.	---	---
1860	195.	255.	675.	1900.	6500.	---
1860-C	400.	800.	1900.	3800.	---	---
1860-D	410.	775.	1800.	3850.	15000.	31500.
1860-S	300.	975.	2300.	7750.	---	---
1861	140.	165.	190.	325.	1900.	8250.
1861-C	800.	1700.	3300.	8000.	26500.	---
1861-D	2850.	4500.	7750.	15000.	---	---
1861-S	525.	1325.	3750.	13000.	---	---
1862	455.	1000.	2350.	4750.	---	---
1862-S	1400.	4500.	10500.	---	---	---
1863	450.	1225.	3700.	6500.	---	---
1863-S	425.	1375.	4000.	14500.	---	---
1864	360.	650.	2050.	4500.	12000.	---
1864-S	2250.	5000.	12000.	---	---	---
1865	475.	1300.	3150.	6000.	---	---
1865-S	430.	1275.	3050.	10500.	---	---
1866 Motto	350.	725.	1900.	4350.	---	---
1866-S No Motto	750.	1650.	4450.	---	---	---
1866-S Motto	485.	1225.	2950.	---	---	---
1867	290.	470.	1700.	3750.	---	---
1867-S	485.	1425.	4100.	9500.	---	---
1868	285.	665.	1650.	3850.	11750.	---
1868-S	280.	540.	1800.	6750.	---	---
1869	350.	875.	2250.	5850.	---	---
1869-S	315.	575.	2350.	9000.	---	---
1870	350.	715.	2100.	4850.	---	---
1870-CC	1350.	2600.	8000.	18500.	---	---
1870-S	420.	1250.	3000.	---	---	---
1871	355.	875.	2200.	5650.	---	---
1871-CC	550.	975.	2600.	7000.	---	---
1871-S	245.	550.	1250.	5250.	21000.	---
1872	340.	800.	2050.	4950.	20000.	45000.
1872-CC	525.	875.	2550.	5500.	---	---
1872-S	235.	535.	1300.	6000.	---	---
1873 Closed 3	155.	180.	250.	625.	2950.	---
1873 Open 3	155.	180.	250.	625.	2850.	---
1873-CC	825.	1450.	4150.	---	---	---
1873-S	375.	850.	2850.	---	---	---

— Insufficient pricing data	* None issued	FV = Face Value

	F-12	VF-20	EF-40	AU-50	MS-60	MS-63
1874	365.	620.	2250.	4700.	—	—
1874-CC	455.	685.	1350.	3900.	—	—
1874-S	380.	750.	2800.	—	—	—
1875 Very Rare - 220 Pcs. Prf 60 $45000 Prf 63 $80000 Prf 65 $250000.						
1875-CC	975.	1325.	3650.	—	—	—
1875-S	215.	800.	2900.	—	—	—
1876	445.	1050.	2600.	5200.	20000.	45000.
1876-CC	585.	1150.	3250.	6800.	—	—
1876-S	600.	1450.	3300.	11000.	—	—
1877	430.	840.	2400.	4900.	13500.	—
1877-CC	530.	850.	2750.	6500.	—	—
1877-S	170.	385.	950.	3300.	—	—
1878	125.	140.	220.	310.	1000.	3500.
1878-CC	1150.	2350.	6250.	—	—	—
1878-S	125.	160.	285.	475.	1500.	7000.
1879	125.	140.	175.	255.	535.	1975.
1879-CC	350.	450.	1050.	2150.	—	—
1879-S	155.	190.	270.	325.	975.	4350.
1880	125.	140.	150.	175.	215.	975.
1880-CC	285.	365.	700.	1800.	8000.	—
1880-S	125.	140.	150.	175.	215.	1150.
1881	125.	140.	150.	175.	215.	1075.
1881/0	250.	315.	700.	1800.	4750.	—
1881-CC	340.	500.	1500.	3500.	10000.	—
1881-S	125.	140.	150.	175.	215.	1125.
1882	125.	140.	150.	175.	215.	975.
1882-CC	265.	300.	490.	975.	5000.	—
1882-S	125.	140.	150.	175.	215.	975.
1883	125.	140.	150.	200.	550.	3500.
1883-CC	290.	385.	750.	2750.	13000.	—
1883-S	160.	190.	245.	330.	1150.	4750.
1884	125.	155.	175.	260.	1450.	4350.
1884-CC	290.	460.	800.	3850.	—	—
1884-S	155.	215.	250.	300.	775.	4450.
1885	125.	140.	150.	175.	215.	975.
1885-S	125.	140.	150.	175.	195.	875.
1886	125.	155.	185.	225.	375.	1650.
1886-S	125.	140.	165.	180.	215.	975.
1887 Proofs Only - 87 Pcs. Prf 60 $35000 Prf 63 $70000 Prf 65 $150000.						
1887-S	125.	140.	150.	185.	215.	1200.
1888	145.	180.	220.	300.	1300.	4000.
1888-S	155.	190.	285.	800.	2800.	—
1889	145.	265.	550.	925.	1550.	4350.
1890	215.	410.	700.	1400.	—	—
1890-CC	165.	255.	310.	525.	1275.	4100.
1891	125.	155.	200.	275.	775.	3150.
1891-CC	160.	225.	320.	475.	900.	2450.
1892	125.	140.	150.	165.	210.	1100.
1892-CC	160.	245.	335.	525.	1400.	4450.
1892-O	360.	460.	1050.	2350.	4500.	—
1892-S	125.	175.	235.	335.	1350.	4350.
1893	125.	140.	150.	165.	190.	925.
1893-CC	165.	235.	380.	775.	1750.	3850.
1893-O	155.	185.	245.	390.	1300.	5500.
1893-S	125.	175.	215.	285.	675.	2950.
1894	125.	140.	150.	165.	225.	1425.
1894-O	125.	165.	310.	485.	1375.	4950.
1894-S	175.	280.	390.	925.	3800.	10000.
1895	125.	140.	150.	165.	215.	1125.
1895-S	150.	260.	425.	1200.	—	—
1896	125.	175.	200.	210.	335.	3500.

— Insufficient pricing data	* None issued	FV = Face Value

▲ $5 GOLD HALF EAGLES ▲

$5 half eagle, Coronet (continued)

	F-12	VF-20	EF-40	AU-50	MS-60	MS-63
1896-S	150.	225.	300.	675.	2250.	——
1897	125.	140.	150.	165.	180.	875.
1897-S	135.	165.	250.	625.	1850.	——
1898	125.	140.	150.	165.	215.	1050.
1898-S	135.	155.	165.	175.	300.	1525.
1899	125.	140.	150.	165.	200.	900.
1899-S	125.	150.	165.	175.	230.	1175.
1900	125.	140.	150.	165.	180.	825.
1900-S	135.	165.	195.	325.	975.	2800.
1901	125.	140.	150.	165.	180.	875.
1901-S	125.	140.	150.	165.	180.	825.
1901/0-S	140.	180.	215.	350.	525.	1475.
1902	125.	160.	175.	215.	1000.	
1902-S	125.	140.	150.	165.	180.	875.
1903	125.	140.	160.	175.	215.	975.
1903-S	125.	140.	150.	165.	180.	825.
1904	125.	140.	150.	165.	180.	875.
1904-S	140.	180.	225.	325.	850.	4000.
1905	125.	140.	160.	175.	215.	925.

$5 half eagle

Indian Head half eagle chart

— Insufficient pricing data   * None issued   FV = Face Value

Indian Head

Date of authorization: Jan. 18, 1837
Dates of issue: 1908-1929
Designer: Bela Lyon Pratt
Engraver: Charles Barber
Diameter (Millimeters/inches):
  21.54mm/0.85 inch
Weight (Grams/ounces):
  8.359 grams/0.26875 ounce
Metallic content: 90% gold, 10% copper
Weight of pure gold:
  7.5231 grams/0.24187 ounce
Edge: Reeded

	F-12	VF-20	EF-40	AU-50	MS-60	MS-63	MS-64	MS-65
1908	170.	180.	185.	215.	315.	2100.	4750.	16750.
1908-D	170.	180.	185.	215.	315.	2250.	12000.	27500.
1908-S	240.	290.	450.	700.	2500.	5000.	11500.	20000.
1909	170.	180.	185.	215.	325.	2200.	7400.	20500.
1909-D	170.	180.	185.	215.	315.	2000.	5000.	29500.
1909-O	320.	550.	815.	2050.	6250.	25000.	87500.	165000.
1909-S	215.	220.	235.	325.	1350.	5000.	15750.	47500.
1910	170.	180.	185.	215.	450.	2350.	6000.	32000.
1910-D	175.	185.	200.	290.	540.	4500.	9650.	27500.
1910-S	185.	195.	235.	385.	1950.	16500.	52000.	57500.
1911	170.	180.	185.	215.	315.	2050.	5000.	25000.
1911-D	255.	315.	485.	725.	4250.	18000.	55000.	–––
1911-S	180.	195.	260.	360.	655.	4950.	20000.	52500.
1912	170.	180.	195.	240.	315.	2200.	5250.	29500.
1912-S	185.	205.	245.	475.	1800.	5250.	16750.	50000.
1913	170.	180.	185.	230.	310.	2200.	4750.	17000.
1913-S	195.	215.	255.	385.	2850.	28000.	47500.	90000.
1914	175.	185.	190.	240.	330.	2150.	4750.	19000.
1914-D	175.	185.	190.	250.	320.	2500.	5350.	31000.
1914-S	185.	200.	230.	385.	1200.	6000.	45000.	87500.
1915	175.	185.	190.	240.	310.	2150.	4750.	18000.
1915-S	190.	225.	350.	800.	2750.	11500.	36500.	77500.
1916-S	180.	185.	200.	250.	750.	6750.	18000.	35000.
1929	––	––	3750.	5000.	8000.	12500.	30000.	67500.

▲ $5 GOLD HALF EAGLES ▲

— Insufficient pricing data   * None issued   FV = Face Value

$10 eagle
Capped Bust, Small Eagle or Heraldic Eagle

Date of authorization: April 2, 1792
Dates of issue: 1795-1804
Designer: Robert Scot
Engraver: Robert Scot
Diameter (Millimeters/inches): 33.00mm/1.30 inches
Weight (Grams/ounces): 17.496 grams/0.56251 ounce
Metallic content: 91.67% gold, 8.33% copper and silver
Weight of pure gold: 16.0386 grams/0.51565 ounce
Edge: Reeded

	F-12	VF-20	EF-40	AU-50	MS-60	MS-63	MS-64	MS-65
1795 13 Leaves	5600.	7350.	9000.	16000.	35000.	115000.	185000.	350000.
1795 9 Leaves	20000.	40000.	57500.	105000.	180000.	375000.	——	——
1796	6250.	7650.	10750.	21500.	65000.	——	——	——
1797	8000.	10750.	25000.	50000.	——	——	——	——
1797 Heraldic Eagle	2600.	3300.	5000.	8500.	16000.	30500.	61000.	137500.
1798/7 9 X 4 Stars	6500.	10000.	21500.	42500.	95000.	185000.	——	——
1798/7 7 X 6 Stars	13000.	21000.	55000.	125000.	——	——	——	——
1799	2250.	2750.	4000.	6000.	10000.	22500.	52500.	130000.
1800	2700.	3650.	4850.	6750.	13500.	31000.	65000.	142500.
1801	2300.	2800.	4150.	6100.	10500.	23500.	53500.	132500.
1803 Small Stars	2500.	3150.	4350.	6500.	11500.	27500.	60000.	135000.
1803 Large Stars	2550.	3450.	4850.	6750.	13500.	28500.	62500.	140000.
1803 14 Reverse Stars	——	——	——	11000.	22500.	——	——	——
1804	3750.	4300.	6500.	17500.	32500.	60000.	130000.	——

— Insufficient pricing data   * None issued   FV = Face Value

$10 eagle

Coronet eagle index chart

Legend: ——— AU.50   —○— MS.60   —×— SERIES

Coronet

Date of authorization: Jan. 18, 1837
Dates of issue: 1838-1907
Designers:
   Obverse: Christian Gobrecht
   Reverse: John Reich-William Kneass-
      Christian Gobrecht
Engraver: Christian Gobrecht
Diameter (Millimeters/inches):
   27.00mm/1.07 inches
Weight (Grams/ounces):
   16.718 grams/0.5375 ounce
Metallic content:
   (1838-1873): 90% gold, 10% copper
      and silver
   (1873-1907): 90% gold, 10% copper
Weight of pure gold:
   15.0462 grams/0.48375 ounce
Edge: Reeded

	F-12	VF-20	EF-40	AU-50	MS-60	MS-63
1838 No Motto	545.	875.	2500.	6500.	——	——
1839 Old Portrait	420.	750.	1650.	4350.	15500.	65000.
1839 New Portrait	650.	1500.	4000.	——	——	——
1840	300.	365.	700.	3000.	12500.	——
1841	295.	320.	585.	3150.	13500.	——
1841-O	850.	1900.	4500.	12000.	——	——

— Insufficient pricing data	* None issued	FV = Face Value

$10 eagle, Coronet (continued)

	F-12	VF-20	EF-40	AU-50	MS-60	MS-63
1842 Small Date	255.	325.	600.	2950.	––	––
1842-O	255.	320.	750.	2850.	12000.	––
1843 Doubled Date	285.	375.	825.	4750.	––	––
1843	275.	365.	775.	3750.	––	––
1843-O	245.	295.	550.	1600.	7750.	––
1844	485.	1100.	3750.	9000.	––	––
1844-O	260.	310.	500.	1400.	10500.	––
1845	425.	610.	2300.	7250.	––	––
1845-O	320.	425.	715.	2550.	12250.	––
1846	525.	1075.	3050.	7750.	––	––
1846-O	325.	445.	720.	2600.	––	––
1847	215.	245.	360.	750.	5300.	19000.
1847-O	215.	260.	390.	725.	4600.	18500.
1848	270.	320.	475.	850.	5500.	39500.
1848-O	365.	525.	1500.	3500.	––	––
1849	245.	280.	375.	700.	4550.	16000.
1849-O	450.	725.	2400.	4700.	––	––
1850 Large Date	245.	280.	415.	950.	4750.	––
1850 Small Date	400.	700.	1750.	4000.	––	––
1850-O	300.	375.	710.	2600.	––	––
1851	285.	305.	505.	1700.	9500.	––
1851-O	245.	300.	510.	1650.	––	––
1852	260.	310.	625.	1600.	––	––
1852-O	410.	575.	1475.	4650.	––	––
1853	245.	270.	360.	750.	5600.	36500.
1853/2	420.	500.	1100.	2750.	––	––
1853-O	280.	325.	650.	1850.	––	––
1854	295.	340.	800.	2100.	––	––
1854-O Small Date	245.	315.	675.	2550.	––	––
1854-O Large Date	375.	475.	1850.	6000.	––	––
1854-S	250.	290.	635.	1600.	11000.	39500.
1855	245.	280.	390.	800.	5250.	19500.
1855-O	315.	650.	1900.	3750.	––	––
1855-S	700.	1450.	4050.	––	––	––
1856	270.	290.	390.	850.	5050.	17000.
1856-O	415.	665.	2000.	4200.	––	––
1856-S	240.	290.	625.	1450.	10500.	––
1857	295.	335.	1400.	3000.	––	––
1857-O	675.	1000.	2250.	4550.	––	––
1857-S	325.	445.	850.	2050.	––	––
1858	––	5350.	12500.	––	––	––
1858-O	280.	300.	900.	1900.	12250.	––
1858-S	775.	1900.	4950.	12000.	––	––
1859	295.	355.	1000.	3000.	––	––
1859-O	1100.	3500.	9000.	––	––	––
1859-S	1000.	2750.	7250.	––	––	––
1860	285.	390.	1275.	2450.	12750.	––
1860-O	370.	565.	1300.	2550.	13750.	34500.
1860-S	––	2500.	7250.	17500.	––	––
1861	240.	275.	355.	675.	5050.	16000.
1861-O	675.	1500.	4350.	13000.	––	––
1862	280.	475.	1400.	2650.	––	––
1862-S	700.	1650.	4200.	14000.	––	––
1863	––	3650.	10500.	27500.	––	––
1863-S	775.	1475.	4500.	12250.	––	––
1864	800.	1625.	4600.	12800.	––	––
1864-S	2750.	4750.	10750.	––	––	––
1865	750.	1725.	5500.	––	––	––
1865-S	1450.	5000.	9750.	––	––	––

— Insufficient pricing data   • None issued   FV = Face Value

	F-12	VF-20	EF-40	AU-50	MS-60	MS-63
1865-S Inverted 865/186	1150.	3000.	7500.	––	–––	–––
1866-S No Motto	1200.	3350.	7000.	––	–––	–––
1866 Motto	550.	750.	1800.	5500.	–––	–––
1866-S Motto	600.	1475.	3500.	––	–––	–––
1867	675.	1750.	4700.	12500.	–––	–––
1867-S	900.	2550.	9000.	––	–––	–––
1868	470.	575.	1275.	5150.	15500.	–––
1868-S	635.	1500.	3400.	––	–––	–––
1869	825.	1675.	4400.	13750.	–––	–––
1869-S	790.	1550.	3900.	––	–––	–––
1870	575.	725.	1400.	5250.	–––	–––
1870-CC	1550.	4500.	9500.	––	–––	–––
1870-S	785.	1500.	4450.	12250.	–––	–––
1871	––	1650.	3850.	––	–––	–––
1871-CC	685.	1800.	5500.	14500.	–––	–––
1871-S	750.	1550.	4200.	––	–––	–––
1872	––	2600.	8500.	––	–––	–––
1872-CC	900.	1950.	8000.	20000.	–––	–––
1872-S	435.	975.	1950.	––	–––	–––
1873	––	4000.	11500.	27500.	–––	–––
1873-CC	715.	1900.	5750.	––	–––	–––
1873-S	685.	1450.	3100.	9250.	–––	–––
1874	240.	265.	315.	415.	2300.	5100.
1874-CC	500.	925.	3000.	6500.	–––	–––
1874-S	700.	1550.	3950.	––	–––	–––
1875 EF-40 $50000. Prf 60 $55000. Prf 63 $125000. Prf 65 $400000.						
1875-CC	700.	2050.	7000.	––	–––	–––
1876	––	2950.	8500.	––	–––	–––
1876-CC	800.	2100.	6000.	––	–––	–––
1876-S	950.	1900.	3450.	––	–––	–––
1877	––	2400.	6250.	17000.	–––	–––
1877-CC	710.	1825.	4750.	9000.	–––	–––
1877-S	495.	665.	1850.	7500.	–––	–––
1878	205.	230.	280.	380.	1700.	4500.
1878-CC	1200.	3750.	6850.	––	–––	–––
1878-S	425.	700.	2200.	––	–––	–––
1879	185.	225.	260.	340.	775.	3500.
1879-CC	2500.	3400.	8250.	––	–––	–––
1879-O	––	1900.	6000.	11500.	–––	–––
1879-S	185.	225.	290.	440.	1800.	6500.
1880	180.	210.	225.	260.	475.	3600.
1880-CC	340.	415.	700.	1975.	–––	–––
1880-O	255.	355.	775.	2000.	–––	–––
1880-S	185.	225.	240.	280.	600.	3650.
1881	175.	200.	210.	250.	290.	1075.
1881-CC	250.	345.	600.	1150.	4000.	–––
1881-O	235.	340.	850.	2175.	–––	–––
1881-S	175.	200.	210.	275.	455.	3300.
1882	175.	200.	210.	235.	265.	1125.
1882-CC	––	525.	1250.	2350.	5750.	–––
1882-O	260.	310.	750.	1600.	––	–––
1882-S	205.	235.	315.	390.	950.	4250.
1883	185.	225.	235.	285.	420.	3500.
1883-CC	315.	425.	850.	1700.	5000.	–––
1883-O	1000.	2450.	6500.	11500.	––	–––
1883-S	215.	245.	310.	390.	1375.	4500.
1884	205.	265.	290.	375.	1850.	6000.
1884-CC	370.	525.	1025.	2150.	6450.	–––
1884-S	185.	225.	235.	500.	1350.	4200.
1885	180.	215.	260.	315.	800.	3400.
1885-S	180.	215.	230.	325.	585.	3650.

▲ $10 GOLD EAGLES ▼

— Insufficient pricing data   * None issued   FV = Face Value

	F-12	VF-20	EF-40	AU-50	MS-60	MS-63
1886	200.	235.	270.	425.	1100.	4000.
1886-S	175.	205.	225.	250.	345.	1375.
1887	180.	215.	290.	600.	1500.	4200.
1887-S	185.	215.	230.	275.	405.	2900.
1888	215.	240.	295.	440.	1350.	4500.
1888-O	175.	205.	225.	390.	725.	2450.
1888-S	175.	205.	225.	250.	465.	2750.
1889	235.	335.	500.	1000.	2000.	4500.
1889-S	175.	205.	225.	250.	360.	1800.
1890	215.	235.	330.	410.	1900.	4400.
1890-CC	270.	290.	380.	575.	1475.	6000.
1891	180.	225.	250.	285.	375.	2950.
1891-CC	200.	250.	350.	485.	775.	3350.
1892	185.	210.	230.	250.	340.	975.
1892-CC	250.	280.	440.	625.	1800.	5400.
1892-O	190.	245.	275.	355.	675.	3800.
1892-S	205.	245.	280.	325.	700.	2900.
1893	175.	205.	225.	260.	315.	1225.
1893-CC	280.	375.	575.	1000.	2500.	7250.
1893-O	185.	225.	275.	360.	725.	4250.
1893-S	205.	245.	315.	375.	800.	3400.
1894	175.	205.	225.	235.	315.	1125.
1894-O	175.	205.	235.	325.	1450.	5000.
1894-S	185.	240.	390.	1050.	3750.	—
1895	175.	205.	225.	235.	255.	975.
1895-O	175.	205.	230.	245.	650.	3500.
1895-S	235.	280.	380.	1150.	3500.	—
1896	180.	225.	245.	260.	375.	2200.
1896-S	195.	230.	355.	1125.	3750.	—
1897	175.	205.	225.	240.	290.	1375.
1897-O	180.	225.	260.	325.	850.	3000.
1897-S	185.	225.	290.	500.	1650.	4500.
1898	175.	205.	225.	235.	250.	975.
1898-S	185.	225.	250.	330.	525.	2800.
1899	175.	205.	225.	235.	255.	975.
1899-O	205.	245.	280.	335.	950.	3250.
1899-S	205.	245.	275.	305.	500.	2600.
1900	180.	215.	230.	240.	290.	1150.
1900-S	190.	245.	290.	450.	1350.	4000.
1901	175.	205.	225.	235.	250.	975.
1901-O	180.	225.	270.	320.	750.	2900.
1901-S	175.	205.	225.	235.	250.	1050.
1902	180.	225.	235.	250.	275.	1150.
1902-S	175.	205.	230.	240.	265.	1050.
1903	180.	225.	240.	260.	295.	1150.
1903-O	175.	205.	225.	310.	565.	2800.
1903-S	205.	250.	290.	340.	385.	1125.
1904	180.	210.	230.	240.	285.	1050.
1904-O	210.	255.	295.	330.	585.	2900.
1905	180.	220.	240.	250.	265.	1025.
1905-S	215.	245.	280.	400.	2500.	6000.
1906	180.	220.	240.	250.	275.	1750.
1906-D	175.	205.	225.	235.	280.	975.
1906-O	205.	250.	275.	375.	650.	3250.
1906-S	205.	245.	275.	340.	675.	3000.
1907	175.	205.	225.	235.	250.	975.
1907-D	190.	225.	250.	275.	305.	1200.
1907-S	245.	270.	315.	425.	1250.	3050.

— Insufficient pricing data	* None issued	FV = Face Value

$10 GOLD EAGLES

$10 eagle

Indian Head eagle index chart

Indian Head

Date of authorization: Jan. 18, 1837
Dates of issue: 1907-1933
Designer: Augustus Saint-Gaudens
Engraver: Charles Barber
Diameter (Millimeters/inches):
  27.00mm/1.07 inches
Weight (Grams/ounces):
  16.718 grams/0.5375 ounce
Metallic content: 90% gold, 10% copper
Weight of pure gold:
  15.0462 grams/0.48375 ounce
Edge: Starred

	F-12	VF-20	EF-40	AU-50	MS-60	MS-63	MS-64	MS-65
1907 Wire Rim, Periods	——	——	——	6750.	10000.	17000.	32500.	72500.
1907 Rolled Rim, Periods ..	——	——	——	——	——	——	62500.	150000.
1907 No Periods	385.	400.	410.	430.	545.	1850.	3500.	9250.
1908 No Motto	395.	420.	445.	590.	950.	3300.	5000.	14500.

— Insufficient pricing data	* None issued	FV = Face Value

$10 eagle, Indian Head (continued)

	F-12	VF-20	EF-40	AU-50	MS-60	MS-63	MS-64	MS-65
1908-D No Motto	395.	420.	440.	525.	790.	3250.	12000.	55000.
1908 Motto	395.	400.	405.	420.	470.	1150.	2600.	6500.
1908-D	415.	440.	465.	490.	725.	2650.	11900.	19000.
1908-S	400.	450.	485.	875.	3100.	8750.	18500.	35000.
1909	385.	410.	430.	445.	500.	1300.	5250.	24500.
1909-D	395.	420.	435.	480.	735.	2700.	16000.	70000.
1909-S	405.	430.	440.	565.	1150.	3750.	8000.	45000.
1910	395.	400.	405.	410.	445.	815.	2400.	6450.
1910-D	395.	400.	405.	410.	445.	800.	2150.	6450.
1910-S	395.	405.	410.	550.	1000.	4250.	23500.	77500.
1911	370.	380.	390.	405.	445.	800.	2150.	6250.
1911-D	425.	455.	575.	975.	5000.	15000.	29000.	140000.
1911-S	380.	395.	410.	660.	2150.	3750.	6500.	11500.
1912	380.	390.	400.	410.	445.	825.	2150.	8500.
1912-S	395.	410.	425.	500.	1350.	4450.	15000.	72500.
1913	370.	380.	390.	405.	445.	850.	2150.	8000.
1913-S	430.	485.	575.	1050.	6500.	17000.	65000.	155000.
1914	375.	385.	400.	410.	450.	1200.	2750.	10500.
1914-D	370.	380.	390.	405.	485.	900.	3600.	15500.
1914-S	385.	405.	405.	460.	950.	4800.	13000.	29500.
1915	375.	395.	400.	405.	460.	850.	2150.	6450.
1915-S	405.	410.	420.	700.	2350.	17500.	70000.	165000.
1916-S	365.	370.	380.	425.	900.	3750.	11000.	25500.
1920-S	4500.	5000.	6250.	9000.	18000.	38000.	57500.	95000.
1926	365.	375.	390.	400.	430.	785.	2125.	5800.
1930-S	—	—	—	6250.	12500.	20000.	35000.	72500.
1932	365.	375.	390.	400.	430.	775.	2100.	5750.
1933	—	—	—	—	60000.	100000.	250000.	575000.

$20 double eagle

Coronet double eagle index chart

— Insufficient pricing data	* None issued	FV = Face Value

Coronet

Date of authorization: March 3, 1849
Dates of issue: 1850-1907
Designer: James B. Longacre
Engraver: James B. Longacre
Diameter (Millimeters/inches): 34.29mm/1.35 inches
Weight (Grams/ounces): 33.436 grams/1.07499 ounce
Metallic content:
(1850-1873): 90% gold, 10% copper and silver
(1873-1907): 90% gold, 10% copper
Weight of pure gold: 30.0924 grams/0.96749 ounce
Edge: Reeded

	F-12	VF-20	EF-40	AU-50	MS-60	MS-63
1849 One Specimen U.S. Mint collection						
1850 No Motto	445.	470.	620.	1050.	3400.	35000.
1850-O	510.	575.	1050.	3100.	—	—
1851	450.	475.	550.	850.	2950.	30000.
1851-O	500.	545.	735.	2000.	11000.	40000.
1852	485.	520.	545.	810.	3150.	17000.
1852-O	505.	540.	635.	2100.	9750.	37500.
1853	450.	460.	530.	810.	6500.	24500.
1853/2	540.	565.	1100.	3000.	—	—
1853-O	540.	555.	950.	3750.	15000.	—
1854	460.	485.	570.	960.	8000.	—
1854-O	—	14000.	26000.	60000.	—	—
1854-S	485.	545.	635.	1025.	4400.	18000.
1855	485.	485.	555.	1075.	8850.	36500.
1855-O	1900.	2750.	5300.	16500.	—	—
1855-S	445.	460.	545.	1040.	9750.	—
1856	445.	460.	530.	1150.	7000.	38500.
1856-O	—	15000.	27500.	62500.	—	—
1856-S	445.	460.	525.	800.	6300.	27500.
1857	485.	520.	580.	950.	5750.	32500.
1857-O	700.	850.	1950.	4750.	—	—
1857-S	445.	460.	545.	925.	7500.	—
1858	470.	505.	615.	1375.	6500.	35000.
1858-O	825.	950.	1900.	4700.	—	—
1858-S	445.	470.	545.	1050.	8900.	30000.
1859	685.	875.	2250.	8250.	30000.	—
1859-O	1900.	2550.	5950.	9750.	—	—
1859-S	440.	465.	585.	925.	7750.	—

— Insufficient pricing data	* None issued	FV = Face Value

	F-12	VF-20	EF-40	AU-50	MS-60	MS-63
1860	470.	505.	590.	950.	7250.	25000.
1860-O	2350.	3500.	7000.	15000.	—	—
1860-S	485.	520.	595.	1550.	8500.	32500.
1861	445.	460.	520.	730.	3100.	14000.
1861-O	850.	1450.	3350.	6000.	—	—
1861-S	475.	520.	580.	1600.	8850.	36500.
1861 Paquet Reverse MS-67 $660,000	—	—	—	—	—	—
1861-S Paquet Reverse	—	4750.	8750.	22500.	—	—
1862	625.	665.	1300.	3750.	17500.	42500.
1862-S	495.	550.	785.	1600.	9250.	—
1863	470.	515.	825.	2400.	15500.	45000.
1863-S	445.	500.	580.	1350.	7750.	28500.
1864	485.	525.	900.	2100.	12500.	—
1864-S	485.	535.	900.	2850.	—	—
1865	480.	515.	565.	1200.	8000.	26500.
1865-S	445.	505.	585.	1475.	8500.	—
1866-S	665.	1475.	3400.	7000.	—	—
1866 Motto	440.	455.	635.	1500.	8750.	31500.
1866-S Motto	455.	525.	775.	3250.	—	—
1867	395.	420.	465.	720.	1375.	25000.
1867-S	455.	475.	740.	1750.	—	—
1868	540.	545.	925.	2350.	10500.	36500.
1868-S	440.	490.	735.	1850.	8900.	—
1869	440.	480.	775.	2150.	8500.	31000.
1869-S	425.	475.	595.	1100.	5800.	32500.
1870	455.	505.	975.	2300.	9000.	—
1870-CC	15000.	21000.	35000.	—	—	—
1870-S	420.	430.	560.	1025.	5750.	33500.
1871	480.	565.	1350.	2550.	6250.	27500.
1871-CC	1250.	1800.	4400.	12000.	—	—
1871-S	420.	430.	530.	1025.	5750.	30000.
1872	405.	430.	455.	865.	4600.	28500.
1872-CC	725.	850.	1600.	4750.	13000.	—
1872-S	440.	455.	525.	925.	2850.	—
1873 Closed 3	625.	700.	890.	2100.	7750.	—
1873 Open 3	395.	415.	440.	490.	775.	13500.
1873-CC	675.	890.	1550.	4500.	—	—
1873-S Closed 3	440.	455.	475.	600.	2000.	31000.
1873-S Open 3	505.	570.	660.	1575.	7250.	—
1874	455.	480.	515.	750.	1850.	24000.
1874-CC	470.	585.	825.	2100.	8500.	—
1874-S	415.	440.	485.	700.	1800.	26000.
1875	455.	480.	495.	570.	1050.	—
1875-CC	460.	585.	690.	1175.	2200.	24500.
1875-S	415.	440.	465.	550.	975.	26500.
1876	405.	430.	455.	515.	850.	12500.
1876-CC	460.	585.	830.	1350.	6000.	35000.
1876-S	405.	430.	470.	500.	850.	18500.
1877 TWENTY DOLLARS	425.	450.	495.	545.	775.	4000.
1877-CC	470.	600.	885.	1650.	7500.	32500.
1877-S	395.	420.	445.	520.	1050.	3750.
1878	410.	435.	475.	530.	1025.	10000.
1878-CC	615.	750.	1800.	4500.	—	—
1878-S	405.	430.	470.	545.	1500.	8500.
1879	425.	450.	510.	555.	1650.	8000.
1879-CC	625.	825.	1750.	5350.	—	—
1879-O	2000.	2650.	3500.	11500.	27500.	—
1879-S	410.	435.	475.	600.	1650.	7750.
1880	425.	450.	530.	1000.	4000.	23500.

— Insufficient pricing data	* None issued	FV = Face Value

	F-12	VF-20	EF-40	AU-50	MS-60	MS-63
1880-S	425.	450.	540.	775.	2750.	6500.
1881	2050.	3400.	6350.	14000.	—	—
1881-S	425.	450.	535.	775.	2300.	6400.
1882	—	6500.	14500.	24500.	—	—
1882-CC	520.	585.	735.	1350.	4650.	9000.
1882-S	410.	435.	470.	655.	1375.	7000.
*1883 Proofs Only - Prf 60 $32500 Prf 63 $57500 Prf 64 $115000 Prf 65 $230000.						
1883-CC	550.	590.	730.	1250.	4250.	8500.
1883-S	440.	465.	475.	515.	775.	3500.
1884 Proofs Only - Prf 60 $30000 Prf 63 $50000 Prf 64 $100000 Prf 65 $225000.						
1884-CC	525.	590.	735.	1150.	3350.	8250.
1884-S	400.	425.	435.	445.	675.	6000.
1885	—	—	7000.	12500.	32500.	—
1885-CC	850.	1100.	1600.	3500.	9500.	26000.
1885-S	405.	430.	460.	480.	700.	5850.
1886	—	5850.	12000.	25000.	—	—
1887 Proofs Only - Prf 60 $25000 Prf 63 $40000 Prf 64 $82500 Prf 65 $175000.						
1887-S	405.	450.	475.	505.	825.	3600.
1888	410.	435.	485.	625.	1250.	6250.
1888-S	410.	435.	465.	485.	585.	3450.
1889	410.	435.	475.	630.	1225.	5250.
1889-CC	575.	650.	780.	1500.	4350.	9500.
1889-S	405.	430.	465.	490.	750.	3500.
1890	425.	450.	480.	610.	1175.	3350.
1890-CC	515.	600.	700.	1100.	4850.	9750.
1890-S	425.	450.	495.	655.	1400.	3750.
1891	—	3250.	5250.	9000.	—	—
1891-CC	1050.	1475.	2800.	5600.	12500.	32500.
1891-S	385.	410.	430.	450.	495.	2200.
1892	750.	950.	1500.	2650.	8000.	20500.
1892-CC	530.	610.	725.	1550.	4400.	9650.
1892-S	405.	430.	440.	445.	550.	2500.
1893	395.	420.	430.	470.	585.	4000.
1893-CC	565.	645.	735.	1350.	3300.	6750.
1893-S	405.	430.	440.	465.	570.	2050.
1894	385.	410.	430.	445.	465.	1700.
1894-S	395.	420.	440.	465.	610.	1750.
1895	375.	400.	430.	435.	460.	700.
1895-S	385.	410.	440.	485.	615.	1175.
1896	385.	410.	440.	445.	460.	1150.
1896-S	395.	420.	440.	485.	535.	2000.
1897	385.	410.	430.	445.	460.	1250.
1897-S	385.	410.	430.	460.	490.	1150.
1898	415.	450.	465.	535.	850.	4000.
1898-S	375.	400.	415.	425.	450.	675.
1899	375.	400.	415.	425.	450.	650.
1899-S	385.	410.	420.	460.	490.	1850.
1900	375.	400.	415.	425.	450.	650.
1900-S	375.	400.	415.	425.	490.	2500.
1901	375.	400.	415.	430.	500.	650.
1901-S	405.	430.	440.	465.	555.	1325.
1902	405.	430.	440.	625.	1475.	3850.
1902-S	400.	425.	460.	480.	555.	1850.
1903	375.	400.	415.	425.	450.	650.
1903-S	395.	420.	440.	465.	505.	850.
1904	375.	395.	410.	420.	445.	640.
1904-S	375.	400.	415.	425.	455.	650.
1905	410.	435.	480.	800.	1550.	5000.
1905-S	405.	430.	440.	465.	535.	1450.
1906	405.	430.	440.	675.	1100.	3300.
1906-D	395.	420.	430.	445.	515.	1000.

▼ $20 GOLD DOUBLE EAGLES ▼

— Insufficient pricing data   • None issued   FV = Face Value

$20 double eagle, Coronet (continued)

	F-12	VF-20	EF-40	AU-50	MS-60	MS-63
1906-S	385.	410.	420.	435.	460.	1250.
1907	375.	400.	415.	425.	450.	650.
1907-D	385.	410.	420.	435.	460.	650.
1907-S	380.	405.	415.	430.	475.	825.

$20 double eagle
Saint-Gaudens index chart

— Insufficient pricing data   * None issued   FV = Face Value

Saint-Gaudens

Date of authorization: March 3, 1849
Dates of issue: 1907-1933
Designer: Augustus Saint-Gaudens
Engraver: Charles Barber
Diameter (Millimeters/inches): 34.29mm/1.35 inches
Weight (Grams/ounces): 33.436 grams/1.07499 ounces
Metallic content: 90% gold, 10% copper
Weight of pure gold: 30.0924 grams/0.96749 ounce
Edge: Lettered (E PLURIBUS UNUM, with stars dividing words)

	F-12	VF-20	EF-40	AU-50	MS-60	MS-63	MS-64	MS-65
1907 Extremely High Relief Proofs Only	*	*	*	*	*		*400000.	
1907 High Relief, Roman Numerals, Wire Rim	2400.	2700.	3150.	4000.	5500.	9750.	14500.	30000.
1907 High Relief, Roman Numerals, Flat Rim	2450.	2750.	3250.	4050.	5550.	10000.	14750.	31000.
1907	380.	395.	400.	420.	490.	750.	1750.	3500.
1908	380.	395.	400.	420.	450.	550.	650.	1600.
1908-D	405.	420.	435.	455.	480.	975.	2850.	29500.
1908 Motto	390.	405.	425.	445.	650.	1650.	4000.	26500.
1908-D Motto	405.	420.	435.	450.	465.	1025.	2200.	11000.
1908-S Motto	455.	505.	900.	1350.	3500.	14500.	23500.	47500.
1909/8	385.	405.	445.	565.	1250.	7250.	19500.	39500.
1909	405.	420.	445.	460.	585.	14000.	25000.	50000.
1909-D	425.	445.	490.	850.	1500.	4500.	9500.	40000.
1909-S	380.	395.	400.	430.	465.	540.	960.	4350.
1910	380.	395.	400.	430.	515.	750.	2850.	9500.
1910-D	380.	395.	400.	430.	455.	650.	875.	3750.
1910-S	380.	395.	400.	430.	500.	665.	3000.	30000.
1911	380.	395.	405.	460.	675.	2000.	5000.	18500.
1911-D	380.	395.	405.	430.	480.	540.	975.	1850.
1911-S	380.	395.	405.	445.	535.	675.	1550.	4100.
1912	380.	395.	405.	485.	650.	3500.	6500.	20500.
1913	380.	395.	405.	435.	625.	4750.	8750.	42500.
1913-D	380.	395.	400.	425.	530.	925.	1900.	6250.
1913-S	400.	415.	500.	750.	1350.	6250.	15000.	50000.
1914	380.	395.	405.	440.	600.	3050.	7250.	20000.

— Insufficient pricing data	* None issued	FV = Face Value

$20 double eagle, Saint-Gaudens (continued)

	F-12	VF-20	EF-40	AU-50	MS-60	MS-63	MS-64	MS-65
1914-D	380.	395.	405.	435.	505.	600.	785.	3850.
1914-S	380.	395.	400.	425.	500.	575.	800.	3950.
1915	390.	405.	415.	435.	575.	2950.	5150.	19500.
1915-S	380.	395.	410.	440.	500.	600.	785.	2750.
1916-S	380.	395.	405.	425.	495.	675.	875.	1625.
1920	380.	395.	410.	450.	545.	1350.	4450.	35000.
1920-S	——	——	6000.	9000.	14000.	30000.	50000.	——
1921	——	——	7500.	11000.	26500.	97500.	200000.	525000.
1922	380.	395.	400.	425.	465.	560.	1450.	8250.
1922-S	410.	420.	465.	540.	900.	2000.	6500.	37500.
1923	380.	395.	400.	420.	450.	565.	1850.	12500.
1923-D	380.	395.	400.	420.	470.	545.	810.	1525.
1924	380.	395.	400.	420.	450.	530.	615.	1475.
1924-D	——	——	925.	1250.	2000.	7500.	16500.	45000.
1924-S	——	——	950.	1950.	4500.	26000.	57500.
1925	380.	395.	400.	420.	475.	510.	615.	1475.
1925-D	——	——	——	1250.	2300.	6500.	26500.	52500.
1925-S	——	——	900.	1300.	2600.	14000.	27000.	80000.
1926	380.	395.	400.	420.	470.	550.	630.	1575.
1926-D	——	——	——	1275.	2500.	13500.	28500.	95000.
1926-S	——	——	——	900.	1800.	3750.	8500.	67500.
1927	380.	395.	400.	420.	450.	525.	615.	1450.
1927-D	——	——	——	——	——	275000.	375000.	850000.
1927-S	——	——	——	4750.	9000.	31000.	60000.	110000.
1928	380.	395.	400.	420.	450.	530.	625.	1450.
1929	——	——	——	9000.	12500.	19500.	30000.	100000.
1930-S	——	——	——	——	16000.	37500.	72500.	150000.
1931	——	——	——	——	14000.	27500.	32500.	72500.
1931-D	——	——	——	——	15500.	35000.	55000.	90000.
1932	——	——	——	——	12000.	19000.	27500.	60000.
1933 Not officially issued								

— Insufficient pricing data   * None issued   FV = Face Value

Commemorative silver, clad

Commemorative half index chart

Half dollars except as noted

	EF-40	AU-50	MS-60	MS-63	MS-64	MS-65
1892 Columbian Exposition	20.25	37.50	92.50	685.	1450.	4000.
1893 Columbian Exposition	18.00	35.00	80.00	425.	1300.	3750.
1893 Isabella quarter dollar	175.	205.	340.	1550.	2600.	5500.
1900 Lafayette $1	250.	290.	500.	1500.	4250.	10500.
1915-S Panama-Pacific Expo	175.	220.	350.	625.	1300.	3250.
1918 Illinois 100th	55.00	67.50	75.00	120.	220.	1250.
1920 Maine 100th	60.00	72.50	105.	165.	270.	1150.
1920 Pilgrim 300th	35.00	40.00	55.00	65.00	130.	700.
1921 Pilgrim 300th	70.00	75.00	90.00	165.	280.	1000.
1921 Alabama 100th, 2x2	100.	125.	215.	535.	1700.	4850.
1921 Alabama 100th, No 2x2	62.50	70.00	175.	500.	1500.	4650.
1921 Missouri 100th, No 2*4	180.	220.	295.	685.	2250.	9250.
1921 Missouri 100th, 2*4	205.	265.	365.	925.	2150.	9500.
1922 Grant Memorial, No Star	72.50	80.00	87.50	185.	375.	1550.
1922 Grant Memorial, Star	300.	375.	700.	1550.	4000.	12500.
1923-S Monroe Doctrine 100th	23.50	27.50	50.00	175.	475.	3500.
1924 Huguenot-Walloon 300th	55.00	65.00	85.00	140.	255.	860.
1925 Lexington-Concord 150th	40.00	45.00	55.00	130.	225.	1200.
1925 Stone Mountain Memorial	29.00	31.50	37.00	55.00	75.00	265.
1925-S California 75th	85.00	92.50	125.	180.	390.	975.
1925 Fort Vancouver 100th	190.	215.	275.	375.	485.	1250.
1926 American Indep 150th	56.50	60.00	65.00	175.	650.	7000.
1926 Oregon Trail Memorial	80.00	85.00	95.00	130.	160.	325.
1926-S Oregon Trail Memorial	87.50	97.50	100.	135.	155.	280.
1928 Oregon Trail Memorial	100.	115.	135.	150.	265.	425.
1933-D Oregon Trail Memorial	145.	175.	250.	280.	330.	450.
1934-D Oregon Trail Memorial	97.50	115.	150.	175.	235.	500.
1936 Oregon Trail Memorial	87.50	95.00	115.	140.	165.	300.
1936-S Oregon Trail Memorial	100.	115.	145.	170.	200.	350.
1937-D Oregon Trail Memorial	92.50	100.	130.	150.	165.	325.

— Insufficient pricing data   * None issued   FV = Face Value

Commemorative silver, clad (continued)

	EF-40	AU-50	MS-60	MS-63	MS-64	MS-65
1938 Oregon Trail Mem PDS set	——	——	375.	675.	800.	1350.
1939 Oregon Trail Mem PDS set	——	——	875.	1250.	1500.	2450.
1927 Bennington VT 150th	110.	130.	150.	210.	425.	925.
1928 Hawaii 150th	575.	625.	850.	1650.	2600.	7000.
1934 Boone 200th	65.00	70.00	82.50	97.50	130.	195.
1935 Boone 200th Set, Small 4	——	——	500.	800.	1250.	1750.
1935 Boone 200th PDS set	——	——	265.	340.	380.	600.
1936 Boone 200th PDS set	——	——	265.	340.	370.	550.
1937 Boone 200th PDS set	——	——	325.	575.	800.	1250.
1938 Boone 200th PDS set	——	——	550.	875.	1350.	2150.
1934 Maryland 300th	95.00	105.	115.	175.	245.	500.
1934 Texas 100th	77.50	82.50	92.50	110.	135.	190.
1935 Texas 100th PDS set	——	——	265.	300.	350.	570.
1936 Texas 100th PDS set	——	——	270.	310.	355.	565.
1937 Texas 100th PDS set	——	——	275.	385.	455.	675.
1938 Texas 100th PDS set	——	——	425.	675.	750.	1350.
1935 Arkansas 100th PDS set	——	——	195.	260.	365.	1150.
1936 Arkansas 100th PDS set	——	——	195.	265.	375.	1250.
1936 Arkansas 100th single	50.00	55.00	62.50	82.50	110.	350.
1937 Arkansas 100th PDS set	——	——	205.	285.	445.	1500.
1938 Arkansas 100th PDS set	——	——	290.	525.	875.	2750.
1939 Arkansas 100th PDS set	——	——	675.	1000.	1500.	3350.
1935 Connecticut 300th	165.	180.	215.	255.	350.	770.
1935 Hudson, N.Y., 300th	240.	275.	385.	525.	725.	2300.
1935-S San Diego, Cal-Pac Expo	55.00	57.50	65.00	70.00	85.00	180.
1936-D San Diego, Cal-Pac Expo	52.50	55.00	65.00	72.50	95.00	190.
1935 Old Spanish Trail 1535-1935	485.	525.	625.	700.	825.	1200.
1936 Albany NY	175.	195.	215.	245.	270.	575.
1936 Bridgeport, Conn., 100th	85.00	95.00	110.	135.	170.	365.
1936 Cincinnati Music PDS set	——	——	675.	875.	1450.	3000.
1936 Cincinnati Music single	175.	190.	225.	260.	410.	885.
1936 Cleveland Gt Lakes Expo	55.00	60.00	65.00	85.00	110.	360.
1936 Columbia SC 150th PDS set	——	——	525.	625.	675.	775.
1936 Columbia SC 150th single	165.	180.	210.	220.	230.	250.
1936 Delaware 300th	160.	185.	210.	225.	275.	525.
1936 Elgin, Ill., 100th	150.	160.	190.	220.	260.	410.
1936 Battle/Gettysburg 1863-1938	160.	180.	225.	245.	300.	775.
1936 Long Island 300th	54.50	59.50	66.50	77.50	130.	700.
1936 Lynchburg, Va., 150th	120.	135.	180.	215.	250.	440.
1936 Norfolk, Va., 200th	365.	380.	410.	425.	445.	475.
1936 Rhode Island 300th single	65.00	67.50	75.00	87.50	115.	325.
1936 Rhode Island 300th PDS set	——	——	235.	265.	350.	1250.
1936 Arkansas 100th (Robinson)	60.00	67.50	75.00	87.50	175.	675.
1936-S San Francisco-Oakland Bay Bridge	77.50	85.00	95.00	135.	190.	410.
1936 Wisconsin 100th	155.	165.	195.	215.	235.	280.
1936 York County, Maine, 100th	145.	150.	175.	195.	220.	275.
1937 Battle/Antietam 1862-1937	190.	230.	300.	385.	435.	675.
1937 Roanoke Isl NC 1587-1937	120.	140.	175.	210.	230.	425.
1938 New Rochelle NY 1688-1938	220.	240.	270.	325.	365.	525.
1946 Iowa 100th	52.50	57.50	75.00	85.00	100.	155.
1946 B.T. Washington PDS set	——	——	38.50	57.50	72.50	300.
1946 B.T. Washington single	11.00	11.50	13.00	19.00	24.00	65.00
1947 B.T. Washington PDS set	——	——	40.00	60.00	75.00	425.
1948 B.T. Washington PDS set	——	——	75.00	120.	140.	350.
1949 B.T. Washington PDS set	——	——	165.	235.	250.	415.
1950 B.T. Washington PDS set	——	——	67.50	125.	150.	350.
1951 B.T. Washington PDS set	——	——	55.00	95.00	145.	375.
1951 Washington-Carver PDS set	——	——	38.50	62.50	105.	775.

—— Insufficient pricing data   * None issued   FV = Face Value

	EF-40	AU-50	MS-60	MS-63	MS-64	MS-65
1951 Washington-Carver single	10.50	11.00	13.50	19.50	30.00	85.00
1952 Washington-Carver PDS single	——	——	40.00	67.50	135.	625.
1953 Washington-Carver PDS set	——	——	41.50	75.00	155.	850.
1954 Washington-Carver PDS set	——	——	42.50	72.50	105.	775.

	MS-60	MS-63	MS-64	MS-65	PF-65
1982-D Washington half dollar	7.75	8.00	8.25	9.00	*
1982-S Washington half dollar	*	*	*	*	7.50
1983-P Olympic dollar	18.50	19.50	20.00	22.50	*
1983-D Olympic dollar	29.00	30.50	31.00	32.50	*
1983-S Olympic dollar	23.00	24.50	25.00	26.00	17.50
1984-P Olympic dollar	22.50	23.50	24.00	26.00	*
1984-D Olympic dollar	67.50	70.00	72.50	80.00	*
1984-S Olympic dollar	37.50	38.50	40.00	45.00	17.00
1986-D Immigrant clad half dollar	6.75	6.85	7.00	7.50	*
1986-S Immigrant clad half dollar	*	*	*	*	7.75
1986-P Ellis Island dollar	18.00	19.00	20.00	21.50	*
1986-S Ellis Island dollar	*	*	*	*	15.00
1987-P Constitution dollar	12.00	13.00	13.50	14.50	*
1987-S Constitution dollar	*	*	*	*	14.00
1988-D Olympic dollar	20.00	21.00	22.50	25.00	*
1988-S Olympic dollar	*	*	*	*	14.00
1989-D Congress clad half dollar	10.00	11.00	11.50	12.50	*
1989-S Congress clad half dollar	*	*	*	*	9.50
1989-D Congress dollar	32.50	35.00	——	——	*
1989-S Congress dollar	*	*	*	*	34.00
1990-W Eisenhower dollar	31.00	32.00	32.50	33.75	*
1990-P Eisenhower dollar	*	*	*	*	31.00
1991-D Mount Rushmore clad half dollar	——	——	——	——	*
1991-S Mount Rushmore clad half dollar	*	*	*	*	——
1991-P Mount Rushmore dollar	——	——	——	——	*
1991-S Mount Rushmore dollar	*	*	*	*	——
1991-D Korean War Memorial dollar	*	——	——	——	*
1991-P Korean War Memorial dollar	*	*	*	*	——
1991-D USO 50th Anniversary dollar	——	——	——	——	*
1991-S USO 50th Anniversary dollar	*	*	*	*	——

◀ COMMEMORATIVES ▶

— Insufficient pricing data	* None issued	FV = Face Value

Commemorative gold

Commemorative gold index chart

Commemorative gold

	EF-40	AU-50	MS-60	MS-63	MS-64	MS-65
1903 Louisiana Pur Jefferson $1	290.	375.	525.	800.	1550.	3000.
1903 Louisiana Pur McKinley $1	280.	360.	490.	950.	1600.	2950.
1904 Lewis & Clark Expo $1	400.	475.	1100.	2500.	3750.	7500.
1905 Lewis & Clark Expo $1	410.	490.	1300.	4250.	8500.	22500.
1915-S Panama-Pacific Expo $1	275.	335.	425.	875.	1300.	2850.
1915-S Panama-Pacific Expo $2.50	725.	950.	1300.	1950.	2850.	4650.
1915-S Panama-Pacific Exposition $50 Round	17000.	19500.	25000.	32500.	50000.	97500.
1915-S Panama-Pacific Exposition $50 Octagonal	13500.	16000.	20500.	27500.	45000.	87500.
1916 McKinley Memorial $1	265.	365.	525.	725.	1400.	3150.
1917 McKinley Memorial $1	300.	390.	575.	925.	1475.	4000.
1922 Grant Memorial, Star $1	1050.	1150.	1400.	1600.	1900.	2750.
1922 Grant Mem, No Star $1	1000.	1200.	1450.	1700.	1950.	2850.
1926 American Indep 150th $2.50	240.	315.	400.	700.	1350.	7000.

	MS-60	MS-63	MS-64	MS-65	PF-65
1984-P Olympic Torch eagle	*	*	*	*	340.
1984-D Olympic Torch eagle	*	*	*	*	265.
1984-S Olympic Torch eagle	*	*	*	*	250.
1984-W Olympic Torch eagle	215.	220.	225.	230.	210.
1986-W Statue of Liberty $5	140.	145.	150.	180.	195.
1987-W Constitution $5	105.	107.	110.	120.	115.
1988-W Olympic $5	130.	135.	140.	150.	135.
1989-W Congress Bicentennial $5	175.	180.	190.	200.	180.
1991-W Mount Rushmore $5	––	––	––	––	––

— Insufficient pricing data   * None issued   FV = Face Value

Proof sets

Year	Price range	
1936	3400.	4500.
1937	1900.	2400.
1938	1000.	1300.
1939	825.	1100.
1940	750.	1000.
1941	700.	950.
1942 5-piece	700.	935.
1942 6-piece	750.	1100.
1950	400.	500.
1951	265.	300.
1952	175.	200.
1953	105.	130.
1954	52.50	67.50
1955 Flat	58.00	65.00
1956	21.00	27.50
1957	12.00	14.75
1958	18.00	22.00
1959	13.00	14.75
1960	10.50	12.75
1960 Small Date cent	18.00	24.00
1961	8.65	10.50
1962	8.65	10.50
1963	8.75	11.00
1964	8.75	10.50
1968-S	7.25	10.00
1969-S	6.75	8.00
1970-S	8.30	10.00
1971-S	5.25	7.00
1972-S	5.25	7.00
1973-S	10.00	12.50

Year	Price range	
1974-S	8.50	10.00
1975-S	8.75	9.50
1976-S	8.50	9.75
1976-S Bicentennial 3-piece	12.00	16.50
1977-S	9.00	11.00
1978-S	9.75	12.25
1979-S Filled S	9.25	11.50
1979-S Clear S	60.00	69.00
1980-S	8.75	10.00
1981-S Filled S	9.25	11.50
1981-S Clear S	275.	330.
1982-S	7.50	8.65
1983-S	7.50	8.75
1983-S Prestige	68.50	92.50
1984-S	13.00	16.00
1984-S Prestige	35.00	55.00
1985-S	8.50	11.00
1986-S	24.00	29.00
1986-S Bicentennial	27.50	39.00
1987-S	8.25	10.00
1987-S Prestige	19.00	30.00
1988-S	9.00	13.75
1988-S Prestige	48.00	70.00
1989-S	8.75	10.50
1989-S Prestige	57.00	75.00
1990-S	9.25	11.00
1990-S Prestige	41.50	57.50
1991-S	9.75	11.50
1991-S Prestige	—	—

Year sets

	Phila.	Denver	San Fr.	Price	Range
1940	190.	70.00	170.	300.	430.
1941	115.	175.	290.	400.	580.
1942	90.00	190.	215.	350.	495.
1943	110.	220.	210.	375.	540.
1944	70.00	125.	115.	200.	310.
1945	80.00	100.	95.00	150.	275.
1946	70.00	65.00	85.00	140.	220.

Uncirculated Mint sets

	Phila.	Denver	San Fr.	Price	Range
1947 Double set	350.	330.	60.00	650.	740.
1948 Double set	120.	105.	42.50	190.	235.
1949 Double set	150.	165.	310.	575.	625.
1950 No Sets Issued					
1951 Double set	50.00	175.	125.	300.	350.
1952 Double set	25.00	52.50	195.	215.	270.
1953 Double set	115.	30.00	80.00	180.	225.
1954 Double set	37.50	32.50	55.00	100.	125.

— Insufficient pricing data	* None issued	FV = Face Value

Uncirculated Mint sets (continued)

	Phila.	Denver	San Fr.	Price	Range
1955 Double set	52.50	17.50	5.00	65.00	75.00
1956 Double set	42.50	27.50	*	55.00	70.00
1957 Double set	45.00	46.00	*	75.00	90.00
1958 Double set	43.50	36.00	*	65.00	79.50
1959 Single set	9.50	10.00	*	17.00	19.50
1960	7.70	7.80	*	12.60	15.50
1961	7.50	7.50	*	13.00	15.00
1962	9.75	9.75	*	17.50	19.50
1963	7.50	8.50	*	14.50	16.00
1964	4.45	4.55	*	7.60	9.00

Year	Price range	
1965 Special Mint Sets	3.75	4.75
1966 Special Mint Sets	3.80	5.00
1967 Special Mint Sets	5.80	7.00
1968 (PD&S)	2.45	3.75
1969 (PD&S)	3.35	4.00
1970 (PD&S)	11.00	13.50
1971 (PD&S)	2.80	4.20
1972 (PD&S)	2.70	4.00
1973 (PD&S)	6.30	8.75
1974 (PD&S)	4.55	6.00
1975	5.25	6.50
1976-S 3-piece 40% silver	8.00	12.00

Year	Price range	
1976	4.75	6.25
1977	4.40	5.75
1978	4.30	5.50
1979	4.50	6.00
1980	4.60	5.85
1981	5.80	7.50
1984	10.00	12.00
1985	10.50	12.25
1986	25.00	30.00
1987	4.00	5.75
1988	6.25	8.00
1989	5.70	6.50
1990	7.00	8.25
1991	8.00	11.00

Brilliant Uncirculated rolls

	1¢	5¢	10¢	25¢	50¢
1934	205.	2950.	1800.	1700.	1650.
1934-D	1300.	4750.	4900.	4500.	—
1935	110.	1100.	950.	1150.	1350.
1935-D	200.	3000.	3650.	4550.	3750.
1935-S	465.	1950.	1750.	3600.	5850.
1936	75.00	925.	900.	1250.	1200.
1936-D	175.	1150.	2350.	—	2250.
1936-S	150.	1400.	1400.	2500.	3050.
1937	40.00	850.	775.	1350.	1250.
1937-D	90.00	950.	1850.	1750.	3850.
1937-S	92.50	900.	1300.	4350.	3250.
1938	70.00	85.00	1350.	2000.	1800.
1938-D	85.00	135.	1800.	*	—
1938-D Bison	*	825.	*	*	*
1938-S	75.00	145.	1800.	2150.	*
1939	31.00	47.50	750.	600.	1350.
1939-D	125.	1650.	750.	850.	1350.
1939-S	55.00	775.	1550.	2300.	2650.
1940	41.00	22.00	460.	600.	1150.
1940-D	52.50	72.50	750.	2100.	*
1940-S	42.50	85.00	740.	625.	1350.
1941	52.00	26.50	385.	250.	1050.
1941-D	115.	72.50	750.	775.	1650.
1941-S	95.00	97.50	550.	825.	3750.
1942	30.00	47.50	385.	275.	1050.

— Insufficient pricing data	* None issued	FV = Face Value

	1¢	5¢	10¢	25¢	50¢
1942-P	*	325.	*	*	*
1942-D	23.50	640.	775.	425.	1700.
1942-S	190.	275.	950.	3000.	2350.
1943	32.00	95.00	385.	215.	1050.
1943-D	48.00	75.00	650.	575.	2250.
1943-S	82.50	120.	800.	1050.	1850.
1944	30.00	125.	375.	140.	1050.
1944-D	13.00	290.	550.	340.	1350.
1944-S	13.50	185.	465.	325.	1450.
1945	19.00	160.	350.	125.	1050.
1945-D	15.00	115.	385.	300.	1300.
1945-S	15.00	85.00	435.	215.	1300.
1946	18.00	26.00	37.50	210.	1200.
1946-D	8.00	24.50	40.00	135.	1000.
1946-S	18.00	15.00	90.00	135.	1500.
1947	52.50	15.50	57.50	245.	1450.
1947-D	7.50	30.00	95.00	200.	1200.
1947-S	19.00	11.00	110.	185.	*
1948	25.50	13.50	260.	150.	475.
1948-D	16.00	45.00	185.	180.	190.
1948-S	25.00	14.00	145.	220.	*
1949	27.00	16.50	525.	675.	1150.
1949-D	24.50	24.50	250.	305.	1025.
1949-S	67.00	50.00	900.	*	1950.
1950	24.00	28.00	105.	155.	1100.
1950-D	9.75	235.	85.00	165.	575.
1950-S	23.50	*	550.	250.	*
1951	26.50	32.50	45.00	165.	290.
1951-D	10.75	21.00	60.00	115.	835.
1951-S	29.00	47.50	340.	465.	750.
1952	21.00	32.50	67.50	82.50	200.
1952-D	7.75	36.50	45.00	120.	185.
1952-S	25.00	23.50	185.	315.	785.
1953	6.50	4.90	72.50	110.	550.
1953-D	6.75	4.85	47.50	52.50	200.
1953-S	13.50	10.50	32.50	115.	475.
1954	18.00	5.25	25.00	47.50	140.
1954-D	5.50	5.50	32.50	50.00	105.
1954-S	5.50	6.75	24.50	60.00	155.
1955	5.00	8.75	40.00	65.00	160.
1955-D	2.50	3.85	25.00	75.00	*
1955-S	11.25	*	24.00	*	*
1956	3.25	4.50	23.50	43.50	130.
1956-D	2.50	3.75	27.00	67.50	*
1957	2.40	4.25	23.00	46.00	190.
1957-D	1.90	4.50	40.00	42.00	115.
1958	2.25	3.60	22.50	46.00	95.00
1958-D	1.80	3.25	22.00	43.00	85.00
1959	1.35	3.00	22.00	41.00	100.
1959-D	1.35	2.95	21.00	40.00	115.
1960	1.25	3.35	21.00	46.00	82.50
1960-D	1.25	3.45	20.50	41.00	82.50
1960 Small Date	82.50	*	*	*	*
1960-D Small Date	1.75	*	*	*	*
1961	1.40	3.35	25.00	41.50	82.50
1961-D	1.35	3.50	20.50	41.00	82.50
1962	1.40	3.20	20.50	41.00	77.50
1962-D	1.35	3.30	22.00	40.00	75.00
1963	1.25	3.10	20.50	40.00	55.00
1963-D	1.30	3.15	20.50	40.00	55.00

— Insufficient pricing data	* None issued	FV = Face Value

BU ROLLS

Brilliant Uncirculated rolls (continued)

	1¢	5¢	10¢	25¢	50¢
1964	1.25	3.85	20.00	40.00	40.00
1964-D	1.35	4.00	20.00	40.00	40.00
1965	2.40	3.55	7.50	14.50	22.50
1966	4.00	3.55	9.25	15.50	21.50
1967	3.75	3.65	8.75	15.75	18.50
1968	4.25	*	7.25	16.00	*
1968-D	2.75	4.50	7.25	16.50	18.00
1968-S	1.30	3.65	*	*	*
1969	10.00	*	17.00	20.00	*
1969-D	1.65	3.65	9.00	18.50	18.00
1969-S	1.75	3.40	*	*	*
1970	5.00	*	7.00	13.00	*
1970-D	2.00	3.55	7.50	13.00	245.
1970-S	1.95	4.25	*	*	*
1971	10.75	14.00	14.50	23.50	17.00
1971-D	10.00	3.50	11.00	19.00	15.00
1971-S	4.85	*	*	*	*
1972	1.90	3.65	12.75	13.25	22.50
1972-D	2.50	3.70	–9.75	14.00	20.00
1972-S	3.75	*	*	*	*
1973	1.80	5.50	8.75	14.25	17.50
1973-D	1.75	4.25	8.25	14.25	15.00
1973-S	1.85	*	*	*	*
1974	1.35	3.95	7.50	15.00	14.50
1974-D	1.35	6.25	7.50	13.00	15.00
1974-S	4.00	*	*	*	*
1975	1.40	5.50	12.00	*	*
1975-D	3.00	4.85	9.75	*	*
1976	1.75	9.75	11.25	16.50	14.50
1976-D	4.50	12.00	11.25	16.50	14.75
1976-S 40% silver BU	*	*	*	52.50	67.50
1976-S 40% silver Proof	*	*	*	72.50	125.
1977	1.90	4.50	7.00	13.50	29.00
1977-D	1.85	10.50	10.00	14.00	29.50
1978	2.90	3.50	7.25	13.50	28.00
1978-D	2.00	5.50	9.00	14.00	27.50
1979	1.35	3.50	8.00	33.00	18.00
1979-D	1.15	5.00	7.00	16.00	26.50
1980	1.40	3.75	8.00	13.00	17.00
1980-D	1.40	3.25	8.00	12.00	15.50
1981	1.35	3.00	7.00	16.00	14.50
1981-D	1.30	3.50	7.00	13.00	17.50
1982	1.75	4.25	50.00	140.	15.50
1982 Small Date Zinc	25.00	*	*	*	*
1982-D	1.75	4.50	12.00	105.	15.50
1982-D Large Date Zinc	5.25	*	*	*	*
1983	1.75	3.50	19.00	175.	14.50
1983-D	2.25	5.50	16.50	265.	14.00
1984	2.50	3.50	11.50	28.00	20.00
1984-D	7.00	4.50	12.50	37.50	16.00
1985	2.50	4.00	14.00	28.00	20.00
1985-D	1.80	5.00	10.50	135.	18.50
1986	6.00	4.75	13.75	140.	14.50
1986-D	2.25	4.50	13.75	145.	18.00
1987	2.50	3.50	7.00	13.50	40.00
1987-D	1.75	3.50	7.00	13.50	40.00
1988	1.65	3.25	8.50	27.50	14.50
1988-D	2.35	4.00	7.75	14.50	13.50

— Insufficient pricing data   • None issued   FV = Face Value

	1¢	5¢	10¢	25¢	50¢
1989	0.90	3.25	7.00	13.00	13.50
1989-D	1.35	3.35	7.00	13.00	13.00
1990	--	--	--	--	--
1990-D	--	--	--	--	--
1991	--	--	--	--	--
1991-D	--	--	--	--	--

Proof 65 coins

	1¢	5¢	10¢	25¢	50¢	$1.00
1859 Copper-nickel 1¢	4750.	*	6750.	7650.	9950.	20000.
1860	1550.	*	2500.	8250.	10050.	21000.
1861	1600.	*	2600.	7500.	10350.	21000.
1862	1350.	*	3700.	7600.	9250.	23000.
1863	1400.	*	2250.	8000.	10050.	20000.
1864 Copper-nickel 1¢	1450.	*	*	*	*	*
1864 Bronze 1¢	1625.	*	3100.	7600.	8750.	19000.
1865	1375.	*	2450.	8000.	7750.	20000.
1866 Motto	1450.	4750.	2375.	4100.	4350.	17000.
1867 Rays 5¢	*	12500.	*	*	*	*
1867 No Rays 5¢	1225.	1200.	2600.	4000.	4350.	16750.
1868	1275.	900.	2400.	4150.	4250.	16750.
1869	1450.	765.	2250.	4150.	4100.	17000.
1870	1275.	900.	2250.	3950.	4350.	16500.
1871	1100.	790.	2375.	3950.	4200.	18000.
1872	1250.	925.	2350.	3850.	4450.	17500.
1873 No Arrows	1100.	790.	2350.	3900.	4150.	16750.
1873 With Arrows	*	*	9850.	9500.	14500.	*
1874	1150.	900.	8000.	7500.	12500.	*
1875	1275.	875.	2250.	4000.	4150.	*
1876	1225.	790.	2450.	3750.	4200.	*
1877	5500.	1900.	2300.	3650.	4450.	*
1878	840.	800.	2475.	3050.	4450.	*
1878 8 Tail Feathers	*	*	*	*	*	6750.
1878 7 Tail Feathers 2nd Reverse	*	*	*	*	*	15000.
1879	840.	775.	2150.	3050.	3700.	5250.
1880	785.	700.	2100.	2800.	3850.	4400.
1881	785.	725.	2050.	2900.	3850.	4650.
1882	1025.	675.	2100.	3250.	3700.	4600.
1883 Shield 5¢	890.	675.	2150.	2950.	3725.	4500.
1883 With CENTS Liberty 5¢	*	575.	*	*	*	*
1883 No CENTS Liberty 5¢	*	850.	*	*	*	*
1884	785.	575.	2050.	2850.	4250.	4600.
1885	840.	900.	2100.	2850.	3725.	4600.
1886	875.	625.	2100.	2850.	3725.	4500.
1887	975.	525.	2100.	2850.	3750.	4500.
1888	900.	525.	2100.	3350.	3950.	4750.
1889	810.	600.	2100.	3250.	4050.	4700.
1890	900.	575.	2100.	3250.	3850.	4500.
1891	900.	575.	2000.	3150.	3900.	4500.
1892	785.	575.	2250.	2700.	3850.	4500.
1893	840.	575.	2250.	2750.	3850.	9250.
1894	840.	575.	2050.	2800.	3750.	5000.
1895	785.	600.	2350.	2700.	3700.	25000.
1896	875.	575.	1950.	2800.	3850.	4450.
1897	875.	575.	1950.	2750.	3600.	4650.
1898	835.	575.	2000.	2750.	3600.	4600.
1899	810.	525.	2000.	2850.	3900.	4750.

— Insufficient pricing data	* None issued	FV = Face Value

Proof 65 coins (continued)

	1¢	5¢	10¢	25¢	50¢	$1
1900	835.	525.	2000.	2825.	3700.	4400.
1901	840.	550.	2050.	2800.	3650.	8500.
1902	760.	575.	2050.	2850.	3850.	4500.
1903	800.	550.	2050.	2725.	3700.	5000.
1904	840.	675.	2150.	2750.	3750.	6900.
1905	835.	565.	2025.	2750.	3750.	*
1906	835.	550.	2050.	2825.	3750.	*
1907	890.	600.	2050.	2825.	3750.	*
1908	810.	525.	2150.	2850.	3850.	*
1909 Indian 1¢	810.	575.	2150.	2775.	3850.	*
1909 Lincoln VDB 1¢	5000.	*	*	*	*	*
1909 Lincoln 1¢	1200.	*	*	*	*	*
1910	1150.	525.	2150.	2825.	3900.	*
1911	1075.	535.	2200.	2750.	3700.	*
1912	1400.	535.	2200.	2750.	3950.	*
1913 Bison on Mound 5¢	1250.	1825.	2200.	2950.	4100.	*
1913 Bison on Plain 5¢	*	1500.	*	*	*	*
1914	1200.	1650.	2250.	2900.	3850.	*
1915	1450.	1900.	2350.	3050.	4000.	*
1916	1550.	2250.	*	*	*	*
1936	1250.	900.	1250.	1050.	2800.	*
1937	200.	825.	350.	230.	900.	*
1938	155.	47.50	260.	185.	685.	*
1939	140.	55.00	250.	140.	625.	*
1940	140.	45.00	240.	125.	615.	*
1941	145.	42.50	225.	125.	575.	*
1942	150.	40.00	225.	120.	575.	*
1942 Wartime Alloy 5¢	*	140.	*	*	*	*

— Insufficient pricing data 　　* None issued 　　FV = Face Value

American Eagle
Gold bullion

Date of authorization: Dec. 17, 1985
Dates of issue: 1986-present
Designers:
  Obverse: Augustus Saint-Gaudens
  Reverse: Miley Busiek
Engravers:
  Obverse: Matthew Peloso
  Reverse: Sherl Winter
Diameter (Millimeters/inches):
  $50: 32.70mm/1.29 inches
  $25: 27.00mm/1.07 inches
  $10: 22.00mm/0.87 inch
  $5: 16.50mm/0.65 inch
Weight (Grams/ounces):
  $50: 33.931 grams/1.09091 ounces
  $25: 16.966 grams/0.54547 ounce
  $10: 8.483 grams/0.27273 ounce
  $5: 3.393 grams/0.10909 ounce
Metallic content:
  91.67% gold, 5.33% copper, 3% silver
Weight of pure gold:
  $50: 1 ounce
  $25: half ounce
  $10: quarter ounce
  $5: tenth ounce
Edge: Reeded

Values for all American Eagles appear on next page with
silver bullion specifications.
Gold spot at time of writing— about $350
Silver spot at time of writing — about $4.00

▼ AMERICAN EAGLE BULLION ▼

— Insufficient pricing data   * None issued   FV = Face Value

American Eagle
Silver bullion

Date of authorization: Dec.
17, 1985
Dates of issue: 1986-present
Designers:
Obverse: Adolph A.
Weinman
Reverse: John Mercanti
Engravers:
Obverse: Edgar Steever
Reverse: Mercanti
**Diameter (Millimeters/
inches):**
40.10mm/1.58 inches
Weight (Grams/ounces):
31.103 grams/1 ounce
Metallic content: 100% silver
(.999 fine)
Weight of pure silver:
31.103 grams/1 ounce
Edge: Reeded

▼ AMERICAN EAGLE BULLION ▼

	$5 gold	$10 gold	$25 gold	$50 gold	$1 silver
1986 Uncirculated	45.00	101.	200.	382.	14.50
1986 Proof	*	*	*	390.	21.00
1987 Uncirculated	44.00	100.	195.	385.	6.35
1987 Proof	*	*	220.	410.	19.50
1988 Uncirculated	47.50	125.	205.	384.	6.65
1988 Proof	75.00	155.	230.	475.	87.50
1989 Uncirculated	44.00	100.	195.	383.	6.75
1989 Proof	75.00	150.	250.	485.	18.00
1990 Uncirculated	44.00	105.	200.	383.	6.35
1990 Proof	85.00	180.	390.	600.	28.00
1991 Uncirculated	——	——	——	——	——
1991 Proof	——	——	——	——	——

— Insufficient pricing data	* None issued	FV = Face Value

Major U.S. Type Coin (Copper and Silver) Trend Values

	AG-3	G-4	VG-8	F-12	VF-20	EF-40	AU-50	MS-60	MS-63	MS-64	MS-65	PF-60	PF-63	PF-65
HALF CENTS														
Flowing Hair 1793	825.	1550.	2150.	3550.	5250.	10500.	16000.	32500.	115000.	275000.	—	—	—	—
Liberty Cap 1794-1797	86.00	190.	350.	550.	925.	1800.	2850.	5750.				—	—	—
Draped Bust 1800-1808	13.50	24.00	36.50	50.00	100.	220.	460.	950.	1900.	4000.	3000.	—	—	—
Classic Head 1809-1836	12.00	21.00	26.00	29.00	38.50	65.00	120.	270.	445.	650.	5750.			
Coronet 1840-1857	14.00	30.50	35.00	40.00	50.00	67.50	110.	205.	345.	550.	4750.			
CENTS - (Large)														
Flowing Hair, Chain 1793	1150.	2550.	3500.	4850.	8500.	17500.	32500.	60000.	135000.	—	250000.			
Flowing Hair, Wreath 1793	.385.	750.	1100.	1850.	3450.	5950.	11500.	23500.	47500.	55000.	100000.			
Liberty Cap 1793-1796	69.00	135.	230.	400.	675.	1450.	2750.	3000.	4750.	10000.	60000.			
Draped Bust 1796-1807	21.00	25.00	44.00	90.00	220.	600.	1225.	1750.	4350.	9500.	56500.			
Classic Head 1808-1814	12.50	28.75	55.00	160.	370.	875.	2100.	2350.	6500.	9750.	56500.			
Coronet 1816-1839	3.75	8.50	9.50	15.00	34.50	90.00	180.	255.	480.	875.	6750.	3250.	16000.	—
Coronet 1840-1857	3.50	8.00	8.50	13.00	17.00	46.50	120.	225.	370.	625.	2600.	1960.	4750.	9000.
CENTS - (Small)														
Flying Eagle 1856-1858	4.00	12.50	13.50	16.50	32.50	72.50	160.	226.	365.	700.	2700.	1150.	2250.	17500.
Indian copper-nickel 1859	2.00	5.00	6.15	7.75	26.50	67.50	130.	185.	315.	575.	2650.	375.	1000.	4750.
Indian copper-nickel, With Shield 1860-64	1.50	2.50	3.00	4.50	9.00	17.75	37.50	90.00	105.	300.	700.	260.	465.	1400.
Indian Bronze 1864-1909	0.35	0.70	0.85	0.95	1.75	5.50	13.00	24.50	42.50	60.00	275.	77.50	130.	760.
TWO CENTS														
1864-1873	2.50	5.00	5.50	7.00	14.00	32.00	60.00	87.50	130.	190.	1150.	250.	395.	3150.
THREE CENT NICKEL														
1865-1889	2.50	5.00	5.25	5.50	6.75	17.00	37.50	69.00	110.	275.	940.	140.	215.	500.
THREE CENT SILVER														
1851-1863 One Outline of Star	4.00	7.00	10.30	13.50	23.50	52.50	105.	160.	265.	650.	1660.	725.	1650.	4750.
1854-1858 Three Outlines of Star	6.00	9.00	12.85	17.25	33.00	75.00	165.	275.	615.	2500.	7000.	155.	300.	675.
1859-1873 Two Outlines of Star	4.50	7.50	12.25	15.35	27.50	50.00	110.	175.	330.	550.	1350.	315.	610.	850.
NICKEL FIVE CENT														
Shield, With Rays 1866-1867	5.50	13.50	15.00	19.00	32.50	70.00	115.	230.	475.	875.	5000.	725.	1650.	4750.
Shield, No Rays 1867-1883	3.25	7.50	8.50	10.00	14.00	26.00	45.00	90.00	160.	375.	775.	155.	300.	675.
Liberty Head, No CENTS 1883	1.25	2.50	2.95	3.50	4.75	6.50	13.50	35.00	65.00	120.	600.	165.	230.	850.
Liberty Head, With CENTS 1883-1912	0.18	0.60	0.95	3.75	5.50	16.50	45.00	75.00	105.	265.	650.	125.	185.	525.
Indian Head, Bison on Mound 1913	1.50	4.00	4.50	5.00	6.75	10.50	21.00	28.00	45.00	65.00	130.	700.	1175.	1825.
Indian Head, Bison on Plain 1913-1938	0.14	0.25	0.35	0.50	1.00	3.00	5.95	13.50	17.00	24.00	40.00	390.	675.	825.

▼ **TYPE COINS** ▼

Major U.S. Type Coin (Copper and Silver) Trend Values (continued)

	AG-3	G-4	VG-8	F-12	VF-20	EF-40	AU-50	MS-60	MS-63	MS-64	MS-65	PF-60	PF-63	PF-65
HALF DIMES														
Flowing Hair 1794-1795	295.	590.	765.	925.	1400.	2250.	3600.	4250.	7500.	22500.	57500.	—	—	—
Draped Bust, Small Eagle 1796-1797	325.	685.	810.	1200.	1950.	3000.	4450.	5750.	12500.	40000.	110000.	—	—	—
Draped Bust, Heraldic Eagle 1800-1805	180.	525.	665.	825.	1150.	2200.	2700.	4400.	12000.	20000.	55000.	—	—	—
Capped Bust 1829-1837	6.50	12.25	15.00	22.50	43.00	91.50	195.	305.	625.	1800.	5000.	3150.	12500.	30000.
Seated Liberty, No Stars 1837-1838	13.00	21.50	28.00	42.50	72.50	165.	300.	535.	1500.	2500.	6000.	—	14500.	33500.
Seated Liberty, Stars 1838-1859	2.00	4.50	5.05	8.00	14.50	39.00	84.00	180.	405.	1600.	3250.	625.	1350.	6250.
Seated Liberty, Arrows 1853-1855	1.90	4.50	5.05	8.00	14.00	39.00	89.50	190.	550.	1750.	4250.	3000.	7000.	25000.
Seated Liberty, Legend 1860-1873	1.75	4.35	4.85	6.50	13.50	30.00	60.00	155.	275.	600.	2050.	260.	575.	2600.
DIMES														
Draped Bust, Small Eagle 1796-1797	450.	785.	1225.	1600.	2150.	3300.	5600.	8000.	13000.	19000.	52500.	—	—	—
Draped Bust, Heraldic Eagle 1798-1807	250.	380.	485.	675.	975.	1600.	2300.	3250.	6650.	15000.	40000.	—	—	—
Capped Bust, Large Planchet 1809-1828	5.25	12.25	16.75	28.00	85.00	250.	595.	1000.	2750.	5500.	13500.	—	12500.	32500.
Capped Bust, Small Planchet 1828-1837	4.25	10.50	14.00	20.00	47.50	165.	320.	580.	1350.	3450.	8750.	6500.	13000.	31000.
Seated Liberty, No Stars 1837-1838	11.50	25.00	35.00	50.00	175.	400.	890.	1000.	2250.	4150.	9250.	—	—	—
Seated Liberty, Stars 1838-1860	2.00	3.15	3.75	6.00	11.00	31.00	87.50	265.	775.	2400.	7000.	625.	1200.	6750.
Seated Liberty, Arrows 1853-1855	1.75	3.15	3.75	6.00	13.25	40.00	110.	355.	775.	2400.	8000.	3500.	8000.	3750.
Seated Liberty, Legend 1860-1891	1.60	3.00	3.50	5.50	9.00	18.00	50.00	125.	265.	600.	1700.	285.	700.	2000.
Seated Liberty, Arrows 1873-1874	2.85	6.75	10.00	22.00	45.00	95.00	265.	500.	1250.	2850.	8500.	550.	1350.	8000.
Barber 1892-1916	.60	1.25	1.40	2.85	6.50	18.00	43.00	100.	165.	400.	1375.	295.	675.	1950.
Winged Liberty Head 1916-1945	.30	.32	.35	1.00	1.35	1.55	2.00	9.00	12.50	17.50	23.00	145.	170.	225.
TWENTY CENT PIECE														
Seated Liberty 1875-1878	19.50	42.50	47.50	57.50	92.50	165.	375.	585.	1225.	3000.	10600.	875.	2000.	8500.
QUARTERS														
Draped Bust, Small Eagle 1796	1750.	3200.	4500.	6750.	13500.	18500.	22500.	30000.	42500.	95000.	190000.	—	—	—
Draped Bust, Heraldic Eagle 1804-1807	95.00	180.	240.	390.	725.	1600.	2350.	3950.	11500.	35000.	90000.	—	—	—
Capped Bust, Large Planchet 1815-28	25.00	35.00	60.00	92.50	240.	650.	1225.	2200.	4250.	8500.	17500.	—	30000.	52500.
Capped Bust, Small Planchet 1831-1838	16.00	25.00	35.00	47.50	85.00	185.	435.	890.	2500.	6500.	15600.	14000.	14500.	45000.
Seated Liberty, No Motto 1838-65	2.25	6.50	10.50	17.00	22.50	50.00	105.	320.	715.	2750.	9000.	450.	1400.	7500.
Seated Liberty, Arrows & Rays 1853	2.75	7.50	11.00	20.00	35.00	155.	400.	975.	1560.	8250.	22500.	4750.	47500.	—
Seated Liberty, Arrows 1854-55	2.25	7.00	9.00	18.00	29.00	65.00	215.	525.	1450.	6500.	13000.	—	9000.	—
Seated Liberty, Motto 1866-91	2.35	6.75	10.50	17.00	21.00	45.00	100.	225.	540.	1450.	2900.	350.	875.	2800.
Seated Liberty, Arrows 1873-74	4.50	9.75	15.00	23.50	50.00	195.	390.	750.	1700.	3750.	5500.	20000.	1500.	7600.
Barber 1892-1916	1.25	2.50	3.25	11.75	20.00	46.50	105.	160.	350.	675.	1850.	315.	775.	2700.
Standing Liberty, Bared Breast 1916-1917	3.00	9.50	10.00	13.00	27.50	57.50	150.	150.	275.	675.	1025.	—	—	—
Standing Liberty, Mailed Breast 1917-1930	1.50	2.75	3.85	5.00	12.85	24.00	60.00	110.	175.	260.	500.	—	—	—

Major U.S. Type Coin (Copper and Silver) Trend Values (continued)

	AG-3	G-4	VG-8	F-12	VF-20	EF-40	AU-50	MS-60	MS-63	MS-64	MS-65	PF-60	PF-63	PF-65
HALF DOLLARS														
Flowing Hair 1794-1795	225.	325.	425.	700.	1450.	3000.	7750.	13500.	37500.	80000.	160000.	—	—	—
Draped Bust, Small Eagle 1796-1797	7850.	10000.	12500.	17000.	26500.	34000.	55000.					135000.	—	—
Draped Bust, Heraldic Eagle 1801-1807	32.50	75.00	106.	175.	385.	700.	1700.	3750.	10500.	20000.	55000.	—	—	—
Capped Bust, Lettered Edge 1807-1836	14.00	23.50	28.00	31.50	43.50	87.50	225.	660.	1400.	2850.	20000.	—	—	—
Capped Bust, Reeded Edge 1836-1839	14.75	28.00	32.50	43.50	70.00	170.	435.	975.	2300.	4900.	14000.	6000.	13600.	7750.
Seated Liberty, No Motto 1839-66	5.65	11.00	17.00	31.00	40.50	72.50	155.	385.	965.	3400.	8500.	9500.	19000.	—
Seated Liberty, Arrows & Rays 1853	6.25	14.00	20.50	44.00	87.50	240.	490.	1650.	4250.	10000.	24000.	500.	1600.	—
Seated Liberty, Arrows 1854-55	5.75	11.50	20.00	35.50	43.50	115.	240.	525.	1750.	4250.	14500.	29000.	50000.	—
Seated Liberty, Motto 1866-91	5.50	11.00	19.25	32.50	40.00	75.50	150.	345.	825.	2300.	4750.	420.	1200.	3700.
Seated Liberty, Arrows 1873-74	7.50	17.50	24.00	37.50	47.50	200.	450.	925.	2600.	5500.	22500.	675.	2900.	12500.
Barber 1892-1915	3.00	5.00	7.50	22.00	47.50	130.	210.	365.	650.	1650.	3850.	450.	1175.	3600.
Walking Liberty 1916-1947	1.65	2.00	2.25	3.85	4.50	6.00	9.50	22.50	32.50	47.50	100.	285.	400.	575.
DOLLARS														
Flowing Hair 1794-1795	375.	675.	925.	1450.	2150.	3900.	9600.	17500.	35000.	80000.	225000.	—	—	—
Draped Bust, Small Eagle 1795-1798	250.	540.	740.	925.	1400.	3150.	6150.	11500.	29000.	87500.	230000.	—	—	—
Draped Bust, Heraldic Eagle 1798-1803	125.	305.	340.	435.	625.	3000.	3000.	8000.	18500.	37500.	120000.	—	—	—
Gobrecht 1836-1839	1000.	1960.	2260.	2850.	3300.	4350.	5650.	6850.	12000.	22500.	130000.	34500.	50000.	200000.
Seated Liberty, No Motto 1840-66	32.50	66.50	86.50	145.	185.	275.	485.	925.	2350.	8500.	26500.	6100.	11000.	55000.
Seated Liberty, Motto 1866-73	30.00	63.50	87.50	145.	185.	300.	620.	1150.	3300.	8000.	24500.	1250.	3050.	19000.
Morgan 1878-1921	6.10	6.40	6.65	7.00	7.25	8.00	8.50	11.75	18.00	32.00	110.	1175.	2650.	16500.
Peace 1921-1935	6.10	6.25	6.40	6.85	7.35	8.50	9.00	10.00	22.00	40.00	130.	900.	1950.	4400.
Trade 1873-1885	27.50	40.00	53.00	69.50	78.00	130.	240.	540.	1150.	5250.	9500.	950.	1850.	7000.

Major U.S. Gold Type Coin Trend Values

▼ TYPE COINS ▼

	F-12	VF-20	EF-40	AU-50	MS-60	MS-63	MS-64	MS-65	PF-60	PF-63	PF-64	PF-65
GOLD DOLLARS												
Coronet 1849-1854	120.	135.	160.	190.	375.	1200.	2100.	6100.	—	—	—	—
Indian Head Small Head 1854-1856	215.	305.	425.	800.	2850.	7750.	14000.	26500.	—	—	—	—
Indian Head Large Head 1856-1889	115.	125.	130.	160.	365.	800.	1150.	2450.	2600.	5000.	7500.	10000.

Major U.S. Gold Type Coin Trend Values (continued)

	F-12	VF-20	EF-40	AU-50	MS-60	MS-63	MS-64	MS-65	PF-60	PF-63	PF-64	PF-65
QUARTER EAGLES												
Capped Bust, No Stars 1796	9500.	16600.	31500.	57500.	—	—	—	—	—	—	—	—
Capped Bust 1796-1807	2750.	3100.	4060.	5750.	15750.	45000.	92500.	250000.	—	—	—	—
Capped Draped Bust 1808	12500.	15500.	18500.	27500.	57500.	105000.	180000.	—	—	—	—	—
Capped Head 1821-1834	2650.	3150.	3950.	4850.	7450.	14500.	22500.	54500.	—	—	—	—
Classic Head 1834-1839	215.	255.	450.	900.	2100.	7000.	17500.	37500.	—	—	—	—
Coronet 1840-1907	140.	145.	185.	210.	280.	550.	950.	3750.	30000.	65000.	135000.	275000.
Indian Head 1908-1929	130.	140.	155.	165.	210.	600.	1150.	4400.	3000.	6750.	8500.	14500.
THREE DOLLARS												
Indian Head 1854-1889	430.	490.	600.	850.	2000.	3300.	5500.	14000.	4500.	10000.	16000.	29500.
FOUR DOLLAR (Stella)												
Flowing Hair - 1879-1880	—	—	18500.	21500.	—	—	—	—	27000.	35000.	47500.	77500.
Coiled Hair - 1879-1880	—	—	125000.	175000.	—	—	—	—	300000.	400000.	500000.	750000.
HALF EAGLES												
Capped Bust, Small Eagle 1795-1798	5250.	6350.	8000.	12500.	32500.	90000.	175000.	450000.	—	—	—	—
Capped Bust, Heraldic Eagle 1795-1807	975.	1400.	2060.	3250.	5750.	17750.	28000.	74000.	—	—	—	—
Capped Draped Bust 1807-1812	950.	1375.	1900.	3200.	5460.	14000.	22000.	66000.	—	—	—	—
Capped Head 1813-1834	1250.	1675.	2350.	3450.	6750.	15600.	25500.	65000.	—	—	—	—
Classic Head 1834-1838	215.	280.	485.	975.	2650.	8000.	22500.	90000.	—	—	—	—
Coronet, No Motto 1839-1866	140.	165.	190.	325.	1875.	8000.	18000.	42500.	5750.	15000.	27500.	55000.
Coronet, Motto 1866-1908	125.	140.	150.	165.	180.	825.	4250.	6000.	2850.	10500.	15000.	28500.
Indian Head 1908-1929	170.	180.	185.	215.	310.	2000.	4750.	16750.	4000.	7500.	14000.	25000.
EAGLES												
Capped Bust, Small Eagle 1795-1797	5600.	7350.	9000.	16000.	35000.	115000.	185000.	350000.	—	—	—	—
Capped Bust, Heraldic Eagle 1797-1804	2250.	2750.	4000.	6000.	10000.	22500.	52500.	130000.	—	—	—	—
Coronet, No Motto 1838-1866	215.	245.	355.	675.	4550.	16000.	37500.	85000.	9000.	27500.	50000.	125000.
Coronet, Motto 1866-1907	175.	200.	210.	235.	250.	975.	1800.	4250.	4000.	10000.	18600.	37500.
Indian Head, No Motto 1907-1908	385.	400.	410.	430.	545.	1850.	3500.	9250.	—	—	—	—
Indian Head, Motto 1908-1933	365.	370.	380.	400.	430.	775.	2100.	5750.	—	8500.	17500.	35000.
DOUBLE EAGLES												
Coronet, No Motto 1849-1866	440.	460.	520.	730.	2950.	14000.	35000.	160000.	11000.	37500.	82500.	200000.
Coronet, TWENTY D. 1866-1876	395.	415.	440.	490.	775.	12500.	45000.	175000.	6900.	25000.	85000.	200000.
Coronet, TWENTY DOLLARS 1877-1907	375.	395.	410.	420.	445.	640.	1375.	4400.	6250.	14750.	23500.	55000.
Saint-Gaudens, Roman Numerals, High Relief 1907	2000.	2700.	3150.	4000.	5500.	9750.	14500.	30000.	10500.	15000.	27500.	80000.
Saint-Gaudens, Arabic Numerals, No Motto 1907-08	380.	395.	400.	420.	450.	550.	650.	1600.	—	—	—	—
Saint-Gaudens, Motto 1908-1933	380.	395.	400.	420.	450.	510.	615.	1450.	6000.	13500.	22500.	45000.

Mintages

7

[NOTE: This mintage listings in this chapter have been combined with the "Proof and Uncirculated sets" listings separate in previous editions of this book. As requested by many users of this book, Proof and business strike mintages are now side-by-side; and many mintages are now separated by type and in some cases variety, as well as date.]

The mintage figures that follow are based on years of study by various numismatists, including Coin World staff members. The figures were compiled from official Mint Reports, data from the National Archives, conversations with other experts and in some cases, an educated guess. In many instances the figures given are based on the best information available to researchers today. Prior to 1950 the generally accepted source of mintage figures was the *U.S. Mint Report.* Since the Mint Report for many years was simply a bookkeeper's record of how many coins were issued in a given year, the figures given often had no relation to the actual number of coins struck with each date. Particularly for many 18th century and early 19th century coins, mintage figures here reflect the number of coins struck during the year, no matter the date on the coin.

Mintage figures should not be mistaken for survival figures. For example, 12,000 1895 Morgan dollars were recorded as having been struck, but none are known today; it is likely that all were melted before any entered circulation. Similarly, some coins' survival rate may suggest higher mintages than are recorded.

The mintage figures in this book differ from those in other works, particularly for coins struck since 1965. A coinage shortage in the mid-1960s led Mint officials to suspend the use of Mint marks from 1965-67. Three facilities — the Philadelphia and Denver Mints and the San Francisco Assay Office — struck coins but their separate products are indistinguishable from each other. For that reason, price guides traditionally have combined mintages despite the confusion this may cause future numismatists. For example, many collectors refer to the 40 percent silver Kennedy half dollars without Mint marks struck between 1965 and 1970 as "Philadelphia" strikes. However, not a single 40 percent silver half dollar was ever struck at the Philadelphia Mint during that period.

This book also clarifies mintage figures of more recent years, particularly for coins struck at the former San Francisco Assay Office and West Point Bullion Depository (both received Mint status in 1988). Like most Philadelphia coins struck until 1979-80, none have Mint marks. For various reasons, in most price guides and other numismatic works, mintages for coins struck at the West Point and San Francisco facilities have been added to the Philadelphia mintages, since no Mint marks were used on any of the coins.

This book differs. Separate mintage figures are given for all coins by striking facility; we have not combined mintage figures just because the coins have no Mint marks. To indicate those coins which do not have Mint marks, the Mint mark letter is enclosed in parentheses [a coin indicated by a P has a P Mint mark; one indicated by (P) does not have a Mint mark but was struck at the Philadelphia Mint].

Since the Mint has altered its bookkeeping practices several times in recent years, some mintage figures for circulation coins include the pieces struck for assay purposes and those business strikes struck for Uncirculated Mint sets, while other figures may not include those pieces.

In years prior to 1860, when Proof mintages were small and were not recorded, a delta (Δ) marks those issues that are known or are thought to exist. In many instances from 1860 to 1922 the figures shown are approximate, the result of incomplete records, restrikes and the melting of unsold Proofs. Where a delta is followed by an R in parentheses [Δ(R)], the original Proof mintage is unknown, but original specimens are believed to exist, and restrikes are known.

Since 1950, Proof coins have been available from the Mint in sets only (designated by ‹§› in the Notes column. Therefore, Proof mintages since 1950 listed here represent the official tally of Proof sets sold, distributed across the coins included in the set. Proof coins sold as part of a special set, such as a Prestige Proof set, are also included.

Where [——] appears under a mintage column, no coins of that date/Mint were issued.

Sales information about Proof and Uncirculated sets appears in Chapter 11, "Proof and Uncirculated sets."

DATE	NOTE	BUSINESS	PROOF
Liberty Cap, Left half cent			
1793		35,334	—
Liberty Cap, Right half cent			
1794		81,600	—
1795		139,690	—
1796		1,390	—
1797		127,840	—
Draped Bust half cent			
1800		202,908	—
1802		20,266	—
1803		92,000	—
1804		1,055,312	—
1805		814,464	—
1806		356,000	—
1807		476,000	—
1808		400,000	—
Classic Head half cent			
1809		1,154,572	—
1810		215,000	—
1811	⟨1⟩	63,140	—
1825		63,000	Δ
1826		234,000	Δ
1828		606,000	Δ
1829		487,000	Δ
1831		2,200	Δ (R)
1832	⟨2⟩	154,000	Δ
1833	⟨2⟩	120,000	Δ
1834	⟨2⟩	141,000	Δ
1835	⟨2⟩	398,000	Δ
1836		—	Δ (R)
Coronet half cent			
1840 (P)		—	Δ (R)
1841 (P)		—	Δ (R)
1842 (P)		—	Δ (R)
1843 (P)		—	Δ (R)
1844 (P)		—	Δ (R)
1845 (P)		—	Δ (R)
1846 (P)		—	Δ (R)
1847 (P)		—	Δ (R)
1848 (P)		—	Δ (R)
1849 (P)		43,364	Δ (R)
1850 (P)		39,812	Δ
1851 (P)		147,672	Δ
1852 (P)		—	Δ (R)
1853 (P)		129,694	—
1854 (P)		55,358	Δ
1855 (P)		56,500	Δ
1856 (P)		40,430	Δ (R)
1857 (P)		35,180	Δ (R)
Flowing Hair, Chain cent			
1793		36,103	—
Flowing Hair, Wreath cent			
1793		63,353	—
Liberty Cap cent			
1793		11,056	—
1794		918,521	—
1795		538,500	—
1796		109,825	—
Draped Bust cent			
1796		363,375	—
1797		897,510	—
1798		1,841,745	—
1799		42,540	—
1800		2,822,175	—
1801		1,362,837	—
1802		3,435,100	—

DATE	NOTE	BUSINESS	PROOF
Draped Bust cent (cont.)			
1803		3,131,691	—
1804	⟨1⟩	96,500	—
1805		941,116	—
1806		348,000	—
1807		829,221	—
Classic Head cent			
1808		1,007,000	—
1809		222,867	—
1810		1,458,500	—
1811		218,025	—
1812		1,075,500	—
1813		418,000	—
1814		357,830	—
Coronet cent			
1816		2,820,982	—
1817		3,948,400	Δ
1818		3,167,000	Δ
1819		2,671,000	Δ
1820		4,407,550	Δ
1821		389,000	Δ
1822		2,072,339	Δ
1823	⟨1, 3⟩	68,061	Δ
1824		1,193,939	—
1825		1,461,100	Δ
1826		1,517,425	Δ
1827		2,357,732	Δ
1828		2,260,624	Δ
1829		1,414,500	Δ
1830		1,711,500	Δ
1831		3,539,260	Δ
1832		2,362,000	Δ
1833		2,739,000	Δ
1834		1,855,100	Δ
1835		3,878,400	Δ
1836		2,111,000	Δ
1837		5,558,300	Δ
1838 (P)		6,370,200	Δ
1839 (P)		3,128,661	Δ
1840 (P)		2,462,700	Δ
1841 (P)		1,597,367	Δ
1842 (P)		2,383,390	Δ
1843 (P)		2,425,342	Δ
1844 (P)		2,398,752	Δ
1845 (P)		3,894,804	Δ
1846 (P)		4,120,800	Δ
1847 (P)		6,183,669	Δ
1848 (P)		6,415,799	Δ
1849 (P)		4,178,500	Δ
1850 (P)		4,426,844	Δ
1851 (P)		9,889,707	—
1852 (P)		5,063,094	Δ
1853 (P)		6,641,131	—
1854 (P)		4,236,156	Δ
1855 (P)		1,574,829	Δ
1856 (P)	⟨4⟩	2,690,463	Δ
1857 (P)		333,456	Δ
Flying Eagle cent			
1857 (P)		17,450,000	Δ
1858 (P)		24,600,000	Δ
Indian Head cent			
1859 (P)		36,400,000	Δ
1860 (P)		20,566,000	1,000
1861 (P)		10,100,000	1,000
1862 (P)		28,075,000	550
1863 (P)		49,840,000	460

Indian Head cent (cont.)

DATE	NOTE	BUSINESS	PROOF
1864 (P) ¬			
C-N	⟨5⟩	13,740,000	300
bronze	⟨5⟩	39,233,714	170
1865 (P)		35,429,286	500
1866 (P)		9,826,500	725
1867 (P)		9,821,000	625
1868 (P)		10,266,500	600
1869 (P)		6,420,000	600
1870 (P)		5,275,000	1,000
1871 (P)		3,929,500	960
1872 (P)		4,042,000	950
1873 (P)	⟨6⟩	11,676,500	1,100
1874 (P)		14,187,500	700
1875 (P)		13,528,000	700
1876 (P)		7,944,000	1,150
1877 (P)	⟨7⟩	852,500	510
1878 (P)		5,797,500	2,350
1879 (P)		16,228,000	3,200
1880 (P)		38,961,000	3,955
1881 (P)		39,208,000	3,575
1882 (P)		38,578,000	3,100
1883 (P)		45,591,500	6,609
1884 (P)		23,257,800	3,942
1885 (P)		11,761,594	3,790
1886 (P)		17,650,000	4,290
1887 (P)		45,223,523	2,960
1888 (P)		37,489,832	4,582
1889 (P)		48,866,025	3,336
1890 (P)		---	2,740
1891 (P)		---	2,350
1892 (P)		37,647,087	2,745
1893 (P)		46,640,000	2,195
1894 (P)		16,749,500	2,632
1895 (P)		38,341,574	2,062
1896 (P)		39,055,431	1,862
1897 (P)		50,464,392	1,938
1898 (P)		49,821,284	1,795
1899 (P)		53,598,000	2,031
1900 (P)		66,821,284	2,262
1901 (P)		79,609,158	1,985
1902 (P)		87,374,704	2,018
1903 (P)		85,092,703	1,790
1904 (P)		61,326,198	1,817
1905 (P)		80,717,011	2,152
1906 (P)		96,020,530	1,725
1907 (P)		108,137,143	1,475
1908 (P)		32,326,367	1,620
1908-S		1,115,000	---
1909 (P)		14,368,470	2,175
1909-S		309,000	---

Lincoln cent

DATE	NOTE	BUSINESS	PROOF
1909 (P) ¬			
VDB		27,994,580	420
No VDB		72,700,420	2,198
1909-S ¬			
VDB		484,000	---
No VDB		1,825,000	---
1910 (P)		146,798,813	2,405
1910-S		6,045,000	---
1911 (P)		101,176,054	1,733
1911-D		12,672,000	---
1911-S		4,026,000	---
1912 (P)		68,150,915	2,145
1912-D		10,411,000	---
1912-S		4,431,000	---
1913 (P)		76,529,504	2,848
1913-D		15,804,000	---
1913-S		6,101,000	---

Lincoln cent (cont.)

DATE	NOTE	BUSINESS	PROOF
1914 (P)		75,237,067	1,365
1914-D		1,193,000	---
1914-S		4,137,000	---
1915 (P)		29,090,970	1,150
1915-D		22,050,000	---
1915-S		4,833,000	---
1916 (P)		131,832,627	1,050
1916-D		35,956,000	---
1916-S		22,510,000	---
1917 (P)		196,429,785	Δ
1917-D		55,120,000	---
1917-S		32,620,000	---
1918 (P)		288,104,634	---
1918-D		47,830,000	---
1918-S		34,680,000	---
1919 (P)		392,021,000	---
1919-D		57,154,000	---
1919-S		139,760,000	---
1920 (P)		310,165,000	---
1920-D		49,280,000	---
1920-S		46,220,000	---
1921 (P)		39,157,000	---
1921-S		15,274,000	---
1922 (P)	⟨8⟩	7,160,000	---
1923 (P)		74,723,000	---
1923-S		8,700,000	---
1924 (P)		75,178,000	---
1924-D		2,520,000	---
1924-S		11,696,000	---
1925 (P)		139,949,000	---
1925-D		22,580,000	---
1925-S		26,380,000	---
1926 (P)		157,088,000	---
1926-D		28,020,000	---
1926-S		4,550,000	---
1927 (P)		144,440,000	---
1927-D		27,170,000	---
1927-S		14,276,000	---
1928 (P)		134,116,000	---
1928-D		31,170,000	---
1928-S		17,266,000	---
1929 (P)		185,262,000	---
1929-D		41,730,000	---
1929-S		50,148,000	---
1930 (P)		157,415,000	---
1930-D		40,100,000	---
1930-S		24,286,000	---
1931 (P)		19,396,000	---
1931-D		4,480,000	---
1931-S		866,000	---
1932 (P)		9,062,000	---
1932-D		10,500,000	---
1933 (P)		14,360,000	---
1933-D		6,200,000	---
1934 (P)		219,080,000	---
1934-D		28,446,000	---
1935 (P)		245,388,000	---
1935-D		47,000,000	---
1935-S		38,702,000	---
1936 (P)		309,632,000	5,569
1936-D		40,620,000	---
1936-S		29,130,000	---
1937 (P)		309,170,000	9,320
1937-D		50,430,000	---
1937-S		34,500,000	---
1938 (P)		156,682,000	14,734
1938-D		20,010,000	---
1938-S		15,180,000	---

Lincoln cent (cont.)

DATE	NOTE	BUSINESS	PROOF
1939 (P)		316,466,000	13,520
1939-D		15,160,000	--
1939-S		52,070,000	--
1940 (P)		586,810,000	15,872
1940-D		81,390,000	--
1940-S		112,940,000	--
1941 (P)		887,018,000	21,100
1941-D		128,700,000	--
1941-S		92,360,000	--
1942 (P)		657,796,000	32,600
1942-D		206,698,000	--
1942-S		85,590,000	--
1943 (P)	⟨∿⟩	684,628,670	--
1943-D	⟨∿⟩	217,660,000	--
1943-S	⟨∿⟩	191,550,000	--
1944 (P)		1,435,400,000	--
1944-D		430,578,000	--
1944-S		282,760,000	--
1945 (P)		1,040,515,000	--
1945-D		226,268,000	--
1945-S		181,770,000	--
1946 (P)		991,655,000	--
1946-D		315,690,000	--
1946-S		198,100,000	--
1947 (P)		190,555,000	--
1947-D		194,750,000	--
1947-S		99,000,000	--
1948 (P)		317,570,000	--
1948-D		172,637,500	--
1948-S		81,735,000	--
1949 (P)		217,775,000	--
1949-D		153,132,500	--
1949-S		64,290,000	--
1950 (P)	⟨§⟩	272,635,000	51,386
1950-D		334,950,000	--
1950-S		118,505,000	--
1951 (P)	⟨§⟩	294,576,000	57,500
1951-D		625,355,000	--
1951-S		136,010,000	--
1952 (P)	⟨§⟩	186,765,000	81,980
1952-D		746,130,000	--
1952-S		137,800,004	--
1953 (P)	⟨§⟩	256,755,000	128,800
1953-D		700,515,000	--
1953-S		181,835,000	--
1954 (P)	⟨§⟩	71,640,050	233,300
1954-D		251,552,500	--
1954-S		96,190,000	--
1955 (P)	⟨§⟩	330,580,000	378,200
1955-D		563,257,500	--
1955-S		44,610,000	--
1956 (P)	⟨§⟩	420,745,000	669,384
1956-D		1,098,210,100	--
1957 (P)	⟨§⟩	282,540,000	1,247,952
1957-D		1,051,342,000	--
1958 (P)	⟨§⟩	252,525,000	875,652
1958-D		800,953,300	--
1959 (P)	⟨§⟩	609,715,000	1,149,291
1959-D		1,279,760,000	--
1960 (P)	⟨§, 10⟩	586,405,000	1,691,602
1960-D		1,580,884,000	--
1961 (P)	⟨§⟩	753,345,000	3,028,244
1961-D		1,753,266,700	--
1962 (P)	⟨§⟩	606,045,000	3,218,019
1962-D		1,793,148,400	--
1963 (P)	⟨§⟩	754,110,000	3,075,645
1963-D		1,774,020,400	--
1964 (P)	⟨§, 11⟩	2,648,575,000	3,950,762

Lincoln cent (cont.)

DATE	NOTE	BUSINESS	PROOF
1964-D	⟨11⟩	3,799,071,500	--
1965 (P)	⟨11⟩	301,470,000	--
1965 (D)	⟨11⟩	973,364,900	--
1965 (S)	⟨11⟩	220,030,000	--
1966 (P)	⟨11⟩	811,100,000	--
1966 (D)	⟨11⟩	991,431,200	--
1966 (S)	⟨11⟩	383,355,000	--
1967 (P)	⟨11⟩	907,575,000	--
1967 (D)	⟨11⟩	1,327,377,100	--
1967 (S)	⟨11⟩	813,715,000	--
1968 (P)		1,707,880,970	--
1968-D		2,886,269,600	--
1968-S	⟨§⟩	258,270,001	3,041,506
1969 (P)		1,136,910,000	--
1969-D		4,002,832,200	--
1969-S	⟨§⟩	544,375,000	2,934,631
1970 (P)		1,898,315,000	--
1970-D		2,891,438,900	--
1970-S	⟨§⟩	690,560,004	2,632,810
1971 (P)		1,919,490,000	--
1971-D		2,911,045,600	--
1971-S	⟨§⟩	525,130,054	3,220,733
1972 (P)		2,933,255,000	--
1972-D		2,655,071,400	--
1972-S	⟨§⟩	380,200,104	3,260,996
1973 (P)		3,728,245,000	--
1973-D		3,549,576,588	--
1973-S	⟨§⟩	319,937,634	2,760,339
1974 (P)		4,232,140,523	--
1974-D		4,235,098,000	--
1974-S	⟨§⟩	409,421,878	2,612,568
1975 (P)		3,874,182,000	--
1975-D		4,505,275,300	--
1975-S	⟨§⟩	--	2,845,450
1975 (W)		1,577,294,142	--
1976 (P)		3,133,580,000	--
1976-D		4,221,592,455	--
1976-S		--	--
1976 (W)		1,540,695,000	--
1977 (P)		3,074,575,000	--
1977-D		4,194,062,300	--
1977-S	⟨§⟩	--	3,236,798
1977 (W)		1,395,355,000	--
1978 (P)		3,735,655,000	--
1978-D		4,280,233,400	--
1978 (S)		291,700,000	--
1978-S	⟨§⟩	--	3,120,285
1978 (W)		1,531,250,000	--
1979 (P)		3,560,940,000	--
1979-D		4,139,357,254	--
1979 (S)		751,725,000	--
1979-S	⟨§⟩	--	3,677,175
1979 (W)		1,705,850,000	--
1980 (P)		6,230,115,000	--
1980-D		5,140,098,660	--
1980 (S)		1,184,590,000	--
1980-S	⟨§⟩	--	3,554,806
1980 (W)		1,576,200,000	--
1981 (P)		6,611,305,000	--
1981-D		5,373,235,677	--
1981 (S)		880,440,000	--
1981-S	⟨§⟩	--	4,063,083
1981 (W)		1,882,400,000	--
1982 (P)	⟨12⟩	7,135,275,000	--
1982-D	⟨12⟩	6,012,979,368	--
1982 (S)	⟨12⟩	1,587,245,000	--
1982-S	⟨§⟩	--	3,857,479
1982 (W)	⟨12⟩	1,990,005,000	--

Lincoln cent (cont.)

DATE	NOTE	BUSINESS	PROOF
1983 (P)		5,567,190,000	---
1983-D		6,467,199,428	---
1983 (S)		180,765,000	---
1983-S	§	---	3,279,126
1984 (P)		6,114,864,000	---
1984-D		5,569,238,906	---
1984-S	§	---	3,065,110
1984 (W)		2,036,215,000	---
1985 (P)		4,951,904,887	---
1985-D		5,287,399,926	---
1985-S	§	---	3,362,821
1985 (W)		696,585,000	---
1986 (P)		4,490,995,493	---
1986-D		4,442,866,698	---
1986-S	§	---	3,010,497
1986 (W)		400,000	---
1987 (P)		4,682,466,931	---
1987-D		4,879,389,514	---
1987-S	§	---	3,792,233
1988 (P)		6,092,810,000	---
1988-D		5,253,740,443	---
1988-S	§	---	3,262,948
1989 (P)		7,261,535,000	---
1989-D		5,345,467,711	---
1989-S	§	---	3,220,914
1990 (P)		6,851,765,000	---
1990-D		4,922,894,553	---
1990-S		---	U
1991 (P)		U	---
1991-D		U	---
1991-S		---	U

Two cents

DATE	NOTE	BUSINESS	PROOF
1864 (P)	‹13›	19,847,500	100
1865 (P)		13,640,000	500
1866 (P)		3,177,000	725
1867 (P)		2,938,750	625
1868 (P)		2,803,750	600
1869 (P)		1,546,500	600
1870 (P)		861,250	1,000
1871 (P)		721,250	960
1872 (P)		65,000	950
1873 (P)	‹6, 14›	---	1,100

Copper-nickel 3 cents

DATE	NOTE	BUSINESS	PROOF
1865 (P)		11,382,000	400
1866 (P)		4,801,000	725
1867 (P)		3,915,000	625
1868 (P)		3,252,000	600
1869 (P)		1,604,000	600
1870 (P)		1,335,000	1,000
1871 (P)		604,000	960
1872 (P)		862,000	950
1873 (P)	‹6›	1,173,000	1,100
1874 (P)		790,000	700
1875 (P)		228,000	700
1876 (P)		162,000	1,150
1877 (P)	‹7›	---	510
1878 (P)		---	2,350
1879 (P)		38,000	3,200
1880 (P)		21,000	3,955
1881 (P)		1,077,000	3,575
1882 (P)		22,200	3,100
1883 (P)		4,000	6,609
1884 (P)		1,700	3,942
1885 (P)		1,000	3,790
1886 (P)		---	4,290
1887 (P)	‹15›	5,001	2,960
1888 (P)		36,501	4,582

Copper-nickel 3 cents (cont.)

DATE	NOTE	BUSINESS	PROOF
1889 (P)		18,125	3,336

Silver 3 cents

DATE	NOTE	BUSINESS	PROOF
1851 (P)		5,447,400	Δ
1851-O		720,000	Δ
1852 (P)		18,663,500	Δ
1853 (P)	‹16›	11,400,000	---
1854 (P)		671,000	Δ
1855 (P)		139,000	Δ
1856 (P)		1,458,000	Δ
1857 (P)		1,042,000	Δ
1858 (P)		1,604,000	Δ
1859 (P)		365,000	Δ
1860 (P)		286,000	1,000
1861 (P)		497,000	1,000
1862 (P)		343,000	550
1863 (P)	‹17›	21,000	460
1864 (P)	‹18›	12,000	470
1865 (P)		8,000	500
1866 (P)		22,000	725
1867 (P)		4,000	625
1868 (P)		3,500	600
1869 (P)		4,500	600
1870 (P)		3,000	1,000
1871 (P)		3,400	960
1872 (P)		1,000	950
1873 (P)	‹6›	---	600

Shield 5 cents

DATE	NOTE	BUSINESS	PROOF
1866 (P)		14,742,500	125
1867 (P)	‹19›	30,909,500	625
1868 (P)		28,817,000	600
1869 (P)		16,395,000	600
1870 (P)		4,806,000	1,000
1871 (P)		561,000	960
1872 (P)		6,036,000	950
1873 (P)	‹6›	4,550,000	1,100
1874 (P)		3,538,000	700
1875 (P)		2,097,000	700
1876 (P)		2,530,000	1,150
1877 (P)	‹7›	---	510
1878 (P)		---	2,350
1879 (P)		25,900	3,200
1880 (P)		16,000	3,955
1881 (P)		68,800	3,575
1882 (P)		11,473,500	3,100
1883 (P)		1,451,500	5,419

Liberty Head 5 cents

DATE	NOTE	BUSINESS	PROOF
1883 (P) ¬			
No CENTS		5,474,300	5,219
CENTS		16,026,200	6,783
1884 (P)		11,270,000	3,942
1885 (P)		1,472,700	3,790
1886 (P)		3,326,000	4,290
1887 (P)		15,260,692	2,960
1888 (P)		10,715,901	4,582
1889 (P)		15,878,025	3,336
1890 (P)		16,256,532	2,740
1891 (P)		16,832,000	2,350
1892 (P)		11,696,897	2,745
1893 (P)		13,368,000	2,195
1894 (P)		5,410,500	2,632
1895 (P)		9,977,822	2,062
1896 (P)		8,841,058	1,862
1897 (P)		20,426,797	1,938
1898 (P)		12,530,292	1,795
1899 (P)		26,027,000	2,031
1900 (P)		27,253,733	2,262
1901 (P)		26,478,228	1,985

DATE	NOTE	BUSINESS	PROOF	DATE	NOTE	BUSINESS	PROOF
Liberty Head 5 cents (cont.)				**Indian Head 5 cents (cont.)**			
1902 (P)		31,487,561	2,018	1930-S		5,435,000	---
1903 (P)		28,004,935	1,790	1931-S		1,200,000	---
1904 (P)		21,401,350	1,817	1934 (P)		20,213,003	---
1905 (P)		29,825,124	2,152	1934-D		7,480,000	---
1906 (P)		38,612,000	1,725	1935 (P)		58,264,000	---
1907 (P)		39,213,325	1,475	1935-D		12,092,000	---
1908 (P)		22,684,557	1,620	1935-S		10,300,000	---
1909 (P)		11,585,763	4,763	1936 (P)		118,997,000	4,420
1910 (P)		30,166,948	2,405	1936-D		24,814,000	---
1911 (P)		39,557,639	1,733	1936-S		14,930,000	---
1912 (P)		26,234,569	2,145	1937 (P)		79,480,000	5,769
1912-D		8,474,000	---	1937-D		17,826,000	---
1912-S		238,000	---	1937-S		5,635,000	---
1913 (P)	(20)	---	---	1938-D		7,020,000	---
Indian Head 5 cents				**Jefferson 5 cents**			
1913 (P) ¬				1938 (P)		19,496,000	19,365
Mound		30,992,000	1,520	1938-D		5,376,000	---
Plain		29,857,186	1,514	1938-S		4,105,000	---
1913-D ¬				1939 (P)		120,615,000	12,535
Mound		5,337,000	---	1939-D		3,514,000	---
Plain		4,156,000	---	1939-S		6,630,000	---
1913-S ¬				1940 (P)		176,485,000	14,158
Mound		2,105,000	---	1940-D		43,540,000	---
Plain		1,209,000	---	1940-S		39,690,000	---
1914 (P)		20,664,463	1,275	1941 (P)		203,265,000	18,720
1914-D		3,912,000	---	1941-D		53,432,000	---
1914-S		3,470,000	---	1941-S		43,445,000	---
1915 (P)		20,986,220	1,050	1942 (P)	(21)	49,789,000	29,600
1915-D		7,569,500	---	1942-P	(21)	57,873,000	27,600
1915-S		1,505,000	---	1942-D	(21)	13,938,000	---
1916 (P)		63,497,466	600	1942-S	(21)	32,900,000	---
1916-D		13,333,000	---	1943-P	(21)	271,165,000	---
1916-S		11,860,000	---	1943-D	(21)	15,294,000	---
1917 (P)		51,424,029	Δ	1943-S	(21)	104,060,000	---
1917-D		9,910,800	---	1944-P	(21, 22)	119,150,000	---
1917-S		4,193,000	---	1944-D	(21)	32,309,000	---
1918 (P)		32,086,314	---	1944-S	(21)	21,640,000	---
1918-D		8,362,000	---	1945-P	(21)	119,408,100	---
1918-S		4,882,000	---	1945-D	(21)	37,158,000	---
1919 (P)		60,868,000	---	1945-S	(21)	58,939,000	---
1919-D		8,006,000	---	1946		161,116,000	---
1919-S		7,521,000	---	1946-D		45,292,200	---
1920 (P)		63,093,000	---	1946-S		13,560,000	---
1920-D		9,418,000	---	1947 (P)		95,000,000	---
1920-S		9,689,000	---	1947-D		37,822,000	---
1921 (P)		10,663,000	---	1947-S		24,720,000	---
1921-S		1,557,000	---	1948 (P)		89,348,000	---
1923 (P)		35,715,000	---	1948-D		44,734,000	---
1923-S		6,142,000	---	1948-S		11,300,000	---
1924 (P)		21,620,000	---	1949 (P)		60,652,000	---
1924-D		5,258,000	---	1949-D		36,498,000	---
1924-S		1,437,000	---	1949-S		9,716,000	---
1925 (P)		35,565,100	---	1950 (P)	(§)	9,796,000	51,386
1925-D		4,450,000	---	1950-D		2,630,030	---
1925-S		6,256,000	---	1951 (P)	(§)	28,552,000	57,500
1926 (P)		44,693,000	---	1951-D		20,460,000	---
1926-D		5,638,000	---	1951-S		7,776,000	---
1926-S		970,000	---	1952 (P)	(§)	63,988,000	81,980
1927 (P)		37,981,000	---	1952-D		30,638,000	---
1927-D		5,730,000	---	1952-S		20,572,000	---
1927-S		3,430,000	---	1953 (P)	(§)	46,644,000	128,800
1928 (P)		23,411,000	---	1953-D		59,878,600	---
1928-D		6,436,000	---	1953-S		19,210,900	---
1928-S		6,936,000	---	1954 (P)	(§)	47,684,050	233,300
1929 (P)		36,446,000	---	1954-D		117,136,560	---
1929-D		8,370,000	---	1954-S		29,384,000	---
1929-S		7,754,000	---	1955 (P)	(§)	7,888,000	378,200
1930 (P)		22,849,000	---	1955-D		74,464,100	---

MINTAGES

DATE	NOTE	BUSINESS	PROOF	DATE	NOTE	BUSINESS	PROOF
Jefferson 5 cents (cont.)				**Jefferson 5 cents (cont.)**			
1956 (P)	‹§›	35,216,000	669,384	1982-P		292,355,000	––
1956-D		67,222,640	––	1982-D		373,726,544	––
1957 (P)	‹§›	38,408,000	1,247,952	1982-S	‹§›	––	3,857,479
1957-D		136,828,900	––	1983-P		561,615,000	––
1958 (P)	‹§›	17,088,000	875,652	1983-D		536,726,276	––
1958-D		168,249,120	––	1983-S	‹§›	––	3,279,126
1959 (P)	‹§›	27,248,000	1,149,291	1984-P		746,769,000	––
1959-D		160,738,240	––	1984-D		517,675,146	––
1960 (P)	‹§›	55,416,000	1,691,602	1984-S	‹§›	––	3,065,110
1960-D		192,582,180	––	1985-P		647,114,962	––
1961 (P)	‹§›	73,640,000	3,028,244	1985-D		459,747,446	––
1961-D		229,342,760	––	1985-S	‹§›	––	3,362,821
1962 (P)	‹§›	97,384,000	3,218,019	1986-P		536,883,493	––
1962-D		280,195,720	––	1986-D		361,819,144	––
1963 (P)	‹§›	175,776,000	3,075,645	1986-S	‹§›	––	3,010,497
1963-D		276,829,460	––	1987-P		371,499,481	––
1964 (P)	‹§, 11›	1,024,672,000	3,950,762	1987-D		410,590,604	––
1964-D	‹11›	1,787,297,160	––	1987-S	‹§›	––	3,792,233
1965 (P)	‹11›	12,440,000	––	1988-P		771,360,000	––
1965 (D)	‹11›	82,291,380	––	1988-D		663,771,652	––
1965 (S)	‹11›	39,040,000	––	1988-S	‹§›	––	3,262,948
1966 (P)	‹11, 23›		Δ	1989-P		898,812,000	––
1966 (D)	‹11›	103,546,700	––	1989-D		570,842,474	––
1966 (S)	‹11›	50,400,000	––	1989-S	‹§›	––	3,220,914
1967 (P)	‹11›		––	1990 (P)		661,636,000	––
1967 (D)	‹11›	75,993,800	––	1990-D		663,938,503	––
1967 (S)	‹11›	31,332,000	––	1990-S		––	U
1968 (P)		––	––	1991 (P)		U	––
1968-D		91,227,880	––	1991-D		U	––
1968-S	‹§›	100,396,004	3,041,506	1991-S		––	U
1969 (P)		––	––	**Flowing Hair half dime**			
1969-D		202,807,500	––	1794		7,756	––
1969-S	‹§›	120,165,000	2,934,631	1795		78,660	––
1970-D		515,485,380	––	**Draped Bust half dime**			
1970-S	‹§›	238,832,004	2,632,810	1796		10,230	––
1971 (P)		106,884,000	––	1797		44,527	––
1971-D		316,144,800	––	1800		40,000	––
1971-S	‹24›	––	3,220,733	1801		33,910	––
1972 (P)		202,036,000	––	1802		13,010	––
1972-D		351,694,600	––	1803		37,850	––
1972-S	‹§›	––	3,260,996	1805		15,600	––
1973 (P)		384,396,000	––	**Capped Bust half dime**			
1973-D		261,405,400	––	1829		1,230,000	Δ
1973-S	‹§›	––	2,760,339	1830		1,240,000	Δ
1974 (P)		601,752,000	––	1831		1,242,700	Δ
1974-D		277,373,000	––	1832		965,000	Δ
1974-S	‹§›	––	2,612,568	1833		1,370,000	Δ
1975 (P)		181,772,000	––	1834		1,480,000	Δ
1975-D		401,875,300	––	1835		2,760,000	Δ
1975-S	‹§›	––	2,845,450	1836		1,900,000	Δ
1976 (P)		367,124,000	––	1837		871,000	Δ
1976-D		563,964,147	––	**Seated Liberty half dime**			
1976-S		––	––	1837		1,405,000	––
1977 (P)		585,376,000	––	1838 (P)		2,255,000	Δ
1977-D		297,313,422	––	1838-O	‹26›	115,000	––
1977-S	‹§›	––	3,236,798	1839 (P)		1,069,150	Δ
1978 (P)		391,308,000	––	1839-O		981,550	––
1978-D		313,092,780	––	1840 (P)		1,344,085	Δ
1978-S	‹§›	––	3,120,285	1840-O		935,000	––
1979 (P)		463,188,000	––	1841 (P)		1,150,000	Δ
1979-D		325,867,672	––	1841-O		815,000	––
1979-S	‹§›	––	3,677,175	1842 (P)		815,000	Δ
1980-P	‹25›	593,004,000	––	1842-O		350,000	––
1980-D		502,323,448	––	1843 (P)		1,165,000	Δ
1980-S	‹§›	––	3,554,806	1844 (P)		430,000	Δ
1981-P		657,504,000	––	1844-O		220,000	––
1981-D		364,801,843	––	1845 (P)		1,564,000	Δ
1981-S	‹§›	––	4,063,083				

Seated Liberty half dime (cont.)

DATE	NOTE	BUSINESS	PROOF
1846 (P)		27,000	Δ
1847 (P)		1,274,000	Δ
1848 (P)		668,000	Δ
1848-O		600,000	--
1849 (P)		1,309,000	Δ
1849-O		140,000	--
1850 (P)		955,000	Δ
1850-O		690,000	--
1851 (P)		781,000	Δ
1851-O		860,000	--
1852 (P)		1,000,500	Δ
1852-O		260,000	--
1853 (P) ¬			
No Arrows	‹16›	135,000	--
Arrows	‹16›	13,210,020	Δ
1853-O ¬			
No Arrows	‹16›	160,000	--
Arrows	‹16›	2,200,000	--
1854 (P)		5,740,000	Δ
1854-O		1,560,000	--
1855 (P)		1,750,000	Δ
1855-O		600,000	--
1856 (P)		4,880,000	Δ
1856-O		1,100,000	--
1857 (P)		7,280,000	Δ
1857-O		1,380,000	--
1858 (P)		3,500,000	Δ
1858-O		1,660,000	--
1859 (P)		340,000	Δ
1859-O		560,000	--
1860 (P)	‹28›	798,000	1,000
1860-O	‹28, 29›	1,060,000	Δ
1861 (P)		3,360,000	1,000
1862 (P)		1,492,000	550
1863 (P)		18,000	460
1863-S		100,000	--
1864 (P)	‹18›	48,000	470
1864-S		90,000	--
1865 (P)		13,000	500
1865-S		120,000	--
1866 (P)		10,000	725
1866-S		120,000	--
1867 (P)		8,000	625
1867-S		120,000	--
1868 (P)		88,600	600
1868-S		280,000	--
1869 (P)		208,000	600
1869-S		230,000	--
1870 (P)		535,600	1,000
1871 (P)		1,873,000	960
1871-S		161,000	--
1872 (P)		2,947,000	950
1872-S		837,000	--
1873 (P)	‹6›	712,000	600
1873-S	‹6›	324,000	--

Draped Bust dime

DATE	NOTE	BUSINESS	PROOF
1796		22,135	--
1797		25,261	--
1798		27,550	--
1800		21,760	--
1801		34,640	--
1802		10,975	--
1803		33,040	--
1804		8,265	--
1805		120,780	--
1807		165,000	--

Capped Bust dime

DATE	NOTE	BUSINESS	PROOF
1809		51,065	--
1811		65,180	--
1814		421,500	--
1820		942,587	Δ
1821		1,186,512	Δ
1822		100,000	Δ
1823	‹3›	440,000	Δ
1824		100,000	Δ
1825		410,000	Δ
1827		1,215,000	Δ
1828		125,000	Δ
1829		770,000	Δ
1830		510,000	Δ
1831		771,350	Δ
1832		522,500	Δ
1833		485,000	Δ
1834		635,000	Δ
1835		1,410,000	Δ
1836		1,190,000	Δ
1837		359,500	Δ

Seated Liberty dime

DATE	NOTE	BUSINESS	PROOF
1837		682,500	--
1838 (P)		1,992,500	Δ
1838-O	‹26›	406,034	--
1839 (P)		1,0,115	Δ
1839-O		1,323,000	--
1840 (P)		1,358,580	Δ
1840-O		1,175,000	--
1841 (P)		1,622,500	Δ
1841-O		2,007,500	--
1842 (P)		1,887,500	Δ
1842-O		2,020,000	--
1843 (P)		1,370,000	Δ
1843-O		50,000	--
1844 (P)		72,500	Δ
1845 (P)		1,755,000	Δ
1845-O		230,000	--
1846 (P)		31,300	Δ
1847 (P)		245,000	Δ
1848 (P)		451,500	Δ
1849 (P)		839,000	Δ
1849-O		300,000	--
1850 (P)		1,931,500	Δ
1850-O		510,000	--
1851 (P)		1,026,500	Δ
1851-O		400,000	--
1852 (P)		1,535,500	Δ
1852-O		430,000	--
1853 (P) ¬			
No Arrows	‹16›	95,000	--
With Arrows	‹16›	12,078,010	Δ
1853-O		1,100,000	--
1854 (P)		4,470,000	Δ
1854-O		1,770,000	--
1855 (P)		2,075,000	Δ
1856 (P)		5,780,000	Δ
1856-O		1,180,000	--
1856-S		70,000	--
1857 (P)		5,580,000	Δ
1857-O		1,540,000	--
1858 (P)		1,540,000	--
1858-O		290,000	Δ
1858-S		60,000	--
1859 (P)		430,000	Δ
1859-O		480,000	--
1859-S		60,000	--
1860 (P)	‹28›	606,000	1,000
1860-O	‹28›	40,000	--

DATE	NOTE	BUSINESS	PROOF	DATE	NOTE	BUSINESS	PROOF
Seated Liberty dime (cont.)				*Seated Liberty dime (cont.)*			
1860-S	‹28›	140,000	—	1891 (P)		15,310,000	600
1861 (P)		1,883,000	1,000	1891-O		4,540,000	—
1861-S		172,500	—	1891-S		3,196,116	—
1862 (P)		847,000	550	*Barber dime*			
1862-S		180,750	—	1892 (P)		12,120,000	1,245
1863 (P)		14,000	460	1892-O		3,841,700	—
1863-S		157,500	—	1892-S		990,710	—
1864 (P)	‹18›	11,000	470	1893 (P)		3,340,000	792
1864-S		230,000	—	1893-O		1,760,000	—
1865 (P)		10,000	500	1893-S		2,491,401	—
1865-S		175,000	—	1894 (P)		1,330,000	972
1866 (P)		8,000	725	1894-O		720,000	—
1866-S		135,000	—	1894-S	‹31›	—	—
1867 (P)		6,000	625	1895 (P)		690,000	880
1867-S		140,000	—	1895-O		440,000	—
1868 (P)		464,000	600	1895-S		1,120,000	—
1868-S		260,000	—	1896 (P)		2,000,000	762
1869 (P)		256,000	600	1896-O		610,000	—
1869-S		450,000	—	1896-S		575,056	—
1870 (P)		470,500	1,000	1897 (P)		10,868,533	731
1870-S		50,000	—	1897-O		666,000	—
1871 (P)		906,750	960	1897-S		1,342,844	—
1871-CC		20,100	—	1898 (P)		16,320,000	735
1871-S		320,000	—	1898-O		2,130,000	—
1872 (P)		2,395,500	950	1898-S		1,702,507	—
1872-CC		35,480	—	1899 (P)		19,580,000	846
1872-S		190,000	—	1899-O		2,650,000	—
1873 (P) ¬				1899-S		1,867,493	—
No Arrows	‹6›	1,568,000	600	1900 (P)		17,600,000	912
With Arrows	‹6›	2,377,700	800	1900-O		2,010,000	—
1873-CC ¬				1900-S		5,168,270	—
No Arrows	‹6, 30›	12,400	—	1901 (P)		18,859,665	813
With Arrows	‹6›	18,791	—	1901-O		5,620,000	—
1873-S ¬				1901-S		593,022	—
With Arrows	‹6›	455,000	—	1902 (P)		21,380,000	777
1874 (P)		2,940,000	700	1902-O		4,500,000	—
1874-CC		10,817	—	1902-S		2,070,000	—
1874-S		240,000	—	1903 (P)		19,500,000	755
1875 (P)		10,350,000	700	1903-O		8,180,000	—
1875-CC		4,645,000	—	1903-S		613,300	—
1875-S		9,070,000	—	1904 (P)		14,600,357	670
1876 (P)		11,460,000	1,150	1904-S		800,000	—
1876-CC		8,270,000	—	1905 (P)		14,551,623	727
1876-S		10,420,000	—	1905-O		3,400,000	—
1877 (P)		7,310,000	510	1905-S		6,855,199	—
1877-CC		7,700,000	—	1906 (P)		19,957,731	675
1877-S		2,340,000	—	1906-D	‹32›	4,060,000	Δ
1878 (P)		1,678,000	800	1906-O		2,610,000	—
1878-CC		200,000	—	1906-S		3,136,640	—
1879 (P)		14,000	1,100	1907 (P)		22,220,000	575
1880 (P)		36,000	1,355	1907-D		4,080,000	—
1881 (P)		24,000	975	1907-O		5,058,000	—
1882 (P)		3,910,000	1,100	1907-S		3,178,470	—
1883 (P)		7,674,673	1,039	1908 (P)		10,600,000	545
1884 (P)		3,365,505	875	1908-D		7,490,000	—
1884-S		564,969	—	1908-O		1,789,000	—
1885 (P)		2,532,497	930	1908-S		3,220,000	—
1885-S		43,690	—	1909 (P)		10,240,000	650
1886 (P)		6,376,684	886	1909-D		954,000	—
1886-S		206,524	—	1909-O		2,287,000	—
1887 (P)		11,283,229	710	1909-S		1,000,000	—
1887-S		4,454,450	—	1910 (P)		11,520,000	551
1888 (P)		5,495,655	832	1910-D		3,490,000	—
1888-S		1,720,000	—	1910-S		1,240,000	—
1889 (P)		7,380,000	711	1911 (P)		18,870,000	543
1889-S		972,678	—	1911-D		11,209,000	—
1890 (P)		9,910,951	590	1911-S		3,520,000	—
1890-S		1,423,076	—	1912 (P)		19,350,000	700

DATE	NOTE	BUSINESS	PROOF	DATE	NOTE	BUSINESS	PROOF
Barber dime (cont.)				**Winged Liberty dime (cont.)**			
1912-D		11,760,000	—	1939 (P)		67,740,000	9,321
1912-S		3,420,000	—	1939-D		24,394,000	—
1913 (P)		19,760,000	622	1939-S		10,540,000	—
1913-S		510,000	—	1940 (P)		65,350,000	11,827
1914 (P)		17,360,230	—	1940-D		21,198,000	—
1914-D		11,908,000	425	1940-S		21,560,000	—
1914-S		2,100,000	—	1941 (P)		175,090,000	16,557
1915 (P)		5,620,000	450	1941-D		45,634,000	—
1915-S		960,000	—	1941-S		43,090,000	—
1916 (P)		18,490,000	Δ	1942 (P)		205,410,000	22,329
1916-S		5,820,000	—	1942-D		60,740,000	—
Winged Liberty Head dime				1942-S		49,300,000	—
				1943 (P)		191,710,000	—
1916 (P)		22,180,080	—	1943-D		71,949,000	—
1916-D		264,000	—	1943-S		60,400,000	—
1916-S		10,450,000	—	1944 (P)		231,410,000	—
1917 (P)		55,230,000	—	1944-D		62,224,000	—
1917-D		9,402,000	—	1944-S		49,490,000	—
1917-S		27,330,000	—	1945 (P)		159,130,000	—
1918 (P)		26,680,000	—	1945-D		40,245,000	—
1918-D		22,674,800	—	1945-S		41,920,000	—
1918-S		19,300,000	—	**Roosevelt dime**			
1919 (P)		35,740,000	—	1946 (P)		255,250,000	—
1919-D		9,939,000	—	1946-D		61,043,500	—
1919-S		8,850,000	—	1946-S		27,900,000	—
1920 (P)		59,030,000	—	1947 (P)		121,520,000	—
1920-D		19,171,000	—	1947-D		46,835,000	—
1920-S		13,820,000	—	1947-S		34,840,000	—
1921 (P)		1,230,000	—	1948 (P)		74,950,000	—
1921-D		1,080,000	—	1948-D		52,841,000	—
1923 (P)	‹22›	50,130,000	—	1948-S		35,520,000	—
1923-S		6,440,000	—	1949 (P)		30,940,000	—
1924 (P)		24,010,000	—	1949-D		26,034,000	—
1924-D		6,810,000	—	1949-S		13,510,000	—
1924-S		7,120,000	—	1950 (P)	‹§›	50,130,114	51,386
1925 (P)		25,610,000	—	1950-D		46,803,000	—
1925-D		5,117,000	—	1950-S		20,440,000	—
1925-S		5,850,000	—	1951 (P)	‹§›	102,880,102	57,500
1926 (P)		32,160,000	—	1951-D		56,529,000	—
1926-D		6,828,000	—	1951-S		31,630,000	—
1926-S		1,520,000	—	1952 (P)	‹§›	99,040,093	81,980
1927 (P)		28,080,000	—	1952-D		122,100,000	—
1927-D		4,812,000	—	1952-S		44,419,500	—
1927-S		4,770,000	—	1953 (P)	‹§›	53,490,120	128,800
1928 (P)		19,480,000	—	1953-D		136,433,000	—
1928-D		4,161,000	—	1953-S		39,180,000	—
1928-S		7,400,000	—	1954 (P)	‹§›	114,010,203	233,300
1929 (P)		25,970,000	—	1954-D		106,397,000	—
1929-D		5,034,000	—	1954-S		22,860,000	—
1929-S		4,730,000	—	1955 (P)	‹§›	12,450,181	378,200
1930 (P)	‹22›	6,770,000	—	1955-D		13,959,000	—
1930-S		1,843,000	—	1955-S		18,510,000	—
1931 (P)		3,150,000	—	1956 (P)	‹§›	108,640,000	669,384
1931-D		1,260,000	—	1956-D		108,015,100	—
1931-S		1,800,000	—	1957 (P)	‹§›	160,160,000	1,247,952
1934 (P)		24,080,000	—	1957-D		113,354,330	—
1934-D		6,772,000	—	1958 (P)	‹§›	31,910,000	875,652
1935 (P)		58,830,000	—	1958-D		136,564,600	—
1935-D		10,477,000	—	1959 (P)	‹§›	85,780,000	1,149,291
1935-S		15,840,000	—	1959-D		164,919,790	—
1936 (P)		87,500,000	4,130	1960 (P)	‹§›	70,390,000	1,691,602
1936-D		16,132,000	—	1960-D		200,160,400	—
1936-S		9,210,000	—	1961 (P)	‹§›	93,730,000	3,028,244
1937 (P)		56,860,000	5,756	1961-D		209,146,550	—
1937-D		14,146,000	—	1962 (P)	‹§›	72,450,000	3,218,019
1937-S		9,740,000	—	1962-D		334,948,380	—
1938 (P)		22,190,000	8,728	1963 (P)	‹§›	123,650,000	3,075,645
1938-D		5,537,000	—	1963-D		421,476,530	—
1938-S		8,090,000	—				

DATE	NOTE	BUSINESS	PROOF
Roosevelt dime (cont.)			
1964 (P)	«§, 11»	929,360,000	3,950,762
1964-D	«11»	1,357,517,180	---
1965 (P)	«11»	845,130,000	---
1965 (D)	«11»	757,472,820	---
1965 (S)	«11»	47,177,750	---
1966 (P)	«11»	622,550,000	---
1966 (D)	«11»	683,771,010	---
1966 (S)	«11»	74,151,947	---
1967 (P)	«11»	1,030,110,000	---
1967 (D)	«11»	1,156,277,320	---
1967 (S)	«11»	57,620,000	---
1968 (P)		424,470,400	---
1968-D		480,748,280	---
1968-S	«§, 33»	---	3,041,506
1969 (P)		145,790,000	---
1969-D		563,323,870	---
1969-S	«§»	---	2,934,631
1970 (P)		345,570,000	---
1970-D		754,942,100	---
1970-S	«§, 34»	---	2,632,810
1971 (P)		162,690,000	---
1971-D		377,914,240	---
1971-S	«§»	---	3,220,733
1972 (P)		431,540,000	---
1972-D		330,290,000	---
1972-S	«§»	---	3,260,996
1973 (P)		315,670,000	---
1973-D		455,032,426	---
1973-S	«§»	---	2,760,339
1974 (P)		470,248,000	---
1974-D		571,083,000	---
1974-S	«§»	---	2,612,568
1975 (P)		513,682,000	---
1975-D		313,705,300	---
1975 (S)		71,991,900	---
1976 (P)		568,760,000	---
1976-D		695,222,774	---
1976-S		---	---
1977 (P)		796,930,000	---
1977-D		376,607,228	---
1977-S	«§»	---	3,236,798
1978 (P)		663,980,000	---
1978-D		282,847,540	---
1978-S	«§»	---	3,120,285
1979 (P)		315,440,000	---
1979-D		390,921,184	---
1979-S	«§»	---	3,677,175
1980-P	«25»	735,170,000	---
1980-D		719,354,321	---
1980-S	«§»	---	3,554,806
1981-P		676,650,000	---
1981-D		712,284,143	---
1981-S	«§»	---	4,063,083
1982-P	«35»	519,475,000	---
1982-D		542,713,584	---
1982-S	«§»	---	3,857,479
1983-P		647,025,000	---
1983-D		730,129,224	---
1983-S	«§»	---	3,279,126
1984-P		856,669,000	---
1984-D		704,803,976	---
1984-S	«§»	---	3,065,110
1985-P		705,200,962	---
1985-D		587,979,970	---
1985-S	«§»	---	3,362,821
1986-P		682,649,693	---
1986-D		473,326,974	---
1986-S	«§»	---	3,010,497

DATE	NOTE	BUSINESS	PROOF
Roosevelt dime (cont.)			
1987-P		762,709,481	---
1987-D		653,203,402	---
1987-S	«§»	---	3,792,233
1988-P		1,030,550,000	---
1988-D		962,385,488	---
1988-S	«§»	---	3,262,948
1989-P		1,298,400,000	---
1989-D		896,535,597	---
1989-S	«§»	---	3,220,914
1990-P		1,034,340,000	---
1990-D		839,995,824	---
1990-S		---	U
1991 (P)		U	---
1991-D		U	---
1991-S		---	U
Twenty cents			
1875 (P)		38,500	1,200
1875-CC		133,290	---
1875-S	«36»	1,155,000	Δ
1876 (P)		14,750	1,150
1876-CC	37	10,000	---
1877 (P)		---	510
1878 (P)		---	600
Draped Bust, Small Eagle quarter dollar			
1796		6,146	---
Draped Bust, Large Eagle quarter dollar			
1804		6,738	---
1805		121,394	---
1806		286,424	---
1807		140,343	---
Capped Bust quarter dollar			
1815		89,235	---
1818		361,174	Δ
1819		144,000	Δ
1820		127,444	Δ
1821		216,851	Δ
1822		64,080	Δ
1823	«3»	17,800	Δ
1824		24,000	Δ
1825		148,000	Δ
1827	«38»	---	Δ (R)
1828		102,000	Δ
1831		398,000	Δ
1832		320,000	Δ
1833		156,000	Δ
1834		286,000	Δ
1835		1,952,000	Δ
1836		472,000	Δ
1837		252,400	Δ
1838 (P)		366,000	Δ
Seated Liberty quarter dollar			
1838 (P)		466,000	---
1839 (P)		491,146	Δ
1840 (P)		188,127	Δ
1840-O		425,200	---
1841 (P)		120,000	Δ
1841-O		452,000	---
1842 (P)		88,000	Δ
1842-O		769,000	---
1843 (P)		645,600	Δ
1843-O		968,000	---
1844 (P)		421,200	Δ
1844-O		740,000	---

Seated Liberty quarter (cont.)

DATE	NOTE	BUSINESS	PROOF
1845 (P)		922,000	Δ
1846 (P)		510,000	Δ
1847 (P)		734,000	Δ
1847-O		368,000	---
1848 (P)		146,000	Δ
1849 (P)		340,000	Δ
1849-O		16,000	---
1850 (P)		190,800	Δ
1850-O		396,000	---
1851 (P)		160,000	Δ
1851-O		88,000	---
1852 (P)		177,060	Δ
1852-O		96,000	---
1853 (P) ¬			
No Arr. & Rays	‹16›	44,200	---
Arrows & Rays	‹16›	15,210,020	Δ
1853-O		1,332,000	---
1854 (P)		12,380,000	Δ
1854-O		1,484,000	---
1855 (P)		2,857,000	Δ
1855-O		176,000	---
1855-S	‹39›	396,400	Δ
1856 (P)		7,264,000	Δ
1856-O		968,000	---
1856-S		286,000	---
1857 (P)		9,644,000	Δ
1857-O		1,180,000	---
1857-S		82,000	---
1858 (P)		7,368,000	Δ
1858-O		520,000	---
1858-S		121,000	---
1859 (P)		1,344,000	Δ
1859-O		260,000	---
1859-S		80,000	---
1860 (P)		804,400	1,000
1860-O		388,000	---
1860-S		56,000	---
1861 (P)		4,853,600	1,000
1861-S		96,000	---
1862 (P)		932,000	550
1862-S		67,000	---
1863 (P)		191,600	460
1864 (P)		93,600	470
1864-S		20,000	---
1865 (P)		58,800	500
1865-S		41,000	---
1866 (P)	‹40›	16,800	725
1866-S	‹40›	28,000	---
1867 (P)		20,000	625
1867-S		48,000	---
1868 (P)		29,400	600
1868-S		96,000	---
1869 (P)		16,000	600
1869-S		76,000	---
1870 (P)		86,400	1,000
1870-CC		8,340	---
1871 (P)		118,200	960
1871-CC		10,890	---
1871-S		30,900	---
1872 (P)		182,000	950
1872-CC		22,850	---
1872-S		83,000	---
1873 (P) ¬			
No Arrows	‹6›	212,000	600
With Arrows	‹6›	1,271,160	540
1873-CC ¬			
No Arrows	‹6›	4,000	---
With Arrows	‹6›	12,462	---

Seated Liberty quarter (cont.)

DATE	NOTE	BUSINESS	PROOF
1873-S ¬			
With Arrows	‹6›	156,000	---
1874 (P)		471,200	700
1874-S		392,000	---
1875 (P)		4,292,800	700
1875-CC		140,000	---
1875-S		680,000	---
1876 (P)		17,816,000	1,150
1876-CC		4,944,000	---
1876-S		8,596,000	---
1877 (P)		10,911,200	510
1877-CC		4,192,000	---
1877-S		8,996,000	---
1878 (P)		2,260,000	800
1878-CC		996,000	---
1878-S		140,000	---
1879 (P)	‹41›	14,450	250
1880 (P)		13,600	1,355
1881 (P)		12,000	975
1882 (P)		15,200	1,100
1883 (P)		14,400	1,039
1884 (P)		8,000	875
1885 (P)		13,600	930
1886 (P)		5,000	886
1887 (P)		10,000	710
1888 (P)		10,001	832
1888-S		1,216,000	---
1889 (P)		12,000	711
1890 (P)		80,000	590
1891 (P)		3,920,000	600
1891-O	‹42›	68,000	Δ
1891-S		2,216,000	---

Barber quarter dollar

DATE	NOTE	BUSINESS	PROOF
1892 (P)		8,236,000	1,245
1892-O		2,640,000	---
1892-S		964,079	---
1893 (P)		5,444,023	792
1893-O		3,396,000	---
1893-S		1,454,535	---
1894 (P)		3,432,000	972
1894-O		2,852,000	---
1894-S		2,648,821	---
1895 (P)		4,440,000	880
1895-O		2,816,000	---
1895-S		1,764,681	---
1896 (P)		3,874,000	762
1896-O		1,484,000	---
1896-S		188,039	---
1897 (P)		8,140,000	731
1897-O		1,414,800	---
1897-S		542,229	---
1898 (P)		11,100,000	735
1898-O		1,868,000	---
1898-S		1,020,592	---
1899 (P)		12,624,000	846
1899-O		2,644,000	---
1899-S		708,000	---
1900 (P)		10,016,000	912
1900-O		3,416,000	---
1900-S		1,858,585	---
1901 (P)		8,892,000	813
1901-O		1,612,000	---
1901-S		72,664	---
1902 (P)		12,196,967	777
1902-O		4,748,000	---
1902-S		1,524,612	---
1903 (P)		9,669,309	755
1903-O		3,500,000	---

DATE	NOTE	BUSINESS	PROOF	DATE	NOTE	BUSINESS	PROOF
Barber quarter dollar (cont.)				**Standing Liberty quarter (cont.)**			
1903-S		1,036,000	––	1926-S		2,700,000	––
1904 (P)		9,588,143	670	1927 (P)		11,912,000	––
1904-O		2,456,000	––	1927-D		976,400	––
1905 (P)		4,967,523	727	1927-S		396,000	––
1905-O		1,230,000	––	1928 (P)		6,336,000	––
1905-S		1,884,000	––	1928-D		1,627,600	––
1906 (P)		3,655,760	675	1928-S		2,644,000	––
1906-D		3,280,000	––	1929 (P)		11,140,000	––
1906-O		2,056,000	––	1929-D		1,358,000	––
1907 (P)		7,192,000	575	1929-S		1,764,000	––
1907-D		2,484,000	––	1930 (P)		5,632,000	––
1907-O		4,560,000	––	1930-S		1,556,000	––
1907-S		1,360,000	––	**Washington quarter dollar**			
1908 (P)		4,232,000	545	1932 (P)		5,404,000	––
1908-D		5,788,000	––	1932-D		436,800	––
1908-O		6,244,000	––	1932-S		408,000	––
1908-S		784,000	––	1934 (P)		31,912,052	––
1909 (P)		9,268,000	650	1934-D		3,527,200	––
1909-D		5,114,000	––	1935 (P)		32,484,000	––
1909-O		712,000	––	1935-D		5,780,000	––
1909-S		1,348,000	––	1935-S		5,660,000	––
1910 (P)		2,244,000	551	1936 (P)		41,300,000	3,837
1910-D		1,500,000	––	1936-D		5,374,000	––
1911 (P)		3,720,000	543	1936-S		3,828,000	––
1911-D		933,600	––	1937 (P)		19,696,000	5,542
1911-S		988,000	––	1937-D		7,189,600	––
1912 (P)		4,400,000	700	1937-S		1,652,000	––
1912-S		708,000	––	1938 (P)		9,472,000	8,045
1913 (P)		484,000	613	1938-S		2,832,000	––
1913-D		1,450,800	––	1939 (P)		33,540,000	8,795
1913-S		40,000	––	1939-D		7,092,000	––
1914 (P)		6,244,230	380	1939-S		2,628,000	––
1914-D		3,046,000	––	1940 (P)		35,704,000	11,246
1914-S		264,000	––	1940-D		2,797,600	––
1915 (P)		3,480,000	450	1940-S		8,244,000	––
1915-D		3,694,000	––	1941 (P)		79,032,000	15,287
1915-S		704,000	––	1941-D		16,714,800	––
1916 (P)		1,788,000	––	1941-S		16,080,000	––
1916-D		6,540,800	––	1942 (P)		102,096,000	21,123
Standing Liberty quarter dollar				1942-D		17,487,200	––
1916 (P)		52,000	––	1942-S		19,384,000	––
1917 (P) ¬				1943 (P)		99,700,000	––
Bare Breast		8,740,000	Δ	1943-D		16,095,600	––
Mailed Breast		13,880,000	––	1943-S		21,700,000	––
1917-D ¬				1944 (P)		104,956,000	––
Bare Breast		1,509,200	––	1944-D		14,600,800	––
Mailed Breast		6,224,400	––	1944-S		12,560,000	––
1917-S ¬				1945 (P)		74,372,000	––
Bare Breast		1,952,000	––	1945-D		12,341,600	––
Mailed Breast		5,552,000	––	1945-S		17,004,001	––
1918 (P)		14,240,000	––	1946 (P)		53,436,000	––
1918-D		7,380,000	––	1946-D		9,072,800	––
1918-S		11,072,000	––	1946-S		4,204,000	––
1919 (P)		11,324,000	––	1947 (P)		22,556,000	––
1919-D		1,944,000	––	1947-D		15,338,400	––
1919-S		1,836,000	––	1947-S		5,532,000	––
1920 (P)		27,860,000	––	1948 (P)		35,196,000	––
1920-D		3,586,400	––	1948-D		16,766,800	––
1920-S		6,380,000	––	1948-S		15,960,000	––
1921 (P)		1,916,000	––	1949 (P)		9,312,000	––
1923 (P)		9,716,000	––	1949-D		10,068,400	––
1923-S		1,360,000	––	1950 (P)	«§»	24,920,126	51,386
1924 (P)		10,920,000	––	1950-D		21,075,600	––
1924-D		3,112,000	––	1950-S		10,284,004	––
1924-S		2,860,000	––	1951 (P)	«§»	43,448,102	57,500
1925 (P)		12,280,000	––	1951-D		35,354,800	––
1926 (P)		11,316,000	––	1951-S		9,048,000	––
1926-D		1,716,000	––	1952 (P)	«§»	38,780,093	81,980

DATE	NOTE	BUSINESS	PROOF
Washington quarter dollar (cont.)			
1952-D		49,795,200	——
1952-S		13,707,800	——
1953 (P)	‹§›	18,536,120	128,800
1953-D		56,112,400	——
1953-S		14,016,000	——
1954 (P)	‹§›	54,412,203	233,300
1954-D		42,305,500	——
1954-S		11,834,722	——
1955 (P)	‹§›	18,180,181	378,200
1955-D		3,182,400	——
1956 (P)	‹§›	44,144,000	669,384
1956-D		32,334,500	——
1957 (P)	‹§›	46,532,000	1,247,952
1957-D		77,924,160	——
1958 (P)	‹§›	6,360,000	875,652
1958-D		78,124,900	——
1959 (P)	‹§›	24,384,000	1,149,291
1959-D		62,054,232	——
1960 (P)	‹§›	29,164,000	1,691,602
1960-D		63,000,324	——
1961 (P)	‹§›	37,036,000	3,028,244
1961-D		83,656,928	——
1962 (P)	‹§›	36,156,000	3,218,019
1962-D		127,554,756	——
1963 (P)	‹§›	74,316,000	3,075,645
1963-D		135,288,184	——
1964 (P)	‹§, 11›	560,390,585	3,950,762
1964-D	‹11›	704,135,528	——
1965 (P)	‹11›	1,082,216,000	——
1965 (D)	‹11›	673,305,540	——
1965 (S)	‹11›	61,836,000	——
1966 (P)	‹11›	404,416,000	——
1966 (D)	‹11›	367,490,400	——
1966 (S)	‹11›	46,933,517	——
1967 (P)	‹11›	873,524,000	——
1967 (D)	‹11›	632,767,848	——
1967 (S)	‹11›	17,740,000	——
1968 (P)		220,731,500	——
1968-D		101,534,000	——
1968-S	‹§›	——	3,041,506
1969 (P)		176,212,000	——
1969-D		114,372,000	——
1969-S	‹§›	——	2,934,631
1970 (P)		136,420,000	——
1970-D		417,341,364	——
1970-S	‹§›	——	2,632,810
1971 (P)		109,284,000	——
1971-D		258,634,428	——
1971-S	‹§›	——	3,220,733
1972 (P)		215,048,000	——
1972-D		311,067,732	——
1972-S	‹§›	——	3,260,996
1973 (P)		346,924,000	——
1973-D		232,977,400	——
1973-S	‹§›	——	2,760,339
1974 (P)	‹43›	801,456,000	——
1974-D		353,160,300	——
1974-S	‹§, 43›	——	2,612,568
1976 (P)	‹43›	809,408,016	——
1976-D	‹43›	860,118,839	——
1976-S	‹43›	——	——
1976 (W)	‹43›	376,000	——
1977 (P)		461,204,000	——
1977-D		256,524,978	——
1977-S	‹§›	——	3,236,798
1977 (W)		7,352,000	——
1978 (P)		500,652,000	——
1978-D		287,373,152	——

DATE	NOTE	BUSINESS	PROOF
Washington quarter dollar (cont.)			
1978-S	‹§›	——	3,120,285
1978 (W)		20,800,000	——
1979 (P)		493,036,000	——
1979-D		489,789,780	——
1979-S	‹§›	——	3,677,175
1979 (W)		22,672,000	——
1980 (P)	‹25›	635,832,000	——
1980-D		518,327,487	——
1980-S	‹§›	——	3,554,806
1981-P		601,716,000	——
1981-D		575,722,833	——
1981-S	‹§›	——	4,063,083
1982-P		500,931,000	——
1982-D		480,042,788	——
1982-S	‹§›	——	3,857,479
1983-P		673,535,000	——
1983-D		617,806,446	——
1983-S	‹§›	——	3,279,126
1984-P		676,545,000	——
1984-D		546,483,064	——
1984-S	‹§›	——	3,065,110
1985-P		775,818,962	——
1985-D		519,962,888	——
1985-S	‹§›	——	3,362,821
1986-P		551,199,333	——
1986-D		504,298,660	——
1986-S	‹§›	——	3,010,497
1987-P		582,499,481	——
1987-D		655,595,696	——
1987-S	‹§›	——	3,792,233
1988-P		562,052,000	——
1988-D		596,810,688	——
1988-S	‹§›	——	3,262,948
1989-P		512,868,000	——
1989-D		896,733,858	——
1989-S	‹§›	——	3,220,914
1990-P		613,792,000	——
1990-D		927,638,181	——
1990-S		——	U
1991 (P)		U	——
1991-D		U	——
1991-S		U	U
Flowing Hair half dollar			
1794		23,464	——
1795		299,680	——
Draped Bust, Small Eagle half dollar			
1796		934	——
1797		2,984	——
Draped Bust, Heraldic Eagle half dollar			
1801		30,289	——
1802		29,890	——
1803		188,234	——
1805		211,722	——
1806		839,576	——
1807		301,076	——
Capped Bust half dollar			
1807		750,500	——
1808		1,368,600	——
1809		1,405,810	——
1810		1,276,276	——
1811		1,203,644	——
1812		1,628,059	——
1813		1,241,903	——
1814		1,039,075	——

DATE	NOTE	BUSINESS	PROOF	DATE	NOTE	BUSINESS	PROOF
Capped Bust half dollar (cont.)				**Seated Liberty half dollar (cont.)**			
1815		47,150	––	1857-S		158,000	––
1817	‹44›	1,215,567	Δ	1858 (P)		4,226,000	Δ
1818		1,960,322	Δ	1858-O		7,294,000	––
1819		2,208,000	Δ	1858-S		476,000	––
1820		751,122	Δ	1859 (P)		748,000	Δ
1821		1,305,797	Δ	1859-O		2,834,000	––
1822		1,559,573	Δ	1859-S		566,000	––
1823		1,694,200	Δ	1860 (P)		302,700	1,000
1824		3,504,954	Δ	1860-O		1,290,000	––
1825		2,943,166	Δ	1860-S		472,000	––
1826		4,004,180	Δ	1861 (P)		2,887,400	1,000
1827		5,493,400	Δ	1861-O	‹51›	2,532,633	Δ
1828		3,075,200	Δ	1861-S		939,500	––
1829		3,712,156	Δ	1862 (P)		253,000	550
1830		4,764,800	Δ	1862-S		1,352,000	––
1831		5,873,660	Δ	1863 (P)		503,200	460
1832		4,797,000	Δ	1863-S		916,000	––
1833		5,206,000	Δ (R)	1864 (P)		379,100	470
1834		6,412,004	Δ (R)	1864-S		658,000	––
1835		5,352,006	Δ (R)	1865 (P)		511,400	500
1836 ¬				1865-S		675,000	––
Lettered Edge		6,545,000	Δ	1866 (P)	‹40›	744,900	725
Reeded Edge	‹45›	1,200	Δ	1866-S ¬			
1837		3,629,820	Δ	No Motto	‹40›	60,000	––
1838 (P)		3,546,000	Δ	Motto	‹40›	994,000	––
1838-O	‹46›	––	Δ	1867 (P)		449,300	625
1839 (P)		1,362,160	Δ	1867-S		1,196,000	––
1839-O	‹47›	178,976	Δ	1868 (P)		417,600	600
Seated Liberty half dollar				1868-S		1,160,000	––
1839 (P)	‹48›	1,972,400	Δ	1869 (P)		795,300	600
1840 (P)		1,435,008	Δ	1869-S		656,000	––
1840-O		855,100	––	1870 (P)		633,900	1,000
1841 (P)		310,000	Δ	1870-CC		54,617	––
1841-O		401,000	––	1870-S		1,004,000	––
1842 (P)		2,012,764	Δ	1871 (P)		1,203,600	960
1842-O		957,000	––	1871-CC		153,950	––
1843 (P)		3,844,000	––	1871-S		2,178,000	––
1844 (P)		1,766,000	Δ	1872 (P)		880,600	950
1844-O		2,005,000	––	1872-CC		257,000	––
1845 (P)		589,000	Δ	1872-S		580,000	––
1845-O		2,094,000	––	1873 (P) ¬			
1846 (P)		2,210,000	Δ	No Arrows	‹6›	801,200	600
1846-O		2,304,000	––	With Arrows	‹6›	1,815,150	550
1847 (P)		1,156,000	Δ	1873-CC ¬			
1847-O		2,584,000	––	No Arrows	‹6, 52›	122,500	––
1848 (P)		580,000	Δ	With Arrows	‹6›	214,560	––
1848-O		3,180,000	––	1873-S ¬			
1849 (P)		1,252,000	Δ	No Arrows	‹6›	5,000	––
1849-O		2,310,000	––	With Arrows	‹6›	228,000	––
1850 (P)		227,000	Δ	1874 (P)		2,359,600	700
1850-O		2,456,000	––	1874-CC		59,000	––
1851 (P)		200,750	––	1874-S		394,000	––
1851-O		402,000	––	1875 (P)		6,026,800	700
1852 (P)		77,130	Δ	1875-CC		1,008,000	––
1852-O		144,000	––	1875-S		3,200,000	––
1853 (P)	‹16, 49›	3,532,708	Δ	1876 (P)		8,418,000	1,150
1853-O	‹49›	1,328,000	––	1876-CC		1,956,000	––
1854 (P)		2,982,000	Δ	1876-S		4,528,000	––
1854-O		5,240,000	––	1877 (P)		8,304,000	510
1855 (P)		759,500	Δ	1877-CC		1,420,000	––
1855-S	‹50›	129,950	Δ	1877-S		5,356,000	––
1856 (P)		938,000	Δ	1878 (P)		1,377,600	800
1856-O		2,658,000	––	1878-CC		62,000	––
1856-S		211,000	––	1878-S		12,000	––
1857 (P)		1,988,000	Δ	1879 (P)		4,800	1,100
1857-O		818,000	––	1880 (P)		8,400	1,355
				1881 (P)		10,000	975
				1882 (P)		4,400	1,100
				1883 (P)		8,000	1,039

Seated Liberty half dollar (cont.)

DATE	NOTE	BUSINESS	PROOF
1884 (P)		4,400	875
1885 (P)		5,200	930
1886 (P)		5,000	886
1887 (P)		5,000	710
1888 (P)		12,001	832
1889 (P)		12,000	711
1890 (P)		12,000	590
1891 (P)		200,000	600

Barber half dollar

DATE	NOTE	BUSINESS	PROOF
1892 (P)		934,245	1,245
1892-O		390,000	---
1892-S		1,029,028	---
1893 (P)		1,826,000	792
1893-O		1,389,000	---
1893-S		740,000	---
1894 (P)		1,148,000	972
1894-O		2,138,000	---
1894-S		4,048,690	---
1895 (P)		1,834,338	880
1895-O	‹53›	1,766,000	Δ
1895-S		1,108,086	---
1896 (P)		950,000	762
1896-O		924,000	---
1896-S		1,140,948	---
1897 (P)		2,480,000	731
1897-O		632,000	---
1897-S		933,900	---
1898 (P)		2,956,000	735
1898-O		874,000	---
1898-S		2,358,550	---
1899 (P)		5,538,000	846
1899-O		1,724,000	---
1899-S		1,686,411	---
1900 (P)		4,762,000	912
1900-O		2,744,000	---
1900-S		2,560,322	---
1901 (P)		4,268,000	813
1901-O		1,124,000	---
1901-S		847,044	---
1902 (P)		4,922,000	777
1902-O		2,526,000	---
1902-S		1,460,670	---
1903 (P)		2,278,000	755
1903-O		2,100,000	---
1903-S		1,920,772	---
1904 (P)		2,992,000	670
1904-O		1,117,600	---
1904-S		553,038	---
1905 (P)		662,000	727
1905-O		505,000	---
1905-S		2,494,000	---
1906 (P)		2,638,000	675
1906-D		4,028,000	---
1906-O		2,446,000	---
1906-S		1,740,154	---
1907 (P)		2,598,000	575
1907-D		3,856,000	---
1907-O		3,946,600	---
1907-S		1,250,000	---
1908 (P)		1,354,000	545
1908-D		3,280,000	---
1908-O		5,360,000	---
1908-S		1,644,828	---
1909 (P)		2,368,000	650
1909-O		925,400	---
1909-S		1,764,000	---
1910 (P)		418,000	551
1910-S		1,948,000	---

Barber half dollar (cont.)

DATE	NOTE	BUSINESS	PROOF
1911 (P)		1,406,000	543
1911-D		695,080	---
1911-S		1,272,000	---
1912 (P)		1,550,000	700
1912-D		2,300,800	---
1912-S		1,370,000	---
1913 (P)		188,000	627
1913-D		534,000	---
1913-S		604,000	---
1914 (P)		124,230	380
1914-S		992,000	---
1915 (P)		138,000	450
1915-D		1,170,400	---
1915-S		1,604,000	---

Walking Liberty half dollar

DATE	NOTE	BUSINESS	PROOF
1916 (P)		608,000	Δ
1916-D		1,014,400	---
1916-S		508,000	---
1917 (P)		12,292,000	---
1917-D ¬			
Obv. Mint Mark		765,400	---
Rev. Mint Mark		1,940,000	---
1917-S ¬			
Obv. Mint Mark		952,000	---
Rev. Mint Mark		5,554,000	---
1918 (P)		6,634,000	---
1918-D		3,853,040	---
1918-S		10,282,000	---
1919 (P)		962,000	---
1919-D		1,165,000	---
1919-S		1,552,000	---
1920 (P)		6,372,000	---
1920-D		1,551,000	---
1920-S		4,624,000	---
1921 (P)		246,000	---
1921-D		208,000	---
1921-S		548,000	---
1923-S		2,178,000	---
1927-S		2,392,000	---
1928-S		1,940,000	---
1929-D		1,001,200	---
1929-S		1,902,000	---
1933-S		1,786,000	---
1934 (P)		6,964,000	---
1934-D		2,361,400	---
1934-S		3,652,000	---
1935 (P)		9,162,000	---
1935-D		3,003,800	---
1935-S		3,854,000	---
1936 (P)		12,614,000	3,901
1936-D		4,252,400	---
1936-S		3,884,000	---
1937 (P)		9,522,000	5,728
1937-D		1,676,000	---
1937-S		2,090,000	---
1938 (P)		4,110,000	8,152
1938-D		491,600	---
1939 (P)		6,812,000	8,808
1939-D		4,267,800	---
1939-S		2,552,000	---
1940 (P)		9,156,000	11,279
1940-S		4,550,000	---
1941 (P)		24,192,000	15,412
1941-D		11,248,400	---
1941-S		8,098,000	---
1942 (P)		47,818,000	21,120
1942-D		10,973,800	---
1942-S		12,708,000	---

MINTAGES

DATE	NOTE	BUSINESS	PROOF	DATE	NOTE	BUSINESS	PROOF
Walking Liberty half dollar (cont.)				**Kennedy half dollar (cont.)**			
1943 (P)		53,190,000	––	1970-S	‹§›	––	2,632,810
1943-D		11,346,000	––	1971 (P)		155,164,000	––
1943-S		13,450,000	––	1971-D		302,097,424	––
1944 (P)		28,206,000	––	1971-S	‹§›	––	3,220,733
1944-D		9,769,000	––	1972 (P)		153,180,000	––
1944-S		8,904,000	––	1972-D		141,890,000	––
1945 (P)		31,502,000	––	1972-S	‹§›	––	3,260,996
1945-D		9,996,800	––	1973 (P)		64,964,000	––
1945-S		10,156,000	––	1973-D		83,171,400	––
1946 (P)		12,118,000	––	1973-S	‹§›	––	2,760,339
1946-D		2,151,000	––	1974 (P)	‹43›	201,596,000	––
1946-S		3,724,000	––	1974-D	‹43›	79,066,300	––
1947 (P)		4,094,000	––	1974-S	‹§, 43›	––	2,612,568
1947-D		3,900,600	––	1976 (P)	‹43›	234,308,000	––
Franklin half dollar				1976-D	‹43›	287,565,248	––
1948 (P)		3,006,814	––	1976-S	‹43›	––	––
1948-D		4,028,600	––	1977 (P)		43,598,000	––
1949 (P)		5,614,000	––	1977-D		31,449,106	––
1949-D		4,120,600	––	1977-S	‹§›	––	3,236,798
1949-S		3,744,000	––	1978 (P)		14,350,000	––
1950 (P)	‹§›	7,742,123	51,386	1978-D		13,765,799	––
1950-D		8,031,600	––	1978-S	‹§›	––	3,120,285
1951 (P)	‹§›	16,802,102	57,500	1979 (P)		68,312,000	––
1951-D		9,475,200	––	1979-D		15,815,422	––
1951-S		13,696,000	––	1979-S	‹§›	––	3,677,175
1952 (P)	‹§›	21,192,093	81,980	1980-P	‹25›	44,134,000	––
1952-D		25,395,600	––	1980-D		33,456,449	––
1952-S		5,526,000	––	1980-S	‹§›	––	3,554,806
1953 (P)	‹§›	2,668,120	128,800	1981-P		29,544,000	––
1953-D		20,900,400	––	1981-D		27,839,533	––
1953-S		4,148,000	––	1981-S	‹§›	––	4,063,083
1954 (P)	‹§›	13,188,203	233,300	1982-P		10,819,000	––
1954-D		25,445,580	––	1982-D		13,140,102	––
1954-S		4,993,400	––	1982-S	‹§›	––	3,857,479
1955 (P)	‹§›	2,498,181	378,200	1983-P		34,139,000	––
1956 (P)	‹§›	4,032,000	669,384	1983-D		32,472,244	––
1957 (P)	‹§›	5,114,000	1,247,952	1983-S	‹§›	––	3,279,126
1957-D		19,966,850	––	1984-P		26,029,000	––
1958 (P)	‹§›	4,042,000	875,652	1984-D		26,262,158	––
1958-D		23,962,412	––	1984-S	‹§›	––	3,065,110
1959 (P)	‹§›	6,200,000	1,149,291	1985-P		18,706,962	––
1959-D		13,053,750	––	1985-D		19,814,034	––
1960 (P)	‹§›	6,024,000	1,691,602	1985-S	‹§›	––	3,362,821
1960-D		18,215,812	––	1986-P		13,107,633	––
1961 (P)	‹§›	8,290,000	3,028,244	1986-D		15,366,145	––
1961-D		20,276,442	––	1986-S	‹§›	––	3,010,497
1962 (P)	‹§›	9,714,000	3,218,019	1987-P	‹55›	––	––
1962-D		35,473,281	––	1987-D	‹55›	––	––
1963 (P)	‹§›	22,164,000	3,075,645	1987-S	‹§›	––	3,792,233
1963-D		67,069,292	––	1988-P		13,626,000	––
Kennedy half dollar				1988-D		12,000,096	––
1964 (P)	‹§, 11›	273,304,004	3,950,762	1988-S	‹§›	––	3,262,948
1964-D	‹11›	156,205,446	––	1989-P		24,542,000	––
1965 (P)	‹11›	––	––	1989-D		23,000,216	––
1965 (D)	‹11›	63,049,366	––	1989-S	‹§›	––	3,220,914
1965 (S)	‹11, 54›	470,000	––	1990 (P)		22,278,000	––
1966 (P)	‹11›	––	––	1990-D		20,096,242	––
1966 (D)	‹11›	106,439,312	––	1990-S		––	U
1966 (S)	‹11, 54›	284,037	––	1991 (P)		U	––
1967 (P)	‹11›	––	––	1991-D		U	––
1967 (D)	‹11›	293,183,634	––	1991-S		––	U
1967 (S)	‹11, 54›	––	––	**Flowing Hair silver dollar**			
1968-D		246,951,930	––	1794		1,758	––
1968-S	‹§›	––	3,041,506	1795		160,295	––
1969-S		129,881,800	––	**Draped Bust silver dollar**			
1969-S	‹§›	––	2,934,631	1795		42,738	––
1970-D	‹55›	2,150,000	––	1796		72,920	––

Draped Bust silver dollar (cont.)

DATE	NOTE	BUSINESS	PROOF
1797		7,776	--
1798	‹56›	327,536	--
1799		423,515	--
1800		220,920	--
1801	‹57›	54,454	--
1802	‹57›	41,650	--
1803	‹57›	85,634	--
1804	‹58›	--	--
1805	‹59›	--	--

Gobrecht silver dollar

DATE	NOTE	BUSINESS	PROOF
1836	‹60›	1,600	Δ
1838	‹60›	--	Δ
1839 (P)	‹60›	300	Δ

Seated Liberty silver dollar

DATE	NOTE	BUSINESS	PROOF
1840		61,005	Δ (R)
1841 (P)		173,000	Δ (R)
1842 (P)		184,618	Δ (R)
1843 (P)		165,100	Δ (R)
1844 (P)		20,000	Δ (R)
1845 (P)		24,500	Δ (R)
1846 (P)		110,600	Δ (R)
1846-O		59,000	-- (R)
1847 (P)		140,750	Δ (R)
1848 (P)		15,000	Δ (R)
1849 (P)		62,600	Δ (R)
1850 (P)		7,500	Δ (R)
1850-O		40,000	-- (R)
1851 (P)		1,300	Δ (R)
1852 (P)		1,100	Δ (R)
1853 (P)	‹16,61›	46,110	-- (R)
1854 (P)		33,140	Δ
1855 (P)		26,000	Δ
1856 (P)		63,500	Δ
1857 (P)		94,000	Δ
1858 (P)	‹62›	--	Δ
1859 (P)		256,500	Δ
1859-O		360,000	--
1859-S		20,000	--
1860 (P)		217,600	1,330
1860-O		515,000	--
1861 (P)		77,500	1,000
1862 (P)		11,540	550
1863 (P)		27,200	460
1864 (P)		30,700	470
1865 (P)		46,500	500
1866 (P)	‹40›	48,900	725
1867 (P)		46,900	625
1868 (P)		162,100	600
1869 (P)		423,700	600
1870 (P)		415,000	1,000
1870-CC	‹63›	12,462	Δ
1870-S	‹64›	--	--
1871 (P)		1,073,800	960
1871-CC		1,376	--
1872 (P)		1,105,500	950
1872-CC		3,150	--
1872-S		9,000	--
1873 (P)	‹6›	293,000	600
1873-CC	‹6›	2,300	--
1873-S	‹6,65›	700	--

Morgan silver dollar

DATE	NOTE	BUSINESS	PROOF
1878 (P)	‹66›	10,508,550	1,000
1878-CC		2,212,000	--
1878-S		9,774,000	--
1879 (P)		14,806,000	1,100
1879-CC		756,000	--
1879-O	‹67›	2,887,000	Δ
1879-S		9,110,000	--

Morgan silver dollar (cont.)

DATE	NOTE	BUSINESS	PROOF
1880 (P)		12,600,000	1,355
1880-CC		591,000	--
1880-O		5,305,000	--
1880-S		8,900,000	--
1881 (P)		9,163,000	975
1881-CC		296,000	--
1881-O		5,708,000	--
1881-S		12,760,000	--
1882 (P)		11,100,000	1,100
1882-CC	‹68›	1,133,000	Δ
1882-O		6,090,000	--
1882-S		9,250,000	--
1883 (P)		12,290,000	1,039
1883-CC	‹69›	1,204,000	Δ
1883-O	‹70›	8,725,000	Δ
1883-S		6,250,000	--
1884 (P)		14,070,000	875
1884-CC	‹71›	1,136,000	Δ
1884-O		9,730,000	--
1884-S		3,200,000	--
1885 (P)		17,786,837	930
1885-CC		228,000	--
1885-O		9,185,000	--
1885-S		1,497,000	--
1886 (P)		19,963,000	886
1886-O		10,710,000	--
1886-S		750,000	--
1887 (P)		20,290,000	710
1887-O		11,550,000	--
1887-S		1,771,000	--
1888 (P)		19,183,000	832
1888-O		12,150,000	--
1888-S		657,000	--
1889 (P)		21,726,000	811
1889-CC		350,000	--
1889-O		11,875,000	--
1889-S		700,000	--
1890 (P)		16,802,000	590
1890-CC		2,309,041	--
1890-O		10,701,000	--
1890-S		8,230,373	--
1891 (P)		8,693,556	650
1891-CC		1,618,000	--
1891-O		7,954,529	--
1891-S		5,296,000	--
1892 (P)		1,036,000	1,245
1892-CC		1,352,000	--
1892-O		2,744,000	--
1892-S		1,200,000	--
1893 (P)		389,000	792
1893-CC	‹72›	677,000	Δ
1893-O		300,000	--
1893-S		100,000	--
1894 (P)		110,000	972
1894-O		1,723,000	--
1894-S		1,260,000	--
1895 (P)	‹73›	12,000	880
1895-O		450,000	--
1895-S		400,000	--
1896 (P)		9,976,000	762
1896-O		4,900,000	--
1896-S		5,000,000	--
1897 (P)		2,822,000	731
1897-O		4,004,000	--
1897-S		5,825,000	--
1898 (P)		5,884,000	735
1898-O		4,440,000	--
1898-S		4,102,000	--

MINTAGES

| --- | --- | --- | --- | --- | --- | --- | --- |

Morgan silver dollar (cont.) / Trade dollars (cont.)

DATE	NOTE	BUSINESS	PROOF	DATE	NOTE	BUSINESS	PROOF
Morgan silver dollar (cont.)				**Trade dollars (cont.)**			
1899 (P)		330,000	846	1881 (P)		---	960
1899-O		12,290,000	---	1882 (P)		---	1,097
1899-S		2,562,000	---	1883 (P)		---	979
1900 (P)		8,830,000	912	1884 (P)	‹76›	---	10
1900-O		12,590,000	---	1885 (P)	‹76›	---	5
1900-S		3,540,000	---	**Eisenhower dollar**			
1901 (P)		6,962,000	813	1971 (P)		47,799,000	---
1901-O		13,320,000	---	1971-D		68,587,424	---
1901-S		2,284,000	---	1971-S ¬			
1902 (P)		7,994,000	777	40% silver	‹§,77›	6,868,530	4,265,234
1902-O		8,636,000	---	1972 (P)		75,890,000	---
1902-S		1,530,000	---	1972-D		92,548,511	---
1903 (P)		4,652,000	755	1972-S ¬			
1903-O		4,450,000	---	40% silver	‹77›	2,193,056	1,811,631
1903-S		1,241,000	---	1973 (P)	‹78›	2,000,056	---
1904 (P)		2,788,000	650	1973-D	‹78›	2,000,000	---
1904-O		3,720,000	---	1973-S ¬			
1904-S		2,304,000	---	copper-nickel	‹§›	---	2,760,339
1921 (P)		44,690,000	Δ	40% silver	‹77›	1,883,140	1,013,646
1921-D		20,345,000	---	1974 (P)		27,366,000	---
1921-S		21,695,000	---	1974-D		45,517,000	---
Peace silver dollar				1974-S ¬			
1921 (P)	‹74›	1,006,473	---	copper-nickel	‹§,43›	---	2,612,568
1922 (P)		51,737,000	Δ	40% silver	‹43,77›	1,900,156	1,306,579
1922-D		15,063,000	---	1976 (P)	‹43›	117,337,000	---
1922-S		17,475,000	---	1976-D	‹43›	103,228,274	---
1923 (P)		30,800,000	---	1976-S	‹43,77›	---	
1923-D		6,811,000	---	1977 (P)		12,596,000	---
1923-S		19,020,000	---	1977-D		32,983,006	---
1924 (P)		11,811,000	---	1977-S		---	3,236,798
1924-S		1,728,000	---	1978 (P)	‹§›	25,702,000	---
1925 (P)		10,198,000	---	1978-D		33,012,890	---
1925-S		1,610,000	---	1978-S	‹§›	---	3,120,285
1926 (P)		1,939,000	---	**Anthony dollar**			
1926-D		2,348,700	---	1979-P	‹25›	360,222,000	---
1926-S		6,980,000	---	1979-D		288,015,744	---
1927 (P)		848,000	---	1979-S	‹§›	109,576,000	3,677,175
1927-D		1,268,900	---	1980-P		27,610,000	---
1927-S		866,000	---	1980-D		41,628,708	---
1928 (P)		360,649	---	1980-S	‹§›	20,422,000	3,554,806
1928-S		1,632,000	---	1981-P	‹79›	3,000,000	---
1934 (P)		954,057	---	1981-D	‹79›	3,250,000	---
1934-D		1,569,500	---	1981-S	‹§,79›	3,492,000	4,063,083
1934-S		1,011,000	---	**Coronet gold dollar**			
1935 (P)		1,576,000	---	1849 (P)		688,567	Δ
1935-S		1,964,000	---	1849-C		11,634	---
Trade dollar				1849-D		21,588	---
1873 (P)	‹6,75›	396,635	865	1849-O		215,000	---
1873-CC	‹6›	124,500	---	1850 (P)		481,953	---
1873-S	‹6›	703,000	---	1850-C		6,966	---
1874 (P)		987,100	700	1850-D		8,382	---
1874-CC		1,373,200	---	1850-O		14,000	---
1874-S		2,549,000	---	1851 (P)		3,317,671	---
1875 (P)		218,200	700	1851-C		41,267	---
1875-CC		1,573,700	---	1851-D		9,882	---
1875-S		4,487,000	---	1851-O		290,000	---
1876 (P)		455,000	1,150	1852 (P)		2,045,351	---
1876-CC		509,000	---	1852-D		9,434	---
1876-S		5,227,000	---	1852-D		6,360	---
1877 (P)		3,039,200	510	1852-O		140,000	---
1877-CC		534,000	---	1853 (P)		4,076,051	---
1877-S		9,519,000	---	1853-C		11,515	---
1878 (P)		---	900	1853-D		6,583	---
1878-CC		97,000	---	1853-O		290,000	---
1878-S		4,162,000	---	1854 (P)		736,709	Δ
1879 (P)		---	1,541	1854-D		2,935	---
1880 (P)		---	1,987	1854-S		14,632	---

Indian Head gold dollar

DATE	NOTE	BUSINESS	PROOF
1854 (P)		902,736	Δ
1855 (P)		758,269	Δ
1855-C		9,803	—
1855-D		1,811	—
1855-O		55,000	—
1856 ¬ Large Head		1,762,936	Δ
1855-D ¬ Large Head		1,460	—
1856-S ¬ Small Head		24,600	—
1857 (P)		774,789	Δ
1857-C		13,280	—
1857-D		3,533	—
1857-S		10,000	—
1858 (P)		117,995	Δ
1858-D		3,477	—
1858-S		10,000	—
1859 (P)		168,244	Δ
1859-C		5,235	—
1859-D		4,952	—
1859-S		15,000	—
1860 (P)		36,514	154
1860-D		1,566	—
1860-S		13,000	—
1861 (P)		527,150	349
1861-D	‹80›	—	—
1862 (P)		1,361,365	35
1863 (P)		6,200	50
1864 (P)		5,900	50
1865 (P)		3,700	25
1866 (P)		7,100	30
1867 (P)		5,200	50
1868 (P)		10,500	25
1869 (P)		5,900	25
1870 (P)		6,300	35
1870-S	‹81›	3,000	—
1871 (P)		3,900	30
1872 (P)		3,500	30
1873 (P)	‹6›	125,100	25
1874 (P)		198,800	20
1875 (P)		400	20
1876 (P)		3,200	45
1877 (P)		3,900	20
1878 (P)		3,000	20
1879 (P)		3,000	30
1880 (P)		1,600	36
1881 (P)		7,620	87
1882 (P)		5,000	125
1883 (P)		10,800	207
1884 (P)		5,230	1,006
1885 (P)		11,156	1,105
1886 (P)		5,000	1,016
1887 (P)		7,500	1,043
1888 (P)		15,501	1,079
1889 (P)		28,950	1,779

Capped Bust $2.50 quarter eagle

DATE	NOTE	BUSINESS	PROOF
1796		1,395	—
1797		427	—
1798		1,094	—
1802		3,035	—
1804		3,327	—
1805		1,781	—
1806		1,616	—
1807		6,812	—

Capped Draped Bust $2.50 quarter eagle

DATE	NOTE	BUSINESS	PROOF
1808		2,710	—

Capped Head $2.50 quarter eagle

DATE	NOTE	BUSINESS	PROOF
1821		6,448	Δ
1824		2,600	Δ
1825		4,434	Δ
1826		760	Δ
1827		2,800	Δ
1829		3,403	Δ
1830		4,540	Δ
1831		4,520	Δ
1832		4,400	Δ
1833		4,160	Δ
1834	‹82›	4,000	Δ

Classic Head $2.50 quarter eagle

DATE	NOTE	BUSINESS	PROOF
1834		113,370	Δ
1835		131,402	Δ
1836		547,986	Δ
1837		45,080	Δ
1838 (P)		47,030	—
1838-C		7,908	—
1839 (P)		27,021	—
1839-C		18,173	—
1839-D		13,674	—
1839-O		17,781	—

Coronet $2.50 quarter eagle

DATE	NOTE	BUSINESS	PROOF
1840 (P)		18,859	Δ
1840-C		12,838	—
1840-D		3,532	—
1840-O		33,580	—
1841 (P)	‹83›	—	Δ
1841-C		10,297	—
1841-D		4,164	—
1842 (P)		2,823	Δ
1842-C		6,737	—
1842-D		4,643	—
1842-O		19,800	—
1843 (P)		100,546	Δ
1843-C		26,096	—
1843-D		36,209	—
1843-O		368,002	—
1844 (P)		6,784	Δ
1844-C		11,622	—
1844-D		17,332	—
1845 (P)		91,051	Δ
1845-D		19,460	—
1845-O		4,000	—
1846 (P)		21,598	Δ
1846-C		4,808	—
1846-D		19,303	—
1846-O		62,000	—
1847 (P)		29,814	Δ
1847-C		23,226	—
1847-D		15,784	—
1847-O		124,000	—
1848 (P)		7,497	Δ
CAL.	‹84›	1,389	—
1848-C		16,788	—
1848-D		13,771	—
1849 (P)		23,294	Δ
1849-C		10,220	—
1849-D		10,945	—
1850 (P)		252,923	—
1850-C		9,148	—
1850-D		12,148	—
1850-O		84,000	—
1851 (P)		1,372,748	—
1851-C		14,923	—
1851-D		11,264	—

Coronet quarter eagle (cont.)

DATE	NOTE	BUSINESS	PROOF
1851-O		148,000	--
1852 (P)		1,159,681	--
1852-C		9,772	--
1852-D		4,078	--
1852-O		140,000	--
1853 (P)		1,404,668	--
1853-D		3,178	--
1854 (P)		596,258	Δ
1854-C		7,295	--
1854-D		1,760	--
1854-O		153,000	--
1854-S		246	--
1855 (P)		235,480	Δ
1855-C		3,677	--
1855-D		1,123	--
1856 (P)		384,240	Δ
1856-C		7,913	--
1856-D		874	--
1856-O		21,100	--
1856-S		71,120	--
1857 (P)		214,130	Δ
1857-D		2,364	--
1857-O		34,000	--
1857-S		69,200	--
1858 (P)		47,377	Δ
1858-C		9,056	--
1859 (P)		39,444	Δ
1859-D		2,244	--
1859-S		15,200	--
1860 (P)		22,563	112
1860-C		7,469	--
1860-S		35,600	--
1861 (P)		1,272,428	90
1861-S		24,000	--
1862 (P)		98,508	35
1862-S		8,000	--
1863 (P)		--	30
1863-S		10,800	--
1864 (P)		2,824	50
1865 (P)		1,520	25
1865-S		23,376	--
1866 (P)		3,080	30
1866-S		38,960	--
1867 (P)		3,200	50
1867-S		28,000	--
1868 (P)		3,600	25
1868-S		34,000	--
1869 (P)		4,320	25
1869-S		29,500	--
1870 (P)		4,520	35
1870-S		16,000	--
1871 (P)		5,320	30
1871-S		22,000	--
1872 (P)		3,000	30
1872-S		18,000	--
1873 (P)	✑	178,000	25
1873-S	✑	27,000	--
1874 (P)		3,920	20
1875 (P)		400	20
1875-S		11,600	--
1876 (P)		4,176	45
1876-S		5,000	--
1877 (P)		1,632	20
1877-S		35,400	--
1878 (P)		286,240	20
1878-S		178,000	--
1879 (P)		88,960	30
1879-S		43,500	--

Coronet quarter eagle (cont.)

DATE	NOTE	BUSINESS	PROOF
1880 (P)		2,960	36
1881 (P)		640	51
1882 (P)		4,000	67
1883 (P)		1,920	82
1884 (P)		1,950	73
1885 (P)		800	87
1886 (P)		4,000	88
1887 (P)		6,160	122
1888 (P)		16,006	92
1889 (P)		17,600	48
1890 (P)		8,720	93
1891 (P)		10,960	80
1892 (P)		2,440	105
1893 (P)		30,000	106
1894 (P)		4,000	122
1895 (P)		6,000	119
1896 (P)		19,070	132
1897 (P)		29,768	136
1898 (P)		24,000	165
1899 (P)		27,200	150
1900 (P)		67,000	205
1901 (P)		91,100	223
1902 (P)		133,540	193
1903 (P)		201,060	197
1904 (P)		160,790	170
1905 (P)		217,800	144
1906 (P)		176,330	160
1907 (P)		336,294	154

Indian Head $2.50 quarter eagle

DATE	NOTE	BUSINESS	PROOF
1908 (P)		564,821	236
1909 (P)		441,760	139
1910 (P)		492,000	682
1911 (P)		704,000	191
1911-D		55,680	--
1912 (P)		616,000	197
1913 (P)		722,000	165
1914 (P)		240,000	117
1914-D		448,000	--
1915 (P)		606,000	100
1925-D		578,000	--
1926 (P)		446,000	--
1927 (P)		388,000	--
1928 (P)		416,000	--
1929 (P)		532,000	--

Three dollar gold

DATE	NOTE	BUSINESS	PROOF
1854 (P)		138,618	Δ
1854-D		1,120	--
1854-O		24,000	--
1855 (P)		50,555	Δ
1855-S		6,600	--
1856 (P)		26,010	Δ
1856-S		34,500	--
1857 (P)		20,891	Δ
1857-S		14,000	--
1858 (P)		2,133	Δ
1859 (P)		15,638	Δ
1860 (P)		7,036	119
1860-S	‹85›	4,408	--
1861 (P)		5,959	113
1862 (P)		5,750	35
1863 (P)		5,000	39
1864 (P)		2,630	50
1865 (P)		1,140	25
1866 (P)		4,000	30
1867 (P)		2,600	50
1868 (P)		4,850	25
1869 (P)		2,500	25

DATE	NOTE	BUSINESS	PROOF
Three dollar gold (cont.)			
1870 (P)		3,500	35
1870-S	‹86›	--	--
1871 (P)		1,300	30
1872 (P)		2,000	30
1873 (P)	‹6, 87›	--	25 (R)
1874 (P)		41,800	20
1875 (P)		--	20 (R)
1876 (P)		--	45
1877 (P)		1,468	20
1878 (P)		82,304	20
1879 (P)		3,000	30
1880 (P)		1,000	36
1881 (P)		500	54
1882 (P)		1,500	76
1883 (P)		900	89
1884 (P)		1,000	106
1885 (P)		800	110
1886 (P)		1,000	142
1887 (P)		6,000	160
1888 (P)		5,000	291
1889 (P)		2,300	129
Capped Bust $5 half eagle			
1795		8,707	--
1796		6,196	--
1797		3,609	--
1798	‹88›	24,867	--
1799		7,451	--
1800		37,628	--
1802		53,176	--
1803		33,506	--
1804		30,475	--
1805		33,183	--
1806		64,093	--
1807		32,488	--
Capped Draped Bust $5 half eagle			
1807		51,605	--
1808		55,578	--
1809		33,875	--
1810		100,287	--
1811		99,581	--
1812		58,087	--
Capped Head $5 half eagle			
1813		95,428	--
1814		15,454	--
1815		635	--
1818		48,588	--
1819		51,723	--
1820		263,806	Δ
1821		34,641	Δ
1822	‹89›	17,796	--
1823		14,485	Δ
1824		17,340	Δ
1825	‹90›	29,060	Δ
1826		18,069	Δ
1827		24,913	Δ
1828	‹91›	28,029	Δ
1829		57,442	Δ
1830		126,351	Δ
1831		140,594	Δ
1832		157,487	Δ
1833		193,630	Δ
1834		50,141	Δ
Classic Head $5 half eagle			
1834		657,460	Δ
1835		371,534	Δ

DATE	NOTE	BUSINESS	PROOF
Classic Head half eagle (cont.)			
1836		553,147	Δ
1837		207,121	Δ
1838 (P)		286,588	Δ
1838-C		19,145	--
1838-D		20,583	--
Coronet $5 half eagle			
1839 (P)		118,143	Δ
1839-C		17,235	--
1839-D		18,939	--
1840 (P)		137,382	Δ
1840-C		19,028	--
1840-D		22,896	--
1840-O		38,700	--
1841 (P)		15,833	Δ
1841-C		21,511	--
1841-D		30,495	--
1841-O		50	--
1842 (P)		27,578	Δ
1842-C		27,480	--
1842-D		59,608	--
1842-O		16,400	--
1843 (P)		611,205	Δ
1843-C		44,353	--
1843-O		98,452	--
1843-O		101,075	--
1844 (P)		340,330	Δ
1844-C		23,631	--
1844-D		88,982	--
1844-O	‹92›	364,600	Δ
1845 (P)		417,099	Δ
1845-D		90,629	--
1845-O		41,000	--
1846 (P)		395,942	Δ
1846-C		12,995	--
1846-D		80,294	--
1846-O		58,000	--
1847 (P)		915,981	Δ
1847-C		84,151	--
1847-D		64,405	--
1847-O		12,000	--
1848 (P)		260,775	Δ
1848-C		64,472	--
1848-D		47,465	--
1849 (P)		133,070	--
1849-C		64,823	--
1849-D		39,036	--
1850 (P)		64,491	--
1850-C		63,591	--
1850-D		43,984	--
1851 (P)		377,505	--
1851-C		49,176	--
1851-D		62,710	--
1851-O		41,000	--
1852 (P)		573,901	--
1852-C		72,574	--
1852-D		91,584	--
1853 (P)		305,770	--
1853-C		65,571	--
1853-D		89,678	--
1854 (P)		160,675	--
1854-C		39,283	--
1854-D		56,413	--
1854-O		46,000	--
1854-S		268	--
1855 (P)		117,098	Δ
1855-C		39,788	--
1855-D		22,432	--
1855-O		11,100	--

MINTAGES

Coronet $5 half eagle (cont.)

DATE	NOTE	BUSINESS	PROOF
1855-S		61,000	--
1856 (P)		197,990	Δ
1856-C		28,457	--
1856-D		19,786	--
1856-O		10,000	--
1856-S		105,100	--
1857 (P)		98,188	Δ
1857-C		31,360	--
1857-D		17,046	--
1857-O		13,000	--
1857-S		87,000	--
1858 (P)		15,136	Δ
1858-C		38,856	--
1858-D		15,362	--
1858-S		18,600	--
1859 (P)		16,814	Δ
1859-C		31,847	--
1859-D		10,366	--
1859-S		13,220	--
1860 (P)		19,763	62
1860-C		14,813	--
1860-D		14,635	--
1860-S		21,200	--
1861 (P)		688,084	66
1861-C	‹93›	6,879	--
1861-D		1,597	--
1861-S		18,000	--
1862 (P)		4,430	35
1862-S		9,500	--
1863 (P)		2,442	30
1863-S		17,000	--
1864 (P)		4,220	50
1864-S		3,888	--
1865 (P)		1,270	25
1865-S		27,612	--
1866-S ¬			
No Motto	‹40›	9,000	--
Motto	‹40›	34,920	--
1867 (P)		6,870	50
1867-S		29,000	--
1868 (P)		5,700	25
1868-S		52,000	--
1869 (P)		1,760	25
1869-S		31,000	--
1870 (P)		4,000	35
1870-CC		7,675	--
1870-S		17,000	--
1871 (P)		3,200	30
1871-CC		20,770	--
1871-S		25,000	--
1872 (P)		1,660	30
1872-CC		16,980	--
1872-S		36,400	--
1873 (P)	‹6›	112,480	25
1873-CC	‹6›	7,416	--
1873-S	‹6›	31,000	--
1874 (P)		3,488	20
1874-CC		21,198	--
1874-S		16,000	--
1875 (P)		200	20
1875-CC		11,828	--
1875-S		9,000	--
1876 (P)		1,432	45
1876-CC		6,887	--
1876-S		4,000	--
1877 (P)		1,132	20
1877-CC		8,680	--

Coronet $5 half eagle (cont.)

DATE	NOTE	BUSINESS	PROOF
1877-S		26,700	--
1878 (P)		131,720	20
1878-CC		9,054	--
1878-S		144,700	--
1879 (P)		301,920	30
1879-CC		17,281	--
1879-S		426,200	--
1880 (P)		3,166,400	36
1880-CC		51,017	--
1880-S		1,348,900	--
1881 (P)		5,708,760	42
1881-CC		13,886	--
1881-S		969,000	--
1882 (P)		2,514,520	48
1882-CC		82,817	--
1882-S		969,000	--
1883 (P)		233,400	61
1883-CC		12,958	--
1883-S		83,200	--
1884 (P)		191,030	48
1884-CC		16,402	--
1884-S		177,000	--
1885 (P)		601,440	66
1885-S		1,211,500	--
1886 (P)		388,360	72
1886-S		3,268,000	--
1887 (P)		--	87
1887-S		1,912,000	--
1888 (P)		18,202	94
1888-S		293,900	--
1889 (P)		7,520	45
1890 (P)		4,240	88
1890-CC		53,800	--
1891 (P)		61,360	53
1891-CC		208,000	--
1892 (P)		753,480	92
1892-CC		82,968	--
1892-O		10,000	--
1892-S		298,400	--
1893 (P)		1,528,120	77
1893-CC		60,000	--
1893-O		110,000	--
1893-S		224,000	--
1894 (P)		957,880	75
1894-O		16,600	--
1894-S		55,900	--
1895 (P)		1,345,855	81
1895-S		112,000	--
1896 (P)		58,960	103
1896-S		155,400	--
1897 (P)		867,800	83
1897-S		354,000	--
1898 (P)		633,420	75
1898-S		1,397,400	--
1899 (P)		1,710,630	99
1899-S	‹94›	1,545,000	Δ
1900 (P)		1,405,500	230
1900-S		329,000	--
1901 (P)		615,900	140
1901-S		3,648,000	--
1902 (P)		172,000	162
1902-S		939,000	--
1903 (P)		226,870	154
1903-S		1,855,000	--
1904 (P)		392,000	136
1904-S		97,000	--
1905 (P)		302,200	108
1905-S		880,700	--

DATE	NOTE	BUSINESS	PROOF	DATE	NOTE	BUSINESS	PROOF
Coronet $5 half eagle (cont.)				**Coronet $10 eagle (cont.)**			
1906 (P)		348,735	85	1852 (P)		263,106	—
1906-D	‹95›	320,000	—	1852-O	‹99›	18,000	Δ
1906-S		598,000	—	1853 (P)		201,253	—
1907 (P)		626,100	92	1853-O	‹100›	51,000	Δ
1907-D	‹95›	888,000	—	1854 (P)		54,250	—
1908 (P)		421,874	—	1854-O		52,500	—
Indian Head $5 half eagle				1854-S		123,826	—
1908 (P)		577,845	167	1855 (P)		121,701	Δ
1908-D		148,000	—	1855-O		18,000	—
1908-S		82,000	—	1855-S		9,000	—
1909 (P)		627,060	78	1856 (P)		60,490	Δ
1909-D		3,423,560	—	1856-O		14,500	—
1909-O		34,200	—	1856-S		68,000	—
1909-S		297,200	—	1857 (P)		16,606	Δ
1910 (P)		604,000	250	1857-O		5,500	—
1910-D		193,600	—	1857-S		26,000	—
1910-S		770,200	—	1858 (P)		2,521	Δ
1911 (P)		915,000	139	1858-O		20,000	—
1911-D		72,500	—	1858-S		11,800	—
1911-S		1,416,000	—	1859 (P)		16,093	Δ
1912 (P)		790,000	144	1859-O		2,300	—
1912-S		392,000	—	1859-S		7,000	—
1913 (P)		916,000	99	1860 (P)		15,055	50
1913-S		408,000	—	1860-O		11,100	—
1914 (P)		247,000	125	1860-S		5,000	—
1914-D		247,000	—	1861 (P)		113,164	69
1914-S		263,000	—	1861-S		15,500	—
1915 (P)		588,000	75	1862 (P)		10,960	35
1915-S		164,000	—	1862-S		12,500	—
1916-S		240,000	—	1863 (P)		1,218	30
1929 (P)		662,000	—	1863-S		10,000	—
Capped Bust $10 eagle				1864 (P)		3,530	50
1795		5,583	—	1864-S		2,500	—
1796		4,146	—	1865 (P)		3,980	25
1797	‹96›	14,555	—	1865-S		16,700	—
1798		1,742	—	1866 (P)	‹40›	3,750	30
1799		37,449	—	1866-S ¬			
1800		5,999	—	No Motto	‹40›	8,500	—
1801		44,344	—	Motto	‹40›	11,500	—
1803		15,017	—	1867 (P)		3,090	50
1804		3,757	—	1867-S		9,000	—
Coronet $10 eagle				1868 (P)		10,630	25
1838 (P)		7,200	Δ	1868-S		13,500	—
1839 (P)	‹97›	38,248	Δ	1869 (P)		1,830	25
1840 (P)		47,338	Δ	1869-S		6,430	—
1841 (P)		63,131	Δ	1870 (P)		3,990	35
1841-O		2,500	—	1870-CC		5,908	—
1842 (P)		81,507	Δ	1870-S		8,000	—
1842-O		27,400	—	1871 (P)		1,790	30
1843 (P)		75,462	Δ	1871-CC		8,085	—
1843-O		175,162	—	1871-S		16,500	—
1844 (P)		6,361	Δ	1872 (P)		1,620	30
1844-O	‹98›	118,700	Δ	1872-CC		4,600	—
1845 (P)		26,153	Δ	1872-S		17,300	—
1845-O		47,500	—	1873 (P)	‹6›	800	25
1846 (P)		20,095	Δ	1873-CC	6	4,543	—
1846-O		81,780	—	1873-S	‹6›	12,000	—
1847 (P)		862,258	Δ	1874 (P)		53,140	20
1847-O		571,500	—	1874-CC		16,767	—
1848 (P)		145,484	Δ	1874-S		10,000	—
1848-O		35,850	—	1875 (P)		100	20
1849 (P)		653,618	—	1875-CC		7,715	—
1849-O		23,900	—	1876 (P)		687	45
1850 (P)		291,451	—	1876-CC		4,696	—
1850-O		57,500	—	1876-S		5,000	—
1851 (P)		176,328	—	1877 (P)		797	20
1851-O		263,000	—	1877-CC		3,332	—
				1877-S		17,000	—

▲ MINTAGES ▲

Coronet $10 eagle (cont.)

DATE	NOTE	BUSINESS	PROOF
1878 (P)		73,780	20
1878-CC		3,244	--
1878-S		26,100	--
1879 (P)		384,740	30
1879-CC		1,762	--
1879-O		1,500	--
1879-S		224,000	--
1880 (P)		1,644,840	36
1880-CC		11,190	--
1880-O		9,200	--
1880-S		506,250	--
1881 (P)		3,877,220	42
1881-CC		24,015	--
1881-O		8,350	--
1881-S		970,000	--
1882 (P)		2,324,440	44
1882-CC		6,764	--
1882-O		10,820	--
1882-S		132,000	--
1883 (P)		208,700	49
1883-CC		12,000	--
1883-O		800	--
1884 (P)		76,890	45
1884-CC		9,925	--
1884-S		124,250	--
1885 (P)		253,462	67
1885-S		228,000	--
1886 (P)		236,100	60
1886-S		826,000	--
1887 (P)		53,600	80
1887-S		817,000	--
1888 (P)		132,924	72
1888-O		21,335	--
1888-S		648,700	--
1889 (P)		4,440	45
1889-S		425,400	--
1890 (P)		57,980	63
1890-CC		17,500	--
1891 (P)		91,820	48
1891-CC		103,732	--
1892 (P)		797,480	72
1892-CC		40,000	--
1892-O		28,688	--
1892-S		115,500	--
1893 (P)		1,840,840	55
1893-CC		14,000	--
1893-O		17,000	--
1893-S		141,350	--
1894 (P)		2,470,735	43
1894-O		107,500	--
1894-S		25,000	--
1895 (P)		567,770	56
1895-O		98,000	--
1895-S		49,000	--
1896 (P)		76,270	78
1896-S		123,750	--
1897 (P)		1,000,090	69
1897-O		42,500	--
1897-S		234,750	--
1898 (P)		812,130	67
1898-S		473,600	--
1899 (P)		1,262,219	86
1899-O		37,047	--
1899-S		841,000	--
1900 (P)		293,840	120
1900-S		81,000	--
1901 (P)		1,718,740	85

Coronet $10 eagle (cont.)

DATE	NOTE	BUSINESS	PROOF
1901-O		72,041	--
1901-S		2,812,750	--
1902 (P)		82,400	113
1902-S		469,500	--
1903 (P)		125,830	96
1903-O		112,771	--
1903-S		538,000	--
1904 (P)		161,930	108
1904-O		108,950	--
1905 (P)		200,992	86
1905-S		369,250	--
1906 (P)		165,420	77
1906-D	‹101›	981,000	Δ
1906-O		86,895	--
1906-S		457,000	--
1907 (P)		1,203,899	74
1907-D		1,030,000	--
1907-S		210,500	--

Indian Head $10 eagle

DATE	NOTE	BUSINESS	PROOF
1907 (P)	‹102›	239,406	--
1908 (P) ¬			
Without Motto		33,500	--
With Motto		341,370	116
1908-D ¬			
Without Motto		210,000	--
With Motto		836,500	--
1908-S ¬			
With Motto		59,850	--
1909 (P)		184,789	74
1909-D		121,540	--
1909-S		292,350	--
1910 (P)		318,500	204
1910-D		2,356,640	--
1910-S		811,000	--
1911 (P)		505,500	95
1911-D		30,100	--
1911-S		51,000	--
1912 (P)		405,000	83
1912-S		300,000	--
1913 (P)		442,000	71
1913-S		66,000	--
1914 (P)		151,000	50
1914-D		343,500	--
1914-S		208,000	--
1915 (P)		351,000	75
1915-S		59,000	--
1916-S		138,500	--
1920-S		126,500	--
1926 (P)		1,014,000	--
1930-S		96,000	--
1932 (P)		4,463,000	--
1933 (P)	‹103›	312,500	--

Coronet $20 double eagle

DATE	NOTE	BUSINESS	PROOF
1849 (P)	‹104›	--	Δ
1850 (P)	‹105›	1,170,261	Δ
1850-O		141,000	--
1851 (P)		2,087,155	--
1851-O		315,000	--
1852 (P)		2,053,026	--
1852-O		190,000	--
1853 (P)		1,261,326	--
1853-O		71,000	--
1854 (P)		757,899	--
1854-O		3,250	--
1854-S	‹106›	141,468	Δ
1855 (P)		364,666	--
1855-O		8,000	--

DATE	NOTE	BUSINESS	PROOF	DATE	NOTE	BUSINESS	PROOF
Coronet $20 double eagle (cont.)				*Coronet $20 double eagle (cont.)*			
1855-S		879,675	—	1880-S		836,000	—
1856 (P)		329,878	Δ	1881 (P)		2,220	61
1856-O		2,250	—	1881-S		727,000	—
1856-S		1,189,780	—	1882 (P)		590	59
1857 (P)		439,375	—	1882-CC		39,140	—
1857-O		30,000	—	1882-S		1,125,000	—
1857-S		970,500	—	1883 (P)		—	92
1858 (P)		211,714	Δ	1883-CC		59,962	—
1858-O		35,250	—	1883-S		1,189,000	—
1858-S		846,710	—	1884 (P)		—	71
1859 (P)		43,597	Δ	1884-CC		81,139	—
1859-O		9,100	—	1884-S		916,000	—
1859-S		636,445	—	1885 (P)		751	77
1860 (P)		577,611	59	1885-CC		9,450	—
1860-O		6,600	—	1885-S		683,500	—
1860-S		544,950	—	1886 (P)		1,000	106
1861 (P)	‹107›	2,976,387	66	1887 (P)		—	121
1861-O	‹108›	17,741	—	1887-S		283,000	—
1861-S	‹109›	768,000	—	1888 (P)		226,164	102
1862 (P)		92,098	35	1888-S		859,600	—
1862-S		854,173	—	1889 (P)		44,070	41
1863 (P)		142,760	30	1889-CC		30,945	—
1863-S		966,570	—	1889-S		774,700	—
1864 (P)		204,235	50	1890 (P)		75,940	55
1864-S		793,660	—	1890-CC		91,209	—
1865 (P)		351,175	25	1890-S		802,750	—
1865-S		1,042,500	—	1891 (P)		1,390	52
1866 (P)	‹40, 110›	698,745	30	1891-CC		5,000	—
1866-S ¬				1891-S		1,288,125	—
No Motto	‹40, 110›	120,000	—	1892 (P)		4,430	93
With Motto	‹40, 110›	722,250	—	1892-CC		27,265	—
1867 (P)		251,015	50	1892-S		930,150	—
1867-S		920,750	—	1893 (P)		344,280	59
1868 (P)		98,575	25	1893-CC		18,402	—
1868-S		837,500	—	1893-S		996,175	—
1869 (P)		175,130	25	1894 (P)		1,368,940	50
1869-S		686,750	—	1894-S		1,048,550	—
1870 (P)		155,150	35	1895 (P)		1,114,605	51
1870-CC		3,789	—	1895-S		1,143,500	—
1870-S		982,000	—	1896 (P)		792,535	128
1871 (P)		80,120	30	1896-S		1,403,925	—
1871-CC		17,387	—	1897 (P)		1,383,175	86
1871-S		928,000	—	1897-S		1,470,250	—
1872 (P)		251,850	30	1898 (P)		170,395	75
1872-CC		26,900	—	1898-S		2,575,175	—
1872-S		780,000	—	1899 (P)		1,669,300	84
1873 (P)	‹6›	1,709,800	25	1899-S		2,010,300	—
1873-CC	‹6›	22,410	—	1900 (P)		1,874,460	124
1873-S	‹6›	1,040,600	—	1900-S		2,459,500	—
1874 (P)		366,780	20	1901 (P)		111,430	96
1874-CC		115,000	—	1901-S		1,596,000	—
1874-S		1,214,000	—	1902 (P)		31,140	114
1875 (P)		295,720	20	1902-S		1,753,625	—
1875-CC		111,151	—	1903 (P)		287,270	158
1875-S		1,230,000	—	1903-S		954,000	—
1876 (P)		583,860	45	1904 (P)		6,256,699	98
1876-CC		138,441	—	1904-S		5,134,175	—
1876-S		1,597,000	—	1905 (P)		58,919	90
1877 (P)	‹11›	397,650	20	1905-S		1,813,000	—
1877-CC		42,565	—	1906 (P)		69,596	94
1877-S		1,735,000	—	1906-D	‹112›	620,250	Δ
1878 (P)		543,625	20	1906-S		2,065,750	—
1878-CC		13,180	—	1907 (P)		1,451,786	78
1878-S		1,739,000	—	1907-D	‹113›	842,250	Δ
1879 (P)		207,600	30	1907-S		2,165,800	—
1879-CC		10,708	—				
1879-O		2,325	—				
1879-S		1,223,800	—				
1880 (P)		51,420	36				

▼ MINTAGES ▼

Saint-Gaudens $20 double eagle

DATE	NOTE	BUSINESS	PROOF
1907 (P) ¬			
Roman Numerals	‹114›	11,250	——
Arabic Numerals		361,667	——
1908 (P) ¬			
No Motto		4,271,551	——
With Motto		156,258	101
1908-D ¬			
No Motto		663,750	——
With Motto		349,500	——
1908-S ¬			
With Motto		22,000	——
1909 (P)		161,215	67
1909-D		52,500	——
1909-S		2,774,925	——
1910 (P)		482,000	167
1910-D		429,000	——
1910-S		2,128,250	——
1911 (P)		197,250	100
1911-D		846,500	——
1911-S		775,750	——
1912 (P)		149,750	74
1913 (P)		168,780	58
1913-D		393,500	——
1913-S		34,000	——
1914 (P)		95,250	70
1914-D		453,000	——
1914-S		1,498,000	——
1915 (P)		152,000	50
1915-S		567,500	——
1916-S		796,000	——
1920 (P)		228,250	——
1920-S		558,000	——
1921 (P)		528,500	——
1922 (P)		1,375,500	——
1922-S		2,658,000	——
1923 (P)		566,000	——
1923-D		1,702,250	——
1924 (P)		4,323,500	——
1924-D		3,049,500	——
1924-S		2,927,500	——
1925 (P)		2,831,750	——
1925-D		2,938,500	——
1925-S		3,776,500	——
1926 (P)		816,750	——
1926-D		481,000	——
1926-S		2,041,500	——
1927 (P)		2,946,750	——
1927-D		180,000	——
1927-S		3,107,000	——
1928 (P)		8,816,000	——
1929 (P)		1,779,750	——
1930-S		74,000	——
1931 (P)		2,938,250	——
1931-D		106,500	——
1932 (P)		1,101,750	——
1933 (P)	‹115›	445,000	——

American Eagle 1-ounce silver bullion $1

DATE	NOTE	BUSINESS	PROOF
1986 (S)		5,393,005	——
1986-S		——	1,446,778
1987 (S)		11,442,335	——
1987-S		——	904,732
1988 (S)		5,004,646	——
1988-S		——	557,370
1989 (S or W)		5,203,327	——
1989-S		——	617,694
1990 (S or W)		U	——

American Eagle 1-ounce silver bullion $1 (cont.)

DATE	NOTE	BUSINESS	PROOF
1990-S		——	U
1991 (S or W)		U	——
1991-S		——	U

American Eagle tenth-ounce gold bullion $5

DATE	NOTE	BUSINESS	PROOF
1986 (W)		912,609	——
1987 (W)		580,266	——
1988 (W)		159,500	——
1988-P		——	143,881
1989 (W)		264,790	——
1989-P		——	84,647
1990 (W)		U	——
1990-P		——	U
1991 (W)		U	——
1991-P		——	U

American Eagle quarter-ounce gold bullion $10

DATE	NOTE	BUSINESS	PROOF
1986 (W)		726,031	——
1987 (W)		269,255	——
1988 (W)		49,000	——
1988-P		——	98,028
1989 (W)		81,789	——
1989-P		——	54,170
1990 (W)		U	——
1990-P		——	U
1991 (W)		U	——
1991-P		——	U

American Eagle half-ounce gold bullion $25

DATE	NOTE	BUSINESS	PROOF
1986 (W)		599,566	——
1987 (W)		131,255	——
1987-P		——	143,398
1988 (W)		45,000	——
1988-P		——	76,528
1989 (W)		44,829	——
1989-P		——	44,798
1990 (W)		U	——
1990-P		——	U
1991 (W)		U	——
1991-P		——	U

American Eagle 1-ounce gold bullion $50

DATE	NOTE	BUSINESS	PROOF
1986 (W)		1,362,650	——
1986-W		——	446,290
1987 (W)		1,045,500	——
1987-W		——	147,498
1988 (W)		465,500	——
1988-W		——	87,133
1989 (W)		415,790	——
1989-W		——	54,570
1990 (W)		U	——
1990-W		——	U
1991 (W)		U	——
1991-W		——	U

MINTAGES

Many different Proof issues before 1880 were restruck in Proof one or more times. In some instances, as with the 1873 $3 gold piece, there are more coins of this date known than were "officially" struck.

KEY

(R): Known to have been restruck at least once.

(§): Proofs originally sold in sets only.

——: None issued.

Δ: Specimens known or believed to exist; no official mintage reported.

U: Final, official mintages unreported by the U.S. Mint.

NOTES

1. 1804, 1823 cent, and 1811 half cent: Counterfeits, called restrikes, exist which were made outside the Mint, using old, genuine but mismatched Mint dies.

2. 1832-35 half cent: The figures shown are listed in the Mint Report for 1833-36 instead, but are assumed to be misplaced.

3. 1823 cent, dime, quarter dollar: Proofs exist with overdate, 1823/2.

4. 1856 cent: More than 1,000 1856 Flying Eagle cents were struck in Proof and Uncirculated, in this and later years. As they were patterns they are not included in the Mint Report or this figure.

5. 1864 cent: Proof breakdown by varieties thought to be about 300 to 350 copper-nickel and about 100 to 150 bronze coins without the designer's initial L. Perhaps 20 or fewer Proofs with initial L were struck. Business strike bronze coins with designer's initial L are also rarer.

6. 1873 coinage: Early in the year a relatively closed style of 3 was used in the date on all denominations. In response to complaints that the 3 looked like an 8, a new, more open 3 was introduced. Most types were struck with both styles, except for those which were created or discontinued by the Coinage Act of Feb. 12, 1873. This law created the Trade dollar and eliminated the standard silver dollar, the silver 5-cent piece, the 3-cent piece and the 2-cent piece. The weight of the dime, quarter dollar and half dollar were slightly increased, and the heavier coins were marked by arrows for the remainder of 1873 and all of 1874. All Proofs are of the relatively Closed 3 variety.

7. 1877 minor coinages: Proof estimates for this year vary considerably, usually upwards. For lack of any records, the number shown is that of the silver Proofs of this year, conforming with the method used in the preceding years. These figures may be considerably low.

8. 1922 "Plain" cent: No cents were struck in Philadelphia in 1922. Some 1922-D cents are found with the Mint mark missing due to obstructed dies. Beware of altered coins.

9. 1943-(P), D, S cent: All 1943 cents were made of zinc-plated steel. A few 1943 bronze and 1944 steel cents were made by accident. Many fakes of these have been produced. Test any suspected off-metal 1943 or 1944 cent with a magnet to see if it has been plated, and check the date for alterations. Cents struck on steel planchets produced in 1942 weigh 41.5

grains, while those struck on planchets produced later in 1943 weigh 42.5 grains.

10. 1960 cent: Includes Large Date and Small Date varieties. The Small Date is the scarcer for both Proof and business strikes.

11. 1964-67 coinage: All coins dated 1965-67 were made without Mint marks. Many coins dated 1964-66 were struck in later years.

12. 1982 cent: The composition of the cent changed from 95 percent copper, 5 percent zinc to 97.5 percent zinc, 2.5 percent copper (composed of a planchet of 99.2 percent zinc, 0.8 percent copper, plated with pure copper). Some 1982 cents were struck in late 1981.

13. 1864 2 cents: Struck with Large and Small Motto IN GOD WE TRUST. The Small Motto in Proof is rare.

14. 1873 2 cents: Originally struck in Proof only early in 1873 with a Closed 3. An estimated 500 restrikes in Proof with an Open 3.

15. 1887 copper-nickel 3 cents: Many Proofs struck from an overdated die, 1887/6.

16. 1853 silver coinage: In early 1853 the weight of all fractional silver coins was reduced by about 7 percent, to prevent hoarding and melting. To distinguish between the old and new weights, arrows were placed on either side of the date on the half dime through half dollar, and rays were put around the eagle on the quarter and half dollar. The rays were removed after 1853, and the arrows after 1855. Much of the old silver was withdrawn from circulation and melted. The exception to all this was

the silver 3-cent piece, which was decreased in weight but increased in fineness, making it intrinsically worth more than before and proportionate with the other fractional silver coins. No coins of the new weight were struck until 1854, at which time an olive branch and a cluster of arrows was added to the reverse.

17. 1863 silver 3 cents: It is possible that all of these non-Proofs were dated 1862. Proof coins dated 1863/2 were struck in 1864. Obviously these were hard times at the Mint.

18. 1864-(P) silver 3 cents, half dime, and dime: These figures, like many others in the years 1861-1871, are highly controversial due to extraordinary bookkeeping methods used in the Mint in this era.

19. 1867 copper-nickel 5 cents: Struck with rays on reverse (type of 1866) and without rays (type of 1868-83). Approximately 25 Proofs struck With Rays on reverse (type of 1866), and 600 Without Rays (type of 1868-83).

20. 1913 Liberty Head copper-nickel 5 cents: Five unauthorized pieces were struck by person or persons unknown, using Mint machinery and dies. All five accounted for by some sources, although numismatic researcher Walter Breen states that one piece is missing. Beware of forgeries.

21. 1942-1945-(P), P, D, S 5 cents: To conserve nickel during the war, the composition of the 5-cent piece was changed to a 56 percent copper, 35 percent silver, and 9 percent manganese alloy. Coins of this alloy were marked with a large Mint mark

MINTAGES

over the dome of Monticello, including those from Philadelphia. They consist of some 1942-P, all 1942-S, and all 1943-45 coins. The 1942 Philadelphia coins were made either way. Many wartime alloy 5-cent coins have been melted for their silver content.

22. 1944 copper-nickel 5 cents, 1923-D and 1930-D dimes: Coins without a Mint mark are counterfeits made for circulation. Not all counterfeits are of rare dates, meant to sell at high prices. Some were meant to circulate.

23. 1966 5-cent piece: Two Proof Jefferson 5-cent pieces were struck to mark the addition of designer Felix Schlag's initials, F.S., to the obverse design. At least one coin was presented to Schlag; the other may have been retained by the Mint.

24. 1971 5 cents: Some Proof sets contain 5-cent coins which were struck from a Proof die without a Mint mark. This was an engraver's oversight and is not a filled die. Official estimate of 1,655 sets released.

25. P Mint mark: The P Mint mark, placed on the 1979 Anthony dollar, was added to all 1980 denominations from the Philadelphia Mint except for the cent.

26. 1838-O half dime and dime: Both are of Seated Liberty, Without Stars design (type of 1837). 1838 Philadelphia coins have stars, as do all others through 1859.

27. 1856-O half dime: One Proof known, reason for issue unknown.

28. 1860-(P), O, S half dime and dime: Beginning in 1860 (with the exception of the 1860-S dime), the half dime and dime

were redesigned by eliminating the stars, moving the legend UNITED STATES OF AMERICA to the obverse, and using a larger, more elaborate wreath on the reverse. A number of fabrications with the obverse of 1859 and the reverse of 1860 (thereby omitting the legend UNITED STATES OF AMERICA), were struck by order of the Director of the Mint. These consist of half dimes dated 1859 or 1860, and dimes dated 1859. Although they are considered by some to be patterns, that designation is doubtful as the intentions of the Director were highly questionable.

29. 1860-O half dime: Three Proofs known, reason for issue unknown.

30. 1873-CC dime: One known, all others presumably were melted.

31. 1894-S dime: Twenty-four Proof or specimen strikings were made for private distribution by the Superintendent of the San Francisco Mint. Twelve can be traced today, including two circulated pieces.

32. 1906-D dime: Proofs struck in honor of the opening of the Denver Mint.

33. 1968 dime: Some Proof sets contain dimes which were struck from a Proof die without a Mint mark. This was an engraver's oversight and is not a filled die. It has been unofficially estimated that only 20 specimens from this die are known. Beware of sets opened and reclosed with "processed" P-Mint coins inserted. Check the edge of the case for signs of tampering.

34. 1970 dime: Some Proof sets contain dimes which were struck from a Proof die without

a Mint mark. This was an engraver's oversight and is not a filled die. Official estimate is that 2,200 sets were released with this error.

35. 1982 No-P dimes: Some 1982 dimes were released without a Mint mark, although dimes have been Mint marked since 1980. Distribution of the coins, many found in the Sandusky, Ohio, area, indicates they were from the Philadelphia Mint.

36. 1875-S 20 cents: Six to seven Proofs known, probably struck to celebrate the first (or last) year of this denomination at this Mint.

37. 1876-CC 20 cents: Virtually all remelted at the Mint. A few escaped, possibly as souvenirs given to visitors. Fewer than 20 are known today.

38. 1827 quarter dollar: Although the Mint Report lists a mintage of 4,000 pieces for this year, it is likely that all of these coins were dated 1825 except for a few Proofs. Later this date was unofficially (but intentionally) restruck at the Mint using an obverse die dated 1827 and a reverse die which had been used in 1819, and which had a Square Base 2 in quarter dollar, rather than the Curled Base 2 of the original 1827.

39. 1855-S quarter dollar: One Proof known, presumably struck to celebrate the beginning of silver coinage at the San Francisco Mint.

40. 1866 coinage: It was decided to add the motto IN GOD WE TRUST to the reverse of all double eagles, eagles, half eagles, silver dollars, half dollars and quarter dollars beginning in 1866. Early in the year, before the new reverse dies had

arrived, the San Francisco Mint produced $20, $10, $5, and half dollar coins without the motto. These are regular issue coins and are not patterns or errors. They are not to be confused with a peculiar set of Philadelphia Mint silver coins without motto, consisting of two dollars, one half dollar and one quarter dollar, which was clandestinely struck inside (but not by) the Mint for sale to a collector. A three-piece set containing the unique quarter dollar and half dollar and one of the two known silver dollars was stolen from the Willis H. DuPont collection in 1967 and never recovered. Beware of regular coins with motto or Mint mark removed.

41. 1879 quarter dollar: The Proof figure is official, but may be wrong. The true number might be near or equal to 1,100.

42. 1891-O quarter dollar: Two Proofs known, probably struck to celebrate the resumption of fractional silver coinage at this Mint.

43. 1974-1976 quarter dollars, half dollars and dollars: The circulating commemorative coinage dated 1776-1976 in celebration of the nation's Bicentennial wreaked havoc on mintage bookkeeping. In anticipation of the program, 1974-dated coins of these denominations were struck in calendar years 1974 and 1975. No 1975-dated quarter dollars, half dollars or dollars were struck; 1975 Proof and Mint sets contain Bicentennial dates. 1776-1976-dated dollars, half dollars and quarter dollars were struck in calendar years 1975 and 1976. The 1976-S mintages for these

MINTAGES

denominations includes copper-nickel clad Proofs sold in 1975 and 1976 in six-piece Proof sets, and 40 percent silver clad Proofs and Uncirculateds, of which 15 million pieces of each denomination were struck.

44. 1817 half dollar: Only one Proof known, with overdate 1817/3.

45. 1836 Reeded Edge half dollar: Actually a pattern of the design adopted the following year, but much of the mintage was placed into circulation.

46. 1838-O half dollar: It is thought that 20 Proof specimens were struck as souvenirs in honor of the opening of the New Orleans Mint. No regular issue coins of this date and Mint were struck, and it is possible that these were struck in 1839.

47. 1839-O half dollar: Three or four Proofs known.

48. 1839-(P) half dollar: Although Christian Gobrecht's half dollar design was slightly modified during 1839 by the addition of a small drapery fold beneath the elbow, the design was never as fully modified as the other Seated Liberty denominations were in 1840. In subsequent years individual dies would occasionally be over-polished, thus removing this small drapery fold. Coins struck from these inferior dies are sometimes referred to as having a "No-Drapery design," when in fact no design change was intended or made.

49. 1853-(P), O half dollar: All 1853-(P) and virtually all 1853-O half dollar are of the new weight. Two or three 1853-O are known without the arrows and rays. Beware of alterations from 1858-O.

50. 1855-S half dollar: Three Proofs known, presumably struck to celebrate the beginning of silver coinage at the San Francisco Mint.

51. 1861-O half dollar: Mintage includes 330,000 struck by the USA; 1,240,000 by the State of Louisiana; and 962,633 by the Confederate States of America. It is impossible to tell them apart. One obverse die is identifiable as having been used with the CSA reverse to strike four pattern coins, but there is no way of telling when that die was used with a regular reverse die or who issued the coins struck from it. Three to six Proofs known, probably struck under the authority of either the state of Louisiana or the CSA.

52. 1873-S half dollar: The 1873-S Seated Liberty, Without Arrows half dollar is unknown in any condition in any collection. Presumably they were all melted with the 1873-S silver dollars. Beware of any regular 1873-S with the arrows removed. The difference in weight between the two issues is insignificant, and useless in checking a suspected altered coin.

53. 1895-O half dollar: Proofs issued to mark reopening of New Orleans Mint.

54. Proof set sales suspended 1965-67.

55. 1970-D and 1987 half dollar: Struck only for inclusion in Mint sets. Not a regular issue coin. 1987 coins were struck for Uncirculated sets, Proof sets and Souvenir Mint sets only, forcing a change in the Mint's accounting procedures. Previously, business strikes intended for Uncirculated Mint

sets and Souvenir sets had been reported with coins intended for circulation. However, upon seeing "circulation" mintages where none should be, the Mint began separating the mintages of coins intended for sale to collectors from those intended for commerce.

56. 1798 silver dollar: Mintage includes both reverse designs.

57. 1801, 1802, and 1803 silver dollar: All three dates were restruck in Proof in 1858 with a plain edge, using obverse dies made in 1834-5 and the reverse die from the Class I 1804 dollar, which was also made in 1834. Due to the scandal caused by the private issue of 1804 dollars in 1858, these coins were not offered for sale to collectors until 1875, by which time their edges had been lettered.

58. 1804 silver dollar: Although the Mint Report lists 19,570 dollars for this year it is assumed that they were all dated 1803. The 1804 dollars were first struck in 1834-35 for inclusion in diplomatic presentation sets. A few pieces, possibly flawed Proofs or production overruns, reached collectors via trades with the Mint or in circulation and the coin was popularized as a rarity. In 1858 the son of a Mint employee used the obverse die prepared in 1834 and a newly prepared reverse die plus a plain collar to secretly strike 1804 dollars, a few of which were sold to collectors. While the Mint had intended to do exactly the same thing with dollars dated 1801-04, Mint officials were forced to cancel the project due to the public scandal over the pri-

vately-issued 1804s. The privately struck coins were recalled, and all but one (which went to the Mint Cabinet collection) were allegedly melted. Instead, they and the plain edged 1801-03s were put in storage and offered for sale in 1875, by which time their edges had been mechanically lettered.

59. 1805 silver dollar: The 321 dollars listed in the Mint Report for 1805 were older dollars which were found in deposits of Spanish-American silver and which were re-issued through the Treasury. On the basis of this misinformation a few coins have been altered to this date in the past.

60. 1836, 1838, and 1839 silver dollar: Gobrecht dollars, some patterns and some intended for circulation, were struck in these years. Also, some varieties were restruck in later years, making mintage figures questionable. Varieties exist with or without stars and/or the designer's name, some of them exceedingly scarce. The 1,600 mintage figure for 1836 represents 1,000 struck for circulation on the 1836 standard of 416 grains, and 600 pieces struck in 1837 (dated 1836) on the new standard of 412.5 grains.

61. 1853 silver dollar: All Proofs are restrikes, made 1864-5.

62. 1858 silver dollar: It is estimated that 80 Proofs were struck, some of them possibly at a later date.

63. 1870-CC silver dollar: Proofs mintage unknown, possibly struck to mark first Carson City dollar coinage.

64. 1870-S silver dollar: Not listed in the Mint Report, but a few pieces may have been struck as

MINTAGES

souvenirs of the opening of the new Mint.

65. **1873-S silver dollar:** Presumably all or most were melted at the Mint after production of standard silver dollars was suspended.

66. **1878-(P) silver dollar:** Three slightly different designs were used for both the obverse and reverse of this date, including some dies with the second designs impressed over the first. All 1878-CC and 1878-S are from the second designs. Most 1879-1904 dollars are of the third design, except for some second design reverses on 1879-S and 1880-CC coins. New, slightly different master hubs were prepared for 1921. Proof mintage includes 700 of the 8 Tail Feathers variety and 300 of the 7 Tail Feathers, flat eagle breast variety. Beware of any early strike, prooflike surface Morgan dollar being sold as a Proof.

67. **1879-O silver dollar:** Two Proofs now known of 12 struck to celebrate the re-opening of the New Orleans Mint.

68. **1882-CC silver dollar:** Proof mintage unknown, reason for issue unknown.

69. **1883-CC silver dollar:** Proof mintage unknown, reason for issue unknown.

70. **1883-O silver dollar:** One Proof now known of 12 struck for presentation to various local dignitaries. Occasion uncertain.

71. **1884-CC silver dollar:** One Proof reported, reason for issue unknown.

72. **1893-CC silver dollar:** 12 Proofs struck for presentation to Mint officials to mark the closing of the Carson City Mint.

73. **1895 silver dollar:** Apparently virtually all business strike coins were never issued and were probably melted in the great silver melt of 1918. One circulated business strike coin has reportedly been authenticated. Beware of altered dates and removed Mint marks.

74. **1921-(P) Peace silver dollar:** The 1921 Peace dollars, (and a very few Proof 1922s), are of a higher relief than the 1922-35s.

75. **1873 Trade silver dollar:** All Proofs are of the Open 3 variety.

76. **1884-85 Trade dollar:** Struck in Proof in the Mint for private distribution by person or persons unknown. Not listed in the Mint Report.

77. **S-Mint clad dollars:** Struck only for sale to collectors. In 1971-72 struck in 40 percent clad silver in Proof and Uncirculated for individual sale. Beginning in 1973 a copper-nickel clad dollar was added to the Proof sets.

78. **1973-(P), D copper-nickel dollar:** Struck only for inclusion in Mint sets. Not a regular issue coin. 1,769,258 Mint sets were sold. 439,899 excess dollars melted, presumably of near-equal distribution. 21,641 coins were kept for possible replacement of defective sets and may have been melted.

79. **Anthony dollars:** Anthony dollars were sold in three-coin sets only in 1981. None were released into circulation.

80. **1861-D gold dollar:** A small number were struck by the CSA.

81. **1870-S gold dollar:** 2,000 coins were struck without a Mint mark. It is unknown if they were melted and recoined or

released as is and included in the Mint Report figure of 3,000 coins.

82. 1834 $2.50: Most or all were melted. It may be that all survivors are Proofs and circulated Proofs.

83. 1841-(P) $2.50: Struck in Proof only, possibly at a later date. Unlisted in Mint Report. Nine known, several of them circulated or otherwise impaired.

84. 1848-(P) $2.50: Approximately 1,389 coins were counterstamped CAL. above the eagle to show that they were made from California gold. This was done while the coins were resting on an inverted obverse die on a worktable. This virtually eliminated distortion of the obverse, which will probably show on a genuine coin with a fake counterstamp.

85. 1860-S $3: Out of 7,000 coins struck, 2,592 pieces were not released because of short weight. They were melted in 1869 for use in other denominations.45. 1860-S $3: Out of 7,000 coins struck, 2,592 pieces were not released because of short weight. They were melted in 1869 for use in other denominations.

86. 1870-S $3: Not included in the Mint Report, supposedly one piece was struck for inclusion in the cornerstone of the new San Francisco Mint. One piece is known in a private collection, and the present whereabouts of the cornerstone piece is unknown. It is possible there is only one piece.

87. 1873 $3: All original Proofs are of the more Open 3 variety. There were two restrikes with the Closed 3 and one with the Open 3.

88. 1798 $5: Mint Report of 24,867 coins includes Small Eagle reverse coins dated 1798, as well as Heraldic Eagle coins dated 1795, 1797 and 1798. This mixture of mulings is the result of an emergency coinage late in 1798 after the Mint had been closed for a while due to yellow fever. Quantities struck of each are unknown and can only be a guess.

89. 1822 $5: Although the Mint Report says 17,796 coins were struck, only three pieces are known and it is likely that most of this mintage was from dies dated 1821.

90. 1825 $5: Struck from the regular overdated dies. 1825/4, one known, and 1825/1, two known.

91. 1828 $5: Includes at least one overdate, 1828/7.

92. 1844-O half eagle: One Proof known, reason for issue unknown.

93. 1861-C $5: Mintage includes 5,992 pieces coined by USA and 887 by CSA. It is impossible to prove the issuer.

94. 1899-S half eagle: One or two Proofs known, reason for issue unknown.

95. 1906-D and 1907-D $5: These were, of course, struck at the Denver Mint. This is the only design which was struck at both Dahlonega and Denver.

96. 1797 $10: Mintage includes both reverse types.

97. 1839 $10: Includes first design head (type of 1838) and modified head (type of 1840-1907). Proofs are of the type of 1838, with large letters and different hair style.

98. 1844-O eagle: One Proof known, reason for issue unknown.

MINTAGES

99. 1852-O eagle: Three Proofs known, reason for issue unknown.

100. 1853-O eagle: Proof mintage unknown, reason for issue unknown.

101. 1906-D eagle: Proofs struck in honor of the opening of the Denver Mint.

102. 1907 $10: An unknown number of Indian Head patterns were also struck in Proof.

103. 1933 $10: Very few of these were issued, perhaps several dozens known. Beware of counterfeits.

104. 1849 $20: One specimen in gold survives of a small number of trial strikes produced in December 1849. The dies were rejected, allegedly because of improper high relief, but in actuality to discredit Longacre in an attempt to force his removal. The attempt failed and Longacre eventually produced a second set of dies, but they were not completed until the following month and so they were dated 1850. The one known Proof gold specimen is in the National Numismatic Collection at the Smithsonian Institution and all others were melted.

105. 1850 $20: One Proof was once owned by the engraver, James B. Longacre. Whereabouts presently unknown.

106. 1854-S double eagle: One Proof known, in the Smithsonian Institution. Struck in honor of the opening of the San Francisco Mint.

107. 1861-(P) $20: A few trial pieces are known with a reverse as engraved by Paquet, with taller, thinner letters and a narrow rim. The design was judged unacceptable because the narrow reverse rim would not stack easily.

108. 1861-O $20: Mintage includes 5,000 coins struck by the USA; 9,750 by the State of Louisiana; and 2,991 by the Confederate States of America. It is impossible to prove the issuer of any given coin.

109. 1861-S $20: Mintage includes 19,250 pieces struck with the Paquet reverse and released into circulation. Most of these were recalled and melted during the next few years, but specie hoarding during the Civil War probably preserved a number of them until later years when the problem was forgotten.

110. 1866-(P), S $20: When the reverse of the double eagle was altered to include the motto there were also a few minor changes made in the scrollwork, the most prominent being the change in the shield from flat-sided to curved. Check any alleged 1866-S No Motto $20 for this feature.

111. 1877 $20: In this year the master hubs were redesigned slightly, raising the head and changing TWENTY D. to TWENTY DOLLARS.

112. 1906-D double eagle: Two Proofs now known of 12 struck in honor of the opening of the Denver Mint.

113. 1907-D double eagle: One Proof known, possibly struck as a specimen of the last year of this design.

114. 1907 $20: An unknown number of Saint-Gaudens type coins of pattern or near-pattern status were also struck in extremely high relief Proof.

115. 1933 $20: This issue was officially never released, so the

MINTAGES

coins are considered illegal to own. A few are reported to exist, including one in the National Numismatic Collection at the Smithsonian Institution. Most late-date gold never filtered down through the banks and so it was returned to the Mint for melting.

MINTAGES

How coins are made

8

The various coining facilities of the United States Mint are factories, whose products happen to be coinage of the realm. Like any other metal-working factory, the U.S. Mint has a variety of presses, engraving and reducing machines and metal-working equipment.

Like any metal product, coins don't "just happen." A number of intricate steps must be taken, from the preparation of the raw metal used in the coins to the actual striking of the coins. And before the coins can be struck, dies must be produced.

The dies used for striking coins start out as an approved sketch in the Engraving Department at the Philadelphia Mint. The sculptor-engraver makes a plasticene (modeling wax) model in bas-relief (with the design portions raised above the surface of the coin) from the sketch. The model will be anywhere from three to 12 times as large as the finished coin. Next, a plaster-of-paris negative is cast from the model. The negative is touched up and details are added. Then a plaster-of-paris positive is made. The positive is used as the model to be approved by the Mint Director and the Secretary of the Treasury if a new design is being created.

When final approval is received another negative is made and a hard epoxy positive model is prepared. The epoxy model replaces the copper galvano (a large metallic version of a coinage design from which the design was traced and cut into the metal of the hub) once used by the U.S. Mint.

The completed epoxy model is then mounted on a Janvier transfer engraving ma-

The cutting edge of coin production

Janvier reducing machine transfers image from large
epoxy model at right to coin-sized steel hub at left

chine. This machine cuts the design into soft tool steel — tracing
the exact details of the epoxy model — and produces a positive
replica of the model called a "hub." The hub, which is the exact
size of the coin, is then heat treated to harden it and is placed
in a hydraulic press. The hub is slowly pressed into a blank piece
of soft die steel several times until a negative replica is made,
called a master die. The original hub is carefully stored in a safe
place to ensure against loss of the original reduction.

Working hubs are made from the master die in the hydraulic
press, and similarly hardened in the same way as the original,
master hub.

Working dies are made from the working hubs in the same
way. A blank piece of soft die steel is impressed with the working
hub, an act which hardens the metal. Two to three cycles may
be required to properly impress all details into the steel blank,
and annealing (heating the dies to soften them to make the
hubbing easier) is usually needed between hubbings.

Mint marks — found on all U.S. coins since 1980 but the
Lincoln cent struck at the Philadelphia Mint — are added at
various stages of the die-production process. Traditionally,
Mint engravers have placed the Mint mark by hand on each of
the thousands of working dies. That is changing as the 1990s
begin. Beginning in 1990, the Mint began placing the Mint mark
on the master die for the cent and 5-cent coin. The other
denominations — dime, quarter dollar and half dollar — fol-

lowed in 1991. Doing so lessens the possibility of producing Mint mark errors and varieties.

Mint marks on commemorative coins and Proof coins are placed at the initial modeling stage.

Modern United States coins have their beginnings in the private sector, where a number of companies produce some coinage planchets and all coils of strip metal the Mint purchases. Planchets are the blank, circular pieces of metal that become coins when struck between the dies. The Mint produced its own strip metal as late as Fiscal Year 1982 at the Philadelphia Mint, but the operations were closed officially in Fiscal 1983. The Mint still produces some of its coin planchets.

In preparing the raw metals used in coining, the coinage metals are assayed, melted and formed into slabs which are then rolled to the proper thickness. For clad coinage, bonding operations are required to bond the two layers of copper-nickel to the core of pure copper. The strip is then coiled and shipped to the Mint for blanking.

Planchets are produced on blanking presses, which are simply punch presses similar to those found in any machine shop. They have a bank of punches (or rams) which travel downward through the strip of coinage metal and into a steel bedplate which has holes corresponding to the punches. The presses punch out planchets each time the punches make their downward cycle. The planchets made at this stage are slightly larger than the finished coins. Because of the shearing action of the punches, the planchets have rough edges. Most of the rough edges (or burrs) are removed during succeeding operations.

The planchets (also called flans or blanks) are next passed over sorting screens which are supposed to eliminate all of the defective planchets. Thin and incomplete planchets will fall through the screens. Rejected planchets are remelted.

During the finish rolling and blanking press operations the planchets have again been hardened and must now be softened. The planchets are passed through a cylinder which has spiral grooves in its walls. As the cylinder turns, the planchets are forced from one end to the other by the spirals. As they move along the cylinder walls, the planchets are heated to controlled temperatures, approximately 1400 degrees Fahrenheit, changing their crystal structure to a softer state. Planchets are "frozen" into that state by a water quench bath. The annealing process prolongs the life of the coining dies by ensuring well-struck coins with lower striking pressures.

Despite a protective atmosphere, annealing causes some discoloration on the surfaces of the planchets which must be removed. The planchets are tumbled against each other and passed through a chemical bath. Then they are dried by forced hot air. The planchets are now completed Type I planchets and if they happen to bypass the coining presses you will see them as flat disks. Their next stop is an upsetting mill.

The upsetting mill consists of a rotating wheel with a groove on its edge. The grooved edge of the wheel fits into a curved section (or shoe) which has a corresponding groove. The distance between the wheel and the shoe gets progressively narrower so that, as the planchet is rolled along the groove, a raised rim is formed on both sides of the planchet. This raised rim serves several purposes. It sizes and shapes the planchet for better feed at the press and it work-hardens the edge to prevent escape of metal between the obverse die and the collar.

The planchets are now called Type II planchets and are ready to be struck into coins on the Mint's coining presses.

Coining presses are designed for a fixed class of work, not for a specific denomination of coin. Dies and collars are interchangeable and striking pressures are adjustable for the various denominations and metals. A circular piece of hardened steel forms the collar, which acts as the wall of the coining chamber, and one die forms the bottom. The dies impress the various designs and devices on the obverse and reverse for the coin while the collar forms the edge of the coin, flat and smooth on cents and 5-cent coins and reeded on the larger denominations. The collar, which is five-thousandths of an inch larger in diameter than the dies, is mounted on springs which allow slight vertical movement.

◀ COIN MANUFACTURE ▶

Generally, the reverse die is the lower (or anvil) die while the obverse die is the upper (or hammer) die; however, there are exceptions to this general rule, and on some presses, the dies are mounted horizontally so that they move parallel to the floor. Still, the terms anvil die and hammer die are appropriate.

Planchets are fed by gravity from a basin attached to the press through a cylindrical tube. This tube will stack 20 or so planchets and from this

Die is mirror-image of coin

stack the bottom planchet is fed into the press by one of several feed devices.

One device is called the feed fingers: two parallel pieces of metal joined in such a way that they can open and close; on one end of the two pieces is a covered recessed slot and in the center is a hole. A second device is a dial feeder: a circular piece slotted with holes which transport the planchets to the coining chamber and then transport the newly struck coin from the dies.

No matter which feed device is used, the coining process is same. The anvil die at this point is stationary. As the hammer die moves toward the anvil die it impresses the designs of both sides into the planchet and then completes its cycle by moving upward to its original position. On presses using the dial feeder, the dial remains stationary so that the hole transporting the planchet remains centered over the anvil die, with the hammer die passing through the hole to strike the coin. Now the anvil die starts to move above the collar, actuated by an eccentric cam, raising the struck coin out of the coining chamber. Depending on the feeder system used, one of two things happens.

As the anvil die moves, about the same time the feeder fingers, in a closed position, start to move forward with a planchet lying in the center hole. At this time the anvil die reaches the top of its cycle, the recessed slot (ejection slot) slides over the struck coin, and pushes the coin away from the coining

Double-pair feeder fingers in a cent press setup

chamber. The feed fingers have completed their forward movement and now the center hole is moving towards the coining chamber. Having imparted movement to the struck coin, that coin continues onward until it hits a shield which deflects it into the struck coin hopper. The feed fingers open, allowing the planchet to fall into the coining chamber. Then the feed fingers reverse direction to return to their original position.

On presses using a dial feeder, the struck coin is pushed back up into the hole that had carried the planchet; the dial rotates, moving the coin away from the coining chamber while the next hole drops a new planchet onto the lower die. The cam action now causes the lower die to move to its stationary position.

Frequently, while a press is in operation, the press attendant will pick up a finished coin for inspection. He makes the inspection under a magnifier and it reveals any defects made in the die during operation. Another attempt is made to prevent improperly shaped coins from reaching circulation by passing them through a second riddler.

Throughout the minting process, computers track such statistics as the productivity of each press operator, any repairs to a coining press, quantities of coins struck per press, plus installation, movement and destruction of the dies.

After the coins have been struck they are ready for a final inspection. After passing the inspection, they are counted automatically by machines, weighed and bagged. The bags are sewn shut and are ready for shipment from the Mint to the Federal Reserve Banks for distribution.

▼ COIN MANUFACTURE ▼

Dial feeder and four gravity tubes on a Bliss press.

Errors

Error coins are products of the United States Mint that Treasury officials would rather did not exist. An error coin deviates from the norm as a result of a mishap in the minting processes; in effect, an error represents a "substandard" product of the Mint. Some collectors prefer these substandard items, however, over normal coins.

Although it sometimes may seem that the Mint produces inordinate amounts of error coins, the numbers are relatively small when compared to the billions of coins struck annually. Those small numbers in part account for the values some collectors place on error numismatic material. Values for error coins depend on the same factors affecting normal numismatic merchandise: supply, demand and condition. Obviously, errors are in very short supply when compared to total mintages. However, error collectors represent a fraction of the total number of collectors, so demand is less for most items. Some error coins, such as the 1955 Lincoln, Doubled Die cent, because of press publicity and dealer promotion, cross over and become popular with general collectors; thus, demand is higher for a fixed supply, and the values are correspondingly higher. Condition is important, although error collectors seem less concerned with "perfection" than other collectors.

Rare does not necessarily mean great value. Many error coins, struck in small quantities, are available for a few dollars. Even errors which are considered unique are often available for several dollars. Unfortunately, many persons not familiar with errors, including some dealers, place unrealistically high values on error coins. Such was the case in the spring and early summer of 1989, when a series of 1989 Washington quarter dollars were struck from grease-filled dies and missing a Mint mark; some non-specialist dealers were paying as much as $75 for the coins, and charging $125, while error specialists agreed the coins were a form of common error worth about $3.

Any discussion of error coins must include a discussion of varieties. A numismatic variety is defined as the difference between individual dies or hubs of the same basic design or type. The differences between two varieties of the same type are generally intentional; the 1917 Standing Liberty quarter dollar with Liberty baring her breast is a different variety from the 1917 Standing Liberty quarter with Liberty's breast covered by a coat of chain mail, although both have the same basic design.

Can an error also be a variety? There are some who believe so, especially for certain die errors. Some die error coins have been accepted as varieties and are considered by many as part of the regular series; among these are the 1955 and 1972 Lincoln, Doubled Die cents, and the 1937-D Indian Head, Three-Legged 5-cent piece. Others believe that no distinction should be made between varieties or errors; they believe that all errors are varieties.

Error coins can be found in circulation, unlike many other collectors' items. Some collectors go to banks and obtain large quantities of coins to search through; coins not bearing errors are returned to the bank. Many errors, particularly of the minor classification, can be discovered simply by going through pocket change and wallets. All it takes are sharp eyes and a knowledge of what to look for.

Many error collectors also practice what they call "cherry picking." They use their superior knowledge of errors and varieties when going through a dealer's stock to obtain scarcer pieces at prices less than what a specialist might charge.

Some of that knowledge comes from a clear understanding of the minting process. The minting of a coin is a manufacturing process, and should be fully understood by anyone interested in collecting and studying error coins (see Chapter 8, "How coins are made"). Many forms of alteration and damage received outside the Mint resemble certain types of errors, but none precisely duplicate genuine Mint errors. Collectors who understand the minting process should be better able to distinguish between errors and damage and alteration than collectors who have never studied the manufacturing process.

The following section presents error coins in three parts: die errors, planchet errors and striking errors.

Die errors are those produced due to a mishap involving the die or hub. Planchet errors are the result of defective or improper planchets, and striking errors are created during the actual coining process.

Die errors

BIE: The term commonly used for minor errors affecting the letters of the word LIBERTY on Lincoln cents. A small break

BIE error is result of die break

in the die between the letters, especially BE, often resembles the letter I, hence the BIE designation. Such errors are much more common on the coins of the 1950s and early 1960s than more recent issues. Collectors tend to be less interested in such errors in the 1980s than they were 20 years ago.

Clashed dies: When during the striking process two dies come together without a planchet between them, the dies clash (come into direct contact). Depending on the force with which the dies come together and the nature of the designs, a portion of the obverse design is transferred to the reverse, and a portion of the reverse is transferred to the obverse. Coins struck from the clashed dies will show signs of the transferred designs. Although the cause of this type of error occurs during the striking process, the die is affected; thus it is considered a die error.

Clashed dies

Cuds: A "cud" is a type of major die break. It occurs when the die breaks at the rim and a piece of the die falls out of the press. The metal of coins struck from that die flows up into the missing area, resulting in a raised blob of metal bearing no image; these are nicknamed "cud" errors (as in a cow's cud). The side of the coin opposite the cud is weak and indistinct; this is because metal flows along the path of least resistance, flow-

Cud

ing into the broken area and not the recesses of the other die. A retained cud occurs when the die breaks at the rim, but the piece does not fall out. Coins struck from these dies show the break, but also depict the image inside the break.

Die breaks, chips, cracks, gouges, scratches: Dies, like any other piece of steel, are subject to all sorts of damage. Any incused mark on the die leaves raised areas on coins. Breaks and cracks are similar, appearing on coins as raised lines. A die break affects a larger area than the die crack, and breaks often result in pieces of the die falling out (see "cud"). A die chip occurs when a small portion of the die breaks away, while gouges and scratches generally occur when a foreign object scores the surface of the die.

Die chip

Die crack

Doubled dies: If during the hubbing and die making process, a misalignment between hub and partially completed die occurs, overlapping, multiple images may appear on the die. Coins struck from the die will show the overlapping images. Die doubling on coins with raised designs feature a rounded second image; on coins with incused designs, the second image is flat and shelf-like. At the corners of the overlapping images are distinct "notches" on coins with raised designs. A tripled die is caused by the same misalignment, but bears a tripled image.

Doubled die

Engraving errors: While more common on the dies of the 18th and 19th centuries, engraving errors have been made on modern dies. On the earlier dies, numerals and letters were often recut to strengthen the design, punched in upside down or otherwise out of alignment, and sometimes, wrong

Engraving error

letters or numbers were punched into the die. On more modern dies, engraving errors include the use of the wrong size Mint mark by mistake and Mint marks placed too close to design elements or too far from their intended locations.

Other "engraving" errors, discussed in separate sections, include doubled dies, overdates and multiple Mint marks.

Misaligned dies: Although one side of the coin appears to have been struck off-center, it is not a striking error. A misaligned die occurs when one die is horizontally displaced to the side, causing only a partial image to appear on that side of the coin. However, unlike the off-center coin which it resembles, only one side is affected. The other side is normal.

Misaligned dies

Multiple Mint marks: Mint marks are punched into each individual working die (for coins issued for circulation) by hand with mallet and punch. Several blows to the punch are needed to properly sink the Mint mark into the die. If the punch is not properly placed after the first blow, a multiple image may result. These are commonly known as doubled D and doubled S Mint marks, for the Denver and San Francisco Mints. To help combat this type of error, beginning in 1986 all Proof and commemorative coins have had the Mint mark placed on the plasticene model.

Multiple Mint marks

Overdates: When one or more numerals in the date are engraved, punched or hubbed over a different numeral or numerals, both the original date and the second date can be seen. Examples include the 1943/2-P Jefferson 5-cent coin and the 1942/1 Winged Liberty Head dime. Another overdate occurs when two hubs with the same date, but of different varieties, are used to produce a die. A prime example of this is the 1960 Lincoln, Large Date Over Small Date cent.

Overdate

Over Mint marks: A form of multiple Mint mark, but when punches of two different Mints are used. Examples include the 1944-D/S Lincoln cent and the 1938-D/S Indian Head 5-cent piece.

Over Mint mark

Polished dies: Mint employees polish dies to extend their working life and to remove such things as clash marks, die scratches, dirt and grease. If the die is polished too much, details may be erased, or small raised lines may appear on the coins. Most over-polished errors have little value, but there are exceptions, including the 1937-D Indian Head, Three-Legged 5-cent coin.

Polished die

Rotated dies: Most U.S. coins have the obverse and reverse sides oriented so each side is upright when rotated vertically. The alignment between the two is 180 degrees. However, if the dies are aligned at anything other than 180 degrees, the dies are considered rotated. Coins rotated 5 degrees or less are considered within tolerance levels by the Mint.

Worn dies: Dies have a set life, based on the hardness of the coinage metal being struck and the striking pressures involved. When a die wears beyond a certain point, details around the rim tend to flow into the rim, while other details weaken. The surface of the die becomes scarred, as if heavily polished. Coins struck from worn dies rarely have collector value as die errors.

Worn die

Planchet errors

Alloy errors: All U.S. coins are produced from alloyed metals, mixed when molten to strict specifications. If mixed incorrectly, the metals may cool in non-homogeneous form, with streaks of differ-

Alloy error

ent metals appearing on the surface of the coin.

Damaged planchets: Planchets are subject to various sorts of damage, including cracks (not to be confused with die cracks), holes and major breaks. (A planchet is an unstruck piece of metal that when struck between coining dies, becomes a coin.)

Damaged planchet

Fragments, scrap struck: Small pieces of coinage metal — fragments and scrap leftover from the blanking process — sometimes fall between the dies and are struck. Fragments must be struck on both sides and weigh less than 25 percent of a normal coin's weight to qualify as a struck fragment. Planchet scrap is generally larger than a fragment, and usually has straight or curved edges as a result of the blanking process.

Struck fragment

Incomplete planchets: Often, though erroneously, called a "clip," an incomplete planchet results from a mishap in the blanking process. If the planchet strip does not advance far enough after a bank of punches rams through the metal, producing planchets, the punches come down and overlap the holes where the planchets were already punched out. Where the overlapping takes place, there is a curved area that appears to be "missing" from the planchet. The word "clip," commonly used, suggests a piece of the planchet was cut off, which is not the cause of the incomplete planchet. "Clip," when properly used, refers to the ancient process of cutting small pieces of metal from the edges of precious metal coins for the bullion; that is why U.S. gold and silver coins have lettered or reeded edges, to make it more difficult to clip a coin.

Incomplete planchet

An "incomplete clip" occurs when the punch does not completely punch out a planchet, but leaves a circular groove. If the strip advances improperly, planchets overlapping the incomplete punch will bear a curved groove; the groove remains visible after the coin is struck.

Most incomplete planchet errors have a "signature" known as the Blakesley effect. The area of the rim 180 degrees opposite the "clip" is weak or non-existent since the rim-making process in the upset mill is negated by the "clip." The lack of pressure in the upset mill at the clip results in improper formation of the rim on the opposite side.

Lamination

Laminations: During the preparation of the planchet strip, foreign materials — grease, dirt, oil, slag or gas — may become trapped just below the surface of the metal. Coins struck from this strip later may begin to flake and peel since adhesion is poor in the location of the trapped material. The Jefferson, Wartime 5-cent pieces are particularly susceptible to lamination, due to the poor mixing qualities of the metals used during the war metal emergency.

Split before strike

Split planchets: Planchets can split due to deep internal laminations, or in the case of clad coinage, because of poor adhesion of the copper-nickel outer layers to the copper core. Planchets may split before or after striking. Those splitting before generally exhibit weak details due to lack of metal to fill the dies, while those split afterwards usually depict full detailing. On non-clad coins, the inner portion of the split shows parallel striations typical of the interior structure of coinage metal.

Split after strike

Thick and thin planchets: Planchets of the wrong thickness are produced from strip that was not rolled properly. Too little pressure can result

Thin planchet

in planchet stock that is too thick; too much pressure can result in a thin planchet. If the rollers are out of alignment on one side, a tapered planchet — thicker on one side than the other — is created.

Unplated planchets: New in U.S. coinage, unplated planchets became possible in 1982 with the introduction of the copper-plated zinc cent (and briefly in 1943 with the zinc-plated steel cents). The zinc-copper alloy planchets are plated after they are punched from the strip but some planchets miss the plating process. Coins struck on the unplated planchets are grayish-white in color. Beware of cents which have had their plating removed after leaving the Mint. Although beyond the ability of a neophyte to detect, any of the authentication services currently operating should be able to distinguish between a genuine piece and an altered version.

Wrong metal, planchet, stock: There are several types of errors in this series.

A wrong metal error is a coin struck on a planchet intended for a denomination of a different composition. This includes 5-cent coins struck on cent planchets, cents struck on dime planchets, and higher denominations struck on cent and 5-cent planchets.

Wrong planchet

A second type is the wrong planchet error, defined as a coin struck on a planchet of the correct composition, but the wrong denomination. These include quarter dollars struck on dime planchets, half dollars struck on quarter and dime planchets, and dollars struck on other clad planchets.

Foreign coin planchet

Double denomination

A third type is the wrong planchet stock error. It occurs when clad coinage strip rolled to the thickness of one denomination is fed into the blanking press of another denomination; the diameter is correct, but the thickness

ERRORS

is greater or less than normal. The most common appears to be quarter dollars struck on planchet stock intended for dimes.

A fourth, rarer form is the double denomination. It occurs when a coin is struck on a previously struck coin, such as a cent struck over a dime. Since the U.S. Mint has struck coins for foreign governments in the past, it has been possible to find in circulation U.S. coins struck on planchets intended for foreign coins, as well as U.S. coins struck on previously struck foreign coins.

Another rare type of wrong metal error is called the transitional error. It occurs as the composition of a coin changes. Some 1965 coins are known struck on silver planchets of 1964 composition, while some 1964 coins were struck on clad planchets (1964 coins were struck through 1965, with planchets for both types of coins available side by side).

One fact true for all errors of this broad category is that the planchets must be of an equal size or smaller than the intended planchet. A 5-cent planchet, for example, would not fit between the dies of the smaller cent.

Striking errors

Broadstrikes: If the surrounding collar is pushed below the surface of the lower die during the moment of striking, the metal of the coin being struck is free to expand beyond the confines of the dies. The design of the coin is normal at center, but as it nears the periphery, becomes distorted due to the uncontrolled spread of metal.

Broadstrike

Brockage and capped die strikes: If a newly struck coin sticks to the surface of one of the dies, it acts as a die itself — called a die cap — and produces images on succeeding coins. The image produced by any die is the direct opposite on a coin, and brockages are no different. Since the image is raised on the coin adhering to the die, the image on the brockage is incused and reversed — a true mirror image. The first brockage

Brockage

strikes, perfect mirror images and undistorted, are most prized. As additional coins are struck from the capped die, the die cap begins to spread and thin under the pressures of striking, distorting its image. At some point, as the die cap becomes more distorted, the coins struck cease to be brockages and are known as capped die strikes. While a brockage image is undistorted or relatively so, images on capped die strikes are increasingly malformed. Although the image is still recognizable, the design expands, producing an image that can be several times the actual size of a normal image. Finally, the die cap breaks off or is pounded so thin it ceases to affect succeeding strikes. Sometimes, the die caps fall off early and in a relatively undistorted state. Die caps resemble bottle caps, with the metal wrapping around the surface of the die. Die caps are very rare and collectible, much more so than capped die strikes.

Double and multiple strikes: Double strikes are coins struck

Multiple strike

more than once. If the coin rotates slightly between strikes, but remains inside the collar, two images will appear on both sides of the coin. The first strike will be almost totally obliterated by the second strike, and the first strike will be flattened and have almost no relief. Sometimes, a struck coin will flip — somewhat like a pancake on a hot griddle — and fall upside down onto the surface of the die; thus, the second strike has an obverse image obliterating the original reverse, and a reverse image flattening the first obverse image. If the coin falls partially outside the dies after the first strike, the second image is only partial. The partial second strike obliterates the original image beneath it, but the rest of the first strike is undistorted, except in the immediate vicinity of the second strike. A saddle strike is generally not a true double strike, but usually the result of having a planchet fall partially between two pairs of dies on a multi-die press. Saddle strikes have two partial images, and an expanse of unstruck planchet between the struck areas, somewhat resembling Mickey Mouse's head with the partial coin images representing his ears.

What happens twice can happen three times or more, though rarely. However, examples of coins struck three or four times are known.

Filled dies: The Mint is a factory, and like most metalworking factories, has more than its share of dirt,

Filled die

grease and other lubricants, and metal filings. The recessed areas of the dies sometimes fill up with a combination of this foreign material, preventing the metal of the coins from flowing into the incused areas. This results in weak designs or missing design details, and is probably the most common type of error. It is the type of error that caused the error 1989 quarter dollars missing the Mint mark discussed earlier.

Indented errors: An indented error is a coin struck with another coin or planchet lying partially on its surface. The area covered by the planchet does not come into contact with the die, and thus is blank if indented by a planchet, or shows a partial brockage if indented by a struck coin. The most desirable of the indented errors are

Indented error

larger coins with the indentation of a smaller planchet centered on one side.

Machine, strike doubling: A form of doubling, this is probably

Strike doubling

the most common type of Mint error and is considered non-collectible by a majority of hobbyists. Some noted authorities do not consider it an error, but believe it to be a form of Mint-caused damage

since it occurs immediately after the strike. The most common cause is a certain looseness of the die or other parts in the press which causes the die to bounce across the surface of the newly struck coin. In bouncing, the die shoves the metal of the raised designs to one side, creating the doubled image. On coins with raised designs, the doubling is flat, like a shelf.

Off-center coins: If a planchet lies partially outside of the dies during the striking, it receives an off-center strike. Each coin struck off center is unique, but due to the large numbers available, are very inexpensive in the lower denominations. Off-center coins with dates are more valuable than coins without dates. Generally, on dated coins, the greater the off-center strike, the more it is worth. Some collectors collect off-center coins

Off-center strike

by their "clock" positions. Hold the coin with portrait upright and look for the direction the strike lies. If it is at 90 degrees, the strike is at 3 o'clock; if it lies at 270 degrees, the strike is at 9 o'clock.

Partial collar: Often known as "railroad rim" errors, the edge, not the rim, is the portion of the coin affected. It occurs when the collar is pushed somewhat below the surface of the lower die, so that the upper portion of the coin is free to expand beyond the confines of the collar, while the lower

Partial collar

portion is restrained. On coins struck from a reeded collar, partial reeding exists on the area restrained by the collar. The error gets the nickname "railroad rim" from its appearance — the coin, viewed edge-on, resembles the wheel from a railroad car.

Struck-through errors: Filled-die errors and indented coins are related to struck-through errors, which occur when foreign objects fall between die and planchet during striking. In addition to the grease of a filled-die error and the planchet of an indented error, pieces of cloth, metal fragments, wire, slivers of reeding, wire bristles (from wire brushes used to clean dies, resembling staples), die covers and other objects may fall between the dies and the coin as it is being struck. Sometimes, an incused letter or number of a die will fill up with grease, which solidifies under constant pressure. If the blob of grease —

Struck-through

◄ ERRORS ►

shaped like a letter or number — drops out of the die, it may be struck into the surface of the coin, leaving the impression of the affected letter or number. The most collectible struck-through errors are those with the foreign object still embedded in the surface of the coin.

Weak strikes: Weak strikes often resemble coins struck from grease-filled dies, but can be identified. They occur either when the press has been turned off — it tends to cycle through several strikings, each with less pressure than the previous — or when the press is being set up by the operators who test the placement of the dies at lower coining pressures. On reeded coins, weak strikes generally have poorly formed reeding (it is strong on filled

Weak strike

dies). Depending on the pressure used, the image may be only slightly weak, or practically non-existent, or any stage in between.

About Collectors' Clearinghouse

Coin World's Collectors' Clearinghouse was founded in 1960, shortly after *Coin World* was first published. The weekly full-page column focuses on error coins and varieties, illustrating and discussing the latest finds of readers. During the years, the Collectors' Clearinghouse pages have featured discussions and illustrations of thousands of error coins and varieties, helping to teach the numismatic community about this fascinating subject.

Collectors' Clearinghouse also provides a free attribution service for readers who want their error coins explained. Although the department does not authenticate coins of any kind, it will provide an explanation about the coin for the price of return postage. Before sending any error coins to Collectors' Clearinghouse, we recommend you write first. The address is Coin World, Collectors' Clearinghouse, P.O. Box 150, Dept. 02, Sidney, Ohio 45365.

Building a type set

10

There are many ways to collect United States coins. The most popular way is to collect a date and Mint mark set; that is, the collector obtains an example of each date and Mint mark in any given series. Others collect by date only, selecting an example of each date for any given series, giving no concern to Mint mark varieties. One very interesting way to collect is by type and variety, building over the years what is generally called a "type set."

The phrase "type set" is a misnomer. Most collectors include significant varieties in the type collection. Before examining type sets, one must address the meanings of "type" and "variety" as they apply to numismatics.

A type coin is one which shares the same overall characteristics of design with another coin. For example, a Shield 5-cent coin is a different type from a Liberty Head 5-cent coin and both are different types from an Indian Head 5-cent coin. Each type has a distinct design: on the Shield, one will find a shield on the obverse and the numeral 5 surrounded by 13 stars on the reverse; on the Liberty Head, an allegorical bust of Liberty appears on the obverse and the Roman numeral V surrounded by a wreath appears on the reverse; and on the Indian Head coin, an American Indian appears on the obverse and a bison appears on the reverse.

However, each of the three types of 5-cent coins have several distinct varieties. A variety is a minor change within a specific type; the overall basic design is unchanged, but has been modified to some degree. Despite the modification, however, it is still identifiable as a distinct type. In the examples cited earlier, for example, two major varieties exist for each type. The Shield coin exists with rays extending between the 13 stars on the reverse and without the rays. In the Liberty Head series, the reverse on the first-year issue — 1883 — comes both with and without the word CENTS; the word was added after a few individuals plated it with gold and passed the 5-cent coin as a $5 gold coin. The reverse of the Indian Head coin also exists with two varieties issued in the first year, 1913: on the first variety,

No CENTS variety　　　　　**With CENTS variety**

See the difference?

the bison stands on a mound; on the second variety, the bison stands on a flat plain.

In addition to design varieties there are varieties involving specifications (changes in weight and alloy), lettering and dates (different sizes), and placement of such devices as stars and berries on a wreath. Varieties are much more prevalent on U.S. coins struck from 1792-1832 than on those struck in the latter half of the 19th century and the 20th century. The major decrease in varieties came about as a result in the way dies were produced with the move from the first Philadelphia Mint to the second facility in 1833. Prior to the move, all dies were made by hand, with individual digits of the date and letters of the inscriptions punched by hand, and other devices often engraved directly into the die steel. Following the wholesale mechanization of the die making process, models were placed on an engraving reduction machine and multiple copies made. That procedure, refined to reflect 20th century technology, is still used at the Philadelphia Mint today.

These other varieties — involving shifts in the placement of stars, letters and digits — are not to be included in the type/variety set recommended here. That is not to say they could not be included if a collector desired to add them. Instead, our suggested type/variety set focuses on distinct types, major design varieties and changes in alloy. The type/variety set is divided into three parts, each covering an individual century: the 18th, the 19th and the 20th. There may be duplication between the 18th and 19th century type/variety sets, and duplication between the 19th and 20th century sets because several design types spanned more than one century.

Each century is divided in metallic categories. Beginning collectors may be surprised to find, for example, that from 1857 through mid-1864, cents were composed of copper-nickel, with a distinctly different color from those made today. Thus, copper-nickel cents are listed separately from copper and bronze cents. Modern clad coinage is listed under copper-nickel coins, separate from the silver versions of the same denominations.

The first one or two words which follow the date represent the design type; words set off by a comma represent the specific variety.

18th century

Copper:

Half cents: 1793 Liberty Cap; 1794-97 Liberty Cap; 1800-1808 Draped Bust.

Cents: 1793 Flowing Hair, Chain; 1793 Flowing Hair, Wreath; 1793-96 Liberty Cap; 1796-1807 Draped Bust.

Silver:

Half dimes: 1792; 1794-95 Flowing Hair; 1796-97 Draped Bust, Small Eagle; 1800-1805 Draped Bust, Heraldic Eagle.

Dimes: 1796-97 Draped Bust, Small Eagle; 1798-1807 Draped Bust, Heraldic Eagle.

Quarter dollars: 1796 Draped Bust, Small Eagle.

Half dollars: 1794-95 Flowing Hair; 1796-97 Draped Bust, Small Eagle.

Silver dollars: 1794-95 Flowing Hair; 1795-98 Draped Bust, Small Eagle; 1798-1803 Draped Bust, Heraldic Eagle.

Gold:

Quarter eagles: 1796-98 Draped Bust.

Half eagles: 1795-98 Capped Bust, Small Eagle; 1795-1807 Capped Bust, Heraldic Eagle.

Eagles: 1795-97 Capped Bust, Small Eagle; 1797-1804 Capped Bust, Heraldic Eagle.

19th century

Copper:

Half cents: 1800-08 Draped Bust; 1809-36 Classic Head; 1840-57 Coronet.

Cents: 1796-1807 Draped Bust; 1808-14 Classic Head; 1815-57 Coronet; 1864-1909 Indian Head.

2 cents: 1864-73.

Copper-nickel:

Cents: 1857-58 Flying Eagle; 1859 Indian; 1860-64 Indian.

3 cents: 1865-89 Liberty Head.

5 cents: 1865-83 Shield; 1883 Liberty Head, No CENTS; 1883-1912 Liberty, With CENTS.

Silver:

3 cents: 1851-53; 1854-58; 1859-73.

Half dimes: 1800-05 Draped Bust, Heraldic Eagle; 1829-37 Capped Bust; 1837-38, 1856-59 Seated Liberty, No Stars; 1838-53 Seated Liberty, With Stars; 1853-55 Seated Liberty, Arrows; 1860-73 Seated Liberty, Obverse Legend.

Dimes: 1798-1807 Draped Bust, Heraldic Eagle; 1809-28 Capped Bust, Large Planchet; 1829-37 Capped Bust, Small Planchet; 1837-38 Seated Liberty, No Stars; 1838-53, 1856-60 Seated Liberty, With Stars; 1853-55 Seated Liberty, With Arrows; 1860-73, 1875-91 Seated Liberty, Obverse Legend; 1873-74 Seated Liberty, Obverse Legend, With Arrows; 1892-1916 Barber design.

20 cents: 1875-78 Seated Liberty.

Quarter dollars: 1804-07 Draped Bust, Heraldic Eagle; 1815-28 Capped Bust, Large Planchet; 1831-38 Capped Bust, Small Planchet; 1838-53, 1856-65 Seated Liberty, No E PLURIBUS UNUM; 1853 Seated Liberty, With Arrows and Rays; 1854-55 Seated Liberty, With Arrows, No Rays; 1866-73, 1875-91 Seated Liberty, With IN GOD WE TRUST; 1873-74 Seated Liberty, With Arrows; 1892-1916 Barber design.

Half dollars: 1801-07 Draped Bust, Heraldic Eagle; 1807-36 Capped Bust, Lettered Edge; 1836-37 Capped Bust, Reeded Edge, 50 CENTS; 1838-39 Capped Bust, Reeded Edge, HALF DOL.; 1839-53, 1856-65 Seated Liberty, No E PLURIBUS UNUM; 1853 Seated Liberty, With Arrows and Rays; 1854-55 Seated Liberty, With Arrows, No Rays; 1866-73, 1875-91 Seated Liberty, With IN GOD WE TRUST; 1873-74 Seated Liberty, With Arrows; 1892-1915; 1892-1915 Barber design.

Silver dollars: 1798-1803 Draped Bust, Heraldic Eagle; 1836 Gobrecht, Old Weight; 1836 Gobrecht, New Weight; 1839 Gobrecht, Obverse Stars; 1840-65 Seated Liberty, No IN

GOD WE TRUST; 1866-73 Seated Liberty, With IN GOD WE TRUST; 1873-83 Trade; 1878-1904, 1921 Morgan.

Gold:

Gold dollars: 1849-54 Coronet; 1854-56 Indian, Small Head; 1856-89 Indian, Large Head.

Quarter eagles: 1796-98 Capped Bust, Right; 1808 Capped Bust, Left; 1821-27 Capped Head, Large Planchet; 1829-34 Capped Head, Small Planchet; 1834-39 Classic Head; 1840-1907 Coronet.

$3: 1854-89 Indian.

Half eagles: 1795-1807 Capped Bust; 1807-12 Capped Draped Bust; 1813-29 Capped Head, Small Planchet; 1829-34 Capped Head, Large Planchet; 1834-38 Classic Head; 1838-66 Coronet; 1866-1908 Coronet, With IN GOD WE TRUST.

Eagles: 1797-1804 Capped Bust, Heraldic Eagle; 1838-66 Coronet; 1866-1907 Coronet, With IN GOD WE TRUST.

Double eagles: 1850-66 Coronet; 1866-76 Coronet, TWENTY D.; 1877-1907 Coronet, TWENTY DOLLARS.

20th century

Copper:

Cents: 1864-1909 Indian; 1909-42, 1944-58 Lincoln, Wheat Ears; 1959-82 Lincoln, Memorial.

Steel:

Cents: 1943 Lincoln.

Copper-plated zinc:

Cents: 1982-date Lincoln.

Copper-nickel:

5 cents: 1883-1912 Liberty Head; 1913 Indian, Bison on Mound; 1913-38 Indian, Bison on Plain; 1938-42, 1946-date Jefferson.

Dimes: 1965-date Roosevelt.

Quarter dollars: 1965-date Washington.

Half dollars: 1971-date Kennedy.

Dollars: 1971-74, 1977-78 Eisenhower; 1976 Eisenhower, Bicentennial; 1979-81 Anthony.

Silver:

5 cents: 1942-45 Jefferson.

Dimes: 1892-1916 Barber; 1916-45 Winged Liberty Head; 1946-64 Roosevelt.

Quarter dollars: 1892-1916 Barber; 1916 Standing Liberty, Bare Breast; 1916-30 Standing Liberty, Mailed Breast; 1932-64 Washington; 1976 Washington, Bicentennial.

Half dollars: 1892-1915 Barber; 1916-47 Walking Liberty; 1948-63 Franklin; 1964 Kennedy, 90 percent silver; 1965-70 Kennedy, 40 percent silver.

Dollars: 1971-74 Eisenhower; 1976 Eisenhower, Bicentennial; 1986-date American Eagle.

Gold:

$2.50: 1840-1907 Coronet; 1908-29 Indian.

$5: 1866-1908 Coronet; 1908-29 Indian; 1986-date American Eagle.

$10: 1866-1907 Coronet; 1907-08 Indian, No IN GOD WE TRUST; 1908-33 Indian, With IN GOD WE TRUST; 1986-date American Eagle.

$20: 1876-1907 Coronet; 1907 Saint-Gaudens, Roman Numerals; 1907-08 Saint-Gaudens, Arabic Numerals, No IN GOD WE TRUST; 1908-33 Saint-Gaudens, With IN GOD WE TRUST.

$25: 1986-date American Eagle.

$50: 1986-date American Eagle.

Proof and Unc. sets

11

The United States Mint has had a long-standing relationship with American coin collectors. Although the primary business of the Mint is to produce sufficient coinage for use in commerce, it has produced special collectors' products for much of its existence. It has struck commemorative coins (see Chapter 12) since 1892. Medals — many duplicates of congressional awards — have been produced for sale to the public since 1861; however, medals are beyond this book's scope.

The Mint's most popular collectors' products, no doubt, are Proof coins and sets and Uncirculated Mint sets.

Proof coins are produced using special minting and processing techniques, resulting in coins with special finishes. They have been sold separately in the past, and since 1950, have been offered only in sets although Proof versions of recent commemorative coins and the American Eagle bullion coins are offered.

Uncirculated Mint sets contain coins produced under standard conditions, and which are packaged as a set and sold for a nominal fee over the coins' face value. The sets provide collectors with Uncirculated examples of each coin struck for circulation that year, and in some cases, examples of coins struck for the Uncirculated Mint sets only.

The first Uncirculated Mint sets, dated 1947, were offered in 1948. After the 1947 sets sold out, 1948-dated sets were offered to the public. Sets were again offered in 1949, but none were offered in 1950 due to a Treasury decision to conserve apppropriations and manpower during the Korean War, and because Uncirculated coins were available from banks. From 1951 through 1964, sets were offered every year. The numbers of coins offered fluctuated from year to year, depending upon what denominations were being struck for circulation.

Before 1959, the sets were individually packaged in cardboard folders; each set containing two specimens of each coin struck that year. Beginning in 1959, sets were packaged in polyethylene packets, and contained just one example of each coin struck that year.

U.S. Mint Uncirculated Mint set

No Uncirculated Mint sets or Proof sets were offered from 1965-67 because of a major coin shortage sweeping the country. However, Mint officials did offer Special Mint sets, featuring coins not the quality of Proofs but better than those found in the pre-1964 Uncirculated Mint sets.

Production and sales of Uncirculated Mint sets resumed in 1968. From 1973-78, Philadelphia and Denver Mint specimens of the Eisenhower dollar were contained in the set. In 1979, the Eisenhower dollar was replaced by the Anthony dollar, and a San Francisco Assay Office specimen added. No Uncirculated Mint sets were offered in 1982-83, with Mint officials blaming budgetary cutbacks. Congress passed a law in 1983, however, requiring annual sales of both Uncirculated Mint sets and Proof sets.

As noted earlier, some Uncirculated Mint sets contain coins not struck for circulation. This generally increases the values of the sets because collectors saving an example of each coin struck each year will be unable to find the needed coins in circulation. In 1970, no half dollars were struck for circulation; thus, the 1970-D Kennedy half dollar could only be found in the set. In 1973, no Eisenhower dollars were struck for circulation, but were included in the set. The only way to obtain the three 1981 Anthony dollars was to buy the Uncirculated Mint set of that year, and in 1987, no Kennedy half dollars were struck for circulation but were included in the set.

Proof coins and sets

While coins in Uncirculated Mint sets are no different from those struck for circulation, Proof coins are a special breed. A Proof coin is struck on specially prepared planchets, using special minting techniques, generally on a specialized coining press.

The term "Proof" means different things to many collectors, dealers and other hobbyists. Some believe Proof is the top level of preservation, or grade — it is not. Others believe Proof coins are particularly shiny coins destined for collectors rather than circulation — they are only partly correct.

"Proof" in numismatics refers to a special manufacturing process designed to result in coins of the highest quality produced especially for collectors. "Proof" is not a grade, as many beginning collectors think, although there is a growing movement by some dealers and other hobbyists to assign Proof coins a numerical grade such as Proof 63 or Proof 65.

Proof coins result from the same basic processes used in producing the dies and planchets used in producing business strikes for circulation. Business strikes refer to the everyday coin, struck for use in circulation. However, Mint employees use special techniques in preparing the surfaces of the dies and planchets intended for Proof coins. Special presses and striking techniques are also used in the production of Proof coins.

The Proof coins sold by the United States Mint today are Frosted Proofs. The flat fields are mirror-like, reflective and shiny. The frosting refers to the white, textured, non-reflective finish found on the raised devices, lettering and other points in relief. Both the frosted and mirror finishes are the results of the special techniques used in preparing the dies.

All dies are produced at the Philadelphia Mint although the surfaces of Proof dies used at the San Francisco Mint are prepared in San Francisco. Remember, a die features a mirror-image, incused version of the finished coin's design. Points that are raised on the coin are incused on the die. Points incused on the coin are in relief on the die.

To prepare a Frosted Proof die, the die is first sandblasted with an aluminum oxide and glass bead compound. This imparts a rough, textured finish to the entire die. After the sandblasting is completed, cellophane tape is placed over the entire surface. The person preparing the die then removes the cellophane tape from around the incused areas in the die; in effect, the fields are uncovered and the incused areas are protected by the cellophane.

The uncovered surfaces are then polished to a high sheen while the textured finish on the incused areas is left intact. Once the polishing is completed, the die receives a light plating of chrome, two- to three-thousandths of an inch thick. The chrome is then buffed. The finished die now has mirror-like fields and textured relief, and will impart the same finishes to the coins it strikes.

The planchets used to strike the Proof coins also receive special treatment. The planchets are run through a burnishing process, by tumbling the planchets in a media of carbon steel balls, water and an alkaline soap. The process cleans and polishes the planchets. The burnished planchets are rinsed in clear water and towel-dried by hand, then go through another cleaning and hand-drying process. Compressed air is used to blow lint and dust from the planchets.

Proof coins are struck on special hand-fed presses which operate at slower speeds than the high-speed presses used for striking business-strike coinage. The Proof coining presses tend to impress the design from the dies onto the planchet; the production of a business strike is a much more rapid, violent event. The striking of a Proof coin has been compared more to pressing out a hamburger patty than to cracking a nut. Each Proof coin is struck two or more times, depending on the size of the coin, the design and the composition of the metal. The multiple striking ensures that the detail is brought up fully on each coin. Business strikes are struck only once (although some U.S. business strikes in the past have been struck more than once, most notably the 1907 Saint-Gaudens, High Relief double eagle).

Proof coins are then sealed into plastic capsules or plastic holders to protect their surfaces from potentially damaging environmental factors.

Although most collectors of modern U.S. Proof coins are familiar with the Frosted Proofs in vogue today, there are many other types of Proof finishes. Some no longer used by the U.S. Mint include the Matte Proof, used in the early 20th century. The entire surface of the coin is uniformly dull or granular; the surface results from the struck coin being pickled in acid. A Satin Finish Proof coin has a matte, satiny surface; the finishing process, used in the early 20th century, is currently unknown. A Sandblast Proof is a type of Matte Proof in which the surface of the coin is sandblasted, not pickled in acid. A Roman Finish Proof was used on gold Proofs of 1909-10 and is similar to the

U.S. Mint Proof set

Satin Finish Proof. A Brilliant Proof is one in which the entire surface is mirror-like; any frosted devices are accidental, found generally only on the first few strikes of the die. Brilliant Proofs were produced by the U.S. Mint until the late 1970s and early 1980s, when Mint officials began taking care to produce the Frosted Proofs.

The Philadelphia Mint struck its first true Proof coins in 1817, not for collectors but as presentation pieces. The Class I 1804 dollars, for example, were produced in 1834 for placement in sets of coins to be presented as diplomatic gifts to the King of Siam and the Sultan of Muscat. From 1817 to 1859, Proof coins were made in small batches whenever a number of orders had accumulated.

Proof coins were first offered to the public at large in 1858, thanks to a decision by Mint Director John Ross Snowden. It was not until 1860, however, that mintages jumped as collector interest caught hold and the Mint began anticipating demand rather than striking the Proof coins to order.

Coins were sold individually and in complete sets, the latter in limited quantities. Sets were sometimes broken into sets of minor coins and gold coins in addition to the complete sets.

From 1907-16, the Mint began experimenting with various Proof finishes, including the aforementioned Matte Proof, Sand-blast Proof and Roman Finish Proof finishes.

The Mint stopped offering Proof coins in 1916. Walter Breen in his *Encyclopedia of United States and Colonial Proof Coins: 1722-1977* notes: "At first ostensibly because of the war, later more likely because of administration changes (there being no coin collectors in high office until William H. Woodin became Secretary of the Treasury), no Proofs were publicly sold. The few made went to VIPs and most are controversial."

Proof coinage resumed in 1936 with the production of Brilliant Proofs. Coins were sold by the piece with five denominations making a complete set. Mintages of the Proof sets from 1936 through 1942 are based on the coin with the largest mintage. Abandoned were the experiments with Matte Proofs and other experimental finishes. Proof production halted again at the end of 1942 because of World War II, and did not resume until 1950.

Beginning in 1950, customers could no longer purchase single coins. The five-coin sets were housed in individual cellophane envelopes, stapled together and placed into a cardboard box. The box and envelope combination was not meant to be a permanent resting place for the coins, a fact collectors learned after the staple began to rust. The Mint changed to new packaging in mid-1955 (the 1955 set is available each way): a plastic soft-pack inserted into an envelope. This packaging remained in use through 1964.

No Proof sets were struck in 1965-67 because of the massive coin shortage haunting the nation. As noted earlier, Special Mint sets were sold in place of the Proof and Uncirculated Mint sets normally offered.

Proof set production resumed in 1968, but at a new location. Prior to 1968, most Proof coins were struck at the Philadelphia Mint. All earlier branch Mint Proof coins were and are rare. Production was moved to the San Francisco Assay Office (the San Francisco Mint became an Assay Office in 1962, and a Mint again in 1988), and the S Mint mark was added to the coins. Also, the coins were housed in a hard-plastic holder.

Proof sets have been struck every year since 1968, with a Proof version of the Eisenhower copper-nickel dollar first placed in the set in 1973. A 40 percent silver version of the Proof Eisenhower dollar was offered in a separate package from 1971 through 1974.

Special Proof and Uncirculated sets were offered in recognition of the 1976 Bicentennial of American Independence. The Bicentennial event was numismatically celebrated with changes in the reverse designs of the Washington quarter dollar, Kennedy half dollar and Eisenhower dollar. Copper-nickel versions of all three were issued for circulation and for the regular Proof set.

Collectors were offered two three-coin sets of the same coins struck in a 40 percent silver composition, in Proof and Uncirculated versions. The silver collectors' coins were first offered Nov.

15, 1974, at prices of $15 for the Proof set and $9 for the Uncirculated set. In the 12 years of sales for the two three-coin sets, from November 1974 to Dec. 31, 1986, prices for the three-coin sets were changed no fewer than five times due to rising and falling silver prices. Mint officials reduced the prices for the Proof set Jan. 19, 1975, to $12. On Sept. 20, 1979, Mint officials suspended sales of the Bicentennial Uncirculated set because of the rising price of silver; the bullion value of the three coins in the set exceeded the Mint's price of $9. Sales of the Bicentennial Proof set were suspended in December 1979 as silver rose to even greater heights. When sales of the two Bicentennial sets were resumed Aug. 4, 1980, the prices rose to $15 for the Uncirculated sets and $20 for the Proof sets. Falling silver prices permitted the introduction of lower prices Sept. 1, 1981: $15 for the Proof set, $12 for the Uncirculated set. In September 1982, prices for the coins dropped even lower — to $12 for the Proof set, and $9 for the Uncirculated set.

Prices maintained those levels until sales of the sets ceased: in 1985 for the Proof set, and on Dec. 31, 1986, for the Uncirculated set.

From 1976-81, standard Proof sets were issued with either the Eisenhower dollar or Anthony dollar. With the resumption of commemorative coinage production in 1982, and the introduction of American Eagle bullion coins in 1986, Proof production was spread to all four coining facilities, in Philadelphia, Denver, San Francisco and West Point. The San Francisco Mint continues to strike the regular five-coin Proof set in addition to Proof commemorative and bullion coins. Prestige Proof sets were offered since 1983 in years when the Mint issued commemoratives. Prestige Proof sets contain the regular set and one or more Proof commemorative coins.

COLLECTOR SETS

Another change occurred in 1986, in the Proof die production process. Since Mint marks were first used in 1838, the marks have been punched into the individual working dies.

U.S. Mint Prestige Proof set

However, the inadvertent release of a 1983 Proof dime with no "S" Mint mark prompted Mint officials to place the Mint mark on the master die in an attempt to prevent this type of error from occurring again (it also happened in 1968, 1970, 1971 and, according to some sources, 1975). In 1986, the Mint mark was included on the plasticene model stage for all Proof coins, including commemoratives; thus, the Mint mark appears at every stage of the modeling and die-making process of all collectors' coins.

Proof sets

Year Minted	Sets Sold	Prestige Commemorative	Selling Price	Face Value
1950	51,386		2.10	0.91
1951	57,500		2.10	0.91
1952	81,980		2.10	0.91
1953	128,800		2.10	0.91
1954	233,300		2.10	0.91
1955	378,200		2.10	0.91
1956	669,384		2.10	0.91
1957	1,247,952		2.10	0.91
1958	875,652		2.10	0.91
1959	1,149,291		2.10	0.91
1960 ⟨1⟩	1,691,602		2.10	0.91
1961	3,028,244		2.10	0.91
1962	3,218,019		2.10	0.91
1963	3,075,645		2.10	0.91
1964	3,950,762		2.10	0.91
Production suspended during 1965, 1966, 1967				
1968 ⟨2⟩	3,041,506		5.00	0.91
1969	2,934,631		5.00	0.91
1970 ⟨3⟩	2,632,810		5.00	0.91
1971 ⟨4⟩	3,220,733		5.00	0.91
1972	3,260,996		5.00	0.91
1973	2,760,339		7.00	1.91
1974	2,612,568		7.00	1.91
1975 ⟨5⟩	2,845,450		7.00	1.91
1976 ⟨6⟩	4,123,056		7.00	1.91
1977	3,236,798		9.00	1.91
1978	3,120,285		9.00	1.91
1979 ⟨6⟩	3,677,175		9.00	1.91
1980	3,554,806		10.00	1.91
1981	4,063,083		11.00	1.91
1982 ⟨7⟩	3,857,479		11.00	0.91
1983 ⟨8⟩	3,138,765		11.00	0.91
1983 Prestige	140,361	1983-S Olympic silver dollar	59.00	1.91
1984	2,748,430		11.00	0.91
1984 Prestige	316,680	1984-S Olympic silver dollar	59.00	1.91
1985	3,362,821		11.00	0.91
1986	2,411,180		11.00	0.91

Proof set mintages (Cont.)

Year Minted	Sets Sold	Prestige Commemorative	Selling Price	Face Value
1986 Prestige	599,317	1986-S Immigrant half dollar, 1986-S Ellis Island silver dollar	48.50	2.41
1987	3,356,738		11.00	0.91
1987 Prestige	435,495	1987-S Constitution silver dollar	45.00	1.91
1988	3,031,287		11.00	0.91
1988 Prestige	231,661	1988-S Olympic silver dollar	45.00	1.91
1989	3,009,107		11.00	0.91
1989 Prestige	211,807	1989-S Congress half dollar 1989-S Congress silver dollar	52.00	2.41
1990	Pending		11.00	0.91
1990 Prestige	Pending	1990-P Eisenhower silver dollar	46.00	1.91
1991	Pending		11.00	0.91
1991 Prestige	Pending	1991-S Mount Rushmore half dollar 1991-S Mount Rushmore silver dollar	55.00	2.41

40% silver clad dollars

Struck in San Francisco

	Uncirculated	Proof
1971	6,868,530	4,265,234
1972	2,193,056	1,811,631
1973	1,883,140	1,013,646
1974	1,900,156	1,306,579

Special Mint Sets

Year Minted	Sets Sold	Selling Price	Face Value
1965	2,360,000	4.00	0.91
1966	2,261,583	4.00	0.91
1967	1,863,344	4.00	0.91

Uncirculated sets

Year Minted	Sets Sold	Selling Price	Face Value
1947	12,600	4.87	4.46
1948	17,000	4.92	4.46
1949	20,739	5.45	4.96
1951	8,654	6.75	5.46
1952	11,499	6.14	5.46
1953	15,538	6.14	5.46
1954	25,599	6.19	5.46
1955	49,656	3.57	2.86
1956	45,475	3.34	2.64
1957	34,324	4.40	3.64
1958	50,314	4.43	3.64
1959	187,000	2.40	1.82

Year Minted	Sets Sold	Selling Price	Face Value
1960	260,485	2.40	1.82
1961	223,704	2.40	1.82
1962	385,285	2.40	1.82
1963	606,612	2.40	1.82
1964	1,008,108	2.40	1.82
1965	2,360,000	4.00	0.91
1966	2,261,583	4.00	0.91
1967	1,863,344	4.00	0.91
1968	2,105,128	2.50	1.33
1969	1,817,392	2.50	1.33
1970	2,038,134	2.50	1.33
1971	2,193,396	3.50	1.83
1972	2,750,000	3.50	1.83
1973	1,767,691	6.00	3.83
1974	1,975,981	6.00	3.83
1975	1,921,488	6.00	3.82
1976	1,892,513	6.00	3.82
1977	2,006,869	7.00	3.82
1978	2,162,609	7.00	3.82
1979	2,526,000	8.00	4.82
1980	2,815,066	9.00	4.82
1981	2,908,145	11.00	4.82
1984	1,832,857	7.00	1.82
1985	1,710,571	7.00	1.82
1986	1,153,536	7.00	1.82
1987	2,890,758	7.00	1.82
1988	1,447,100	7.00	1.82
1989	1,987,915	7.00	1.82
1990	Pending	7.00	1.82
1991	Pending	7.00	1.82

COLLECTOR SETS

Bicentennial sets

Final mintages are 3,998,621 for the Proof set, and 4,908,319 for the Uncirculated set.

Notes

1. Includes Large Date and Small Date cents. The Small Date is rarer.
2. Some Proof sets contain dimes struck from Proof die missing the Mint mark, an engraver's oversight, not a filled die. Unofficially estimated that 20 specimens are known. Beware of sets opened and reclosed with "processed" P-Mint coins inserted. Check edge of case for signs of tampering.
3. An estimated 2,200 Proof sets contain dimes struck from Proof die missing the Mint mark, an engraver's oversight, not a filled die.
4. An estimated 1,655 Proof sets contain 5-cent coins struck from Proof die missing the Mint mark, an engraver's oversight, not a filled die.
5. Contains 1776-1976 dated Bicentennial quarter dollar, half dollar and dollar.
6. 1979 Proof set: The Anthony dollar replaced the Eisenhower dollar. During latter 1979, a new, clearer Mint mark punch was used on the dies. Sets with all six coins bearing the new Mint mark command a premium.
7. 1982 Proof set: A new Mint mark punch with serifs was introduced.
8. 1983 Proof set: Some 1983 sets were issued with dimes missing the S Mint mark, similar to errors on 1968, 1970, 1971 and 1975 Proof coins.
9. The Mint released an estimated 3,555 1990 Proof sets with a cent missing the S Mint mark. The die was for business strikes at Philadelphia, but was inadvertently sent to San Francisco, prepared as a Proof and placed into Proof production.

Souvenirs of history

12

America's commemorative coins are graphic reminders of the United States' past, honoring its history, its heros and its accomplishments. Commemorative coins are also examples of individual greed, and the willingness of Congress to oblige special interest groups.

Commemorative coins are special coinage issues, authorized by acts of Congress to recognize the people and events which have shaped the United States. They occasionally honor an individual, like Ulysses S. Grant. They may honor a historical event such as the Battle of Gettysburg. Or they may honor a more recent event such as the 1984 Olympic Games in Los Angeles.

They are rarely issued for circulation — although the 1932 Washington quarter dollar is a commemorative issue, as are the 1776-1976 Bicentennial coins, and all were struck for circulation — but are sold directly to collectors, often with a portion of the proceeds from sales going to special-interest groups.

Congressional catering to special-interest groups spelled the doom of America's commemorative coinage program after the 1930s (although two coins honoring two African-Americans — Booker T. Washington and George Washington Carver — were issued between 1946 and 1954). Much of the money raised from sales of the various coins went into the pockets of the organizers of minor local events being honored with a national commemorative, or helped pay the bills of such events as the World's Columbian Exposition of 1892-93.

Members of the administration, Congress and the Treasury Department were angered by such issues as the 1936 Robinson-Arkansas Centennial half dollar, one of four commemorative coins to depict a living individual. President Calvin Coolidge appears on 1926 Sesquicentennial of American Independence half dollar, Sen. Carter Glass appears on the 1936 Lynchburg (Va.) Sesquicentennial half dollar, Sen. Joseph T. Robinson appears on the 1936 Robinson-Arkansas half dollar and Alabama Gov. Thomas E. Kilby appears on the 1921 Alabama

Centennial half dollar. All four coins were issued while the individuals were still living.

Angry Treasury officials eventually withdrew their support for all commemorative coinage, with backing from the White House (presidents eventually vetoed commemorative coinage legislation authorized by Congress). Today, with the resumption of the U.S. commemorative program, concerns similar to those that led to the end of the initial program are being raised again.

Concerns about renewed abuses reached a peak in 1991 during which three separate commemorative programs were authorized: a three-coin program commemorating the 50th anniversary of the Mount Rushmore National Memorial, with money raised from surcharges placed on the sale each coin going to the memorial; a silver dollar commemorating the 38th anniversary of the end of the Korean conflict that has nothing to do with the 38th Parallel made famous by the conflict but was authorized in order to raise funds for a memorial in Washington, D.C., honoring Americans veterans of the "war"; and a silver dollar honoring the 50th anniversary of the founding of the United Service Organizations, with surcharges going to the USO.

COMMEMORATIVES

First U.S. commemorative

The history of America's commemorative coin program is not quite a century old. Ironically, the first two U.S. commemorative coins do not honor Americans. The first is a half dollar struck in 1892 and 1893 for the World's Columbian Exposition, held in Chicago to celebrate the 400th anniversary of Christopher Columbus' first voyage to the New World; it depicts Columbus and one of his three ships. The second is an 1893 quarter dollar honoring Queen Isabella of Spain, the monarch whose financial and political support of Columbus made his 1492 voyage possible.

The third commemorative — in yet a third denomination, a silver dollar — honors both an American and an European:

George Washington and the Marquis de Lafayette. The coin was struck in December 1899; the date, 1900, appearing on the coin refers to the Paris Exposition also honored by the coin. (Incidentally, Washington has appeared on four U.S. commemorative coins, more than any other individual: the Lafayette-Washington silver dollar, the 1926 American Independence Sesquicentennial half dollar, the 1932 Washington quarter dollar celebrating the president's 200th birthday, and the 1982 half dollar celebrating his 250th birthday.)

Following the Lafayette-Washington silver dollar, the next commemorative coins were struck in 1903, when yet another denomination was added: two gold dollars honoring the Louisiana Purchase Exposition, held in St. Louis in 1904. Two additional denominations were added in 1915, when a series of gold and silver coins was struck honoring the Panama-Pacific International Exposition, held that year in San Francisco and celebrating the opening of the Panama Canal. In addition to the silver half dollar and gold dollar struck in 1915, a gold quarter eagle ($2.50 piece) and two gold $50 coins were struck. The $50 coins were struck in round and octagonal varieties, the latter being the only non-round U.S. coin.

Commemorative or con?

After several more gold commemoratives were struck in the late 1910s and early 1920s, Congress and the Mint turned to the silver half dollar as the commemorative denomination of choice. From 1918 to 1954, commemorative half dollars were struck honoring a wide and varied series of events, several of national interest but most of local, state or regional significance.

Some were of no significance whatsoever, the worst being the 1936 Cincinnati Musical Center half dollar. The coin purportedly honors Cincinnati's quite justified claim as an early music center but depicts Stephen Foster, whose only connection to the Queen City was three years as a bookkeeper for his brother in Cincinnati. No specific event is honored on the coin, and the date, 1936, is an anniversary of nothing. So why did Congress authorize the coin? A small group of influential coin collectors in Ohio dreamed up the issue, basically for their own financial benefit.

Abuses like the Cincinnati half dollar led to a greatly reduced commemorative program. From 21 different half dollars in 1936, the number of coins dropped to five half dollars in 1937, four in 1938 and one in 1939 (and of those 10 coins, seven were simply new dates of coins struck in earlier years; only three were new). Following 1939, only two more commemoratives were struck: the Booker T. Washington half dollar, struck from 1946 through 1951, and the George Washington Carver-Booker T. Washington half dollar, struck from 1951 through 1954.

In 1939, Congress took corrective action when it voted to prohibit the striking of new dates of any pre-1939 commemorative coins. Still, Congress continued to authorize new issues. President Truman approved the Booker T. Washington and Washington-Carver half dollars, but was the last president to

COMMEMORATIVES ▶

approve a commemorative coinage program for more than 30 years; he joined Presidents Hoover and Franklin Roosevelt in vetoing other commemorative coinage legislation. President Eisenhower, too, exercised his veto powers, killing three commemorative coin bills on Feb. 3, 1954, calling for coins celebrating the tercentennials of New York City and Northampton, Mass., and the 250th anniversary of the Louisiana Purchase. Eisenhower outlined in a message accompanying his vetoes the same arguments used by Treasury officials for nearly three decades in opposing new legislation: commemorative coins cause confusion among the public and facilitate counterfeiting; public interest in the coins had been lagging with many coins unsold and consigned to the melting pot; and the authorization of just a

Rebirth in 1982

few commemoratives results in a "flood" of additional commemorative issues.

Neither the Kennedy half dollar nor the Eisenhower dollar are considered commemorative coins by a majority of hobbyists although both coins were issued in the waves of public sentiment that followed the deaths of those two popular presidents.

When the 1976 Bicentennial quarter dollars, half dollars and dollars were issued in 1975-76, Treasury officials carefully avoided any and all use of the word "commemorative," although clearly the coins are commemorative in nature. The official policy remained as stated by Eisenhower in 1954.

It came as a surprise, then, when in 1981 United States Treasurer Angela M. Buchanan announced Treasury Department support for a commemorative half dollar honoring George Washington's 250th birthday in 1982. Buchanan said that Treasury "has not objected to special coinage authorized by Congress for the government's own account," referring specifically to the 40 percent silver versions of the Bicentennial

Surcharge bonanza

coinage. Buchanan said that Treasury had always objected to "the issuance of commemorative coins for the benefit of private sponsors and organizations." Congress passed the Washington half dollar bill and President Reagan signed it into law. Thus the commemorative coin program in the United States was reborn.

Since 1982, commemorative coins have been issued in every year but 1985. In 1983 and 1984, a three-coin program honored the 1984 Summer Olympic Games in Los Angeles. In 1986, the Centennial of the Dedication of the Statue of Liberty was honored, with three coins: one honoring the Statue, one honoring the Ellis Island immigration facility and one honoring the contributions of immigrants to America. In 1987, a two-coin series was issued to honor the Bicentennial of the U.S. Constitution, and in 1988, two coins were authorized honoring the participation of American athletes during the 1988 Olympic Games. In 1989, a gold half eagle, silver dollar and copper-nickel half dollar were issued to commemorate the Bicentennial of Congress (congressional members conveniently "forgot" that the judicial and executive branches of federal government also celebrate their bicentennial birthdays in 1989, choosing to honor only themselves, a fact which did not suit many coin collectors also angered over the proposed 51 percent pay raise for congressional members that went down in defeat in 1989). In 1990, a silver dollar commemorating the 100th anniversary of the birth of Dwight D. Eisenhower was released. As noted, three programs were authorized for 1991, and in 1992, a three-coin program honoring that year's Olympic Games will seek to raise funds for American athletes' participation in the games.

Have Congress and the Treasury Department avoided the abuses of the earlier commemorative program? After 1991, the answer has to be no. The concept of surcharges was conceived in the 1983-84 program, with a fee (not deductible on one's income tax return) added to the price of each coin by the order of Congress; the surcharges went to the United States Olympic Committee, the Los Angeles Olympic Organizing Committee and foreign Olympic committees. Surcharges were also added to the Statue of Liberty coins (to go to the restoration effort on the Statue and the Ellis Island facilities), the Constitution coins (to reduce the national debt), the 1988 Olympic coins (to go to the USOC again) and the 1989 Congress coins (to help restore the Capitol). The numismatic community is increasingly vocal in its objections to surcharges.

The future of the commemorative coinage program is uncertain. As this book goes to press, there are proposal before Congress seeking commemorative coins for the 1984 World Cup Soccer Championships, America's participation in Desert Storm, a 1992 program honoring the 500th anniversary of Christopher Columbus' first voyages to the New World and many more. While more and more commemorative coins are being sought by special-interest groups eager for collectors' money, Congress has not acted on a Treasury Department proposal that would place a limit of one commemorative coin program per year.

Currently, commemorative coins programs are approved by Congress, often with subject matter suggested by organizations seeking revenue in the form of the surcharges added to the cost of modern commemorative coins. Those bills which are approved by Congress and are signed into law by the president are those with the strongest political support.

President Eisenhower's old concerns about a "flood" of commemorative programs are again becoming relevant.

Commemoratives 1892-1991

Commemorative Date	Original Mintage	Melted	Final Mintage	Designer Original Price
Columbian Exposition half dollar			Charles E. Barber/George Morgan	
1892	950,000	None	950,000	$1.00
1893	4,052,105	2,501,700	1,550,405	$1.00
Isabella quarter dollar				Charles E. Barber
1893	40,023	15,809	24,124	$1.00
Lafayette-Washington silver dollar				Charles E. Barber
1900	50,026	14,000	36,026	$2.00
Louisiana Purchase Exposition gold dollar				Charles E. Barber
1903	250,258	215,250	each type 17,375	$3.00
Lewis and Clark Exposition gold dollar				Charles E. Barber
1904	25,028	15,003	10,025	$2.00
1905	35,041	25,000	10,041	$2.00
Panama-Pacific Exposition half dollar				Charles E. Barber
1915-S	60,030	32,896	27,134	$1.00
Panama-Pacific Exposition gold dollar				Charles Keck
1915-S	25,034	10,034	15,000	$2.00
Panama-Pacific Exposition quarter eagle				Charles E. Barber
1915-S	10,017	3,278	6,749	$4.00
Panama-Pacific Exposition $50				Robert Aiken
1915-S Round	1,510	1,027	483	$100
1915-S Octag.	1,509	864	645	$100
McKinley Memorial gold dollar			Charles E. Barber/George T. Morgan	
1916	20,026	10,049	9,977	$3.00
1917	10,014	14	10,000	$3.00
Illinois Centennial half dollar			George T. Morgan/John R. Sinnock	
1918	100,058	None	100,058	$1.00
Maine Centennial half dollar				Anthony de Francisci
1920	50,028	None	50,028	$1.00
Pilgrim Tercentenary half dollar				Cyrus E. Dallin
1920	200,112	48,000	152,112	$1.00
1921	100,053	80,000	20,053	$1.00
Missouri Centennial half dollar				Robert Aitken
1921 2★4	5,000	None	5,000	$1.00
1921 No 2★4	45,028	29,600	15,428	$1.00
Alabama Centennial half dollar				Laura Gardin Fraser
1921 2X2	6,006	None	6,006	$1.00
1921 No 2X2	64,038	5,000	59,038	$1.00
Grant Memorial half dollar				Laura Gardin Fraser
1922 Star	5,006	750	4,256	$1.00
1922 No Star	95,055	27,650	67,405	$1.00

Commemorative Date	Original Mintage	Melted	Final Mintage	Designer Original Price
Grant Memorial gold dollar				Laura Gardin Fraser
1922 Star	5,016	None	5,016	$3.50
1922 No Star	5,000	None	5,000	$3.00
Monroe Doctrine Centennial half dollar				Chester Beach
1923-S	274,077	None	274,077	$1.00
Huguenot-Walloon Tercentenary half dollar				George T. Morgan
1924	142,080	None	142,080	$1.00
Lexington-Concord Sesquicentennial half dollar				Chester Beach
1925	162,099	86	162,013	$1.00
Stone Mountain half dollar				Gutzon Borglum
1925	2,314,709	1,000,000	1,314,709	$1.00
California Diamond Jubilee half dollar				Jo Mora
1925-S	150,200	63,606	86,594	$1.00
Fort Vancouver Centennial half dollar				Laura Gardin Fraser
1925	50,028	35,034	14,994	$1.00
American Independence Sesquicentennial half dollar				John R. Sinnock
1926	1,000,528	859,408	141,120	$1.00
American Independence Sesquicentennial quarter eagle				John R. Sinnock
1926	200,226	154,207	46,019	$4.00
Oregon Trail Memorial half dollar				James E. and Laura G. Fraser
1926	48,030	75	47,955	$1.00
1926-S	100,055	17,000	83,055	$1.00
1928	50,028	44,000	6,028	$2.00
1933-D	5,250	242	5,008	$2.00
1934-D	7,006	None	7,006	$2.00
1936	10,006	None	10,006	$1.60
1936-S	5,006	None	5,006	$1.60
1937-D	12,008	None	12,008	$1.60
1938	6,006	None	6,006	$6.25
1938-D	6,005	None	6,005	for
1938-S	6,006	None	6,006	three
1939	3,004	None	3,004	$7.50
1939-D	3,004	None	3,004	for
1939-S	3,005	None	3,005	three
Vermont Sesquicentennial half dollar				Charles Keck
1927	40,034	11,872	28,162	$1.00
Hawaiian Sesquicentennial half dollar				Juliette Mae Fraser/Chester Beach
1928	10,000	None	10,000	$2.00
Maryland Tercentenary half dollar				Hans Schuler
1934	25,015	None	25,015	$1.00
Texas Independence Centennial				Pompeo Coppini
1934	205,113	143,650	61,463	$1.00
1935	10,0078	12	9,996	$1.50
1935-D	10,007	None	10,007	$1.50
1935-S	10,008	None	10,008	$1.50
1936	10,008	1,097	8,911	$1.50
1936-D	10,007	968	9,039	$1.50
1936-S	10,008	943	9,055	$1.50
1937	8,005	1,434	6,571	$1.50
1937-D	8,006	1,401	6,605	$1.50
1937-S	8,007	1,370	6,637	$1.50

COMMEMORATIVES

Commemorative Date	Original Mintage	Melted	Final Mintage	Designer Original Price
Texas Independence Centennial (continued)				
1938	5,005	1,225	3,780	$2.00
1938-D	5,005	1,230	3,775	$2.00
1938-S	5,006	1,192	3,814	$2.00
Daniel Boone Bicentennial half dollar				**Augustus Lukeman**
1934	10,007	None	10,007	$1.60
1935	10,010	None	10,010	$1.10
1935-D	5,005	None	5,005	$1.60
1935-S	5,005	None	5,005	$1.60
1935 W/1934	10,008	None	10,008	$1.10
1935-D W/1934	2,003	None	2,003	$3.70
1935-S W/1934	2,004	None	2,004	for two
1936	12,012	None	12,012	$1.10
1936-D	5,005	None	5,005	$1.60
1936-S	5,006	None	5,006	$1.60
1937	15,010	5,200	9,810	$1.60, $7.25 set
1937-D	7,506	5,000	2,506	$7.25 in set
1937-S	5,006	2,500	2,506	$5.15
1938	5,005	2,905	2,100	$6.50
1938-D	5,005	2,905	2,100	for
1938-S	5,006	2,906	2,100	three
Connecticut Tercentenary half dollar				**Henry G. Kreiss**
25,018	None	25,018	$1.00	
Arkansas Centennial half dollar				**Edward E. Burr**
1935	13,012	None	13,012	$1.00
1935-D	5,005	None	5,005	$1.00
1935-S	5,506	None	5,006	$1.00
1936	10,010	350	9,660	$1.50
1936-D	10,010	350	9,660	$1.50
1936-S	10,012	350	9,662	$1.50
1937	5,505	None	5,505	$8.75
1937-D	5,505	None	5,505	for
1937-S	5,506	None	5,506	three
1938	6,006	2,850	3,156	$8.75
1938-D	6,005	2,850	3,155	for
1938-S	6,006	2,850	3,156	three
1939	2,104	None	2,104	$10
1939-D	2,104	None	2,104	for
1939-S	2,105	None	2,105	three
Arkansas-Robinson half dollar				**E.E. Burr/Henry Kreiss**
1936	25,265	None	25,265	$1.85
Hudson, N.Y., Sesquicentennial half dollar				**Chester Beach**
1935	10,008	None	10,008	$1.00
California-Pacific International Expo				**Robert Aitken**
1935-S	250,132	180,000	70,132	$1.00
1936-D	180,092	150,000	30,092	$1.50
Old Spanish Trail half dollar				**L.W. Hoffecker**
1935	10,008	None	10,008	$2.00
Providence, R.I., Tercentenary				**John H. Benson/Abraham G. Carey**
1936	20,013	None	20,013	$1.00
1936-D	15,010	None	15,010	$1.00
1936-S	15,011	None	15,011	$1.00

Date	Original Mintage	Melted	Final Mintage	Designer Original Price
Cleveland, Great Lakes Exposition half dollar				Brenda Putnam
1936	50,030	None	50,030	$1.50
Wisconsin Territorial Centennial half dollar			David Parsons/Benjamin Hawkins	
1936	25,015	None	25,015	$1.50
Cincinnati Music Center half dollar				Constance Ortmayer
1936	5,005	None	5,005	$7.75
1936-D	5,005	None	5,005	for
1936-S	5,006	None	5,006	three
Long Island Tercentenary half dollar				Howard K. Weinmann
1936	100,053	18,227	81,826	$1.00
York County, Maine, Tercentanary half dollar				Walter H. Rich
1936	25,015	None	25,015	$1.50
Bridgeport, Conn., Centennial half dollar				Henry G. Kreiss
1936	25,015	None	25,015	$2.00
Lynchburg, Va., Sesquicentennial half dollar				Charles Keck
1936	20,013	None	20,013	$1.00
Elgin, Ill., Centennial half dollar				Trygve Rovelstad
1936	25,015	5,000	20,015	$1.50
Albany, N.Y., half dollar				Gertrude K. Lathrop
1936	25,013	7,342	17,671	$2.00
San Francisco-Oakland Bay Bridge half dollar				Jacques Schnier
1936-S	100,055	28,631	71,424	$1.50
Columbia, S.C., Sesquicentennial half dollar				A. Wolfe Davidson
1936	9,007	None	9,007	$6.45
1936-D	8,009	None	8,009	for
1936-S	8,007	None	8,007	three
Delaware Tercentenary half dollar				Carl L. Schmitz
1936	25,015	4,022	20,993	$1.75
Battle of Gettysburg half dollar				Frank Vittor
1936	50,028	23,100	26,928	$1.65
Norfolk, Va., Bicentennial half dollar		William M. Simpson/Marjorie E. Simpson		
1936	25,013	8,077	16,936	$1.50
Roanoke Island, N.C., half dollar				William M. Simpson
1937	50,030	21,000	29,030	$1.65
Battle of Antietam half dollar				William M. Simpson
1937	50,028	32,000	18,028	$1.65
New Rochelle, N.Y., half dollar				Gertrude K. Lathrop
1938	25,015	9,749	15,266	$2.00
Iowa Statehood Centennial half dollar				Adam Pietz
1946	100,057	None	100,057	$2.50/$3.00
Booker T. Washington half dollar				Isaac S. Hathaway
1946	1,000,546	?	?	$1.00
1946-D	200,113	?	?	$1.50
1946-S	500,279	?	?	$1.00
1947	100,017	?	?	$6.00
1947-D	100,017	?	?	for
1947-S	100,017	?	?	three

Commemorative Date	Original Mintage	Melted	Final Mintage	Designer Original Price
Booker T. Washington half dollar (continued)				
1948	20,005	12,000	8,005	$7.50
1948-D	20,005	12,000	8,005	for
1948-S	20,005	12,000	8,005	three
1949	12,004	6,000	6,004	$8.50
1949-D	12,004	6,000	6,004	for
1949-S	12,004	6,000	6,004	three
1950	12,004	6,000	6,004	$8.50
1950-D	12,004	6,000	6,004	for
1950-S	512,091	?	?	three
1951	510,082	?	?	$3 or $10
1951-D	12,004	5,000	7,004	for
1951-S	12,004	5,000	7,004	three
Booker T. Washington/George Washington Carver			**Isaac S. Hathaway**	
1951	?	?	110,018	$10
1951-D	?	?	10,004	for
1951-S	?	?	10,004	three
1952	?	?	2,006,292	$10
1952-D	?	?	8,006	for
1952-S	?	?	8,006	three
1953	?	?	8,003	$10
1953-D	?	?	8,003	for
1953-S	?	?	108,020	three
1954	?	?	12,006	$10
1954-D	?	?	12,006	for
1954-S	?	?	122,024	three
George Washington half dollar			**Elizabeth Jones**	
1982-D			2,210,458	$8.50/$10[1]
1982-S			4,894,044	$10/$12[1]
Los Angeles Olympic Games silver dollar			**Elizabeth Jones**	
1983-P Unc.			294,543	$28 or $89[2]
1983-D Unc.			174,014	for
1983-S Unc.			174,014	three
1983-S Proof			1,577,05	$24.95[2]
Los Angeles Olympic Games silver dollar			**Robert Graham**	
1984-P Unc.			217,954	$28 or $89[2]
1984-D Unc.			116,675	for
1984-S Unc.			116,675	three
1984-S Proof			1,801,210	$32[2]
Los Angeles Olympic Games gold eagle			**James Peed/John Mercanti**	
1984-P Proof			33,309	$352[2]
1984-D Proof			34,533	$352[2]
1984-S Proof			48,551	$352[2]
1984-W Proof			381,085	$352[2]
1984-W Unc.			75,886	$339[2]
Statue of Liberty, Immigrant half dollar			**Edgar Steever/Sheri Winter**	
1986-D Unc.			928,008	$5/$6[3]
1986-S Proof			6,925,627	$6.50/$7.50[3]
Statue of Liberty, Ellis Island dollar			**John Mercanti/Matthew Peleso**	
1986-P Unc.			723,635	$20.50/$22[3]
1986-S Proof			6,414,638	$22.50/$24[3]

Commemorative Date	Original Mintage	Melted	Final Mintage	Designer Original Price
Statue of Liberty half eagle				**Elizabeth Jones**
1986-W Unc.			95,248	$160/$165[3]
1986-W Proof			404,013	$170/$175[3]
Constitution Bicentennial silver dollar				**Patricia L. Verani**
1987-P Unc.			451,629	$22.50/$26[3]
1987-S Proof			2,747,116	$24/$28[3]
Constitution Bicentennial half eagle				**Marcel Jovine**
1987-W Unc.			214,225	$195/$215[3]
1987-W Proof			651,659	$200/$225[3]
1988 Olympic Games silver dollar				**Patricia L. Verani/Sheri J. Winter**
1988-D Unc.			191,368	$22/$27[3]
1988-S Proof			1,359,366	$23/$29[3]
1988 Olympic Games gold half eagle				**Elizabeth Jones/Marcel Jovine**
1988-W Unc.			62,913	$200/$225[3]
1988-W Proof			281,465	$205/$235[3]
Congress Bicentennial half dollar				**Patricia L. Verani/William Woodward**
1989-D Unc.			163,753	$5/$6[3]
1989-S Proof			767,897	$7/$8[3]
Congress Bicentennial silver dollar				**William Woodward**
1989-D Unc.			135,203	$23/$26[3]
1989-S Proof			762,198	$25/$29[3]
Congress Bicentennial half eagle				**John Mercanti**
1989-W Unc.			46,899	$185/$200[3]
1989-W Proof			164,690	$195/$215[3]
Eisenhower Birth Centennial silver dollar				**John Mercanti/Marcel Jovine**
1990-W Unc.			Pending	$23/$26[3]
1990-P Proof			Pending	$25/$29[3]
Mount Rushmore 50th Anniversary half dollar				**Marcel Jovine/James Ferrell**
1991-D Unc.			Pending	$6/$7[3]
1991-S Proof			Pending	$8.50/$9.50[3]
Mount Rushmore 50th Anniversary silver dollar				**Marika Somogyi/Frank Gasparro**
1991-P Unc.			Pending	$23/$26[3]
1991-S Proof			Pending	$28/$31[3]
Mount Rushmore 50th Anniversary half eagle				**John Mercanti/Robert Lamb**
1991-W Unc.			Pending	$185/$210[3]
1991-W Proof			Pending	$195/$225[3]
Korean War Memorial silver dollar				**John Mercanti/James Ferrell**
1991-D Unc.			Pending	$23/$26[3]
1991-P Proof			Pending	$28/$31[3]
USO 50th Anniversary silver dollar				**Robert Lamb/John Mercanti**
1991-D Unc.			Pending	$23/$26[3]
1991-S Proof			Pending	$28/$31[3]

Notes

1. Prices for 1982 George Washington half dollar is for 1982 and 1983-85.
2. Prices for 1983-84 Olympic coins in some cases are first prices charged and do not reflect higher prices charged later.
3. Prices from 1986-91 are pre-issue/regular issue.

Mysterious rarities

13

Through the years, certain "coins" have achieved a certain notoriety in the numismatic field because of their rarity, their mysterious background and dealer promotion. These are coins which when sold may bring prices in the five- and six-figure range and which when displayed at a show, bring a gleam to the eyes of even the most experienced numismatists.

Ironically, many of these "coins" are in reality fantasies, produced under cloudy circumstances, usually at the United States Mint but without official sanction, a move that if practiced today would bring congressional investigations and condemnation. During the mid-19th century, a number of Mint employees profited from the sale of fantasy pieces produced for collectors. The famed 1804 dollar is a fantasy; it was never produced in 1804 and although several were produced with semi-official approval, many were struck expressly for wealthy collectors. The 1913 Liberty Head 5-cent coin — five known — is also a fantasy, produced at the Mint without approval, again almost certainly for collector sale. The 1894-S Barber dimes, according to numismatist James G. Johnson — the founder of Coin World's Collectors' Clearinghouse column — were produced under the authority of the Superintendent of the San Francisco Mint for special friends, including three for the Superintendent himself and three for his young daughter.

Then there are the legitimate coins, produced under official sanction but consigned to the melting pot before they ever entered circulation. Examples include the 1964 Peace dollar and the 1974 Lincoln cent struck in aluminum. Patterns — proposed coin designs or denominations not adopted for circulation in the year in which they are struck, possibly never — normally listed in most price guides but without explanation along with the regular coinage. Among those patterns listed here are the 1856 Flying Eagle cent and the Stella, a proposed $4 gold coin that never got beyond the pattern stage. Not all patterns are listed, however.

Nor are all of the Proof-only coins listed. This list generally cites those Proof-only coins that were produced after the fact, in the years following the date shown on the coin.

Some of these fantasies, patterns and others are of questionable legal status.

Whatever their status, official or unofficial, legal or illegal, their stories are fascinating and deserve to be told. A listing of many of these mysterious pieces follows, with details about their origin noted, when known. The listing is by denomination.

Half cents

1831-36, 1840-49, 1852 Coronet half cents: None were struck for circulation; all were struck for sale to collectors. They are characterized as Original strikes and Restrikes, with the latter struck in the period of 1858-59. (A restrike is a coin struck from the original dies by the original minting authority, but in a later year than appears on the coin; restrikes are generally produced specifically for collectors and not for circulation.)

Cents:

MYSTERIOUS RARITIES ►

1795 Liberty Cap, Jefferson Head cent: Opinions differ concerning this piece. Many believe it was struck outside of the U.S. Mint by an individual hoping to obtain a contract to strike U.S. coinage at a time when some congressional leaders tried to eliminate the Mint. If true, the piece is a contemporary counterfeit.

Jefferson Head cent

1804 Draped Bust, Restrike cent: A counterfeit produced about 1860 outside of the Mint, using genuine though mismatched dies. The reverse design is of the type used in 1820, and the obverse die was altered from an 1803 die.

1823 Coronet, Restrike cent: A counterfeit struck at the same time as the 1804 counterfeit, using mismatched dies. The reverse die was originally used for 1813 cents.

1856 Flying Eagle cent: A pattern, struck before the Act of Feb. 21, 1857, authorized the replacement of the copper large cent with a smaller copper-nickel cent. The 1856 patterns were produced to show congressmen what the proposed smaller cent would look like.

1974 Lincoln, Aluminum cent: The 1974 aluminum cent was struck by Mint officials in 1973 as copper prices rose to a point where the copper content became worth more than its face value. A total of 1,579,324 1974 aluminum cents were struck. Like the 1856 Flying Eagle cent, a number were given to congressmen and their staff members to illustrate what an aluminum cent would look like. But when the copper crisis passed and Mint officials asked for the aluminum cents back, approximately a dozen were missing. Not all of the cents have been returned and presumably are "hidden or lost" somewhere, although one was turned over by a congressional aide to the Smithsonian Institution for the National Numismatic Collection. All Mint specimens were destroyed. They have questionable legal status, and are probably subject to confiscation if they appear at auction.

Two-cent coins:

1873 Open 3 2-cent coin: A restrike and companion piece to the 1873 Closed 3 2-cent coin. Both varieties were struck in Proof only.

Five-cent coins:

1913 Liberty Head 5-cent coin: A fantasy. The Liberty Head design was replaced with the Indian Head design (more commonly known as the "Buffalo nickel") in 1913. Five pieces turned up in 1919 in the hands of a former U.S. Mint employee, who left the Mint in November 1913. Dies were apparently prepared in 1913 for the Liberty Head coinage but were never officially used. Somehow, someone at the Mint managed to strike five of the coins.

Half dimes:

1859 and 1860 Seated Liberty, Transitional half dime: The so-called "transitional" coins, struck without the legend UNITED STATES OF AMERICA. The legend was moved from the reverse to the obverse in 1860, but a small number of pieces were struck from pairs of dies not bearing the legend. Numismatic researcher and author Walter Breen labels them fantasies.

Dimes:

1859 Seated Liberty, Transitional dime: A fantasy. See explanation for similar half dime.

1894-S Barber dime: According to former Coin World Collectors' Clearinghouse Editor James G. Johnson, San Francisco Mint Superintendent J. Daggett was approached by a banking friend and asked to strike a small number of dimes in 1894. Although no dimes were scheduled to be struck in San Francisco that year, Daggett apparently complied with the request, and 24 coins were struck and distributed among eight individuals. Daggett reportedly received three coins, as did his daughter.

Quarter dollars:

1866 Seated Liberty, No Motto quarter dollar: The motto IN GOD WE TRUST was added to the reverse of the quarter dollar, half dollar and dollar in 1866. However, at least four coins were struck with the 1866 date and no motto. The quarter dollar and half dollar are unique, and there are two of the silver dollars. There are no Mint records of the coins having been struck.

Half dollars:

1866 Seated Liberty, No Motto half dollar: See quarter dollars above.

Silver dollars:

1804 Draped Bust dollar: A fantasy. The Mint Report for 1804 records 19,570 silver dollars being struck. However, the 1804 dollar is one of the greatest of U.S. rarities, with just 15 pieces known, and one of those still missing from a 1967 robbery. So what happened to all those dollars struck in 1804?

Rumors about the coins abounded in the 19th century. One story is linked to 19th century terrorism in the Middle East. That story claims that all of the 1804 dollars were sent to the Barbary pirates as ransom for the release of American hostages captured in 1804 when the USS Philadelphia ran aground in Tripoli Harbor. Another rumor

1804 dollar in King of Siam presentation set

said all of the dollars were relegated to the melting pot. None of the rumors, however, had any basis in fact.

In fact, none of the dollars struck in 1804 bore that date. It was common practice to use dies dated for one year in later years in the early days of the U.S. Mint. This saved materials and expense, and cut down on the number of new dies that had to be made containing the new year's date. This was particularly important for silver dollar coinage in the first years of the Mint.

Mintages for the silver dollar dropped annually from 1798 to 1804. The Spanish Pillar dollar was considered legal tender in the United States at that time, even though it contained less silver than the U.S. dollar. Also, the silver dollar was the basic unit in payment for commercial goods shipped from overseas. Thus, dollars were shipped abroad almost as quickly as they could be struck. Dollar production was halted between 1805 (although a few 1803-dated dollars were struck in 1805) and 1835.

Meanwhile, in 1832, the U.S. government was seeking to establish diplomatic and commercial relationships with several countries in the Far East. At that time, rulers of many countries expected foreign diplomats to bring gifts to them. Gifts of coins were one of the more popular gifts, so diplomatic officials requested that complete sets of coins be struck and placed in suitable presentation cases.

Dollar production still had not resumed at this time. Mint officials, desiring to place a dollar coin in the set, examined Mint records and found that silver dollars were last struck in 1804. What they failed to account for was that those coins were dated 1803, not 1804. Nevertheless, silver dollar dies dated 1804 were prepared in 1834 and several coins struck. Several of the presentation sets were given to foreign rulers, notably the King of Siam and the Sultan of Muscat. The remaining 1804 dollar fantasies were held in Mint vaults.

The remaining specimens were gradually distributed, beginning in the early 1840s. One was sold to collector Matthew A. Stickney in 1843. A total of eight of the pieces struck about 1834, referred to as the Class I specimens, are known. Demand, however, quickly outstripped the supply and in 1858, additional pieces were struck for sale and trade to prominent collectors. The sole Class II coin known today was struck over an 1857 shooting taler from Switzerland, thus confirming its illegitimate birthday; it resides today in the National Numismatic Collection at the Smithsonian Institution. The six Class III pieces were all sold to collectors. Eventually, the scandal of striking and restriking rare coins for wealthy collectors became public and their production slowed but did not stop until about the turn of the century.

(The Proof 1801, 1802 and 1803 Draped Bust dollars date from the time of the Class I 1804 dollars, and are generally labeled restrikes.)

1836, 1838, 1839 Gobrecht, Restrike dollars: The Gobrecht dollar is one of the most confusing series in U.S. coinage history. Of the nine different varieties, three were struck for circulation, two are legitimate patterns and four are restrikes. Of the restrikes, they can be distinguished from the patterns and circulation issues by rotating the coin from obverse to reverse. If the eagle is flying level, it is a restrike. On the patterns and circulation pieces, the eagle is flying upward.

1866 Seated Liberty, No Motto dollar: See listing for quarter dollars.

1884, 1885 Trade dollars: Proof only. For years, many numismatists considered these two coins to be fantasies, struck years later. However, recent research indicates that the 1884 Trade dollars were struck that year, and it is likely the 1885 Trade dollars were coined in 1885 as well. Specimens did not appear until 1908 in the hands of dealer John W.

Haseltine. They were apparently struck specifically for collectors, as are all Proof coins.

1964 Peace dollar: Even as Treasury officials considered proposals to eliminate silver from U.S. coinage in 1964, special-interest groups persuaded Congress to authorize the striking of Peace dollars, last struck in 1935. A total of 45 million coins were authorized by the Act of Aug. 3, 1964, and 316,076 pieces were struck at the Denver Mint. However, those who recognized the reality of the silver shortage won out over the special-interest groups and none of the dollars were released into circulation. All were eventually melted although rumors persist that some escaped the Mint; none of these rumors has ever been confirmed. Treasury officials would probably consider it illegal to own any missing dollars.

$4 Stellas:

1879 and 1880 $4 Stellas: The $4 Stellas are patterns. However, these pieces are often listed with other gold coins, although only the gold patterns are cited. The off-metal pieces (aluminum, copper, white metal) are not listed in other price guides. A $4 gold coin was never issued for circulation.

Eagles:

1907 Indian Head, Wire Rim, Periods eagle: A pattern. Often referred to incorrectly as a Wire Edge variety. Often listed with circulation issues.

1907 Indian Head, Rounded Rim, Periods eagle: A pattern. Often incorrectly referred to as a Rounded Edge variety. The circulation issues do not have periods separating the words E PLURIBUS UNUM.

$4 Stellas

Double eagles:

1849 Coronet double eagle: A pattern piece, and unique. Often listed with circulation issues.

1907 Saint-Gaudens, Extremely High Relief double eagle: The 1907 double eagles bearing the Saint-Gaudens designs were struck in varying reliefs. The High Relief variety with Roman Numerals and the Low Relief variety with Arabic Numerals were struck for circulation. All of the Extremely High Relief pieces, however, are considered patterns. Often listed with circulation issues. (The differences between the High Relief and Low Relief varieties are obvious when compared side-by-side. The design areas on the Low Relief variety are raised the same height above the flat fields as on modern coins; on the High Relief variety, the relief rises much higher above the field.)

1933 Saint-Gaudens: The Mint struck 445,500 1933 double eagles but before they were released, President Franklin D. Roosevelt signed several executive orders making it illegal for American citizens to own most forms of gold. Thus, the coins were never released.

However, specimens of the 1933 double eagle appeared at auction in the 1940s, and several private sales occurred. Treasury officials confiscated several specimens, although it is believed by some in numismatic circles that specimens remain in hiding. The specimen in Egypt's King Farouk auction was removed from the offering at the request of U.S. Treasury officials, but the coin was not turned over by Egyptian officials. In addition, the Smithsonian Institution has two specimens in the National Numismatic Collection

Necessity money 14

Americans today expect a federal coinage in sufficient quantities to meet the daily needs of commerce nationwide, a need the U.S. Mint is usually able to meet. It has not always been that way. Coinage shortages have occurred throughout American history, as recently as the mid-1960s. Periods of economic upheaval, rising bullion prices and war have driven the federal coinage from commerce into hiding, confirming the truth of Gresham's Law (that bad money drives the good money into hiding). Western expansion often outstripped the ability of the United States Mint to keep pace with coinage requirements. The situation was particularly bad before the American Civil War, when there was no federal paper money issue but a bewildering series of state notes and notes issued by individual banks and businesses. However, Americans are an inventive people, and have always risen to the occasion. Private coinage and tokens were common throughout most of the first six decades of the 19th century, until Congress closed a loophole in the U.S. Constitution during the Civil War and prohibited production of private coinage.

The story of the "other" coinages of the United States begins more than a century before the American Revolution brought 13 British Colonies together to form one nation. The first coins in circulation in the areas of North America ruled by France and England — used in a variety of unsuccessful colonies ranging from the St. Lawrence River to the Caribbean — were standard French and English issues. With the establishment of successful colonies in the early 17th century, the colonists began to trade with parent companies and the Spanish colonies of the Caribbean. The trade with England was highly restricted, and most English gold and silver that reached American shores soon returned to Europe in payment of taxes, customs duties and profit for the companies. The trade with Latin America was much less formal (thanks to smuggling), and provided much of the circulating coinage for the colonies.

But the foreign coinages in circulation in the British Colonies were not enough. The Colonial governments were forced to take matters in their own hands and produce (or commission) coins themselves, not always with approval from the British throne. The Colony of Massachusetts was the first to experiment with its own coinage. Those first Colonial coins, struck in silver, were primitive even by contemporary standards, consisting merely of a disk of silver stamped with the inscription of NE (for New England) and the denomination, expressed in Roman numerals. A more sophisticated silver coinage followed in the Colony, the "Tree" coinages, depicting either a Willow, Oak or Pine tree. All of the Tree coinage but that from one die (dated 1662) is dated 1652, although the Pine Tree coinage was struck as late as 1682. The date 1652 may have been as a subterfuge. The king had been removed from the throne in 1849 by Oliver Cromwell and the Roundheads. Cromwell then ruled England and there was no king. Therefore, there was no kingly right of coinage, a theory placed into practice by the Massachusetts Colonial Assembly.

Other coinage and token issues followed, some with the approval of the king (finally restored to the throne) but most not. The 1688 American Plantations token was the first coinage authorized by the king for use in the Colonies; it was followed by the Rosa Americana coinage of William Woods, issued under a royal patent in the 1720s and 1730s. The next coinage authorized by the crown was issued in Virginia in 1773, on the eve of the Revolution.

Despite the infrequency of royal authorization, Colonial coins and token issues in Colonial America abounded. Many were struck by merchants, either in Europe or America. A bewildering series of foreign coins circulated, chief among them the Spanish Pillar dollar, the silver 8-real coin struck in Spain's American Colonies in Latin America and the forerunner of the U.S. silver dollar.

Then came the Revolution. The various Colonial governments had experimented with paper money issues prior to the war with Britain. They continued issuing paper money during the conflict, as did the Continental government in the form of Continental Currency. However, the paper money was unbacked by a harder form of currency and the experiment failed disastrously. So disillusioned was the federal government that it would not attempt a circulating paper money again until 1861, shortly after the beginning of the Civil War.

The American victory in the Revolution resulted in the birth of a new nation, the United States of America. But the strong central government we know today did not yet exist. The states saw themselves as a loose confederation of individual states.

1787 Connecticut copper

Many distrusted the concept of a strong central government; that was, after all, what Americans had fought against in the Revolution. The Articles of Confederation controlling the United States reserved the right of coinage for both the national government, such as it was, and the states, although Congress had the power to regulate the value and alloy of coinage issues. Several states issued their own coinage in 1786-88: Massachusetts, Connecticut and New Jersey. A future state, then the independent Republic of Vermont, also issued its own coinage. Even the federal government issued its own copper coinage, the 1787 Fugio cents; these copper coins are considered the first true coins issued by the United States.

Fugio cent

The Constitution changed all that. Those desiring a stronger central government won in Philadelphia during the summer of 1787. The Constitution, which was ratified a year later, replaced the Articles of Confederation. Among the differences between the two documents was the awarding of coinage authority to the federal government, with states prohibited from issuing their own coins.

Private individuals, however, were not expressly forbidden to issue their own coins. This "loophole" in the Constitution led to some of the most interesting and rare gold coin issues of the 19th century: the pioneer gold coins.

America's first "gold rush" came not in California but in the Appalachian Mountains in 1828-45. The first authenticated gold discovery in the area came in 1799 near Charlotte, N.C., when a 17-pound gold nugget was found. Although mining in North Carolina continued through the 1820s, the gold rush did not begin in earnest until 1828. The first private individual to turn this Appalachian gold into coinage was Templeton Reid in Georgia in 1830, striking about 1,600 gold coins before closing his Milledgeville mint by the end of the year. The Bechtler family in North Carolina operated a private mint from 1830-52, striking gold coins in denominations of $1, $2.50 and $5.

Then came the California gold discoveries in 1848, causing thousands of hopeful men to leave their jobs, and some their families, in the hopes of striking it rich out West. California was not yet a state when the gold rush began, not entering the Union until 1850. With the Forty-Niners came an immense need for coinage. The practice of purchasing goods with gold dust and nuggets worked only briefly. Once again, private mints sprang up, the first in San Francisco in 1849; it issued coins under the name of Norris, Gregg & Norris for one year. Other, more successful private minters followed, with minting facilities in San Francisco and Sacramento. Other Western gold discoveries, in Oregon, Utah and Colorado, followed, and private mints sprang up in those areas. The establishment of the San Francisco Mint in 1854, a branch of the United States Mint, meant a gradual end to the private mints. The last private gold coins in California were struck in 1855, the last in Oregon in 1849.

Norris, Gregg & Norris California gold piece

Gold coins were struck by the Mormons in Utah as late as 1860, and in Colorado, pioneer gold coins were struck through 1861.

Necessity coinage issues were not always struck in gold in the United States. Many token issues were produced in copper and copper alloys. Tokens — issued by merchants for advertising purposes and by others for political reasons — were issued throughout the 18th and 19th centuries and into the 20th. Two periods stand out: the Hard Times period of 1832-44 and the American Civil War of 1861-65. Both periods saw extensive use of privately coined tokens, made necessary by the withdrawal of federal coinage due to the fears of the nation's citizens.

The Hard Times period was one of economic upheaval. President Andrew Jackson had refused to renew the charter of the Bank of the United States. He campaigned in the 1832 presidential election as taking a stand against the only central bank of the United States. Jackson won the election and set about destroying the bank, whose charter was to end in 1836. First Jackson withdrew all of the federal specie (coinage) from the bank; then, he issued the Specie Circular, an 1836 presidential order requiring that public lands be paid for only in gold or silver coin. Thus began the Panic. Much of the gold and silver went westward, draining the East Coast of its specie. Coins disappeared from circulation, prompting a need for private token issues.

The first Hard Times tokens were political pieces, struck the same size as the large cent then current and focusing on the presidential battle between Jackson and Henry Clay. Then, as Jackson's economic policies spelled ruin for the country, the tokens became necessity money, many issued by private merchants and containing advertising messages. Hard Times tokens were issued by the thousands until economic recovery

Hard Times token

began in the 1840s and federal coinage once again entered circulation and stayed there.

The same type of events manifested themselves during the Civil War. A fearful public, uncertain about the length of the war and with the Union itself in doubt, withdrew all coinage from circulation and began hoarding it in preparation for the difficult times ahead. The federal government responded to the cost of the war by introducing the first federal paper money of the United States, even issuing fractional notes with denominations of less than a dollar. Encased postage stamps enjoyed a brief period of popularity; stamps were sandwiched between a brass case containing an advertising message and a clear mica window to show the stamp's denomination, and then circulated in lieu of coins. Copper tokens, most the size of the smaller Flying Eagle cent introduced in 1857, were introduced by private individuals. Both political (called patriotic tokens) and merchant (called store cards) tokens were issued, repeating the experience of the Hard Times era.

Merchants in cities throughout the North issued the small tokens, some bearing the legend NOT ONE CENT (but otherwise closely resembling the Indian Head cent) in an attempt to avoid charges of counterfeiting.

NECESSITY MONEY

However, despite such legends, Congress had had enough of private money, both with the gold issues of the Appalachians and the West and the copper issues of the North. The Act of April 22, 1864, closed the loophole in the Constitution and made the private striking of coinage issues like pioneer gold, Hard Times tokens and Civil War tokens illegal. An interesting period of American coinage history had been brought to a close.

Patriotic Civil War token

Index

INDEX

INDEX